JN437211

스포츠 경제학
Months
임상일 지음
도서출판 두남

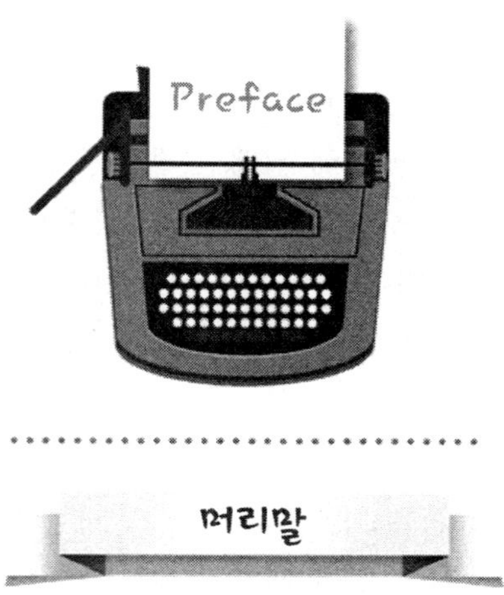

머리말

10년이면 강산도 변한다!

저자가 「경제학으로 엿본 스포츠 현장이야기」와 「실감하는 스포츠@ 살아 있는 경제학」이라는 스포츠 현장을 통해 경제학을 쉽게 접할 수 있게 하는 책을 낸지 벌써 13년이라는 시간이 지났다. 강산이 한번 변하고도 남는 시간이 지난 것이다. 물리적으로는 13년이라는 긴 세월이지만 그 동안의 기술향상과 사회발전을 생각하면 그 이상의 세월이라고 느껴지는 시간이다.

그 때는 2000년 시드니 올림픽이 끝난 후였고 박세리가 LPGA에서 우승하고 박찬호가 마운드에서 힘껏 강속구를 뿌리던 때였다. 그 때부터 벌써 3번의 올림픽이 지나갔고 박세리의 우승을 보고 골프채를 처음 잡았던 소녀들이 LPGA에서 밥 먹듯 우승을 차지하고 있으며, 제2의 박찬호를 꿈꾸며 땀을 흘리던 류현진이 메이저 리그에서 새로운 역사를 쓰고 있다.

어디 이뿐인가. 김연아와 박태환이 혜성처럼 나타나 한국 스포츠의 불모지인 피겨 스케이팅과 수영에서 세계 챔피언에 오르는 믿을 수 없는 대사건도 볼 수 있었다. 여기에 더해 한·일 월드컵 4강 신화, 베이징 올림픽 야구 우승, 스피드 스케이팅에서 모태범과 이상화의 세계 정상 등극, 런던 올림픽 축구 동메달 획득 등 믿기 어려울 정도의 수많은 성과를 스포츠에서 거두었다.

스포츠 분야에서의 이러한 선전은 경제학 영역의 확장을 의미한다. 현대 스포츠의 많은 영역이 시장경제 원리에 의해 설명될 수 있기 때문이다. 이런 경향은 경제학계에서도 변화를 가져 다 주었다. 미국에서 2000년대 들어 본격적으로 연구되고 있는 스포츠 경제학이 우리나라에서도 적극적으로 소개되고 있고 저서도 출간되고 있다. 남보다 일찍 스포츠 경제학에 대한 관심을 가졌던 저자로서는 매우 기쁜 일이 아닐 수 없다.

스포츠 경제학이나 이와 유관한 책은 스포츠 시장에서 벌어지고 있는 생생한 자료와 사건을 대상으로 하고 있기 때문에 세월이 지나면 자연히 가치가 하락할 수밖에 없는 운명을 타고 났다. 이런 이유로 인해 저자가 새로이 이 책을 쓰게 되었다. 과거의 자료에 최근 자료를 대폭 보충·보완하고자 노력하였다. 그럼에도 불구하고 일정 부분 예를 들어 스포츠와 경제학과의 관련성이라든가 새로운 제안 같은 부분은 그대로 옮겨놓았다. 과거 책이 절판되었기 때문에 어쩔 수 없는 선택이라는 점을 독자들이 이해해 주기를 바란다.

지난번에 비해 좀 더 폭넓고 깊이 있게 스포츠 현장을 분석하려고 했지만 이 책은 본격적인 스포츠 경제학 교과서라고 할 수는 없을 것이다. 저자의 무능력도 한 원인이지만 아직 우리나라에서 이 분야를 본격적으로 연구하는 연구자가 많지 않으며 자연히 연구 성과가 미흡하기 때문이다.

스포츠 시장의 확대에 부응하여 2005년부터 스포츠 산업론, 스포츠 경영론, 스포츠 마케팅론, 스포츠 시설론을 과목으로 스포츠 관리경영사 시험이 실시되고 있다. 이 책이 이 시험에 대한 본격적인 수험서는 아니지만 각 장 끝에 기출문제를 소개하여 적지 않은 도움이 될 것으로 기대하고 있다.

저자는 시장경제 원리, 나아가 삶의 치열한 모습이 가장 적나라하게 나타나는 현장이 스포츠 시장이라고 보고 있다. 때로는 치열하게 싸우는 면이 있는 반면

서로 협력하지 않으면 소기의 성과를 거둘 수 없는 곳이 스포츠 시장이다. 많은 부분이 금전적 요인에 따라 움직이지만 명예, 의리, 정직과 같은 비금전적인 요인도 무시 못할 정도로 중요하게 작용하기도 한다. 눈에 당장 보이는 성과에 목숨을 거는 면도 있지만, 멀리 내다 보고 묵묵히 참고 기다리는 인내도 최고의 덕목으로 인정받는 곳이 스포츠 시장이다. 한마디로 경쟁과 협력, 돈과 명예, 현재 성과와 미래 비전 등 인간 삶에서 중요한 요소들이 어떻게 작용하고 있는가를 가장 잘 보여주는 곳이 스포츠 시장이며 이를 가장 잘 설명할 수 있는 학문이 경제학이다. 따라서 스포츠 시장을 잘 이해하면 경제원리를 쉽게 터득할 수 있고 나아가 삶의 지혜까지 얻을 수 있다고 확신하고 있다.

이 책이 나오기까지 여러분의 도움이 있었다. 저자에게 경제학의 매력을 느끼게 해 주셨던 이학용 교수님을 비롯한 여러 은사님께 감사를 드린다. 도서출판 두남 전두표 사장님과 이승구 상무님의 적극적인 격려와 지원이 이 책 출간에 최고 일등공신임은 이론의 여지가 없다고 할 것이다. 멋지게 편집을 맡아 고생한 김련화씨 에게도 감사의 글을 올린다. 또 늘 느끼는 것이지만 내용상 오류나 실수가 있을까 두렵지만 여러분들의 질책과 조언이 저자는 물론 이 분야의 연구자에게 큰 자양분이 될 것으로 믿어 의심치 않는다.

늘 그렇지만 저자가 봉직하고 있는 대전대학교 경제학과 교수님과 수업시간에 좋은 질문을 해 준 여러 학생들에게도 감사의 뜻을 남기고 싶다. 아내의 내조와 혜진·찬혁의 격려도 저자에게 큰 힘이 되었다. 마침 이 책은 박승룡·임혜진 부부의 새 출발점과 같이 하고 있어 더욱 뜻 깊은 일이라고 생각한다.

2014년 3월 30일

전민동 우거에서
저자 임상일

Contents

제2부 스포츠 시장에서의 수요공급법칙 / 79

제3부 스포츠 시장분석 / 121

제4부 스포츠 산업과 유관 산업분석 / 295

제 1 부

경제학과 스포츠

제 1 장

경제학과 인간생활

"경제학은 일상생활을 영위하고 있는 인간에 대한 연구이다."
경제학자 마샬(Marshall)

"스포츠에는 돈으로 살 수 없는 감동이 있다"
현 NC감독(베이징 올림픽 금메달 주역) 김경문 감독

학습목표

- 경제학이란?
- 세 가지 경제문제란?
- 자원배분의 수단으로서 시장경제와 계획경제의 비교

1.1 경제학의 정의

사람의 필요와 욕구는 무한하나 그것을 채워주는 자원은 한정되어 있기에 희소성(scarcity)이라는 경제문제가 생기고 이것을 해결하기 위한 지적(知的) 노력의 집합체가 경제학(經濟學, Economics)이다. 사람은 자연으로부터 생활에 필요한 물질을 획득, 가공, 처리하여 자신의 필요와 욕구를 채우려고 노력한 결과 과거보다 훨씬 더 풍요로운 사회에서 살게 되었다. 그럼에도 불구하고 언제나 새로운 욕망에 부딪쳐 고민하게 되었고 20세기 후반부터는 남북문제, 환경문제, 인구문제, 자원고갈문제 등 새로운 경제문제에 봉착하게 되었다.

경제학에 대한 정의로는 강조하는 관점에 따라 여러 가지가 있으나 노벨 경제학 수상자인 현대 경제학의 대가 사무엘슨(Samuelson, 1916∼2010)[1]은 그의 명저 「경제학(Economics)」에서 "사람과 사회가 여러 대안을 가지고 있는 희소한 자원을 (여러 사람과 사회그룹간에, 현재나 미래에) 다양한 상품을 생산하기 위해 어떻게 쓰고 생산물을 어떻게 나누느냐에 대한 학문이다"라고 정의하고 있다.[2]

이 정의는 희소성(scarcity)과 선택(choice)을 핵심어로 하고 있다. 희소성과 선택의 문제는 인간이 지구상에 살면서부터 극복해야 할 과제이며 모든 일상생활에서 직면하게 되는 원천적인 문제이기 때문에 "경제학은 일상생활을 영위하고 있는 인간에 대한 연구이다. 이것은 개인적 및 사회적 행위 중에서 후생의 물질적 요건의 획득 및 사용과 극히 밀접하게 관련되고 있는 측면을 다루는 학문이다"라고 한 마샬(Marshall, 1842∼1924))의 정의도 핵심을 잘 포착한 정의라고 말할 수 있다.

인간은 땅에 발을 딛고(자연과의 관계) 서로와의 관계 속에서(사회관계)

1) 노벨 경제학상은 1969년부터 수상되기 시작하였으며, 그는 1970년 역사상 3번째, 미국인으로서는 첫 번째 노벨 경제학상 수상자이다.
2) Samuelson P.A and Nordhaus, W.D., 「Economics」, 12th ed., Mcgraw-hill, 1985, p.4

머리를 하늘에 두고 살아가는 유한한(신과 죽음과의 관계) 존재이다. 땅을 디디고 살기 때문에 자연과 물질로부터 자유롭지 못하다. 이 고통을 자연과학을 발전시켜 극복하고 있다. 또한 사람끼리 서로 부딪히며 살아가야 하기 때문에 사회로부터 자유롭지 못하다. 이 숙제를 풀기 위해 사회과학을 만들고 발전시켜왔다. 그리고 생물학적으로 유한한 존재이기 때문에 종교를 만들어 영생을 도모하고자 한다.

저자는 인간이 겪게 되는 자연, 사회, 및 신과 죽음과의 관계를 가장 많이 그리고 잘 설명해 줄 수 있는 학문이 경제학이라고 생각한다. 다른 사회과학은 주로 사회에서의 인간관계만을, 인문학은 인간의 본질과 인성에 관한 연구를, 자연과학은 인간과 괴리된 자연 현상만을 분석대상으로 하고 있으나, 경제학은 종교의 영역을 제외하고는 인간과 자연과의 관계, 그리고 인간과 사회와의 관계를 동시에 분석할 수 있는 이론적 틀을 가지고 있다. 그래서 경제학 지식을 바탕으로 경제행위라고 꼭 지칭되지 않는 인간의 행동까지도 설명할 수 있다. 왜냐하면 경제학은 주어진 제약조건(여건, 어려움)하에서 최선책을 찾는 선택에 관한 학문이며 인간의 삶 그 자체가 선택의 연속이기 때문이다.

	아담 스미스(Adam Smith, 1723~1790)
	마샬(Marshall, 1842~1924))
	사무엘슨(Samuelson, 1916~2010)

한마디로 경제학은 선택의 학문이고 인생이 선택의 연속이라면 인간생활의 많은 부분을 경제학으로 설명할 수 있음을 의미한다. 이런 맥락에서 스포츠가 현대인의 중요한 일상생활이라면 당연히 경제학의 분석 대상이 될 수 있다. 즉 스포츠 현장에서 벌어지고 있는 일을 경제학으로 설명할 수 있다는 이야기다.

1.2 경제문제와 해결체제

구체적으로 경제문제는 무엇을 얼마나(What & How much to produce, 생산물의 종류와 수량의 선택), 어떻게(How to produce, 생산조직과 기술의 선택), 및 누구를 위하여(For whom to produce: 생산물의 분배) 생산할 것인가라는 표현된다. 이 문제는 누구나 어느 조직이나 어느 국가나 직면하는 문제이다. 예컨대 농부가 참외와 수박을 어떻게 몇 개씩 생산하고 수입을 어떻게 나눌 것인가 하는 고민을 하는 것과 마찬가지로 자동차 회사도 중형차와 경차를 어떻게 몇 대씩 생산하고 임금을 어떤 수준에서 결정할 것인가를 고민하고 있다. 또 이와 같은 문제는 누구를 몇 명 스카우트하고 어떻게 경기하고 얻은 수익을 선수들과 구단이 어떻게 배분할 것인가를 고민하는 프로 구단 단장의 고민과 동일하며 그 해결책은 구단주의 고민 해결에 그대로 적용될 수 있다[3].

위의 경제문제는 크게 시장원리가 보편적으로 적용되는 자본주의 경제, 혹은 명령·계획에 의해 해결되는 사회주의 경제, 그리고 두 가지를 혼합한 혼합경제에 의해 해결되고 있다. 시장에서는 수요와 공급에 의해 가격이 결정되며 가격기구가 자원배분의 신호(signal, 信號)전달과 유인(incentive, 誘因) 제공 역할을 한다. 스포츠 시장에서도 수요와 공급이 존재하고 있다. 근대화되기 전 생산력이 낮았을 때에는 사람들이 시간적 여유와 금전적 능

3) 프로 스포츠란 "오락으로 스포츠 흥행(상품)을 소비자(관객이나 시청자)에게 제공하고, 팀 소유자나 이벤트 주최자는 그것을 담보로 입장료나 방송권료를 얻으며, 각 프로선수는 보수를 얻는 경제행위"라고 정의할 수 있다.

력을 가지고 있지 못하였기 때문에 스포츠에 대한 수요와 공급은 전무하다시피 하였으나 산업화·정보화가 급속히 진행되면서 스포츠에 대한 수요와 공급은 매우 빠른 속도로 증가하였다. 수요와 공급이 있고 가격과 시장이 있는 곳에 경제학이 존재하는 것은 조금도 이상할 것이 없다.

반면 사회주의 국가에서는 스포츠에서의 자원배분도 주로 정치적 목적을 띄고 명령과 계획에 의해 해결하고 있다. 노동력을 증진시키기 위해서, 체제의 우월성을 선전하기 위해서 또 국민의 단결력을 높이기 위해 스포츠를 생활화·대중화시키고 있다. 스포츠분야에 대한 자원배분에 있어도 자본주의 시장경제와는 달리 기본적으로 계획과 명령에 의해 해결하고 있다. 프로 스포츠라는 개념이 존재하지 않고 있다. 그 예로 북한에서는 생산체육, 국방체육, 군중체육, 학교체육이라는 개념을 이용하여 체육의 생활화·대중화를 꾀하고 있다. 경제학 원리를 스포츠 분야를 설명하는 데 한계가 있을 수밖에 없다.

오늘날 대부분의 국가는 혼합경제체제를 택하고 있으며 자원배분 문제를 시장과 계획을 적절히 사용하여 해결하고 있다. 스포츠 현장도 시장과 계획에 의해 자원이 배분되고 있다. 충분히 시장성(수익성)이 있는 곳은 자연스럽게 시장이 형성되어 있는 반면 사회적으로는 필요하지만 시장이 형성되지 않거나 불완전하게 작동하는 분야에서는 정부에 의해 보정되고 있다.

주관식

1. 경제학이란?

2. 세 가지 경제문제란?

3. 자원배분의 수단으로서 시장경제, 계획경제, 혼합 경제에 대하여 약술하시오.

객관식

1. 경제학에 대한 설명 중 틀린 것을 고르시오.

① 경제학 특히 이론 경제학은 희소성과 선택을 핵심어로 하고 있다.
② 경제학은 과거에 비해 적용범위가 넓어지고 있다.
③ 경제문제는 무엇을 얼마나, 어떻게, 누구를 위하여 생산하는가로 압축하여 말할 수 있다.
④ 노벨경제학상은 1회인 1901년부터 수상되기 시작하였다.

2. ○× 문제

① 이론 경제학의 핵심어는 희소성과 선택이다.
② 시장경제체제에서는 가격이 자원배분의 신호역할을 한다.
③ 사회주의 체제에서는 국방체육이나 군중체육이라는 개념이 주로 사용되고 있어 학교체육이나 생활체육이라는 개념은 잘 사용하고 있지 않다.
④ 미국의 경제학자 폴 사뮤엘슨이 노벨경제학상은 1회 수상자이다.

객관식 문제 정답　1. ④　2. ① ○　② ○　③ ×　④ ×

제2장

스포츠의 정의 및 특성과 인간생활

"신이 인간에게 준 성공의 두 가지 도구는 교육과 운동이다. 둘을 함께 추구해야 완벽에 이를 수 있다"

플라톤[1](기원전 427~기원전 347)

"한 팀, 한 정신, 한 골(One team, One spirit, One goal)"이다.

축구 국가대표 감독 홍명보

학습목표

- 스포츠의 정의와 특성
- 스포츠의 긍정적인 측면과 부정적인 측면
- 스포츠의 교육적인 측면

1) 조선일보 2013년 1월 3일 김형기 논설위원

스포츠의 특성을 살펴보고 오늘날과 같이 스포츠가 대중화 · 생활화되게 된 요인과 스포츠가 인간생활에 미치는 영향을 여러 측면에서 살펴보고자 한다.

경제학 입장에서 보아 스포츠의 상품으로서의 특성을 꼽으라면 희소성, 불확실성 그리고 현장성을 들 수 있다. 그리고 대중성, 건강, 교육적(정신적) 가치 등과 밀접하게 관련되면서 우리 일상생활의 중요한 한 부분을 차지하고 있다.

2.1 스포츠의 정의와 특성

2.1.1 체육, 스포츠, 및 스포츠 산업에 대한 정의

우리나라 국민체육진흥법 제2조에서 "체육이라 함은 운동경기·야외운동 등 신체활동을 통하여 건전한 신체와 정신을 기르고 여가를 선용하는 것"이라고 정의하고 있다.

체육이 생활의 각 분야와 밀접한 관계를 맺게 됨에 따라 체육과 유사한 용어가 많이 쓰이고 있는데 그 대표적인 것이 스포츠다. 스포츠란 "조직적이고 경쟁적으로 실시되는 신체 활동의 총체이며, 운동 경기를 의미한다"라고 정의하고 있다. 이 정의는 신체성, 규칙성, 경쟁성을 강조하고 있는 좁은 의미의 정의다.[1)]

조직적인 활동이라는 면에서 보면 일정한 규칙이 정해져 있고 경기자들이 모두 이 규칙을 준수하여야 한다는 점이 강조되며 경쟁적인 활동이라는 측면에서 보면 상대가 있어 분명히 승패가 존재한다는 점이다.

승패가 분명히 나누어지기 때문에 승자가 되기 위해서는 상당한 능력을 가진 전문가가 나타나게 된다. 한편 전문가간의 경쟁을 보는 것이 새로운 즐거움을 제공하게 된다. 이 전문가가 스포츠를 생계수단으로 삼는 프로 선수

---

1) 김치조, 「스포츠 마케팅」, 태근문화사, 1993. p.4.

로 발전되었고 보통 사람들은 전문가들의 경쟁(시합, 게임)을 보기 위해 금전적 지출을 서슴지 않게 되었다. 프로 스포츠에 대한 수요와 공급이 자연스럽게 대두되게 되었다.

스포츠 산업 진흥법에서는 "스포츠"라 함은 건강한 신체를 기르고 건전한 정신을 함양하며 질 높은 삶을 위하여 자발적으로 행하는 신체활동을 기반으로 하는 사회문화적 행태를 말한다.라고 정의하고 있다. 또 "스포츠산업"이라 함은 스포츠와 관련된 재화와 서비스를 통하여 부가가치를 창출하는 산업을 말하며 "스포츠산업진흥시설"이라 함은 공공체육시설 안에 스포츠산업 관련 사업자와 그 지원시설 등을 집단적으로 유치함으로써 스포츠산업을 활성화하기 위한 시설로 제9조제1항에 따라 지정된 시설물을 말한다.

2.1.2 스포츠의 특성

일반적으로 상품이란 인간의 욕구나 필요를 만족시키는 거래 가능한 재화(財貨)와 용역을 일컫는다. 사람들은 스포츠 현장에서 벌어지고 있는 일들에 대해 자신의 자원을 투입하여 소유하려는 욕구나 필요를 보이고 있기 때문에 스포츠 상품이라는 개념이 형성되었다.

스포츠가 갖는 상품으로서의 매력은 무엇인가? 스포츠 현장에서 벌어지고 있는 일들은 각본 없는 드라마다. 똑 같은 상황을 다시는 볼 수 없다는 희소성과 다음 순간에 어떤 일이 벌어질지 누구도 모르는 불확실성을 기본으로 한다. 희소성과 불확실한 상황이 거래되는 시장이 바로 스포츠 시장이다.

순수하게 건강증진을 위해 즐기는 경우를 제외하고는 참여스포츠시장에서는 소비자가 직접 참여하여 관람스포츠 시장에서는 돈을 지불하고 구입하고 있다.

관람 스포츠 시장에서는 경기내용(플레이, 승패, 순위 등)을 생산하고 있다. 관련되어 여러 가지 상품(로고, 초상권, 광고판, 경기장내 음식 등)이 있지만 이것들은 어디까지나 부수적인 것들이다.

앨런 거트만(Allen Guttmann)은 현대 스포츠의 일곱 가지 특징으로

① 세속화, ② 경쟁기회와 경쟁조건의 평등성, ③ 역할의 전문화, ④ 합리

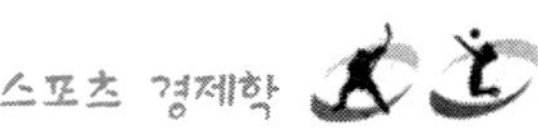

화, ⑤ 관료적 조직, ⑥ 계량화(quantification), ⑦ 기록에 대한 추구 등을 제시하고 있다.[2)]

그는 시대별(선사, 그리스, 로마, 중세, 근대)로 각 특징이 어떻게 다르게 강조되어 왔는가를 보여주고 있는 데 다른 특징들은 근대 이전에도 있다가도 없어지고 했지만 기록추구만은 근대에 들어 새롭게 강조된 것임을 보여주고 있다. 그럼에도 불구하고 이 일곱 가지 특성은 논리적으로 매우 연관되어 있다고 주장하고 있다[3)].

우리나라 체육백서에서는 스포츠 산업의 특성으로

① 복합적인 산업구조를 가지고 있다.

② 공간・입지 중시형 산업이다.

③ 시간 소비형 산업이다.

④ 오락성이 중심개념인 산업이다.

⑤ 감동과 건강을 가져다주는 산업이다.

라고 지적하고 있다.[4)]

가. 희소성과 현장성

아무리 한국영화 최고의 흥행작이라도 일정한 기간 동안 똑 같은 내용을 반복해서 보여주는 '박제(剝製)된 활동사진'이지만, 프로 야구는 6개월 동안 약 500경기가 매일 다른 것을 보여주는 '살아서 움직이는 생물' 그 자체다. 한 경기 한 경기가 완전히 다른 내용을 담고 있어 각각 다른 상품으로 취급되고 있다.

영화 '광해'를 다시 보고 싶다면 영화관으로 다시 가면 되지만 또 그것도 불가능하면 출시된 비디오를 보면 되지만 '런던 올림픽 4강전에 영국 전에서 본 기성룡 선수의 선제골'을 다시 보고 싶은 사람은 어디로 가야 하는가?

경기의 결과를 이미 알고 보는 녹화된 경기는 아무런 감동을 주지 못한다. 그래서 연속극 재방송은 흔해도 스포츠 경기 재방송은 아주 특별한 경우를

2) 정준영, 「열광하는 스포츠 은폐된 이데올로기」, 책세상, 2003, p.198.
3) 앨런 거트만 지음 송형식 옮김, 「근대 스포츠의 본질」, 나남, pp.98~100.
4) 문화체육관광부, 「2011 체육백서」, 2012. p.401.

빼 놓고는 하지 않는 것이 보통이다.

다시 말해 스포츠에서는 같은 것이 절대 반복되지 않는다는 엄청난 희소성이 있다. 이것이 최대의 매력이다. 한 게임 한 게임이 완전히 다른 상품이다. 따라서 스포츠에서 볼 수 있는 희소성은 다른 분야에서 볼 수 있는 희소성과 비교가 안 될 정도이다.

예컨대 피카소의 「게르니카」는 전 세계에 하나밖에 없는 대단히 희소한 미술품이지만 유형의 형체를 가지고 있기 때문에 관람을 원하는 사람은 어렵긴 해도 다시 볼 수 있다. 작가가 마음먹기에 따라서는 똑 같은 그림을 그릴 수 있고(이런 일이 흔히 벌어지지 않지만), 남들이 모방도 할 수 있으며, 유형의 물체로 남아 계속해서 다른 사람에게 보여진다.

예술품의 희소성도 대단하지만 스포츠에 나타나는 희소성보다는 그 심각성이 적다. 이종도 선수가 터트린 프로야구 개막전 만루 홈런은 어디에서도 다시 볼 수 없다. 녹화 화면을 본다 해도 그 감동에는 엄청난 차이가 있다.

나. 불확실성(불가측성)

불과 몇 분 후의 상황도 때로는 몇 초 후의 상황도 누구도 예측하지 못하는 것이 스포츠의 또 다른 매력이다. 스포츠는 승자와 패자를 나누는 과정이므로 어느 한 쪽이 최선을 다하지 않는 경우는 있을 수 없다.

이해관계가 상반되는 자들이 온갖 지혜를 다 내고 촌음(寸陰)을 아껴 상대를 제압하려고 하기 때문에 한치 앞을 예상할 수 없는 경우가 비일비재하다. 불과 몇 초를 잘 활용하여 승자가 된다면 그 성취감은 이 세상에서 인간이 만든 어떤 드라마보다도 더 감동적이고 감격스러운 것이다.

선수도 관중도 TV시청자도 온 국민 모두가 감동의 주인공이 되는 것이다. 스포츠는 인간이 신으로부터 부여받은 '반전(反轉)의 마술(魔術)'을 구체화시킨 분야다.

영화감독 강우석씨도 인정한 스포츠의 위력

영화감독 강우석씨가 어느 스포츠신문의 칼럼에 '스포츠와 영화흥행'이라는 제목의 글에서 다음과 같이 쓰고 있다.

"나는 야구가 싫다. 축구는 더더욱 싫다. ……(중략)……프로야구 경기가 영화흥행에 막대한 지장을 준다. 월드컵은 전국의 극장을 초토화시키기까지 한다 ……(중략)…레저에는 여러 종류가 있지만 대중들이 다이내믹한 스포츠에서 느끼는 즐거움이 역시 대단하다는 것을 알 수 있다. 확실히 스포츠는 임팩트가 강한 것 같다. ……(중략)…'한국영화가 이젠 허리우드 영화에 떨어지지 않는다'는 말이 들리는 시대이지만 아직 프로야구나 월드컵보다는 재미가 없는 것일까?" 【스포츠조선, 1999년 11월 2일자】

영화감독의 입장에서 스포츠의 매력 때문에 영화흥행이 잘 안 되는 것을 탄식하고 있다. 스포츠의 위력을 인정하면서 은근히 스포츠를 원망하고 있는 눈치다. 이유에 대해 밝히지는 않았지만 그도 상당히 체념의 상태에 있는 것 같다. 그래서 그는 그의 글 말미에 "…(중략)…내가 제작한 영화 개봉날하고 한일 프로야구 슈퍼게임날짜하고 안 겹치는지를 계산이나 해봐야 되겠다."라고 쓰고 있다.

오락성을 가지고 있다는 점에서 스포츠와 영화는 같다. 그래서 강감독이 양자를 비교한 것 같은데 저자의 생각으로는 강감독이 처음부터 영화를 스포츠와 비교하는 것이 잘못(?)이라고 생각한다. 희소성, 불확실성, 현장감에서 영화는 스포츠의 상대가 되지 않는다. 스포츠와 프로 바둑은 영화나 예술품보다 더 희소성과 불확실성이 높다.

2.2 스포츠의 대중화 · 생활화

스포츠의 대중화·생활화는 관전인구의 증가(직접 경기장에서 관전하는 경우와 방송매체를 토한 간접 관람)와 참여 인구의 증가를 의미한다. 그 원인을 경제·사회의 발전과 연계시켜 살펴보기로 하자.

먼저 국민들이 얼마나 스포츠에 참여하고 있는지를 알아보기로 하자. 주 2회 이상 규칙적인 생활체육활동 참여율 변화를 〈표 2-1〉에 나타내 보았다. 1991년 34.7%에서 2010년 41.5%로 10년 사이에 6.8%포인트 상승하였다. 경제 상황이 나빴던 2000년과 2008년에는 감소를 보였으나 전체적으로는 상승세를 보이고 있다. 또 생활체육 동호인 클럽 수의 추이를 보면 2002년 52,020개 클럽에서 1,776,604명이 참여하여 인구 대비 3.7%를 보였으나 2011년에는 74,784개 클럽에서 3,081,448명이 참여하여 인구 대비 6.3%를 보이고 있다. 클럽수에 있어서는 연 4.1%, 동호인 수에 있어서는 연 6.3% 상승하였다.

한편 관람스포츠 시장을 보면 1998년 프로 축구 관중은 211만명 이었으나 2005년 287만명, 2011년 303만명(경기당 10,709명)으로 증가세를 보이고 있다. 프로 야구의 경우는 더 뚜렷한 증가세를 보이고 있는데 2005년 364만명(경기당 6,722명), 2010년 593만명(경기당 11,141명), 2012년 715만 명(경기당 13,451명)이 야구장을 찾았다. 스포츠는 이제 많은 사람이 직접하고 보며 즐기는 일상생활이 되었음을 알 수 있다.

<표 2-1> 주 2회 이상 규칙적인 생활체육활동 참여율 변화

연도별	1991	1994	1997	2000	2003	2006	2008	2010
참여율 (%)	34.7	37.6	38.8	33.4	39.8	44.1	34.2	41.5

출처: 문화체육관광부, 「2011 체육백서」, p.187.
* 2006년까지 3년 주기, 2006년부터는 2년 주기로 조사가 이루어짐

가. 사회생산력의 향상과 여가의 증가 및 소외극복

사회의 생산력이 낮았던 근대화 이전에는 소수 귀족이나 양반을 제외하고는 거의 모든 국민이 농업, 임업, 수산업으로 대표되는 1차 산업에 종사하지 않을 수 없었다. 힘든 노동으로 인해 여가를 즐길 시간과 금전적 여력이 없었다. 그러나 산업화가 급속히 이루어지면서 노동자들의 생산성이 급속히 향상되었고 노동시간의 감소·여가 증가로 이어졌으며 건강과 노후를 위한 갖가지 운동과 건강기구에 대한 수요도 빠르게 증가하였다.

자본주의는 기본적으로 분업과 협동을 통해 발전해 왔다. 여가를 즐기려는 인간의 욕망 사회적 분업이 어우러져 직업적으로 운동을 하고 그것을 보여줌으로써 생업을 유지하는 사람이 생긴 반면 우수한 기량을 가진 선수들의 경기를 관전함으로써 대리만족을 얻으려는 수요가 증가하였다. 프로 스포츠에 대한 수요와 공급이 자본주의 발전과 맥을 같이하고 있다.

포드주의(Fordism)로 대변되는 대량생산과 테일러리제이션(Taylorization)로 표현되는 과학적 관리는 생산성향을 가져 왔지만 현대인에게 자존감을 상실한 채 일상을 살아가게 하는 인간소외(alienation)를 가져왔다. 스포츠에 대한 관심은 오락, 유희, 연예 등과 함께 이런 소외를 극복하기 위한 수단으로 적극 활용되고 있다.

사회의 생산력이 증가함에 따라 스포츠가 활성화되었으나 역으로 스포츠 활성화가 사회 생산력을 향상시키는 데 기여하는 면도 무시할 수 없다. 유럽에서 프로 축구가 발생한 지역을 보면 맨체스타, 리버플, 도르트문트 등과 같은 공업도시라는 점은 이런 사실을 방증하고 있다. 우리나라의 경제개발

역사를 볼 때 60년대초 박정희 정권은 '의욕적 · 진취적인 국민을 형성하는 체육', '산업발전의 초석이 되는 체육', '국토방위를 위한 체육'을 강조하였고 상당한 성과를 이루었다.[5] 사회주의 국가에서는 '생산체육'이라는 개념을 도입하여 의도적으로 체육을 통한 생산력 향상을 도모하고 있다.

나. 매스컴의 발전

스포츠의 대중화 시대를 선도하고 있는 것이 매스컴의 발전이다. 일례로 31일 동안 64경기가 펼쳐진 2010년 남아공 월드컵 시청자수는 전 세계적으로 263억 명에 이를 것으로 예측되고 있다. 세계 인구가 68억 명이니, 1인당 평균 4경기씩 보는 셈이다. TV, 라디오, 신문, 유선 방송, 위성방송, DMB 등 다양한 채널로 공급되는 스포츠에 대한 정보는 스포츠에 대한 수요를 기하급수적으로 증가시켰고 앞으로도 증가시킬 것으로 예상된다. 또 방송기술의 발전으로 인해 지구 곳곳에서 벌어지고 있는 스포츠 현장을 리얼타임으로 생생한 화면과 다양하고 심도 깊은 내용으로 쉽게 안방까지 전달되고 있다. 주객이 전도되어 '직접관람시장' 을 방송매체를 통한 '간접관람시장'이 압도하고 있다. 올림픽이나 월드컵 TV방영권이 천문학적인 금액으로 거래되고 있다는 사실은 이 추세를 잘 반증하고 있다. 또 방송관련 기술이 급진전되면서 경기장의 현장감이 보다 생생하게 안방까지 전달되게 되어 안방에서 세계적인 선수들의 기량을 볼 수 있게 됨으로써 스포츠 시장은 호랑이가 날개를 만난 꼴로 우리의 생활 속으로 급속히 파고들고 있다. 방송매체는 스포츠의 중간수요자가 되어 스포츠에 새로운 부가가치를 만드는 역할을 하고 있다.

스포츠 전문 유선방송과 신문도 생겨났다. 또 종합일간지가 섹션신문을 지향하면서 스포츠 면이 독립적으로 섹션화 되었고 방송에서도 특별히 시간을 할애하여 스포츠관련 뉴스를 신속하게 전하고 있다. 위성방송시대에 진입하면서 우리 위성방송은 물론 일본과 홍콩 등 인접국가의 위성방송을 통

5) 양금산 , "한국 정치변동에 따른 스포츠정책의 특징에 관한 연구," 한국 스포츠 행정 · 경영학회지,1999년 제 4권, 1호, pp. 169~183

해 세계 각국에서 벌어지고 있는 경기가 우리 안방까지 생중계 되고 있다. 스포츠이외의 다른 프로그램은 언어와 문화의 차이로 인해 많은 국민이 이해할 수 없으나 스포츠는 그러한 장벽을 뛰어넘는다. 음악이나 미술과 같은 예술이 세계 공통어이듯이 스포츠도 세계 공통어가 되었다.

다. 스포츠 스타와 현대 영웅

과거는 을지문덕, 김유신, 강감찬, 이순신 등과 같이 전쟁에서 승리한 장군이 영웅으로 추앙받던 시대였다. 다른 나라 혹은 민족과의 전쟁에서 승리함으로써 더 많은 땅, 식량, 금 은 보화를 국민들에게 가져다주었으며 민족의 자긍심도 높여 주었기 때문이다. 그러나 다른 나라를 경제적 이익을 위해 침략을 할 수 없게 된 오늘날의 최고의 영웅은 연예인, 스포츠 스타들과 기업가라고 해도 과언이 아니다.

K 팝 스타 들이 한류열풍을 일으킴으로써 우리 문화가 세계에 널리 알려지게 되었고, 경제일선에서의 첨병으로서 기업가의 과감한 투자와 전략적 판단에 의해 세계 경제전쟁에서 승리할 수 있다. 여가시간 선용과 스트레스 해소를 가져다주는 스포츠 활동은 보통사람의 일상이 되었고 스타 선수의 활약을 통해 대리만족과 희망을 얻고 있다. 후방에서 국민들의 생산성을 향상시키는 조력자로서 역할을 하고 있으며 세계적인 스포츠 대회에서 좋은 성적을 냄으로써 국위선양에 크게 기여하고 있다.

이와 같이 음악, 춤, 스포츠 등이 글로벌화 될 수 있는 이유로는 언어의 공유를 기반으로 하고 있지 않다는 점이다. 그 중에서도 스포츠는 세계 공통의 규칙이 규정되어 있기 때문에 다른 분야보다 글로벌화 되기가 훨씬 쉽다.

라. 스포츠와 건강

스포츠는 기본적으로 몸을 움직이는 것에서 출발하기 때문에 스트레스나 만성적인 운동부족으로 인해 질병에 노출되기 쉬운 현대인에게 심신의 균형을 가져다준다. 운동함으로써 체내에 있던 노폐물이나 불순물이 방출되고 신진대사가 촉진됨으로써 육체적 건강은 말할 것도 없고 정신 건강까지 좋

은 영향을 미친다. 한 개인의 육체적·정신적 건강 및 행복 증대는 사회 전체의 생산성 향상과 맥을 같이 하고 있다.

2008년 스포츠 참여 목적을 묻는 질문에 건강 유지 및 증진이 55.2%, 스트레스 해소 10.1%, 체중조절 17.3%, 여가선용 7.7%, 자기만족 4.1%, 대인관계 및 사교 3.3%로 조사되었다. 2000년 조사 때보다 건강 유지 및 증진은 10.1%포인트, 체중조절 2.6%포인트 증가한 수치를 보이고 있다.

스포츠 클럽은 청소년기 종합교육영응제

우리 교사들은 아이들과 함께 꾸준히 청소년기 종합교육영양제라고 할 수 있는 스포츠 클럽과 시합에 참여하도록하자. (중략) 청소년기 운동 부족의 결과는 반드시 중장년기 건강 부실로 나타난다. 요즘 내 주변에는 온통 "왜 어렸을 때 운동을 가까이 하지 않았던가"라며 만시지탄을 쏟아내는 중·장년층이 가득하다.

출처: 최의창(서울대 체육교육과 교수), 한국교육신문, 2012년 3월 5일

마. '하는(참여)' 스포츠와 '보는(관람)' 스포츠의 공존

현대 사회에 들어와 스포츠는 더 이상 소수의 전유물이 아니라 모든 사람의 중요한 생활의 일부가 되었다. 건강을 위해, 여가 선용을 위해, 스트레스 해소를 위해 본인이 직접 스포츠를 하는 기회도 많아졌을 뿐 아니라 종류도 많아졌다. 즉 보통사람들의 '하는(참여) 스포츠'에 대한 수요와 참여가 부쩍 늘었다. 예컨대 세계 유수의 마라톤 대회에 과거와 달리 소수 엘리트 선수만 뛰는 것 아니라 3, 4만명의 아마추어 선수들도 세계적인 선수들과 함께 뛰고 있으며 수많은 자원 봉사자와 시민들 또 수십억 세계인이 관심을 가지고 있다.

한편 스포츠의 프로화와 미디어의 발달로 인해 '보는(관람) 스포츠' 도 눈부시게 발전하고 있다. 우리는 직접 경기장에 가서 경기를 관람하든가 (직접관람)아니면 안방에서 TV를 통해 간접적으로 경기를 관람(간접관람)하고 있다. 후자가 전자보다 더 중요한 프로팀의 수입원이 되고 있다. '하는 스포츠'가 '보는 스포츠' 수요를 자극하고 '보는 스포츠'가 '하는 스포츠'를 자극하여 스포츠가 우리 생활의 일부로서 굳게 자리 잡고 있으며 이런 현상은 앞으로 더 가속화 될 것으로 예상한다. 방송매체의 눈부신 발달은 스포츠 현장의 감동과 즐거움을 전 세계에 동시에 전달하는 첨병역할을 톡톡히 하고 있다.

바. 오락성

스포츠 활동을 통해 사람들은 즐거움과 재미를 느끼고 있다. 누구나가 직접 운동을 하여 상당한 즐거움을 느낀 경험을 가지고 있을 것이다. 자기가 의도했던 대로 경기가 진행되는 횟수가 많으면 많을수록 재미를 더 느끼게 된다.

한편 자기가 좋아하는 선수가 환상적인 플레이를 했을 때 우리는 마치 내가 한 것처럼 좋아 한 경험이 있을 것이다. 또 좋아하는 선수나 팀이 상대를 이겼을 때 역시 내가 이긴 것처럼 즐겁다. 우리는 직접 스포츠에 참여함으로써 ('하는 스포츠'에서) 즐거움을 느끼고 또 '보는 스포츠'에서도 대리 만족을 얻고 있다.

사. 상업화

스포츠의 특성상 장비와 시설 및 도구를 이용하여야 한다. 스포츠가 일상화됨에 따라 관련 제조업은 물론 서비스업까지도 눈부시게 발전하였다. 각 기업도 이 대세를 놓치지 않고 직접 프로팀을 운영하던지 아니면 후원하든가 직・간접적으로 기업과 상표 이미지제고에 연결시키고 있다. 불과 몇 년 전에만 해도 생소하던 '스포츠 마케팅'이라는 용어가 이제는 보통 명사가 되었다.

프로 정규 리그이름도 앞에는 물론 아마추어 대회이름 앞에도 후원회사의

이름이 붙게 되었다. 또 아마추어 정신의 마지막 보루였던 올림픽에서도 프로 선수가 참가하고 있으며 신문 방송사와 기업이 앞을 다투어 후원하고 있다.

순수 아마추어 정신의 손상이라는 일부의 비난에도 불구하고 프로 선수를 참가시킴으로써 오히려 올림픽의 권위와 명예를 높이고 있다는 평가를 받고 있다.

2.3 스포츠의 교육적 측면

가. 제일주의(경쟁심) vs. 성실주의(평등심)

스포츠에는 이중성이 존재하고 있다. 우선 제일주의(第一主義)가 그 어느 분야보다 중요시되는 분야다. 우승자와 준 우승자와의 차이는 하늘과 땅 차이다. 예컨대 바르셀로나 올림픽 100m 시합에서 영국의 크리스티(Linford Christie)선수가 2위 선수보다 0.01초 차이로 우승하였다.

전성기를 이미 지난 선수로 평가받던 그는 전 세계인으로부터 인간승리의 신화로 회자되었으나 준우승한 선수는 자국 사람이나 관심이 좀 있지 세계 사람들은 그가 누군지도 모르고 별로 관심도 가져 주지 않았다.

불과 0.01초 차이에 너무나도 다른 대우를 하는 사람을 탓할 수 없는 것이 스포츠의 세계다. 특히 "전부 아니면 전무(all or nothing)"식의 비정한 승부가 있는 곳이 프로 세계다. 스포츠의 세계처럼 승자독식과 적자생존(適者生存)의 원리가 적용되는 분야도 찾아보기 어렵다.

그래서 올림픽 은메달리스트는 동메달리스트보다 더 만족도가 낮다는 사실은 이런 점을 잘 웅변하고 있다. 다른 분야보다도 성과가 가시화되기 때문이다. 이런 측면에서 볼 때 시장에서 벌어지고 있는 치열한 기업이나 개인간의 경쟁과 유사한 원리가 작용하고 있다고 할 수 있다.

이와는 정반대의 이념도 있다. 평등(平等) 과 성실주의(誠實主義)가 스포츠의 큰 장점임을 부인할 수 없다. 자신이 할 수 있는 최선을 시합 전이나 후에 늘 다하고 결과에 승복하고 승자를 존중하며 패자를 격려하는 스포츠

맨십은 분명 스포츠를 아름답게 만들고 있다. 여자 마라톤에서 맨 마지막에 기진맥진하여 골인하는 선수에게 세계 사람이 모두 기립박수를 보냈고 또 다른 인간 승리의 상징으로 회자되고 있다.

비인기 종목이라는 그늘 속에서도 자신의 기량을 갈고 닦아 아시아 대회에서 금메달을 목에 건 럭비대표선수들의 성실성은 공익광고에 나와 국민을 계도하기에 충분한 가치가 있다고 본다.

근대 올림픽의 창시자 쿠베르탱(Coubertin, Pierre de, 1863 ~1937)이 주창한 "올림픽은 우승하는 것보다 참가하는 데 목적이 있다"는 말은 결과에 관계없이 최선을 다하는 인간의 성실성을 칭송하는 말이며 스포츠 정신의 핵이다.

2등은 필요 없고 1등만 대접받는 제일주의만이 판치는 곳인 동시에 끝까지 최선을 다한 꼴찌에게도 기립박수를 쳐주는 곳이 스포츠 세계이며 이러한 이중성이 또 다른 묘미를 주고 있다. 스포츠가 가지고 있는 제일주의(第一主義)와 성실주의(誠實主義)는 일상생활을 살아가면서 배우고 명심해야 할 정신자세라고 본다. 이런 의미에서 젊은 학생들에게 스포츠를 통한 인간교육도 결코 가볍게 볼 수 없다. 체육교육의 중요성은 아무리 강조하여도 지나침이 없다.

나. 불굴의 의지와 인내심 함양

스포츠는 우리에게 끝까지 자기 본분을 지키고 최선을 다하는 사람에게는 그에 상응하는 행운과 성과를 가져다준다는 교훈을 가르쳐 주고 있다. "골프는 장갑을 벗을 때까지 알 수 없다" "야구는 투아웃 이후부터다" "주심의 휩슬이 울려 봐야 안다"라는 말이 있다. 가장 유명한 말은 전설적인 포수 요기 베라(1925~)가 한 말 "끝날 때까지 끝난 게 아니다(It ain't over till it's over)"이다.

또 부상 등으로 인해 슬럼프를 경험했던 스포츠 스타가 불굴의 의지로 재기하는 모습을 보면 한편의 감동적인 인간 드라마라고 아니 할 수 없다.

"지금 뒤졌다고 포기하지 말고 앞섰다고 자만하지 말며 꾸준히 자기 일을

소신을 갖고 하노라면 좋은 결과를 얻을 수 있다", " 부상과 같은 외부적 요인으로 인해 기량을 펼 수 없는 시기가 있더라도 좌절하지 않고 자신을 위해 꾸준히 노력하면 그 성과를 얻을 수 있다", "열심히 했다면 하늘이 알아 줄 것이다[6]", " 죽기 살기로 하니까 졌는데 죽기로 하니까 이겼다"[7]는 교훈을 스포츠에서 배울 수 있다.

하다가 중도 포기하는 유약한 사람들에게 특히 청소년들에게 그 교훈의 의미는 남다르다고 하겠다. 끝까지 포기하지 않고 최선을 다하였기에 영웅이 된 선수, 남들이 모두 한물갔다고 평가를 들으면서도 자신을 연마하여 재기에 성공한 선수의 이야기에서 우리는 불굴의 의지와 도전 정신을 배울 수 있다.

다. 정직성과 정확성

스포츠는 정확하고 정직하다. 스포츠 분야는 다른 분야에 비해 노력과 가시적 성적에 의해 설명되는 부분이 많다. 홈런 왕 이승엽 선수는 "혼이 담긴 노력은 결코 배신하지 않는다"라는 말을 좌우명으로 삼고 있다[8].

동계훈련 기간 동안 피나는 훈련의 결과가 바로 그 다음 시즌에 확실히 나타나고 있다.

피나는 노력은 그에 상응하는 값진 열매를 가져다 준다는 평범한 진리를 몸으로 보여 주고 있으며 우리에게 신념과 희망을 주고 있다. 그래서 많은 사람들은 스포츠 스타의 정직한 땀방울과 성과에서 대리만족을 느끼고 있다.

또 스포츠에서는 정확성이 요구되고 있다. 특히 기록경기에서는 더욱 그렇다. 0.01초를 다투는 피나는 경쟁이 스포츠에서는 비일비재하게 벌어지고 있다. 보다 좋은 성적이나 기록을 낸 사람만이 생존하는 스포츠세계의 특성상 정확성은 또 하나의 특징이다.

---

6) 2012년 런던 올림픽 그레코로망 66kg급에서 금메달을 딴 김현우선수의 말이다.
7) 2008년 베이징 올림픽에서는 은메달을 땄던 김재범 선수가 런던 올림픽에서 금메달을 딴 후 한 말이다.
8) 이 좌우명은 이승엽선수의 고향선배인 이정훈 감독(전 빙그레 선수)의 것이지만, 이승엽 선수에 의해 더 널리 알려지게 되었다.

라. 도전정신

새로운 기록에 계속적으로 도전하는 인간의 모습을 스포츠에서 흔히 볼 수 있다. 성실하게 자신의 기록이나 과거의 최고 기록을 깨려고 노력하는 모습은 아름다운 도전정신을 보여주고 있다. 특히 장애인들이 스포츠현장에서 보여주고 있는 백절불굴(百折不屈)의 정신은 더 감동적이다.

무한 경쟁사회에 살고 있는 우리들에게 스포츠는 새롭게 인간의 한계나 새 기록에 도전하는 모습을 보여주고 있다.

스포츠 세계에서 쓰고 있는 “영원한 승자는 없다”, “깨지지 않는 신기록은 없다”, “기록은 깨지기 위해 있는 것이다”, “나는 여전히 배고프다”라는 격언들은 도전정신을 고무시키기에 충분하다.

마. 공정성과 결과에 대한 승복

또 하나의 매력으로 공정성과 결과에 대한 승복을 들 수 있다. 경기장에서는 정해진 규칙은 어느 편에게나 동일하게 적용되며 그 규칙에 따라 정정당당히 경쟁하고 결과에 승복하는 모습이야말로 시장경제 사회에서 살아가고 있는 우리들이 배워야할 규범이라고 생각한다.

최근에는 판정시비에 대해 전자호구 나 비디오 판독과 같은 과학적 방법을 과감하게 도입함으로써 결과에 승복하는 분위기를 더 고조시키고 있다.

바. 근면 · 성실성

성실하게 땀을 흘리지 않고는 성과가 나지 않는 것이 스포츠의 속성이기 때문에 무수한 시련을 이기고 자기 분야에서 최고에 오른 스포츠 스타는 어렵고 힘들고 더러운 것을 싫어하고 기피하는 요즈음 젊은이에게 좋은 모델이 될 수 있다.

인간의 한계에 도전하면서 자신과의 싸움에서 일단 승자가 되어야 남과의 경쟁에서 이길 수 있다는 진리를 스포츠 스타들은 몸으로 우리에게 가르쳐주고 있다.

"끝까지 포기하지 말라, 자만하지 말라"

첫번째 이야기 : 박세리의 투혼

박세리(당시 19세)가 1998년 US 오픈 골프대회 18홀에서 보여준 맨발의 투혼은 마지막까지 최선을 다하는 인간이 얼마나 아름다운가를 보여준 한 편의 드라마다.

두번째 이야기: '역전(逆戰)의 명수(名'手) 군산상고의 등장[9)]

1972년도 황금사자기 쟁탈 고교야구 결승전에서 있었던 일이다. 9회 말 2사 때까지 부산고교가 4대1로 앞서고 있어 우승을 그야 말로 목전에 둔 상황이었으나 이후에 군산상고가 대량득점을 하여 역전우승을 하였다. 그 이후 군상상고는 '역전의 명수', '역전의 대명사'로 불리게 되었다.

세번째 이야기 : 기아의 기적 같은 대 역전승

2009년 한국 시리즈 6차전까지 기아와 SK 는 3승 3패를 이루었다. 1,2,5 차전을 기아가 이겼기 때문에, 7차전은 기아가 유리하지 않나 생각하였으나, 6회 초까지 1대 5로 뒤졌으며 패색이 짙었다. 그러나 6회 말과 7회 말에 각각 2점씩을 뽑아 동점을 만든 후 9회 말 나지완선수가 끝내기 1점 홈런을 쳐 대 역전승을 하였다. 한국 시리즈 사상 두 번째 끝내기 홈런이었다.

경기 전 연습 과정에서 최선을 다하고, 자신과 상대에 대해 알고 분석하고, 세계와 정정당당히 싸우고 결과에 승복하고 다시 승리를 위해 비겁한 수단을 쓰지 않고 성실하게 피, 땀, 그리고 머리(지식)를 써 다음 기회에는 승리하고자 노력하는 자세야말로 경쟁력의 기반이 될 수 있다.

사. 협동정신

스포츠는 개인경기와 단체경기로 나뉜다. 선수 한 사람 한사람의 노력이 합쳐져 조화를 이룰 때 전력이 극대화되어 좋은 성적을 내는 단체경기에서는 말 할 것도 없고, 개인 경기에서도 협동심이 요구된다. 비록 육상, 체조, 수영과 같은 개인 경기라도 선수 뒤에는 감독, 코치, 협회임원 등 많은 사람들이 뒷바라지를 성심껏 해주고 있다. 선수와 그들이 어떻게 협력하고 있는가에 따라 성적이 결정된다. 이렇게 보면 이 세상에 독불장군 없듯이 스포츠에서도 엄밀한 의미의 개인 경기란 없다. 스포츠를 통해 협력의 중요성을 체험할 수 있다.

---

9) 박흥식감독, 정준호 출연 '역전(驛前)의 명수'라는 영화의 배경이 군산 역 앞(역전)이고 주인공 이름이 명수라는 설정은 결코 우연한 일이 아니다. 또 1977년 '고교열전 자! 지금부터 야'라는 제목으로 영화가 만들어지기도 하였다.

양준혁의 인터뷰

○ 질문: 구장을 떠났지만 기록은 남는다. 뭐가 제일 애착이 가나.

○ 양준혁: 프로야구 18년 생활에서 통산 최다안타(2,318개), 통산 최다홈런(351개) 등을 수립했다. 그러나 가장 기억에 남는 건 사사구(볼넷·1,380개)다. 타자라면 누구나 다 때리고 싶어 한다. 나라고 왜 욕심이 없겠나. 특히 득점 찬스 때면 더 그렇다. 하지만 참아야 할 순간도 많았다. 진루가 더 중요하니까. 뒤 타자에 이승엽 같은 선수들이 있으면 일단 내가 나가야 다 득점을 한다. 사사구로 베이스를 밟는 건 팀을 위한 일이었다. 그건 나를 포기하는 게 아니라 살리는 길이었다."

운동화 신은 뇌

0교시 체육시간을 지속적으로 실시한 후 미국 대학 입시시험과 국제 수학·과학성취도평가에서 우수한 성적을 거둔 일리노이주 네이퍼빌 센트럴고교에서는 학기 초에 비해 학기 말의 읽기와 문장이해력은 17%증가하였고 성적은 0교시 체육시간에 참가하지 않은 아이들보다 2배 높게 나타났다.

출처: 존 레이터·에릭 헤이거먼, 「운동화신은 뇌」, 북섬, 2009.
한국교육신문, 2012년 7월 9일

2.4 스포츠와 애국심 고취 및 국위 선양

스포츠는 애국심과 국위 선양과도 연결되어 있다. 비록 20년 전 조사이지만 〈표 2-2〉에서 볼 수 있는 바와 같이 우리 국민은 해방 이후 가장 자랑스럽게 생각하는 일로 서울 올림픽 개최를 들고 있다. '한강의 기적'이라고 까

지 칭송 받고 있는 경제개발보다 더 자랑스럽게 생각하고 있다는 사실에서 스포츠가 가지고 있는 국민화합 고조 기능과 국위선양 효과가 얼마나 대단한지를 보여 주고 있다.

일제 때 손기정 선수 시상식 사진 중 일장기 말소 사건의 주인공 이길용 기자, 엄복동 선수, 서윤복 선수 등 민족의 울분을 일거에 씻게 해 주었고 민족 자긍심을 고양시켜 주었다. 해방 후에는 아마추어로서는 양정모선수, 여자탁구의 이에레사·정현숙선수, 여자농구의 박신자·박찬숙, 마라톤의 황영조·이봉주 등이, 프로에서는 고(故) 김기수, 류제두, 홍수환, 유명우, 장정구 등 권투선수가 국위를 선양했고, 차범근, 선동열, 이종범, 박찬호, 박지성 등 구기종목 선수들이, 그리고 최경주, 양용은, 박세리, 신지애, 최나연 등 골프 선수들이 일본과 미국에서 민족의 저력을 과시하고 있다. 중요한 국가대항전이 벌어지는 날이면 온 국민이 하나 되어 응원하고 환호하는 일이 한 두 번 아니었다.

<표 2-2> 해방 이후 우리나라에서 가장 자랑스럽게 생각하는 일

서울올림픽	경제발전	남북UN동시가입	6 · 29선언과 민주화	남한단정수립
40.3	36.7	4.6	3.4	2.7

자료 : 공보처, 「국민의식조사」(1992년 8월)

요즈음은 국가 대항전은 물론 일개 프로 선수의 일거수 일투족에 환희를 보내고 있다. 한국 프로 야구팀은 지역 연고지가 있지만 이대호 선수가 뛰고 있는 일본 오릭스 브레이브스, 추신수 선수가 소속된 미국 신시네트 레즈, 류현진 선수가 있는 LA 다저스는 한반도 전체가 연고지라고 해도 과언이 아니다. 한마디로 어느 분야보다도 먼저 스포츠는 세계화되었고 스포츠처럼 효과적으로 국민들을 한 곳으로 모으게 하는 마력을 가진 분야는 없다.

우리나라와 같이 작은 나라에게는 국가 이미지 제고가 필요한데 스포츠가 그 역할을 잘 하리라고 기대된다.[10) 김연아 한사람이 외교관 수 십 명의 몫

10) 스포츠교류에서부터 외교관계를 정상화시킨 예로는 1970년대 초 중국과 미국과의 핑퐁외

이상을 했다는 말이 결코 과장이 아니다. 또 분단국으로서 남북간의 체육교류는 다른 어떤 부문의 교류보다도 민족의 동질감을 확인하고 응집시킬 수 있는 중요한 기능을 하고 있다. 남북한 단일팀이 이루어낸 여자 탁구 우승, 단일 청소년 축구팀 구성, 남북 노동자 축구시합, 현대 농구단의 방북 경기 등에서 그 예를 찾을 수 있다. 비정치적이고 비 이념적이고 이해관계가 상반될 가능성이 적은 스포츠야말로 민족의 소원인 남북통일의 최선봉에 서 통일을 앞당기는 견인차가 될 것임을 믿어 의심치 않는다.

서울 올림픽 개막식 장면

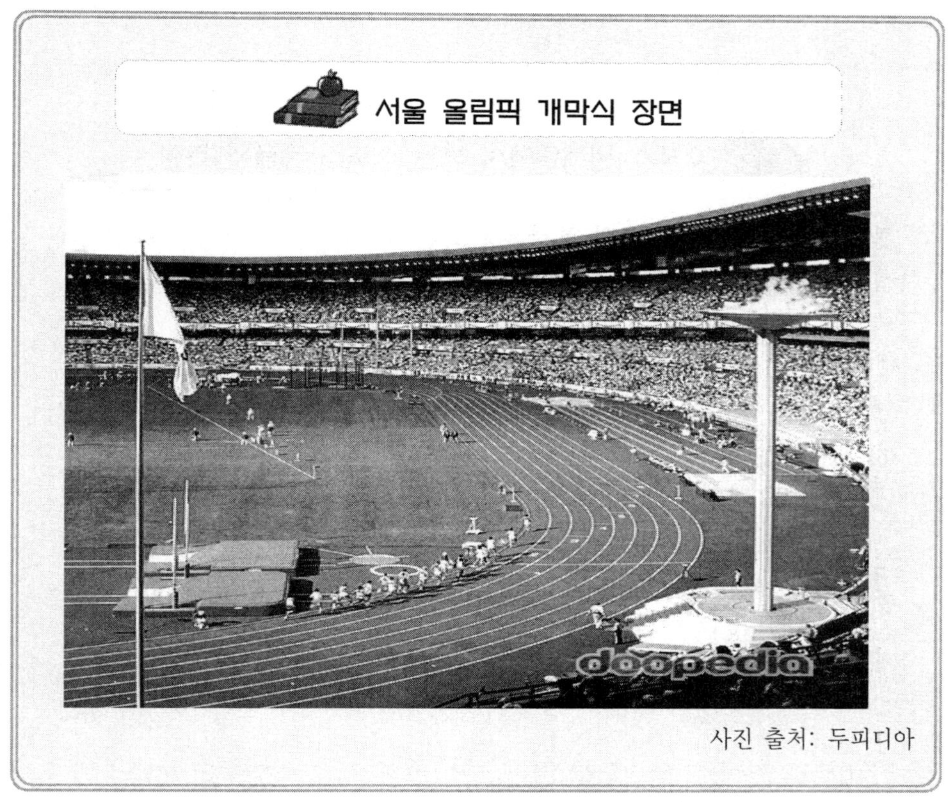

사진 출처: 두피디아

북한에서는 최근 들어 과거와는 달리 집단체육보다는 유도, 역도, 스케이팅과 같이 개인위주의 스포츠가 더 각광을 받고 있다고 한다. 그 이유로 김

교를 들 수 있다.

정은의 유학경험이 크게 작용한 것이라고 전문가들은 설명하고 있다. 더불어 개인위주의 운동의 활성화는 사회주의체제에 저항적 요소가 될 수도 있음을 지적하고 있다[11].

오늘날 스포츠는 만국 공통어가 되었으며 스포츠 시장에서 국경이라는 장벽이 희박해졌으며 앞으로는 더욱 가속화될 것이라고 본다. 보다 큰 무대에서 뛰고 싶은 선수들의 욕심이 현실화되어가고 있다. 예컨대 우리나라의 씨름은 우리만 보는 것이 아니라 위성방송을 통해 세계인이 보게 되는 한국산 세계 스포츠가 되어가고 있다.

스포츠 마케팅에서 보는 스포츠 제품의 특성

관람·참여 스포츠 제품의 특성으로 꼽은 6가지 특성[12]과 필자가 지적한 특성을 연결시켜 보았다.

① 무형성(intangibility)과 주관성(subjectivity) --- 희소성, 현장성
② 비 일관성(inconsistency)과 비 예측성(unpredictability) --- 불확실성
③ 제품 소멸형(product perishability) --- 희소성, 현장성
④ 감정적 애착과 동일시 현상(emotional attachment and identification) --- 대중성
⑤ 공공 소비성(public consumption)과 사회 촉진 역할(social facilitation role) --- 대중성
⑥ 초점(focus)과 통제 장소(locus of control) --- 불확실성

11) KBS 남북의 창, 2013년 1월 19일 방송.
12) 김치조, 「스포츠 마케팅」, 태근문화사, 1993, p.8~10.

2.5 스포츠의 역기능과 비판

앞에서 스포츠가 가지고 있는 많은 장점을 지적했지만 역기능도 만만치 않다.

첫째, 자원의 낭비를 야기할 가능성 있다. 스포츠는 인간의 정신적·육체적 만족을 후방에서 높여줌으로써 간접적으로 생산력 증가에 기여하고 있으나 생산 행위 그 자체는 아니다. 사회가 더 복잡해지고 분업화됨에 따라 그 중요성이 더해가고는 있으나 당장 유용한 자원을 늘이는데 기여하는 정도는 불투명하다. 또 스포츠에 대한 투자가 가지고 있는 기회비용(機會費用)[13]도 만만치 않다. 국민의 혈세(血稅)로 지은 경기장이 소수를 위해서만 쓰인다면 자원의 효율적 배분이라고 할 수 없다. 그 돈이면 주민 숙원사업 하나를 해결하는 것이 어쩌면 더 현명할 수도 있다.

둘째, 정치적으로 악용될 소지도 많다. 종래에는 스포츠, 섹스, 스크린으로 대변되는 3S의 하나로서 우민정책(愚民政策)의 한 수단으로 평가 절하된 적도 있으며, 실제로 독재자들이 스포츠를 사회 불만을 없애기 위한 수단으로 교묘히 사용하였던 부끄러운 과거도 부인할 수 없다[14]. 1936년 독일의 히틀러가 올림픽을 게르만족의 우수성을 과시하기 위한 수단으로 이용했다는 부끄러운 과거가 있으며, 우리나라에서도 정통성이 빈약했던 과거 정권이 스포츠를 통해 정권의 정당성을 획득하려고 하였음을 부인할 수 없다.[15] 특히 사회주의 국가에서는 체제우위를 과시하기 위해 정치적으로 악용하는 예가 비일비재하다.

최근 들어서는 관중이 만든 대형 걸개에 적힌 애국적인 문구나 선수들의 세레머니가 다른 나라 국민을 자극하여 외교문제로 비화되는 경우를 쉽게

---

13) 기회비용에 대해서는 이 책 제 3장 4절 참고.

14) 스포츠를 통해 국가에 대한 충성심을 기르게 하는 인위적인 노력을 '패트리어트 게임'이라고 부른다.

15) 김학균·남정석·배성민, 「기억을 공유하라! 스포츠 한국사」, 이콘, 2012.

볼 수 있다. IOC를 비롯한 국제 경기 연맹에서는 이런 맹목적인 민족주의 언행을 자제하도록 노력하고 있으나 가끔 잘 지켜지지 않은 경우가 발생하고 있다. 경기장은 스포츠 이외 분야에서의 상대방의 잘못을 지적하는 장소로 이용되어서는 안 될 것이다. 정해진 규칙에 땀 흘리며 경쟁하는 선수들의 멋진 투혼에 국적을 초월하여 찬사를 보내는 분위기 조성이 절실하다고 하겠다.

셋째, 시장경제체제의 건전한 경제윤리를 왜곡시킬 가능성도 있다. 프로스포츠가 성행하면서 노골적으로 사람의 몸값을 매기고 심지어는 TV 중계에서 얼마짜리 선수라고 해설자가 친절히(?) 소개하는 일이 벌어지고 있다. 자라나는 청소년들에게 꿈과 희망을 주는 밝은 면이 있는 반면 사람을 돈으로 평가하는 황금만능주의 시각을 줄 가능성이 있으며 보다 생산적인 미래에 관심을 갖고 노력해야 할 그들을 오도(誤導)할 수도 있다[16].

스포츠 분야에서 성공하기 위해서는 1) 지능, 2) 타고난 신체조건 3) 꾸준한 투자 4) 후견 5) 좌절(부상)과 재기를 극복할 수 있는 강인한 정신력 등을 필요로 하고 있다. 운동이 공부보다 몇 배 힘들다는 말이 결코 틀린 말이 아니다. 사실 스포츠 스타들은 보통사람이 상상도 못할 정도의 노력, 고통, 좌절을 극복한 사람들이다. 겉으로 나타나는 화려함에만 현혹되어 보통 사람들이 특히 청소년들이 언뜻 보아 스포츠 스타들이 힘 안 들이고 엄청난 수입을 올리는 것으로 보고 너도나도 운동으로 성공해 볼까하는 망상에 사로잡힐 수도 있다. 모든 청소년들을 과학자로 만드는 '과학 왕국'이 우리의 이상이 아니듯 '스포츠 왕국'도 분명 우리가 지향해야 할 미래가 아니다.

넷째, 승리 제일주의에 의한 인간성 상실을 지적할 수 있으며 승리에 대한 과도한 집착으로 인해 선수의 일탈행위(逸脫行爲)와 부정행위를 유도하는 경우도 있다. 선수들의 일탈행위로는 약물·마약복용, 폭력, 부정행위, 고의적인 파울. 경기조작, 승부조작 등을 들 수 있다. 최근 들어서는 경기장에서의 상대방선수에 대한 지나친 야유, 경기 방해, 경기장 난입, 인신모욕적인

16) 전남 하석주 감독은 너무 부풀려진 축구선수의 몸값을 개탄하였다. "웬만한 선수라면 7~8억원이고 10억원은 돈이 아니라는 느낌이 든다. 이런 높은 몸값이 과연 K리그 실정에 맞는 것인지 냉정하게 되돌아봐야한다"고 말했다.

비난 등 관중들의 불법행위와 일탈행위도 문제가 되고 있다. 또 승부에 대한 집착으로 인해 경기 중 선수나 시즌 중 스포츠 감독의 사망 등 상당한 부작용을 낳고 있다. 즉 승자독식의 성과제도가 지배하고 있어 배타적이고 비인간적인 요소도 무시할 수 없다.

다섯째, 최근 들어서는 환경파괴의 주범으로 비난받고 있다. 대형 스포츠시설이 설립되면서 주변의 환경을 훼손할 가능성이 커지고 있다. 특히 골프는 경치 좋은 산을 크게 훼손시킬 뿐 아니라 농약을 사용하기 때문에 환경파괴의 주범으로 비난받고 있다. 대형 경기장 건립과 골프장 건립을 반대하는 환경단체의 모습을 쉽게 만날 수 있다.[17] 이와는 반대로 최근에는 친 환경적인 스포츠시설을 지으려는 노력이 상당히 주목받고 있다. 특히 새 천년 첫 올림픽인 시드니 올림픽에서는 친 환경적인 시설을 지어 '스포츠와 환경의 조화'라는 새로운 화두를 우리에게 던져주고 있다.[18]

여섯째, 사행성과 연계됨에 따라 경기조작, 승부조작과 같은 범죄가 발생하고 있다. 선수가 연류 되는 경우도 있으며 도박꾼들이 개입하여 스포츠 정신을 훼손하는 경우도 많이 볼 수 있다. 이런 나쁜 유혹에 빠졌던 어린 선수들이 스스로 목숨을 끊는 일이 발생하여 우리 모두를 안타깝게 만들고 있다.

일곱째, 폭력성을 들 수 있다. 폭력 그 자체를 상품화시킨 종목(예를 들어, 격투기, 권투 등)에서는 폭력을 정당화시키고 있으며 가끔 사망사고가 발생하는 경우도 적지 않다. 승리를 위해 선수간의 폭력이 심심치 않게 벌어지고 있으며 훌리건이라고 불리는 극성 팬들간의 싸움에 의해 사망에 이르게 하는 경우도 심심치 않게 볼 수 있다.

여덟째, 우상으로 존경받던 스포츠 선수의 탈선·위법·불법 심지어 위선행동은 사회에 대한 불신을 넘어 인간에 대한 믿음까지도 저버리게 하고 있다. 스포츠 스타는 각고의 노력이 있어야 가능하다. 하물며 다른 사람보다 선천적으로 열악한 사람이 이룬 성취는 인간승리의 상징으로 많은 사람들의

17) 메이저리그 플로리다의 새 구장 건설에 환경단체가 반기를 들었다. 도시환경연합(Urban Environmental League)은 "비스케인 베이에 있는 녹음이 우거진 200주년 기념공원에 야구장을 짓는 것은 환경파괴"라며 반대의 뜻을 밝혔다. 스포츠조선, 1999년 11월 29일자.
18) 중앙일보, 2000년 3월 14일자.

귀감이 되고 있다. 하지만 고환암을 극복했다고 칭송받은 랜스 암스트롱과 의족 육상 선수 피스토리우스의 위선행위는 많은 세계 사람들에게 실망을 주기에 충분하였다.

시대에 따른 스포츠의 의미

1940~1960년대	스포츠는 눈물이자 희망이다.
1970년대	스포츠는 감동이다.
1980년대	스포츠는 즐거움이다.
1990년대	스포츠는 의로다.
2000년 이후	스포츠는 미래다.

김학균 외 2인, 「기억을 공유하라! 스포츠 한국사」, 이콘, 2012.

이상에서 스포츠가 우리 생활에 가져다줄 수 있는 역기능들을 정리해 보았다. 세상 모든 일이 그렇듯이 단점 없는 것은 이 세상에 존재하지 않는다. 스포츠도 예외가 아니다. 중요한 것은 많은 사람들이 지혜를 모아 일상화된 스포츠를 인간의 삶의 질을 향상시키는데 기여할 수 있도록 제도와 여건을 만들고 실천하는 일이다. 불행히도 스포츠는 정치적 현상임을 부인할 수 없다. 그러나 정치를 뛰어 넘는 가치를 가지고 있음을 간과해서는 안 될 것이다.

현실적으로 볼 때 스포츠와 스크린은 이제 인간의 삶을 풍요롭게 하는 훌륭한 수단으로 우대 받고 있으며 관련 산업은 문화산업으로 새로운 시대에 각광받는 미래 산업으로 부상하였다.[19] 이제 더 이상 소수만 즐기고 국민을 어리석게 만드는 수단으로서의 스포츠와 스크린은 그 존재가치가 소멸하였고 대중 참여시대라는 새로운 시대의 개막에 진입하였다. 이미 급류를 타기 시작한 이 흐름은 앞으로 더욱 가속화 될 것으로 전망된다.

19) 김화섭, 「재미있는 스포츠 돈버는 마케팅」, (주)살림출판사, p. 50~54

※ 여기에서 (기출)문제란 스포츠경영관리사 시험에서 이미 출제되었던 문제를 말함

주관식

1. 스포츠의 정의와 특성

2. 스포츠의 긍정적인 측면과 부정적인 측면을 쓰시오.

3. 스포츠의 교육적인 측면에 대해 쓰시오.

4. 영화와 스포츠 관람의 유사점과 차이점에 대하여 쓰시오.

객관식

1. 우민화 정책으로 악용되고 있다고 비판을 받고 있는 소위 3S 에 속하지 않는 것은?

① 스크린 ② 섹스 ③ 스피드 ④ 스포츠

2. 스포츠에 관한 명언과 발언자를 잘못 연결한 것을 고르시오.

① 내가 가장 소중하게 생각하는 기록은 사사구 기록이다 -- 양준혁

객관식 문제 정답 1. ③ 2. ③

② 끝날 때까지는 끝난 것이 아니다 -- 베라
③ 올림픽은 우승하는 것보다 참가하는 데 목적이 있다 -- 사마란치
④ 열심히 했다면 하늘이 알아 줄 것이다 -- 김현우

3. 스포츠의 역기능이라고 모두 지적되는 것을 고르시오.

① 승부에 대한 과도한 집착
② 스포츠 맨 십
③ 정치적 악용
④ 도박, 마약 등 불법행위 가능성

4. (기출)다음 중 관람 스포츠나 참여 스포츠와 연관된 스포츠 산업의 특성이 아닌 것은?

① 시간소비형 산업이다.
② 공간 입지 중시형 산업이다.
③ 오락성이 중시되는 산업이다.
④ 단일한 산업으로 타 산업과 관련이 없다.

5. (기출)다음 스포츠산업이 성장할 수 있는 배경이 아닌 것은?

① 주5일 근무가 전면 확대되고 있다.
② 우리나라 국민소득이 지속적으로 증가하고 있다.
③ 국내 영화나 음반 산업이 비약적으로 성장하고 있다
④ 인터넷으로 스포츠경기 일정 등 정보를 쉽게 얻을 수 있다.

6. (기출) 다음 중 스포츠 산업이 지속적인 성장한 배경과 가장 거리가 먼 것은?

① 주 5일 근무제의 확산
② 국민소득 증가
③ 정보통신 기술의 발달
④ 대학 진학률 증가

---

3. ①,③,④ 4. ④ 5. ③ 6. ④

제3장

경제학과 스포츠의 관련성

"근대 스포츠의 본질 - 제례의식에서 기록추구로"

앨언 거트만

학습목표

- 경제학과 스포츠의 관련성
- 스포츠 경제학이란?
- 스포츠 경제학에 응용 가능한 8대 경제 원리
- 기본적인 경제학 용어
  기회비용, 비교우위, 한계효용체감의 법칙, 한계생산력체감의 법칙, 사랑싸움게임

3.1 경제학과 스포츠의 관련성

경제문제는 희소성 때문에 발생하며 경제학은 이 문제에 대한 대답을 제공하는 학문분야이다. 스포츠야말로 희소성이 가장 극명하게 나타나는 분야라는 것을 앞 장에서 언급하였다. 프로 스포츠가 성행하게 되면서 효용(만족)극대화를 추구하는 소비자의 행동원리와 이윤극대화를 추구하는 기업의 행동원리가 스포츠에 그대로 적용될 수 있다. 스포츠 시장에 참여하는 모든 경제주체(예를 들어 스포츠 기구 용품생산자, 프로스포츠 구단, 선수, 골프장 등)들은 예외 없이 희소성문제와 그 어느 분야보다도 치열하게 싸우고 있다. 따라서 앞으로는 경제학이 스포츠 현상과 시장에 대해 설명하는 영역이 더 확대될 것으로 예상된다.

아마추어와 프로의 구분 없이 스포츠가 생활의 일부로 자리 잡은 지는 벌써 오래 전 얘기다. 스포츠가 현재 시장경제 원리에 의해 움직이고 있고 일상생활의 일부인 이상 그것이 움직이는 원리는 당연히 "인간의 일상생활을 다루는 학문"인 경제학의 사정(射程)권 내에 들 수밖에 없다. 필자는 경제학이라는 총으로 우리의 일상이 된 스포츠 현상과 스포츠 시장을 사냥하고자 한다.

앞장에 언급했듯이 경제 발전에 따라 '하는(행위) 스포츠 '와 '보는(관람) 스포츠' 모두 빠르게 성장하고 있으나 후자의 성장이 더 크다. 행위 스포츠는 용구 용품을 사용하기 때문에 제조업과 관련성이 깊고 관람 스포츠는 순전히 서비스업이다. 이 책은 관람 스포츠를 주 분석대상으로 하고 있다.

특히 프로 스포츠가 활성화되면서 경제학이 설명할 수 있는 영역이 급속히 증가하였다. 예컨대 프로 구단은 기업과 같이 이윤극대화 주체로 설명할 수 있다. 어느 선수를 스카웃할 것인가 계약금과 연봉을 얼마로 정할거냐 등 기업이 신입사원을 뽑으면서 부딪치는 고민과 기본적으로 같다. 반면 선수의 입장에서는 팀 선택, 계약금과 연봉 협상 등의 결정이 한마디로 경제행위에 속한다. 따라서 이 책의 많은 부분이 프로 스포츠의 초점에 맞추어져 있다.

맨큐의 경제학 책을 보면 농구스타 르브론 제임스의 사진은 9페이지에 나오지만 경제학의 아버지인 아담 스미스의 초상화는 15페이지에 나온다. 맨큐는 제임스가 기회비용과 경제적 유인이라는 경제학 원리를 잘 이해하고 행동인 인물로 소개하고 있다. 이렇듯 스포츠 시장과 경제학은 매우 밀접한 관계를 맺고 있다.

영화 머니 볼: 스포츠와 경제학의 만남

메이저리그 만년 최하위에 그나마 실력 있는 선수들은 다른 구단에 뺏기기 일 수인 '오클랜드 애슬레틱스'. 돈 없고 실력 없는 오합지졸 구단이란 오명을 벗어 던지고 싶은 단장 '빌리 빈(브래드 피트)'은 경제학을 전공한 '피터'를 영입, 기존의 선수 선발 방식과는 전혀 다른 파격적인 '머니볼' 이론을 따라 새로운 도전을 시작한다. 그는 경기 데이터에만 의존해 사생활 문란, 잦은 부상, 최고령 등의 이유로 다른 구단에서 외면 받던 선수들을 팀에 합류시키고, 모두가 미친 짓이라며 그를 비난한다.

출처: 네이버 영화 소개

스포츠에서는 일정한 규칙에 따라 경기자가 경기를 하여 승패를 가리는 일을 주로 하고 있다. 이것은 공평성(公平性, equity)[1]이 확보된 틀 안에서 효율성(效率性, efficiency) 추구라고 말할 수 있다. 따라서 공평성은 이미 전제되어 있기 때문에 주로 효율성에 초점을 맞추지 않을 수 없다. 그러나 가끔 이 문제를 다룰 때도 있다.

이 책은 경제학의 시각에서 볼 때 "이러한 스포츠 현상은 이런 개념으로 이렇게 설명될 수 있다"라는 논조가 주를 이루고 있다. 즉 경제학 실증적 분석(實證的 分析)[2]의 스포츠에로의 응용이 주목적이다. 그러나 가끔 "이렇게 하는 것이 더 바람직하지 않겠는가"하는 글도 있지만 어디까지나 제안 정도에 그치고 있다.

3.2 스포츠 경제학

최근 들어 스포츠 경제학(Sports Economics, The Economics of Sports)이라는 독립된 영역으로 관심을 받게 이르렀다. 1956년 사이먼 로텐버그(Simon Rottenberg)가 발표한 "야구 선수의 시장(The baseball players' market),"이라는 논문이 효시라고 평가받고 있다[3].[4] 2000년부터는 미국 스포츠 경제학회가 창립되어 정기적으로 학술지 Journal of Sports Economics (JSE)를 발간하고 있다.[5] 또 대학에서도 활발하게 연구가 되고 있는데 MIT 대학교는 MIT Sloan sports Analytics conference를 2007년부터 개최하여 스포츠 선업에 대한 체계적인 분석을 주도하고 있다. 2007년

1) 희소자원 활용의 혜택이 사회 구성원에게 공정하게 분배되는 속성을 일컫는다.
2) 실증적 주장(實證的 主張, positive statements): 현실이 어떠하다는 주장을 일컫는다. 이와는 대조적으로 현실이 어떻게 되어야 한다는 주장을 펴는 것을 규범적 주장(規範的 主張, normative statements)이라고 한다.
3) Rottenberg, S, "The baseball players' market," *Journal of Political Economy* 64, 1956, pp.242∼58.
4) 스포츠 경제학의 연혁에 대해서는 Leo H. Kahane, Todd L. Idson and Paul D. Staudohar, "Introducing a New Journal", *Journal of Sports Economics,* 2000.p.3∼10.
5) 미국 스포츠 경제학회의 홈페이지는 http://jse.sagepub.com/이다.

첫 모임에는 175명이 참가하였으나 2013년에는 2,700명으로 급증하고 있다. 스포츠 산업이 관전의 대상에서 연구의 대상으로 부상하고 있음을 보여주는 좋은 예이다.

스포츠 경제학이 발전하게 된 배경으로는 첫째 스포츠의 문화적 중요성이 커졌다. 둘째 프로 스포츠는 공급자간의 경쟁이 있는 반면 라이벌의 협조 없이는 공급이 불가능하다는 매우 특이한 점을 특징으로 하고 있다. 셋째 스포츠 시설이나 행사에 정부가 적극 참여하려고 함에 따라 비용- 편익분석과 같은 경제학적 분석도구가 사용되게 되었다. 넷째 스포츠 산업은 경제학 이론을 테스트하고 적용하는 데 매우 좋은(marvellous) 실험실(laboratory)이다. 다섯째 경제학을 학생들에게 기본적인 경제학 개념을 소개하는 데 매우 효과적인 방법 중의 하나가 될 수 있다[6].

스포츠 시장은 경기내용, 승패, 순위 등을 생산하는 측면과 선수· 감독 등을 고용하는 측면을 동시에 가지고 있다. 전자는 산업조직론에 의해 후자는 노동경제학(과 노사관계론)에 의해 응용될 수 있는 면을 많이 가지고 있다[7]. 또 스포츠 마케팅이 활성화됨에 따라 스포츠 경영론이나 스포츠 마케팅론과도 밀접한 관계를 맺고 있다.

스포츠와 경제학·경영학이 연결되는 데 있어 프로 스포츠의 등장이 가장 크게 기여하였다. 그 이면에는 19세기 산업혁명에 의한 생산력 증대가 가장 큰 설명변수이다. 한마디로 산업혁명이 프로 스포츠의 탄생과 활성화를 낳았고 이런 연장선상에서 스포츠 경제학이 탄생하게 된 것이다.

미국에서 프로 스포츠가 탄생한 년도를 보면, 야구 1846년, 축구 1848년, 복싱 1865년, 사이클링 1867년, 럭비 유니온 1871년, 테니스 1874년, 미식축구 1874년, 아이스하키 1875년, 농구 1891년, 럭비 리그 1895년, 모터스포츠 1895년 이며 제 1회 근대 올림픽은 1896년에 열렸다.

---

6) The New Palgrave Dictionary of Economics, 2nd ed. vol.7, pp.777~780. 설수영·김예기, pp.123~126.

7) 산업조직론(Industrial Organization)은 기업행동·시장구조의 결정요인과 이들의 상호작용이 초래하는 경제적 성과를 개선하기 위한 정책을 제시하려는 목적을 가진 경제학의 한 분야이다. 노동경제학(Labor Economics)은 노동서비스 공급자와 수요자의 행동을 분석하고 임금, 고용, 및 소득의 결정패턴을 이해하려고 하는 분야이다.

〈표 3-1〉에서 보는 바와 같이 우리나라에서는 1946년 개인 종목인 프로 권투와 레슬링이 시작되었으며 1982년 프로 야구를 필두로 다음 해 축구 순으로 프로화되었다. 이렇게 프로 스포츠 시장이 활성화됨에 따라 체계적으로 관리할 수 있는 인재를 육성할 목적으로 2005년부터는 국가 자격시험으로 스포츠 경영 관리사 제도가 실시되고 있다. 스포츠 산업론, 스포츠 경영론, 스포츠 마케팅론, 스포츠 시설론에 대한 지식을 테스트하고 있다[8].

스포츠 시장이 매우 다양한 모습을 띄고 있기 때문에 경제학, 법학, 경영학, 심리학, 사회학 등 여러 학문과 관련성을 갖고 있다. 스포츠 경제학 교과서를 보면 본고장인 미국에서도 정형화된 교과내용이 없다고 해도 과언이 아니다. 왜냐면 아직 역사가 짧기 때문이며 여러 학문과 관련이 깊기 때문이다. 우리나라에서도 최근 들어 열정적인 연구자에 의해 저서가 생산되고 있는 초기단계라고 할 수 있다.[9]

<표 3-1> 우리나라의 주요 프로 스포츠 현황

종목	구단 수	등록 선수수	사업자 단체	평균 관중수	출범연도
야구	8	487	(사)한국야구위원회	11,402	1982
축구	16	651	(사)한국프로축구연맹	12,873	1983
농구(남자)	10	139	(사)한국농구연맹	3,870	1997
농구(여자)	6	88	(사)한국여자농구연맹	705	1998
배구(남자)	7	172	(사)한국배구연맹	1,472	2006
배구(여자)	6	99	(사)한국배구연맹	–	2006
남자골프	개인 스포츠	5,667	(사)한국프로골프협회	–	1968
여자골프	개인 스포츠	1,627	(사)한국여자프로골프협회	–	1991
권투	개인 스포츠	314	(재)한국권투협회	–	
권투	개인 스포츠		(사)한국권투위원회	–	1946
볼링	20	425	(사)한국프로볼링협회	–	1995

주: 남자 배구는 상무를 포함한 수치임

자료: 체육지표, p.342를 근거로 저자가 작성.

8) 한국산업인력공단(http://www.q-net.or.kr)에서 실시하고 있다.

9) 우리나라에서는 임상일, 김화섭, 설수영·김예기 등을 들 수 있다. 미국 교과서로는 Robert Sandy, Peter J. Sloane, Mark S. Rosentraub, *The Economics of Sports*, palgrave,2004와 Rodney D.Fort, *Sports Economics,* Pearson, 2006을 들 수 있다.

미국 스포츠 경제학회지 표지와 MIT Sloan 스포츠 분석 회의 로고

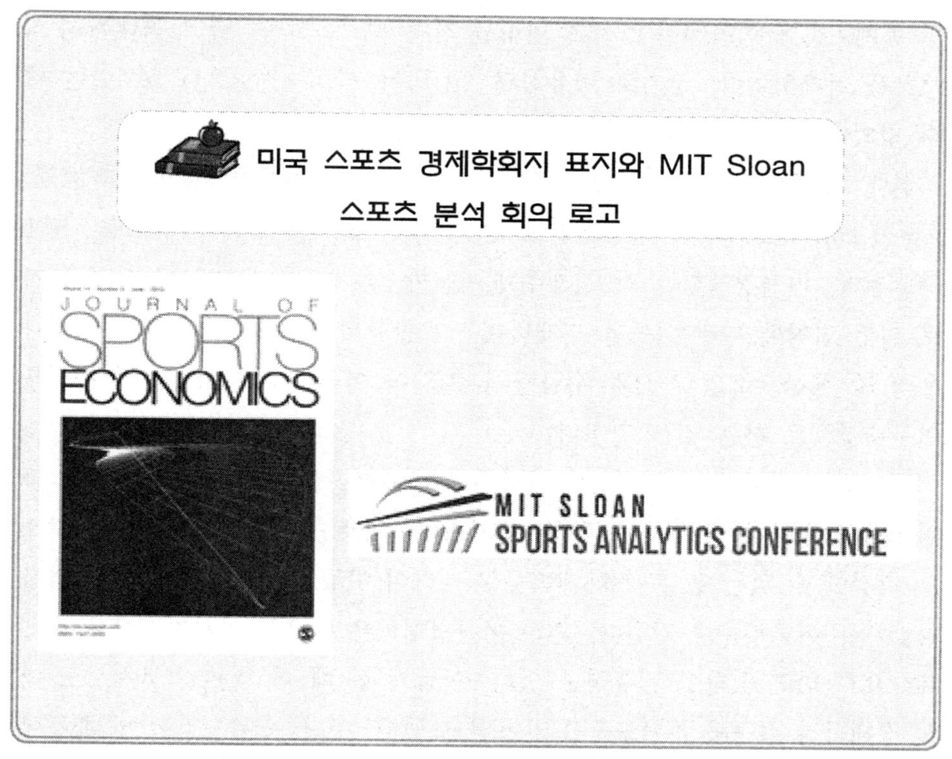

3.3 스포츠 경제학에 응용 가능한 8가지 경제원리

경제학은 주지하는 바와 같이 사회과학의 여왕이다. 역사가 더 오래된 정치학과 법학을 제치고 노벨상이 주어지는 학문분야이다. 이 사실은 경제학이 사회과학 중에서 인류공영에 이바지하고 있으며 과학성을 가지고 있다는 객관적인 증거다. 경제학이 자랑하는 과학성은 사실 수학에 많이 의존하고 있다.

경제학 이론은 많은 부분이 수학을 이용하면 쉽고 명확하게 이해할 수 있다. 특히 이론 경제학은 수학의 분석도구인 수식과 기하학 그리고 때로는 통계학을 이용하여 구성되어 있다. 이 책에서는 기본적으로 그래프나 기초적인 통계이론을 이용하여 스포츠 현상을 경제학으로 설명하였고 최대한 수식 사용을 자제하였다. 장기로 비유하면 차(車)는 뗄 수 있었으나 포(包)는 뗄 수 없었다.

현대 경제학은 연구대상의 범위와 방법에 따라 미시경제학(微視經濟學: microeconomics)과 거시경제학(巨視經濟學: macroeconomics)으로 크게 구별된다. 미시경제학은 각 경제주체, 즉 개인(가계)이나 기업이 어떤 동기로 어떤 법칙에 따라 활동을 전개하며, 그 활동의 결과로 여러 가지 재화나 용역 및 생산요소의 가격과 수급량(需給量)이 어떻게 결정되는가의 문제를 연구대상으로 하는 것을 말한다.

반면 거시경제학은 가격론적 입장에서 경제현상을 보는 것이 아니라, 국민경제 전체의 입장에 서서 국민소득·소비·저축·투자·고용 등 전체적으로 측정할 수 있는 총량(總量)개념을 사용하여 이들 사이에 적용되는 원리를 파악하는 이론부문을 말한다. 흔히 미시경제학은 나무를 거시경제학은 숲을 대상으로 하고 있다고 비유하고 있다. 이렇게 볼 때 이 책은 기본적으로 미시 경제학적 접근과 분석도구를 사용하고 있다. 구단, 선수, 감독 및 팬들이 스포츠 시장에서 어떻게 의사결정을 하며 그 뒤에 있는 경제원리를 찾고 있기 때문에 미시적 접근이 대부분을 이루고 있다.

이 책이 담고 있는 스포츠 현상에 대해 여러 가지 각도에서 경제학적 사고와 원리가 가능하다. 예컨대 손기정과 황영조의 비교에서 필자는 생산가능곡선과 사회 무차별 곡선을 사용하여 설명하였으나 유인제도를 전면에 내세워 약간 다른 각도에서도 설명할 수 있다. 따라서 독자들도 이점을 유의하여 같은 현상을 다양한 시각에서 볼 수 있는 능력을 배양하는 것을 권하고 싶다.

최근 미국에서 가장 인기 있는 경제학 책인 맨큐의 경제학 원론에서 그는 10대 경제학 기본원리를 제시하고 있다. 10대 원리 중 순수 경제학에 관련되는 것 2개를 제외하고 8개를 아래에 인용하였다. 독자들은 이 책의 한 장(章)으로 이루어진 하나의 주제가 어떤 경제원리에 의해 설명되고 있는가를 연관 지어 가면서 읽으면 훨씬 이해하기 쉬울 것이라고 본다.

Ⅰ 사람들이 어떻게 결정을 내리는가에 대한 원리

(1) 모든 선택에는 대가가 있다.
(2) 선택의 대가는 그것을 얻기 위해 포기한 그 무엇이다.
(3) 합리적 판단은 한계적(限界的, marginal)으로 이루어진다.
(4) 사람들은 경제적 유인에 반응한다.

Ⅱ 사람들은 어떻게 서로 상호작용 하는가에 대한 원리

(5) 자유거래는 모든 사람을 이롭게 한다.
(6) 일반적으로 시장이 경제활동을 조직하는 좋은 수단이다.
(7) 경우에 따라 정부가 시장성과를 개선할 수 있다.

Ⅲ 나라경제는 어떻게 작동하는가

(8) 한 나라의 생활수준은 그 나라의 생산능력에 달려 있다.

3.4 기본적인 경제학 용어

가. 기회비용 (the opportunity cost) :

○ 정의 : 무엇을 얻기 위해 포기한 모든 것. 그 일을 하지 않았거나 그 일 말고 다른 곳에 사용했더라면 벌 수 있었는데 그 일을 하느라고 포기한 돈벌이 중에서 가장 큰 것을 말한다. 현금 지출이 필요하지 않은 암묵적 비용(implicit costs)도 있다.

○ 예 :

(ㄱ) "공짜 점심 없다(No- Free- Lunch- Principle)". 누가 공짜로 점심을

사주었다 하자. 얻어먹은 사람은 언젠가는 갚아야 하겠다고 마음의 부담을 느끼기 마련이고 다음에 점심을 산다든가 그에 상응하는 보답을 하게 되어 있다. 한 순간에는 공짜로 점심을 얻어먹었지만 그것은 결코 공짜가 아니며 결국은 내 돈 주고 내가 먹은 셈이다.

(ㄴ) 대학교육의 기회비용은 고졸자로서 직장에 취직하였다면 받았을 4년간 월급에서 생활비를 뺀 금액이다. 대학 진학을 앞두고 합리적인 사람이라면 4년 동안 대학 등록금을 비롯한 졸업까지 드는 여러 교육비용(교재비, 하숙비 등)에 이 기회비용을 같이 고려하여 판단하여야 한다.

○ 적용 :

(ㄱ) 고졸 유망주의 기회비용 : 과거 프로 스포츠가 없고 대졸자와 고졸자의 임금 격차가 컸던 시절에는 대학 진학이 선수 자신에게 큰 메리트가 되었다. 고졸로 실업팀에 가서 얻는 4년간 소득이 대학 진학의 기회비용이었지만 대졸 후 얻는 수입이 이것을 능가하기 때문에 또 선수 생활을 할 수 있는 기간이 길지 않았기 때문에 우수 선수 대부분이 대학으로 진학하였다.

1980년 대졸자 대 고졸자의 학력간 총 임금격차는 남자의 경우 고졸을 100으로 볼 때 대졸자는 190이었고 대졸 여자의 경우 199로 나타났다.[10] 우수한 남자 선수의 경우 대학 4년간 장학금을 받을 수 있었으므로 별 부담 없이 대학 졸업장을 받을 수 있었고 졸업 후 몇 년만 지나면 4년 동안 손해 본 것을 쉽게 보상받을 수 있었다. 우수 선수 대부분이 대학입학을 희망한 것은 지극히 합리적인 선택의 결과다.

그러나 프로 스포츠가 생기고 능력이나 성과에 따른 소득이 보장되는 인센티브제도가 정착됨에 따라 우수 선수의 대학 진학에 대한 기회비용이 크게 증가하였다. 또 당장 주전 선수는 못 된다 할지라도 4년간 매일 있다시피 하는 2군 시합을 뛰는 것이 기량향상 나아가서 연봉향상에 도움이 될 것으로 믿기 때문이다. 또 4년 이전에 주전이 된다면 당장 연봉이 크게 상승할

---

10) 배무기, 「개정 제3판 노동경제학」, 경문사, 2000, p. 220.

것으로 예상되기 때문이다.

㈏ 은퇴의 기회비용 : 프로 스포츠가 없을 때 30살이 된 선수는 더 이상 선수생활의 매력을 못 느끼고 은퇴하는 경우가 많았다. 이것을 조로(早老)현상이라고 불렀다. 하루라도 빨리 은퇴하여 후배들에게 기회를 주어야 할 심적인 의무도 있으며 직장업무에 예컨대 은행 팀 소속이라면 은행 업무에 전념하는 것이 자신의 장래나 팀을 위해 바람직하였다.

아마추어 농구만 있던 시절 서른 살 된 농구선수가 있다고 하자. 그가 계속 선수로 농구를 할 것인가 아니면 은퇴를 하고 은행원으로 업무를 익히는 것이 유리하겠는가를 고민하지 않을 수 없다. 그가 계속 선수로 뛰는 경우 추가적으로 얻는 것은 거의 없다. 반면 은행실무를 익힐 기회가 늦어지게 된다. 어차피 죽을 때까지 운동선수를 하지 못할 바에는 하루라도 빨리 (나이 더 먹기 전에)농구를 그만두고 업무를 배우는 것이 자신의 미래 소득을 향상시키는 길이라고 생각한다. 아마추어 선수가 운동을 계속하는 경우의 기회비용은 나이가 들수록 급상승하게 된다. 빨리 은퇴하는 것이 상책이다.

그러나 서른 살 된 프로 농구선수가 운동을 계속하게 되면 얻는 것은 상당한 연봉이지만 은퇴를 하게 되면 곧바로 실업자가 되든가 코치가 된다할지라도 선수시절 보다 적은 연봉을 얻게 된다. 프로 선수의 기회비용은 은퇴(예컨대 37세)때 까지의 연봉의 합계를 현재가치 한 금액이다. 일 년이라도 더 뛰는 것이 더 유리하기 때문에 자신의 몸을 아끼고 기량을 향상시켜 선수생활을 연장하려고 한다. 유능한 선수일수록 자연스럽게 한 시즌이라도 더 뛰려고 한다.[11] 은퇴에 대한 프로 선수의 기회비용은 아마추어 선수보다 훨씬 크기 때문에 아마추어 시절에 보이던 조로(早老)현상은 프로세계에서는 자연히 없어진다.[12]

11) 선수들이 나이 들어서도 은퇴를 거부하고 선수생활을 고집하는데는 경제적 요인 이외에도 다른 요인들도 작용하고 있다. 기록도전이라든지 자기의 역량을 좀 더 보이고 싶은 욕망 등도 있으나 경제적 요인보다는 적다고 보는 것이 옳을 것이다.

12) 2013년 1월 31일 등록기준으로 볼 때 프로 야구 최고령 선수는 42세의 최향남 선수(기아)이고 최연소 연수는 17살의 장현식(NC 신인)성수로서 무려 24년 10개월 26일의 차이가 난다.

㈐ 군복무의 기회비용 : 예컨대 20세 된 보통 젊은이의 군복무에 의한 기회비용은 22개월간의 고졸 월급의 합이다. 그러나 프로 선수인 경우 그 기간 동안의 연봉은 물론 군복무기간동안 기량저하로 인한 손해까지 기회비용이 된다. 프로 선수의 군 복무 기회비용은 보통 젊은이보다 훨씬 크며 눈에 띄게 나타난다. 그래서 그들은 가끔 국방의 의무를 피하려고 부도덕한 짓을 하고 있다. 따라서 프로 선수의 불법 병역기피를 없애기 위해서는 해당 선수에 대한 엄벌은 당연하지만 제도적인 개선을 통해 그들이 범법의 유혹에 빠지지 않게끔 하는 배려가 필요하다. 우리나라 젊은 국가 남자 대표선수들이 좋은 성적을 내는 데 군 면제 제도가 큰 기여를 하고 있다. 인센티브(incentive)로 작용하고 있는 셈이다.

㈑ "보다 어릴 때 운동을 배워라". 이 말은 두 가지 측면에서 설명할 수 있다. 운동 생리학적으로 볼 때 어릴 때 더 몸이 유연하여 운동의 효과가 확실하고 지속적으로 나타날 가능성이 크기 때문이다. 한편 경제학적으로 볼 때 어릴 때 운동은 나이 먹어서 하는 운동에 비해 기회비용이 적기 때문이다. 어린 시절에는 여유시간이 성인일 때 보다 많다. 중학교 때 친구들과 축구시합을 한 경우(평일 날) 손해 보는 것은 영어 단어 몇 개일 텐데(이것이 기회비용) 이 정도는 한 두 시간 열심히 단어를 외우면 쉽게 만회할 수 있다. 그러나 40살이 넘어 직장에서 중요한 일을 맡고 있는 사람이 평일 날 한가하게 축구 시합을 할 수 있겠는가? 그의 기회비용은 영어 단어 몇 개가 아니다. 나이가 들어 사회에서 중요한 일을 하는 사람일수록 기회비용이 더 크다.

홍명보 감독의 선택: 김기희 투입의 기회비용

2012년 런던 올림픽 일본과의 3,4위전에서 홍명보 감독은 후반 1분을 남기고 예선을 포함한 6게임동안 한 번도 그라운드를 밟아 보지 못했던 김기희 선수를 투입하고 구자철선수를 빼는 선수교체를 하였다. 김 선수는 추가시간까지 4분을 뛰어 병역면제의 특혜자가 되었다.

병역법에 1분 이상 뛴 선수야만 병역특혜를 받을 수 있다고 규정하고 있기 때문에 김 선수에게 출전의 기회를 주었던 것이다. 게임이 끝난 후 홍 감독은 "시합 전부터 스코어에 따라 김 선수를 투입할 기회를 생각했다. 1대 0이라면 어렵고, 2골차 이상이라면 후반 마지막에 투입할 생각이었다."고 밝혔다. 또 2대 0으로 앞서게 되면서 김기희 선수를 언제 투입할까 고민하였다고 한다. 너무 일찍 교체하여 혹 승패에 나쁜 영향을 미치게 된다면 낭패를 보기 때문이다.

김기희 선수를 투입하느냐 마느냐, 투입한다면 언제 할 것인가를 고민할 때, 만약 김선수를 투입하여 잃게 되는 것이 전력손실, 더 나아가 승패에 미치는 영향까지 고려하였던 것이다. 우리가 두골을 앞서고 있기 때문에 또 시간도 1분밖에 남지 않은 상태니까 김선수 투입의 기회비용은 제로 혹은 최대 1골 정도의 실점이라고 생각했던 것이다.

나. 비교우위론(比較優位論, theory of comparative advantage)

○ 이론: 비록 절대적으로는 열세이나 상대적으로 덜 열세에 있는 것이 상대적 우위가 있어 그 곳에 집중 투자하는 것이 더 효율성을 증대시킨다.

○ 예 :

① 고3 학생이 대학을 진학할 때 본인이 가장 다른 친구들에 비해 자신 있는 분야 혹은 앞으로 가장 자신을 가질 수 있을 것으로 예상하는 분야로 진학을 하는 경우를 쉽게 볼 수 있다. '다른 친구에 비해 가장 자신 있는 분야'

를 '현재 비교우위를 가지고 있다'라고 해석할 수 있으며 '앞으로 가장 자신을 가질 수 있을 것으로 예상하는 분야'가 '장래에 비교우위를 확신하는 분야'라고 해석할 수 있다.

② 기술이 발전한 우리나라는 자동차, 반도체, 조선, 가전제품 등 기술집약적(技術集約的)인 상품에 비교우위가 있으나 땅이 넓고 사람이 많은 중국은 농수산물, 노동집약적(勞動集約的)인 저가 상품에 비교 우위가 있다.

○ 적용 :

두 나라 즉 미국과 한국만 있다고 하자. 또 운동을 크게 기초종목(육상, 수영 등)과 투기종목(레슬링, 복싱, 유도 등)으로만 나누어진다고 하자. 〈표 2-1〉에서 보는 바와 같이 미국이 자신의 모든 역량을 기초종목에만 투입한다면 20개의 메달을 투기종목에만 투입한다면 10개 메달을 딸 수가 있다고 하자. 반면 한국은 온 힘을 다 쏟아 부어도 기초종목에서는 고작 1개의 메달밖에 따지 못하며 투기종목에서는 5개 메달을 딸 수가 있다고 하자.

<표 3-2> 한국과 미국의 비교우위

	기초종목	투기종목
한국	1	5
미국	20	10

한국은 두 종목 모두에서 미국에 열세다(한국이 절대 열세, 미국이 절대 우위).[13] 그러나 기초종목에서는 미국의 20분의 1에 불과하지만 투기종목에서는 2분의 1밖에 되지 않는다. 미국의 입장에서는 기초종목에서는 한국에 비해 20배의 능력을 가지고 있으나 투기종목에서는 2배에 불과하다. 한국은 두 종목에서 모두에서 절대 열세에 있으나 투기종목에 비교우위가 있으며

13) 어떤 물건을 생산하는데 투입되는 생산요소의 양이 더 적은 생산자 혹은 같은 량의 생산요소를 투입하여 더 많은 생산물을 생산하는 생산자가 절대우위(absolute advantage)를 갖는다고 말한다.

미국은 두 종목 모두 절대 우위에 있으나 기초종목에 비교우위가 있다. 이런 사실을 바탕으로 한국은 비교우위가 있는 투기종목을 전략종목으로 삼고 집중투자 함으로써 국제무대에서 금 사냥꾼으로 등장하게 되었다. 14) 15)

다. 한계효용 체감의 법칙(the law of diminishing marginal utility)

○ 한계효용(marginal utility)이란 (다른 상품의 소비량은 변함이 없는 상태에서) 상품을 한 단위 더 소비함으로써(△X) 늘어나는 만족도의 증가 정도(△U)를 말한다. 여기에서 한 단위란 한 숟가락, 한 병, 한 그릇 등 분석 필요에 따라 여러 가지로 쓸 수 있다.

$$\text{한계효용(MUX)} = \frac{\triangle U}{\triangle X}$$

○ 내용:

사람이 같은 품질의 상품을 더 소비함에 따라 증가하는 만족이 점점 줄어드는 현상이다.

○ 예 : 처음 한입 먹는 사과는 꿀맛이지만 배부를 때쯤 먹는 사과 한입은 별로 맛을 못 느낀다. 만약 한계효용체감의 법칙이 성립하지 않는다면 필자나 여러분이나 아직도 아침식사를 하고 있을지 모른다. 먹어도 먹어도 배가 부르지 않다고 느끼고 있기 때문이다.

○ 적용:

〈그림 3-1〉(a)에는 사과 소비에 따른 한 입당 소비자가 느끼는 만족도의

14) 위의 설명을 국내에서의 종목간 기회비용으로 설명할 수 있다. 한국이 투기종목에서 얻는 금메달 하나의 기회비용은 1/5개이지만 기초종목에서 얻는 금메달 하나의 기회비용은 5개이다. 투기종목 쪽이 기회비용이 적다. 반면 미국이 투기종목에서 얻는 금메달 하나의 기회비용은 2개이지만 기초종목에서 얻는 금메달 하나의 기회비용은 1/2개이다. 기초종목 쪽이 기회비용이 적다.

15) 한나라가 두 종목에서 동시에 비교우위를 가질 수 없다. 맨큐의 경제학 p.56

변화를 〈그림 3-1〉(b)에서는 금메달 하나가 추가됨에 따라 국민들이 느끼는 열망도의 변화를 그려 놓았다. 양정모의 첫 금메달부터 그 이후의 금메달 수를 X축에 나타내었고 Y축에는 금메달 하나가 늘어나면서 느끼는 국민들의 만족을 그려 놓았다. 사과소비에서 누구나가 한계 효용체감의 법칙을 느끼듯이 금메달 수 증가에 대해서도 똑 같은 법칙을 느끼고 있다. 즉 금메달수가 많아짐에 따라 추가되는 금메달에 대해 덜 감격하게 된다. 이것이 금메달 획득에서 나타나는 한계효용체감의 법칙이다.[16)]

<그림 3-1> 한계효용체감의 법칙

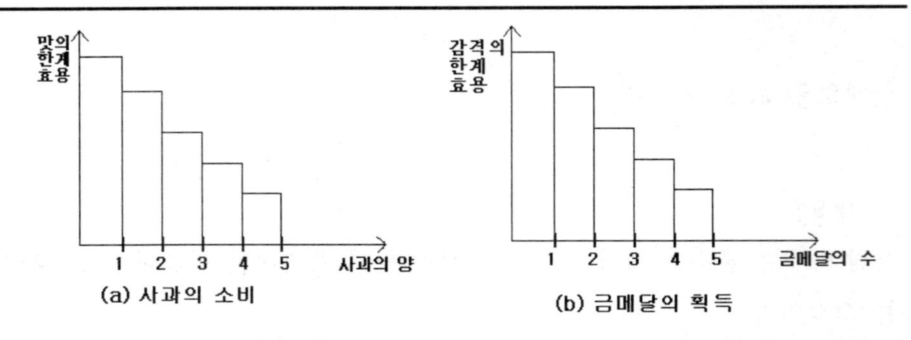

또한 사람들이 금메달에 대한 만족도를 감소시키는 데는 여러 가지 다른 요인이 작용하였다고 본다. 프로 스포츠의 활성화와 매스컴의 발전을 들 수 있다. 거의 매일 수준 높은 프로스포츠에 접할 수 있을 뿐만 아니라 외국의 수준 높은 스포츠까지도 안방에서 편안히 얼마든지 볼 수 있는 시대로 접어들면서 국내 스포츠에 대한 관심자체가 많이 하락하여 〈그림 3-2〉에서 보여 주고 있듯이 패쇄적이던 과거에 비해 국민들은 금메달이나 챔피언에 대해 덜 만족을 느끼고 있는 것이 현실이다. 소위 비인기 종목에 대한 관심은 세월이 갈수록 더 줄어들어 인기종목과의 격차가 더 벌어지는 양극화 현상

16) 여기에서는 모든 금메달의 가치는 같다는 가정을 하고 있다. 현실에서는 같은 금메달이라도 마라톤에서의 금메달이 다른 종목에서의 금메달 보다 가치 있게 여기기 때문에 약간 달리 분석되어야 하지만 예외적인 경우에 불과하므로 대체적으로 모든 금메달은 동일한 가치를 갖는다고 가정할 수 있다.

이 나타나고 있다.

<그림 3-2> 금메달 증가에 따른 한계효용의 체감

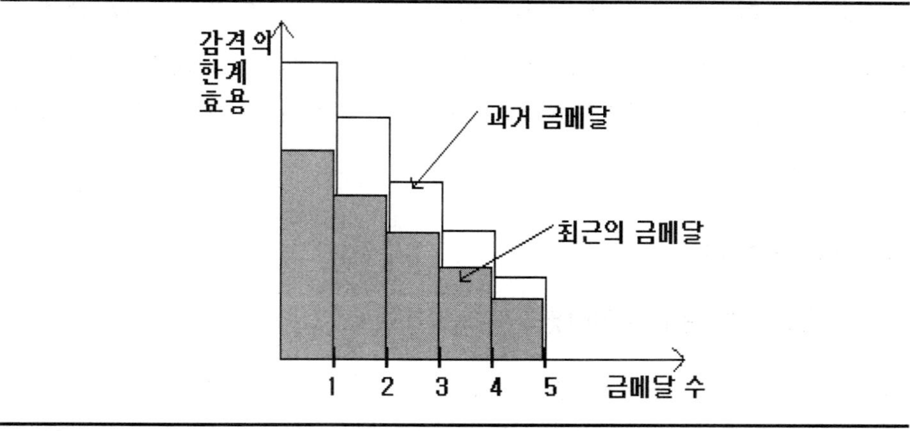

라. 한계생산력 체감의 법칙(the law of diminishing marginal product)

○ 노동의 한계 생산력(marginal physical product of labor, MPP_L)이란 (기술 수준에 변함이 없는 상태에서) 노동을 한 단위 더 투입함으로써 늘어나는 생산력의 증가 정도를 말한다. 여기에서 한 단위란 한 시간의 일, 하루의 일, 일 년의 일 등 분석 필요에 따라 여러 가지로 쓸 수 있다. 노동의 평균 생산력(average physical product of labor, APP_L)이란 (기술 수준에 변함이 없는 상태에서) 총 생산량을 투입한 노동량으로 나눈 값이다.

$$\text{한계생산력 } MPP_L = \text{추가생산량}/\text{추가노동량} = \Delta TP/\Delta L$$
$$\text{평균생산력 } APP_L = \text{총생산량}/\text{노동량} = TP/L$$

○ 내용:

처음 한 시간을 일하여 100을 생산하였고 다음 한 시간을 더 일 하여(두

시간 일을 한 셈) 전체적으로는 180을 얻었다고 하자. 두번째 투입된 한 시간 노동은 80을 생산한 것이다. 세번째 한 시간을 투입한다면(세 시간 일을 한 셈) 전체적으로는 230을 얻지만 세번째 투입된 한 시간 노동이 생산 한 량은 50에 불과하다. 이렇게 같은 능력을 가진 사람이 일을 더 함에 따라 전체 생산물(총 생산량)은 증가하지만 증가하는 정도(한계 생산력)는 점점 줄어드는 현상을 한계생산력 체감의 법칙 또는 수확체감(收穫遞減)의 법칙이라고 부른다[17].

마. 여러 가지 비용

1) 총비용, 가변비용과 고정비용

생산 설비 수준이 변하지 않는 시한까지를 단기(短期, short run)라고 한다.[18] 단기 총비용은 크게 고정비용(fixed cost: FC, 산출량에 따라 변하지 않는 비용)과 가변비용(variable cost: VC, 산출량에 따라 변하는 비용)으로 나눌 수 있다. 단기에는 자본시설이 고정되어 있기 때문에 공장과 기계는 생산량에 관계없이 감가상각비, 유지비, 보험금 등이 들어간다. 은행에서 돈을 꾸었다면 이자가, 남의 땅을 빌렸다면 지대가 생산량에 관계없이 들어가지 않을 수 없는 데 이것들을 고정비용이라고 한다. 반면 생산량이 증가함에 따라 원재료, 노동, 원료 등이 들며 이것들에 대한 대가를 가변비용이라고 한다. 따라서 총비용(total cost, TC)은 가변비용과 고정비용의 합이다.

총비용(TC) = 고정비용(FC) + 가변비용(VC)

---

17) 근로시간과 노동생산성은 역관계에 있다. 고용노동부, 「2012년판 고용노동백서」, p. 186.

18) 이와는 달리 생산 설비 수준이 변할 수 있는 충분한 시간까지를 장기(長期, long run)이라고 한다.

<그림 3-3> 한계생산성 체감의 법칙

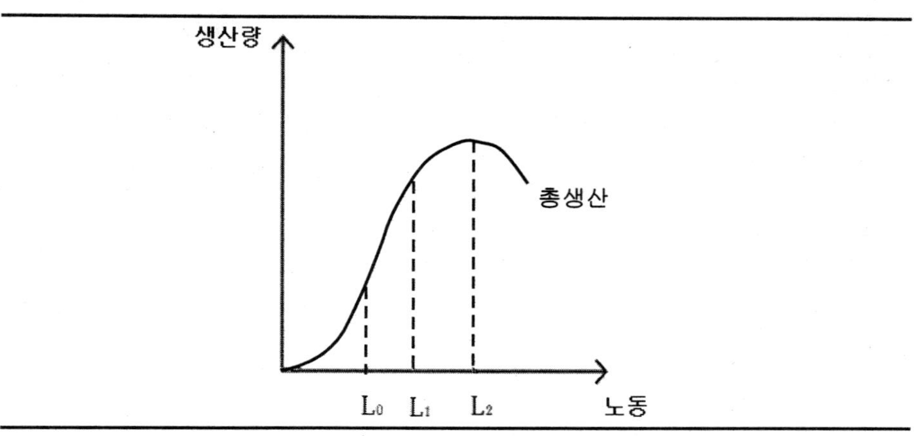

<그림 3-4> 평균생산성과 한계생산성

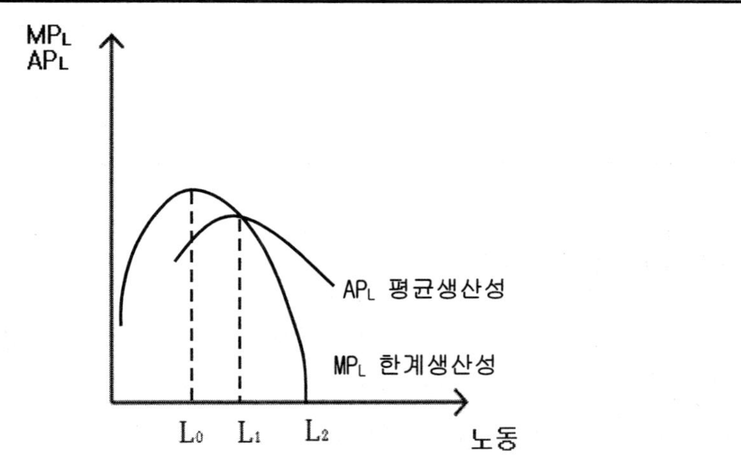

경기장이 생산하고 있는 상품은 '경기 관람'이라는 서비스다. 이것의 성과는 관중수로 표시된다. 관중 수와 관계없이 소요되는 비용을 경기장의 고정비용이라고 할 수 있고 경기장 건설비용과 기본적인 관리비용을 들 수 있다. 관중 수에 따라 변하는 비용을 가변비용이라고 할 수 있는데 이것은 고정비용에 비해 상대적으로 적다. 그래서 경기장은 규모의 경제가 나타나는 대표적인 경우다.

<표 3-3> 여러 가지 비용개념

생산량 (관중수) (천명)	고정비용 (FC) (억원)	가변비용 (VC) (억원)	총비용 (TC) (억원)	평균비용 (AC) (만원)	평균고정 비용(AFC) (만원)	평균가변 비용 (AVC) (만원)	한계비용 (MC)(억원)
0	100	0	100	–			–
1	100	10	110	1,100	1,000	100	10
2	100	18	118	590	500	90	8
3	100	24	124	413	333	80	6
4	100	28	128	320	250	70	4
5	100	32	132	264	200	64	4
6	100	38	138	230	167	63	6
7	100	46	146	209	143	66	8
8	100	56	156	195	125	70	10
9	100	68	168	187	111	76	12
10	100	82	182	182	100	82	14
11	100	98	198	180	91	89	16
12	100	116	216	180	83	97	18
13	100	136	236	182	77	105	20
14	100	158	258	184	71	113	22

2) 평균비용과 한계비용

총비용을 생산량(관중수)으로 나누면 단위당 들어간 비용인 평균비용(Average Cost, AC)이라고 하며 평균고정비용(AFC: 단위당 고정비용)과 평균 가변비용(AVC: 단위당 가변비용)의 합으로 나타난다.

평균비용: $AC=$ 총비용/생산량 $= TC/Q = (FC + VC)/Q$

= 평균고정비용(AFC) + 평균 가변비용(AVC)

<그림 3-5> 총비용, 고정비용 및 가변비용

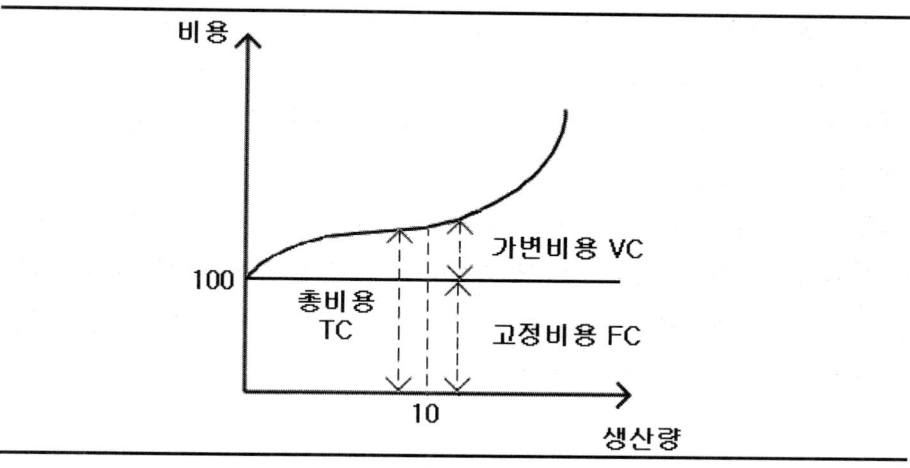

<그림 3-6> 평균비용, 평균고정비용과 평균가변비용

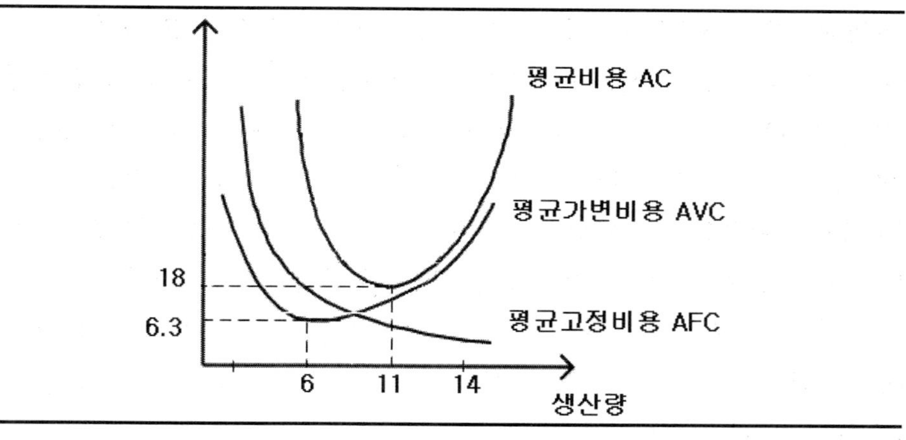

〈표 3-3〉에 고정비용이 100억 원인 어느 농구팀의 여러 가지 비용을 나타내 보았다. 생산량(관중 수)이 12,000일 때 평균비용이 가장 낮게 나타나고 있다. 평균고정비용(AFC)은 생산량이 증가함에 따라 계속 하락하는 모습을 보여주고 있다.

생산량이 10,000일 때 총비용은 182억 원이고 그 중 100억 원은 고정비용이고 82억원은 가변비용이다. 평균고정비용은 100억 원/10,000 = 100단원

이며, 평균가변비용은 82만원으로 계산된다. 총비용 182억 원을 10,000으로 나눈 평균비용은 182만원이고 평균고정비용 100만원과 평균가변비용 82만원을 합친 금액도 182만원으로 같다. 〈그림 3-5〉 총비용, 고정비용, 및 가변비용 과 〈그림 3-6〉 평균비용, 평균고정비용과 평균 가변비용에 그림으로 나타내 보았다.

일반적으로 평균비용은 한 단위를 생산하는데 들어가는 비용을 나타내지만, 기업이 생산량을 변화시킬 때 총비용이 어떻게 변하는지를 알려주지는 않는다. 생산량을 한 단위 변화함에 따라 변화하는 비용을 한계비용(marginal cost, MC)이라고 부른다.

$$\text{한계비용}: MC = \frac{\text{총비용의 변화분}}{\text{판매량변화분}} = \frac{\Delta TC}{\Delta Q}$$

일반적으로 한계비용과 평균 비용간에는 〈그림 3-7〉과 같은 관계가 나타난다. 일정한 생산량까지는 한계비용이 평균비용보다 낮으나 그 이 후 점부터는 한계비용이 평균비용보다 높게 나타나는 U자 형태를 갖는다. 생산량이 4,000일 때 한계비용이 가장 낮으며 그 이후로는 빠르게 상승하고 있으며 평균비용의 최저점(最低点)인 12,000을 반드시 지나 상승하는 모양을 나타내게 된다. 생산량이 12,000일 때 평균비용이 가장 낮다. 생산량이 12,000일 때 평균비용과 가변 비용은 18억원으로 같다. 평균비용곡선의 최저점까지는 규모의 경제가 발생하고 그 이후로는 규모의 비경제(diseconomies of scale)가 나타나고 있다.

앞에서 여러 가지 비용개념을 기초로 일반적인 U 자 평균비용곡선과 한계비용곡선을 그려 보았다. 그러나 경기장 건설에는 막대한 고정비용이 들지만 운영비는(가변비용)이 적기 때문에 평균비용은 급속히 하락한 후 일정수준을 계속 유지하는 형태로 나타난다.[19)]

19) 이렇게 규모의 경제가 현저하게 나타나는 산업에서는 하나의 기업이 시장수요 전체를 커버하는 것이 효율적이기 때문이 이렇게 생긴 독점을 자연독점(natural monopoly)이라고 한다.

3) 경기장 평균비용곡선과 한계비용곡선

<그림 3-7> 전형적인 U자 비용곡선

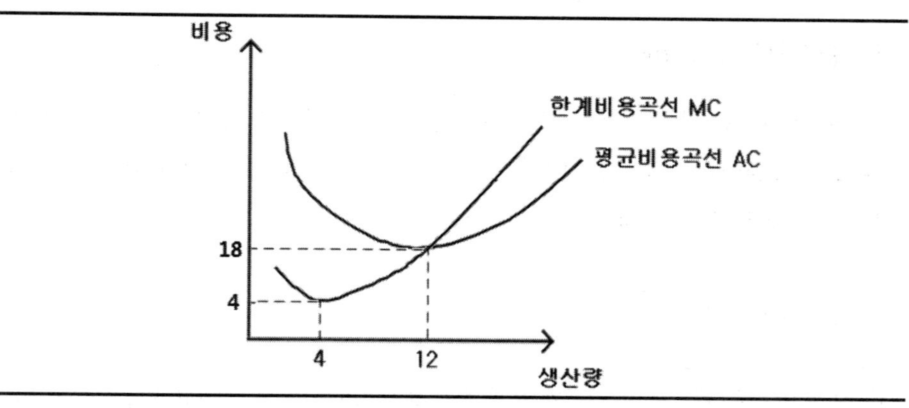

<그림 3-8> 경기장의 비용곡선

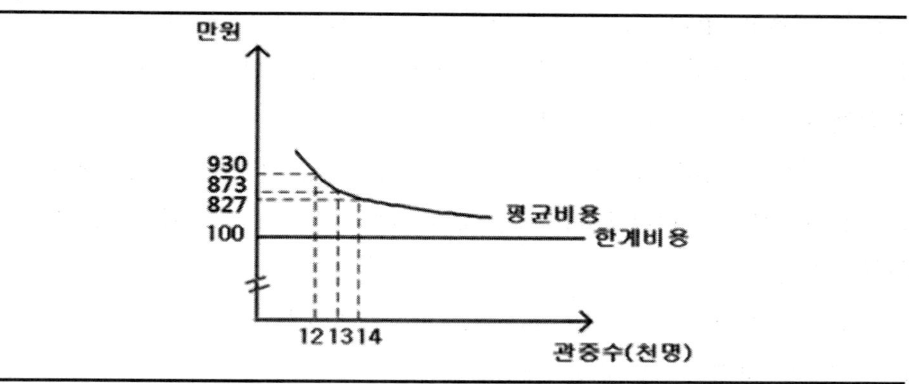

앞의 〈표 3-3〉에서 가변비용은 변함이 없으나 고정비용이 1,000억원으로 10배로 증가한 경우를 생각해 보기로 하자. 생산량이 12,000일 때 평균비용은 930만원, 생산량이 13,000일 때 평균비용은 873만원, 생산량이 14,000일 때 평균비용은 827만원으로 계속하락하고 있다 [20]. 이런 계속적인 하락세는 고정비용 100억원일 때 생산량 12,000 근처에서 최소의 평균비용을 보

20) 1,098억원/11,000 = 998만원, 1,116억원/12,000= 930만원, 1,136억원/13,000= 873만원, 1,158억원/14,000 = 827만원으로 계산된다.

인 후 다시 상승하는 모습과는 매우 다른 것이다. 〈그림 3-8〉에서 보듯 평균비용곡선은 U자가 아닌 L 자형에 가까운 형태를 취하고 있다[21].

마. 게임이론(game theory)

게임이론에서는 둘 이상의 경제주체가 다른 참가자에게 상호 연관되게(interdependently) 영향을 미치는 전략(strategies)을 선택하여야하는 상황을 주로 분석하고 있다.

ㅇ 주요용어

① 경기자(競技者, player): 게임에 참가하여 의사결정을 하고 있는 경제주체

② 전략(戰略, strategy): 경기자들이 선택할 수 있는 모든 계획(a complete plan)

③ 보수(報酬, payoff): 경기자들이 게임의 결과로 얻을 수 있는 득실을 말한다. 경기자들의 보수는 자신이 선택한 전략에 의해서만 아니라 상대방이 선택한 전략에 의해서도 영향을 받는다.

④ 동시적 게임(Simultaneous Game): 참가자들이 동시에 행동하거나, 동시에 시행하지 않더라도 나중 경기자가 앞선 경기자의 선택을 모르고 행동하는 게임

⑤ 순차적 게임(Sequential Game): 나중 경기자가 앞선 경기자의 선택에 대한 정보를 갖고서 선택하는 게임

⑥ 내쉬균형(Nash equilibrium) : 상대방이 자신이 선택한 전략을 바꾸지 않을 것이라고 예상하고 다른 경기자가 자신에게 최고의 보수를 가져다준다고 믿는 전략을 선택하였을 때, 이 두 사람의 전략의 짝을 일컫는다.

ㅇ 적용 – 연인간의 사랑싸움(battle of sex)

위의 예에서 경기자는 '숫돌이'군과 '노래해'양이고, 전략은 축구경기 관전과 음악회 감상이라고 할 수 있다. 앞의 예에서처럼 남자는 축구장에 가기를

21) 가변비용이 고정비용에 비해 확연히 작으며 한계비용이 일정한 경우 평균비용과 한계비용과의 관계는 이 책 제 8장 〈그림 8-2〉 참고바람.

여자는 음악회에 가기를 계속 고집한다면 두 사람간의 실랑이는 상당한 시간이 걸려도 합의점을 못 찾을 수도 있다. 그 결과 어쩌면 이 일로 인해 결별할지도 모른다. 이쯤 되면 사랑싸움이라고 할 수 없다.

그러나 두 사람이 서로 자기주장을 고집하여 각자 축구장과 음악회에 가는 것 혹은 결별하는 것보다 어디든지(축구장이든 음악회든) 같이 있기를 희망한다면 얘기는 달라진다. 두 사람의 보수행렬(payoff matrix)을 〈표 3-3〉에 나타내었다. 괄호 안의 처음 수치는 남자의 만족도를 나중 수치는 여자의 만족도를 표시한 것이다. 두 사람이 같이 있으면(축구장이든, 음악회든) 떨어져 있는 것보다 더 행복함을 수치로 표시한 것이다.

<표 3-4> 사랑싸움의 보수행렬

		'노래해' 양	
		축구장	음악회
'숫돌이' 군	축구장	(2,1)	(0,0)
	음악회	(0,0)	(1,2)

이 경우 내쉬 균형점은 두 개가 존재한다. 둘 다 축구장을 가든가, 둘 다 음악회를 가는 것이다. '숫돌이'군은 '노래해'양이 만약 축구장에 간다고 한다면, 자신도 축구장에 가는 것이 유리하며(0이 아닌 2를 얻음) 만일 '노래해'양이 음악회에 간다고 하다면, 자신도 음악회에 가는 것이 유리하다(0이 아닌 1을 얻음). '노래해'양의 입장에서도 동일한 결론에 도달할 수 있다. 또 다툼이 생길 수 있다. 그러나 이 두 사람이 오래된 연인 사이라면 또 앞으로도 이런 경우를 자주 부딪치며 살아갈 사람들이라면 즉 한 두 번 양보하면 그에 상응하는 양보를 얻어 낼 수 있는 사이라면 남자는 3번에 2번 정도로 축구장 가기와 3번에 1번 정도 음악회 가기를 전략으로 내세우면 될 것이고 여자의 입장에서도 3번에 2번 정도로 음악회 가기와 3번에 1번 정도 축구장 가기를 전략으로 내세우면 서로 사이좋게 데이트를 즐길 수 있을 것이다.[22)]

22) 이런 전략을 혼합전략(mixed strategy)이라고 부른다. 자세한 것은 이준구, 「미시경제학」, p.440~442 참고바람,

주관식

1. 2006년 SK 와이번스는 제 1 순위 지명으로 포수 이 재원과 투수 류 현진을 놓고 고민하던 중 이 재원을 선택하였다. 이 선택의 기회비용에 대해 논의해 보자.

2. 스포츠 경제학이란?

3. 스포츠 경제학이 탄생하게 된 배경에 대하여 쓰시오.

4. 스포츠가 프로화 되면서 과거에 비해 선수수명이 길어졌다. 이 이유를 설명하시오. (과거 스포츠 스타가 보였던 조로(早老)현상이 스포츠가 프로화 되면서 크게 감소한 이유를 설명하시오)

5. 비교우위란? 스포츠 시장에서 볼 수 있는 예를 들어 보시오.

6. 축구장에 가려는 남자와 음악회에 가려는 여자와의 사랑싸움 게임을 설명해 보시오.

7. 한계효용체감의 법칙이란? 스포츠 시장에서 볼 수 있는 예를 들어 보시오.

8. 한계생산력체감의 법칙이란? 스포츠 시장에서 볼 수 있는 예를 들어 보시오.

객관식

1. 스포츠 경제학에 대한 설명 중 틀린 것을 찾으시오.
 ① 최근 들어 연구되기 시작한 분야로서 새로이 미국에서 조차도 전문 학회지가 나올 정도는 아니다.
 ② 거시경제학보다는 미시경제학 분석이 더 이용되고 있다.
 ③ 로젠버그의 1956년 논문이 효시라고 보고 있다.
 ④ 학생들에게 기본적인 경제학 개념을 소개하는 데 매우 효과적인 방법 중의 하나가 될 수 있다

2. 맨큐의 경제 원리에 속하지 않는 것은?

 ① 선택의 대가는 그것을 얻기 위해 포기한 그 무엇이다.
 ② 합리적 판단은 평균적으로 이루어진다.
 ③ 자유거래는 모든 사람을 이롭게 한다.
 ④ 사람들은 경제적 유인에 반응한다.

3. 다음 중 틀린 설명을 고르시오.

 ① 우리나라가 국제 스포츠 대회에서 좋은 성적을 올리는 데는 비교우위에 의한 선택의 성공이라고 평가할 수 있다.
 ② 과거에 비해 우리 국민이 국제 스포츠 대회에서 좋은 성적을 올리는 것에 대해 무덤덤해진 것은 한계효용체감의 법칙으로 설명할 수 있다.
 ③ 기초적인 경제학 용어, 개념, 원리를 공부하면 스포츠 시장에서 벌어지는 여러 현상을 체계적으로 분석할 수 있다.
 ④ 과거에 비해 프로 선수들이 늦게 은퇴하는 것은 오직 선수들의 스포츠에 대한 열정이 과거의 선수들보다 더 강하기 때문이다.

4. 다음 중 틀린 설명을 고르시오.

 ① 어떤 행동을 취하기 위해 포기한 그 무엇을 회계비용이라고 한다.
 ② 전형적인 u자형 비용곡선에서 평균비용이 한계비용보다 클 때는 하락하고,

객관식 문제 정답 1. ① 2. ② 3. ④ 4. ①

한계비용보다 작을 때는 상승하는 모양을 취한다.

③ 추가적인 산출량 한 단위를 더 생산하는 데 드는 비용이 한계비용이다.

④ 산출량의 변화에 영향을 받지 않는 비용을 고정비용이라고 한다.

5. 축구 경기장건립 비용에 관한 설명 중 틀린 것을 고르시오.

① 규모의 경제성이 나타나는 대표적인 예이다.

② 가변비용에 비해 고정비용이 크게 나타난다.

③ 규모를 결정할 때 평균 관중수 보다는 최대 수용인원이 더 중요하게 작용한다.

④ 전형적인 u자형 평균비용곡선을 보이고 있다.

---

5. ④

제 2 부

스포츠 시장에서의 수요공급법칙

제4장

수요

"초기 현대 스포츠가 가장 거리를 두려 애썼던 영역이 있다면 그것은 바로 돈이었다. 올림픽의 창시자 쿠베르탱(Pierre de Coubertin, 1863~1937)이 가슴에 품었으며 아직도 스포츠 활동의 이상으로 널리 받아들여지고 있는 아마추어리즘이 그런 노력을 표상했다. (중략) 이제는 돈을 빼놓고 현대 스포츠를 이야기하기란 불가능할 정도다"

– 정준영, 「열광하는 스포츠 은폐된 이데올로기」, p.67.

- 수요함수와 수요곡선
- 개별수요곡선과 시장 수요곡선
- 네트워크 효과
- 수요의 가격 탄력성

4.1 | 수요함수와 수요곡선

수요와 공급이라는 두 단어만 아는 앵무새도 학식 있는 경제학자가 될 수 있다는 우스갯소리가 있듯이 수요와 공급법칙을 정확히 이해하는 것이 경제학 공부의 첫걸음이다.

시장에서 사려는 사람과 팔려는 사람이 만나 거래가 이루어지고 있다. 시장에서 결정되는 가격이 신호가 되어 자원배분이 이루어지고 있다. 먼저 시장을 구성하고 있는 두 축 중 사려고 하는 측 - 즉 수요자의 입장에서부터 분석을 시작한다. 시장 수요란 개인수요의 합이므로 제일 먼저 분석대상으로 삼는 것은 평범한 보통 수요자의 소비행동이다.

여러분들이 스포츠에 대한 수요자라고 하자. 관람 스포츠 관중의 입장 혹은 스포츠 용구나 용품을 수요하는 사람의 입장에 서보자. 농구공을 사러 간 사람(박승리군, 이기자군)이라고 해보자. 운동구점에 가서 주인에게 무엇을 물어 보고 어떻게 결정했는지를 생각해 보라. 먼저 농구공의 값을 물어 보았을 것이고 다음에 배구공이나 축구공과 같은 대체 상품의 가격을 알아보았을 것이다. 또 그가 생각하는 예산(주머니 사정)과 농구에 대한 선호도를 고려하여 농구공을 사려고 할 것이다.

가. 수요량(quantity demanded):

소비자들이 가격을 치르고 구입할 의사와 능력이 있는 재화의 량을 말한다.

나. 수요함수(demand function):

어떤 재화에 대한 수요에 영향을 미치는 모든 변수를 함수관계로 표시한 것이다. 농구공의 수요는 위에서 들은 변수들을 함수관계로 나타내면 된다. 이 때 농구공 수요를 종속변수(dependent variables)라고 하고 농구공 값을 비롯한 배구공 가격, 축구공 가격, 농구화 가격, 예산, 및 선호를 설명변수

(explanatory variables) 혹은 독립변수(independent variables)라고 한다.

농구공 수요량 = f (농구공 가격, 배구공 가격, 축구공 가격, 예산, 선호)

4.2 수요곡선

가. 수요방정식과 수요곡선(demand curve):

위의 농구공에 대한 수요함수에서 가장 중요한 설명변수는 바로 농구공의 값이다. 그래서 설명변수 중에서 농구공의 값을 제외한 나머지 변수들을 당분간 변화가 없다고 가정하면1) 위의 수요함수는 다음과 같은 수요 방정식으로 나타난다.

농구공 수요량 = f (농구공 값)

위의 농구공의 수요함수를 기하학적으로 나타낸다면 7차원 공간이 필요하다. 그러나 농구공 수요량과 가격과의 관계를 2차원 공간에 그래프로 나타낸 것을 수요곡선이라고 부른다. 즉 수요곡선이란 농구공 값 이외의 다른 설명변수(배구공 가격, 축구공 가격, 예산, 선호)의 가격이 변화가 없다고 가정하고 농구공 값 변화에 따른 수요량의 변화를 XY축에 나타낸 것이다.

〈표 4-1〉은 농구공 값이 변할 때 박승리 군이 몇 개의 공을 사려고 하는가를 보여주고 있다. 만약 공짜라면 10개를 가지려고 하고 5만원이면 전혀 사려고 하지 않음을 보여주고 있다. 어떤 재화의 가격과 수요량 사이의 관계를 나타내는 이 표를 수요표(demand schedule)라고 한다.

〈그림 4-1〉은 〈표 4-1〉에 나타난 수치를 그래프로 그린 것이다. 경제학

1) 이것을 '다른 조건이 변하지 않는다면(ceteris paribus: if other things remains equal)'가정이라고 한다.

의 관례대로 X축에 농구공 수요량을 Y축에 가격을 나타내었다.[2] 이것이 수요곡선이다. 수요곡선은 우하향하는 모양을 띤다. 이것은 가격이 상승함에 따라 수요량이 감소하기 때문이며 이것을 ' 수요의 법칙(the law of demand)'라고 부른다.

<표 4-1> 농구공의 수요표

농구공 가격(원)	농구공 수요량(개)
0	10
10,000	8
20,000	6
30,000	4
40,000	2
50,000	0

<그림 4-1> 농구공의 수요곡선

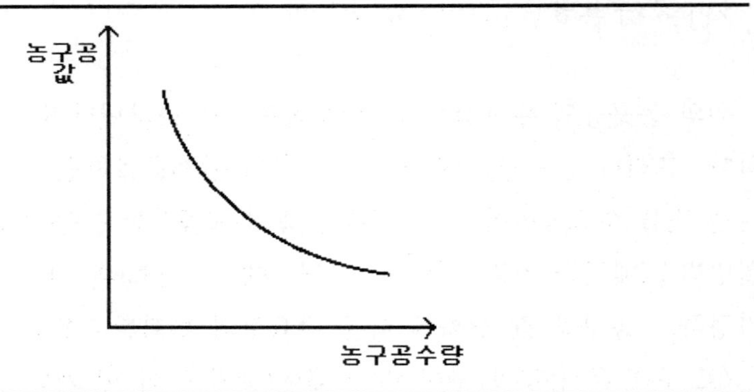

나. 곡선의 이동(shift)과 곡선상의 이동(movement along the curve)

농구공 값이 다른 여러 요인 보다 가장 중요하게 농구공 수요량에 영향을

2) 일반적으로는 설명변수(가격)를 x축에, 설명되는 변수(피설명변수, 종속변수; 수량)를 y축에 나타내고 있으나 경제학에서 가격과 수량과의 관계를 그래프로 그릴 때는 반대로 표시하고 있다.

미친다는 사실을 바탕으로 수요곡선을 그릴 수가 있었다. 농구공 값이 오르면 수요량은 감소하고 값이 내리면 수요량은 증가한다. 이 움직임은 수요곡선을 따라 나타나고 있다. 〈그림 4-2〉에서 a에서 b, 혹은 b에서 a로 움직이는 것으로 나타난다.

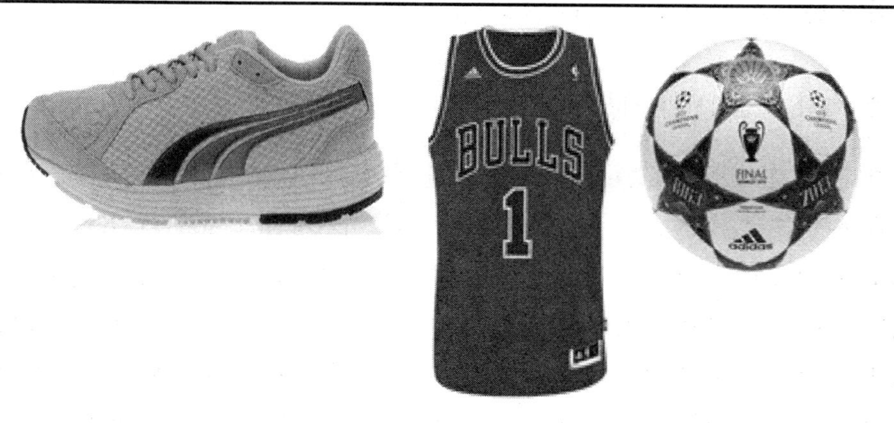

<그림 4-2> 수요곡선상의 이동과 수요곡선의 이동

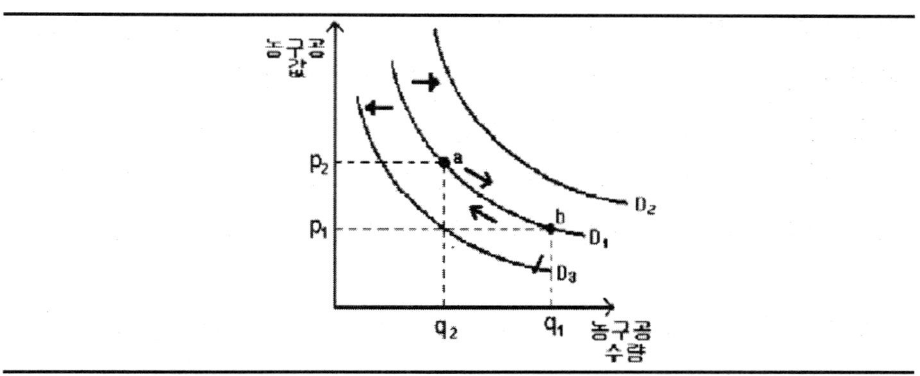

반면 농구공 값 이외의 설명변수 배구공 가격, 축구공 가격, 예산, 및 선호가 변한다고 해보자. 예컨대 농구 붐이 일어 박군의 농구공을 꼭 갖고 싶은 욕심이 크게 증가하였다고 하자. 이것은 선호의 증가로 이해되며 같은 가

격에 더 많이 사려고 할 것이다. 수요곡선 자체가 바깥쪽으로 이동하는 것으로 나타난다. 〈그림 4-2〉에서 수요곡선(D1)이 D2로 이동하는 것으로 나타난다. 이와는 반대로 농구 붐이 식는다면 수요곡선은 안쪽으로 이동할 것이다. 〈그림 4-2〉에서 수요곡선(D1)이 D3로 이동하는 것으로 나타난다. 또 박군의 아버지가 박군에게 용돈을 두둑히 주셨다면 농구 붐이 일어난 것과 유사한 수요증가 현상이 나타날 것이다.

다. 개별 수요곡선과 시장 수요곡선

한 사람 한 사람의 농구공 수요곡선을 수평으로 합하면 시장 수요곡선을 얻을 수 있다[3]. 〈그림 4-3〉에 박 승리군과 이기자양의 농구공 수요곡선을 기초로 시장수요곡선을 그렸다. 시장 수요곡선은 개별 수요곡선을 합친 것이기 때문에 농구공 가격, 배구공 가격, 축구공 가격, 선호, 및 예산에 영향을 받으며 수요자의 수에도 영향을 받는다. 시장수요는 수요자의 숫자가 많을수록 더 크게 나타나며 개별 수요곡선보다 더 완만하게 나타난다.

지금까지는 농구공 수요를 대상으로 수요이론을 공부해 보았다. 이 논리를 그대로 일반적인 스포츠 용구나 용품에 대한 수요(축구공, 탁구공 등)로 그대로 확장하면 된다. 더 나아가 관전 스포츠 시장에도 똑 같은 원리가 적용된다. 농구공 시장 수요가 농구공 가격, 배구공 가격, 축구공 가격, 예산, 선호, 수요자 수에 의해 영향을 받는 함수라면 프로 농구관전 시장 수요는 농구 관람료, 배구 관람료(다른 스포츠 시장), 영화 관람료(다른 여가, 오락 시장), 예산, 선호, 수요자 수의 함수로 나타낼 수 있다.

농구공 시장의 수요함수 = f(농구공 가격, 배구공 가격, 축구공 가격, 예산, 선호, 수요자 수)

프로 농구관전 시장 수요함수 = f(농구 관람료, 배구 관람료, 영화 관람

---

3) 사람들의 수요가 서로에게 영향을 주고받는 일이 없다. 즉 서로 독립적이다라는 가정이 전제되어야 한다.

료, 예산, 선호, 수요자 수, 승률, 구장의 편리성)

관람 스포츠 시장 수요는 스포츠 용품이나 용구시장에 비해 수요자 수가 중요한 역할을 한다. 특히 대상 종목 그 자체를 좋아하는 팬들이 많을수록 더 나아가 특정 팀을 좋아하는 소위 골수팬의 수가 매우 중요한 역할을 하게 된다. 이들은 자연히 구단의 안정적인 수입원이 된다. 프로스포츠 구단은 자연스럽게 대 도시에 연고지를 두게 된다.[4] 또 승률과 구장의 편리성도 중요한 설명변수이다. 독립적으로 작용한다고 볼 수도 있고, 선호와 수요자 수에 영향을 미치는 변수로도 볼 수 있다.

<그림 4-3> 개인 수요곡선과 시장 수요곡선

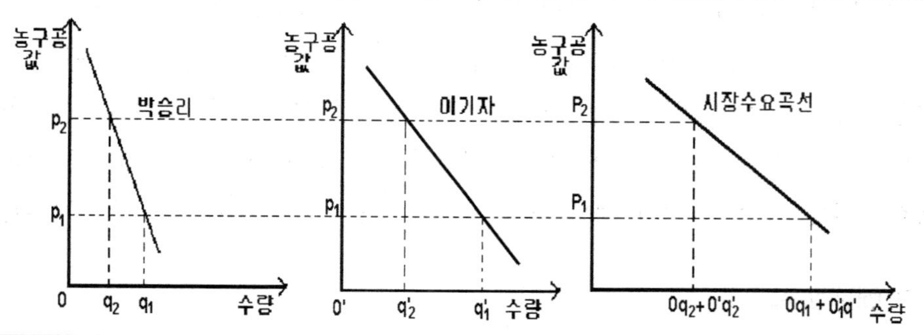

라. 네트워크 효과

수요자간에는 네트워크 효과(network effect)가 크게 작용한다. 각 스포츠 구단에는 열렬 팬 모임인 서포터스가 있다. 자기네끼리 정보를 주고받음으로써 결속력을 굳게 할 뿐 만아니라 일반 팬들의 관전 수요를 제고시키는 역할도 한다.

라이벤스타인(H. Leibenstein, 1922~1994)은 다른 사람의 소비에 영향

4) 프로 야구 NC 다이너스와 창원시와의 갈등에서 볼 수 있듯이 도시 내에서도 어느 장소에 경기장을 설립하느냐가 매우 중요하게 작용한다. 팬들의 접근성이 편리한 곳이 가장 선호되고 있다.

을 받는 유형으로 크게 악대차(樂隊車, bandwagon)효과, 속물(俗物, snob)효과, 그리고 베블렌 재(Veblen goods) 세 가지를 들고 있다[5].

1) 악대차 효과(밴드웨건 효과, 동승효과, 편승효과)

친구 따라 강남 가는 식의 소비 형태로서 다른 소비자가 사니까 나도 사는 현상을 일컫는다. 가격이 하락하는 경우 이 효과가 없을 때 보다 더 많이 수요가 증가할 것이다. 2002년 한일 월드컵 때 보여준 붉은 악마의 붉은 색 T셔츠 착용과 거리 응원은 이 효과의 대표적인 사례로 손꼽을 수 있다.[6]

2) 속물효과(백로효과)

다른 소비자들이 사니까 나는 의식적으로 안사는 현상으로 가격이 하락하는 경우 이 효과가 없을 때 보다 더 많이 수요가 감소할 것이다. 특정 상품에 대한 소비가 증가해 희소성이 떨어지면 그에 대한 수요가 줄어드는 소비 현상이다. 남들이 구입하기 어려운 값비싼 상품을 보면 오히려 사고 싶어 하는 속물근성에서 유래한다. 소비자가 제품을 구매할 때 자신은 남과 다르다는 생각을 갖는 것을 우아한 백로(白鷺)에 빗댄 것으로 백로효과라고도 부른다.

3) 베블렌 재

가격과 희소성이 더 높을수록 수요자의 구매욕구가 증가하는 재화라고 정의하고 있으며 개인적으로 소비하는 재화보다는 사회적으로 보여주는 재화(위치재, positional goods)에서 더 흔히 나타난다.[7] 이 재화는 상류층의 사치스럽고 낭비적인 소비를 과시적(誇示的, conspicuous) 소비라고 하였는데, 이런 소비는 상품의 소비로부터 사용가치로서의 효용을 얻는 것이 아니라 사회적 지위의 상징적 징표로서 상품 소비를 통해 자신의 사회적 지위를

5) H. Leibenstein, "Bandwagon, Snob, and Veblen Effects in the Theory of Consumer's Demand," *Quarterly Journal of Economics,* 1948.
6) 이준구 · 이창용, 「경제학 들어가기」, 제 2판 p.100.
7) Chao & Schor, 1998, Empirical tests of status consumption: Evidence from women's cosmetics. *Journal of Economic Psychology*, 19, 107-131. 이 가설이 실증적으로 검증되고 있다.

나타내고 인정받기 위한 것이다. 예를 들어 고가의 요트, 골프채, 골프클럽 회원권 소비에서 볼 수 있다.

마. 수요의 가격 탄력도와 수요곡선의 형태

수요의 가격 탄력도(price elasticity of demand)란 가격의 변화에 따른 수요량의 (대응)변화를 나타낸다.[8] 가격이 1% (가격의 변화율) 변할 때에 수요량(quantity demanded)이 몇 % 변하는가를 나타내는 지표다. 가격과 수요량은 언제나 음의 관계이므로 탄력도를 양수로 다루기 위해 정의 자체에 마이너스를 붙여 쓰고 있다. 이것은 단위가 없는 무명수로 나타난다. 그래서 단위가 다른 상품이나 이질적인 상품간의 비교도 가능하게 하였다. 또 단순히 변화량(($\triangle P$혹은$\triangle Q$)이 아닌 변화율(($\triangle Q/Q$)혹은($\triangle P/P$))의 비임을 유의하기 바란다. 우리 일상 경제생활에서도 변화량 보다는 변화율을 더 유용하게 쓸 때가 많다. 예컨대 할인 매장광고를 보면 얼마 할인이라는 문구는 거의 찾을 수 없고 몇 % 할인이라는 문구가 주를 이루고 있다. 1만원짜리 물건을 100원 싸게 해주는 것과 1천원짜리 물건 100원 싸게 해주는 경우를 비교할 때, 두 경우 모두 1백원 이라는 절대 금액은 같으나 할인율에 있어 1%와 10%라는 차이가 있기 때문이다.

$$\eta = -\left(\frac{\text{수요량의 변화율}}{\text{가격의 변화율}}\right) = -\frac{(\triangle Qd/Qd)}{(\triangle P/P)}$$

상품의 종류와 수요자의 특성에 따라 수요곡선의 모양은 달라진다. 스포츠 시장에서 나타나는 수요곡선을 중심으로 각 경우의 예를 들어보았다. 〈그림 4-4〉에 나타낸 것처럼 크게 5종류로 구별된다.

---

8) 직선의 경우 어느 점에서나 기울기가 같으나 탄력도는 (특수한 경우를 제외하고는) 점의 위치에 따라 다른 값을 나타내는 것이 일반적이다.

<그림 4-4> 수요의 가격 탄력성

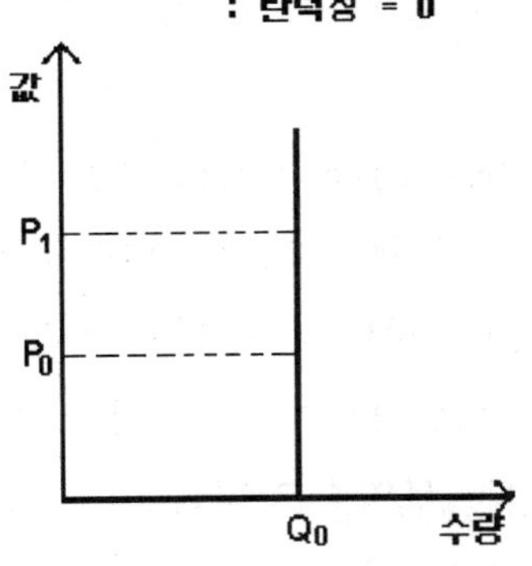

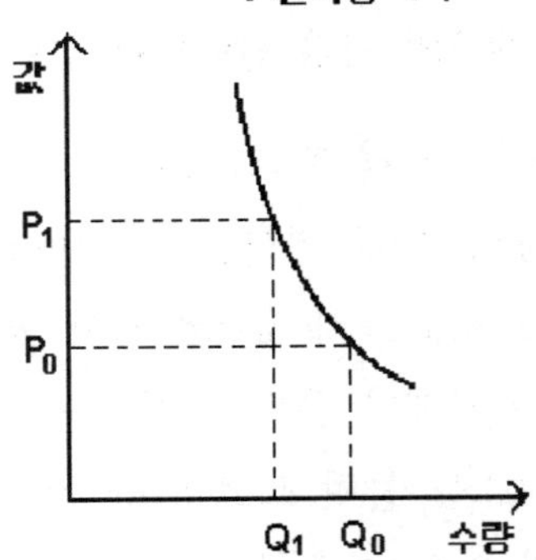

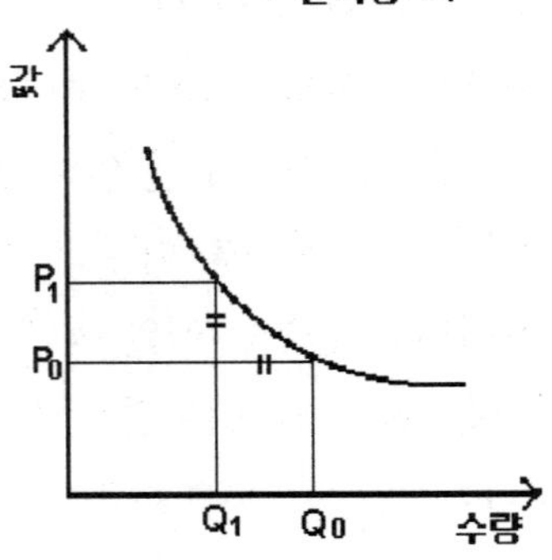

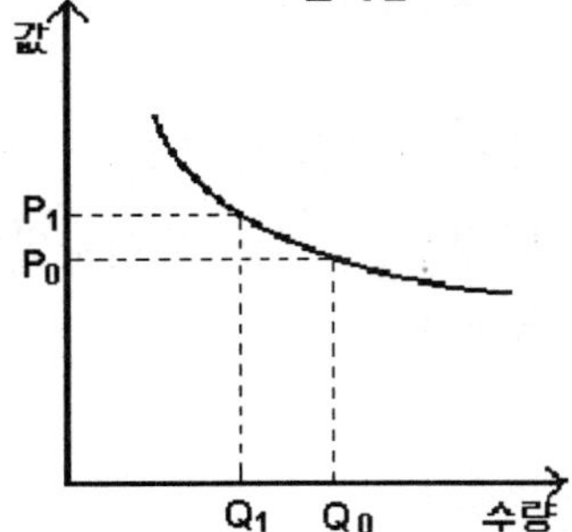

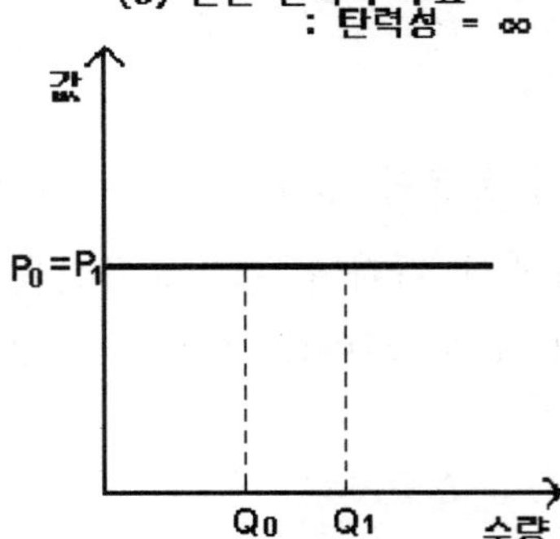

(a) 값에 관계없이 일정한 량의 수량을 꼭 사야만 하는 사람의 수요곡선 ; 탄력도가 0인 경우(완전 비탄력적) 가격변화에 대해 수요량의 변화가 없다. 가격변화에 전혀 민감하지 않는 사람이나 생활에 없어서는 안 되는 상품에서 관찰된다. 농구시합이 있는 날이면 만사를 제쳐놓고 농구장에 가는 열렬한 농구 팬에게서 관찰되는 형태이다.

(b) 스포츠 상품을 필수품으로 느끼는 사람의 수요곡선 ; 탄력도가 1보다 적다(비탄력적)

수요량 변화율이 가격변화율보다 적은 경우이다. 필수품 수요에서 나타난다. 농구 마니아의 농구공에 대한 수요곡선이나 농구 관람을 매우 즐기는 팬의 농구 관전수요곡선이 이 경우에 속한다.

(c) 탄력도가 1인 특수한 경우 ;

가격의 변화율과 수요량의 변화율이 정확히 같은 경우

(d) 스포츠 상품에 크게 매력을 못 느끼는 사람의 수요곡선 ;

탄력도가 1보다 크다(탄력적). 수요량 변화율이 가격 변화율보다 큰 경우이다. 소비자들이 일상생활에 있어도 그만 없어서 그만인 상품에서 관찰된다. 농구를 그다지 좋아하지 않는 사람의 농구공 수요곡선이나 농구 관전을 별로 좋아 하지 않은 사람의 농구 관전 수요곡선이 이 경우에 해당한다. 어린이, 여자, 노인, 환자 등의 스포츠에 대한 수요곡선에서 볼 수 있다.

(e) 현재 가격에서 무한대로 수요가 있으나 가격이 조그만 높아지면 수요량이 전무가 되는 경우 ;

완전 탄력적 수요로서 농구 운동이나 관전에 전혀 흥미를 느끼고 있지 않는 사람에게서 볼 수 있는 형태이다.

주관식

1. 축구공 시장의 수요함수와 프로 축구관전 시장 수요함수를 각각 정의해 보시오. 어떤 차이점을 발견할 수 있는가?

2. 축구 관전 수요의 가격 탄력도를 정의하시오. 축구 마니아와 축구에 전혀 관심이 없는 사람의 축구 관전 수요의 가격 탄력도간에는 어떤 차이가 있는가?

3. 축구팀의 적자가 계속되어 구단주는 관람료를 올렸더니 수입이 증가하여 적자를 줄일 수 있었다. 적자가 발생한다고 무조건 가격을 올리는 일이 옳다고 할 수 있는가?

객관식

1. (기출) 관람스포츠산업으로서 프로스포츠 시장의 특성에 관한 설명으로 틀린 것은?

① 진입장벽이 높다.
② 비경쟁시장의 특징이 강하다.
③ 수요자나 공급자가 가격결정에 영향을 미치지 못한다.
④ 팀 간의 승패 경쟁은 우수한 상품을 만들어내는 과정이다

객관식 문제 정답 1. ③

2. (기출) 헬스클럽과 같은 참여스포츠와 프로축구와 같은 관람 스포츠에 대한 설명으로 옳은 것은?

① 프로스포츠리그는 진입장벽이 낮다
② 프로스포츠 리그는 독점으로 운영하므로 가격 순응자 역할을 한다.
③ 헬스클럽 같은 참여스포츠는 시장 환경이 경쟁적이어서 개별업자가 시장가격에 영향을 미치지 못한다.
④ 프로스포츠 팀은 치열한 경쟁을 하므로 상품을 공동 생산할 수 없다.

3. 다음 설명 중 옳은 것을 모두 고르시오.

① 붉은 악마의 응원은 소비의 네트워크 효과로 설명할 수 있다.
② 농구시합이 있는 날이면 만사를 제쳐놓고 농구장에 가는 열렬한 농구 팬의 수요의 가격탄력도는 0에 가깝다.
③ 새로 출시되는 비싼 골프채를 꼭 사는 사람에게 골프채는 베블렌재로 작용하고 있다.
④ 스포츠 시장에서는 시장의 특수성으로 인해 일반적인 수요공급의 법칙이 적용되는 예가 그리 많지 않다.

---

2. ③ 3. ①, ③

제5장

공급

"20세기 중반 이후 우리는 또한 스포츠에 있어서의 성과가 '코포라티제이션(corporatization)되어' 스포츠가 상품으로 변화'하는 과정을 목격하게 되었다. …(중략)…1990년대 초반 이후 끊임없이 계속된 전자 매스미디어의 발전 - 특히 디지털화와 위성 TV 의 발전 -으로 인해 스포츠 경기는 더욱 더 혁신화되어 '글로벌 미디어의 구경거리'로서 전 세계 수입억 만명의 TV 시청자에게 팔리게 되었다"

– 로빈 코헨(Robin Cohen)과 폴 케네디(Paul Kennedy)[1)]

- 공급함수와 공급곡선
- 개별수요곡선과 시장 수요곡선
- 공급의 가격 탄력성

1) 로빈 코헨 과 폴 케네디지음, 박지선 역, 「글로벌 사회학」, 인간시장, 2012, p.475.

여러분들이 스포츠에 대한 공급자 구단의 입장 혹은 스포츠 용구나 용품을 판매하는 사람의 입장에 서보자. 농구공을 파는 운동구점 주인(김판매씨, 정염가씨)이라고 해보자. 그가 농구공을 몇 개를 공급할 것인가를 어떻게 결정했는지를 생각해 보기로 하라.

5.1 공급함수

가. 공급량(quantity supplied):

공급자들이 가격을 받고 팔 의사와 능력이 있는 재화의 량을 말한다.

나. 공급함수(supply function)

어떤 재화에 대한 공급에 영향을 미치는 모든 변수를 함수관계로 표시한 것이다. 농구공의 공급량을 종속변수로 삼을 때 설명변수로는 농구공 가격을 비롯한 배구공 가격, 축구공 가격, 임금, 임대료, 및 기술을 들 수 있다. 농구 공 생산자가 배구공이나 축구공이 잘 팔린다면 그것들을 생산하려고 할 것이다. 또한 생산요소인 노동자들의 임금과 가계의 임대료(혹은 이자율)에 영향을 받으며 기술에 의해서도 공급량이 좌우될 것이다.

농구공 공급량 = f (농구공 가격, 배구공 가격, 축구공 가격, 임금, 임대료, 기술)

5.2 공급곡선

가. 공급방정식과 공급곡선(supply curve):

위의 농구공에 대한 공급함수에서 가장 중요한 설명변수는 바로 농구공

가격이다. 그래서 설명변수 중에서 농구공의 가격을 제외한 나머지 변수들을 당분간 변화가 없다고 가정하면 위의 공급함수는 다음과 같은 공급 방정식으로 나타난다.

농구공 공급량 = f (농구공 가격)

위의 농구공의 공급함수를 기하학적으로 나타낸다면 7차원 공간이 필요하다. 그러나 농구공 공급량과 가격과의 관계를 2차원 공간에 그래프로 나타낸 것을 공급곡선이라고 부른다. 즉 공급곡선이란 농구공 가격 이외의 다른 설명변수(배구공 가격, 축구공 가격, 임금, 임대료, 기술)의 변화가 없다고 가정하고 농구공 가격 변화에 따른 공급량의 변화를 XY축에 나타낸 것이다.

<표 5-1> 농구공의 공급표

농구공 가격(원)	농구공 공급량(개)
0	0
10,000	2
20,000	4
30,000	6
40,000	8
50,000	10

<그림 5-1> 농구공의 공급곡선

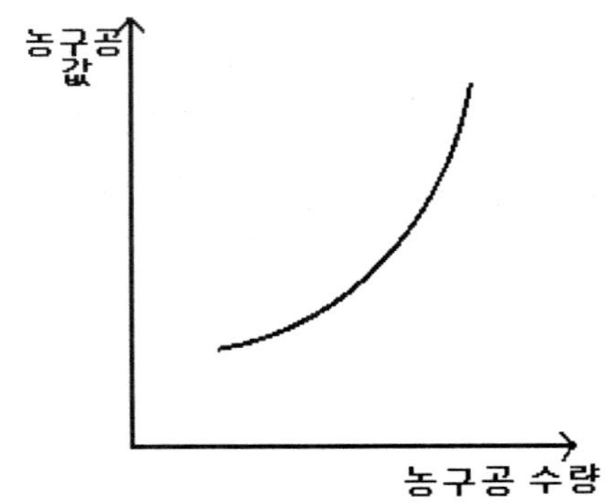

〈표 5-1〉은 농구공 가격이 변할 때 김판매씨가 몇 개의 공을 팔려고 하는가를 보여주고 있다. 그가 자선사업가가 아니기 때문에 공짜로는 하나도 공급하려고 하지 않을 것이고 가격이 올라 갈수록 더 많이 공급하려고 할 것이다. 어떤 재화의 가격과 공급량 사이의 관계를 나타내는 이 표를 공급표(supply schedule)라고 한다.

〈그림 5-1〉은 〈표 5-1〉에 나타난 수치를 그래프로 그린 것이다. X축에 농구공 공급량을, Y축에 농구공 가격을 표시한 공급곡선은 우상향하는 모양을 띤다. 이것은 가격이 상승함에 따라 공급량이 증가하기 때문이며 이것을 ' 공급의 법칙(the law of supply)'라고 부른다.

나. 곡선의 이동(shift)과 곡선상의 이동(movement along the curve)

농구공 가격이 다른 여러 요인 보다 가장 중요하게 농구공 공급량에 영향을 미친다는 사실을 바탕으로 공급곡선을 그릴 수가 있었다. 농구공 가격이 오르면 공급량은 증가하고 가격이 내리면 공급량은 감소한다. 이 움직임은 공급곡선을 따라 나타나고 있다. 〈그림 5-2〉에서 c에서 d, 혹은 d에서 c로 움직이는 것으로 나타난다.

반면 농구공 가격 이외의 설명변수(배구공 가격, 축구공 가격, 임금, 임대료 및 기술)가 변한다고 해보자. 예컨대 공장의 직원들의 임금을 올려 주었다고 해보자. 농구공 공급자는 임금이 오르기 전에 비해 농구공이 같은 가격이라면 더 적게 팔려고 할 것이다(같은 량을 팔려고 하면서 더 비싸게 받으려고 할 것이다). 공급곡선 자체가 위쪽으로 이동하는 것으로 나타난다. 〈그림 5-2〉에서 공급곡선(S1)이 S2로 이동하는 것으로 나타난다. 이와는 반대로 임금이 하락하다면 공급곡선은 아래쪽으로 이동할 것이다. 〈그림 5-2〉에서 공급곡선(S1)이 S3로 이동하는 것으로 나타난다.

세계적인 스포츠 용품 공급업자

세계적인 프로 스포츠 구단

<그림 5-2> 공급곡선의 이동

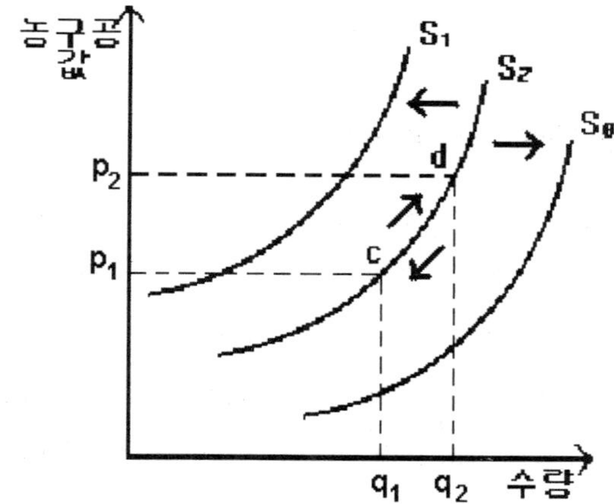

다. 개별 공급곡선과 시장 공급곡선

한 사람 한 사람의 농구공 공급곡선을 수평으로 합하면 시장 공급곡선을 얻을 수 있다. 〈그림 5-3〉에 김 판매씨와 정 염가씨의 농구공 공급곡선을 기초로 시장공급곡선을 그렸다. 시장 공급곡선은 개별 공급곡선을 합친 것이기 때문에 농구공 가격, 배구공 가격, 임금, 임대료 및 기술에 영향을 받으며 공급자 수에 영향을 받는다.

<그림 5-3> 개별 공급곡선과 시장 공급곡선

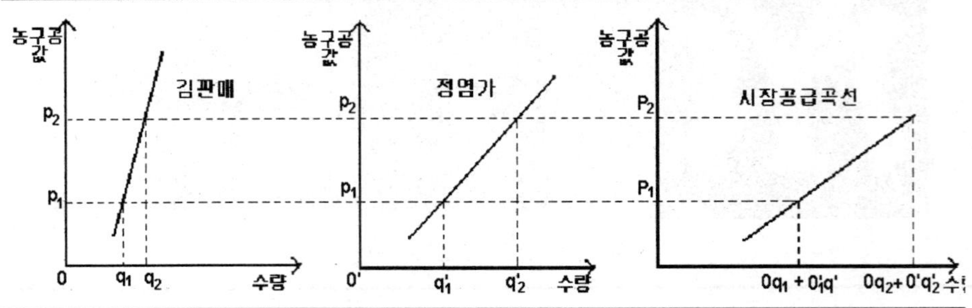

농구공 시장 공급함수 = f(농구공 가격, 배구공 가격, 임금, 임대료, 기술 , 공급자 수)

라. 공급의 가격 탄력도와 공급곡선의 형태

공급의 가격 탄력도(price elasticity of supply)란 가격의 변화에 따른 공급량의 (대응)변화를 나타낸다. 가격이 1% (가격의 변화율) 변할 때에 공급량(quantity supplied)이 몇 % 변하는가를 나타내는 지표다. 가격과 공급량은 언제나 양의 관계이므로 정의 자체에 마이너스를 첨가하지 않고 있다. 이것은 단위가 없는 무명수로 나타낸다는 점과 변화량(($\triangle P$혹은$\triangle Q$)이 아닌 변화율(($\triangle Q/Q$)혹은($\triangle P/P$))로 표시하고 있다는 점이 모두 수요의 가격탄력도와 같다.

$$\epsilon = \frac{\text{공급량의 변화율}}{\text{가격의 변화율}} = \frac{(\triangle Qs/Qs)}{(\triangle P/P)}$$

상품의 종류와 공급자의 특성에 따라 공급곡선의 모양은 달라진다. 〈그림 5-4〉에 나타낸 것처럼 크게 5종류로 구별된다. 스포츠 시장에서 나타나는 공급곡선을 중심으로 각 경우의 예를 들어보았다.

<그림 5-4> 공급의 가격 탄력성

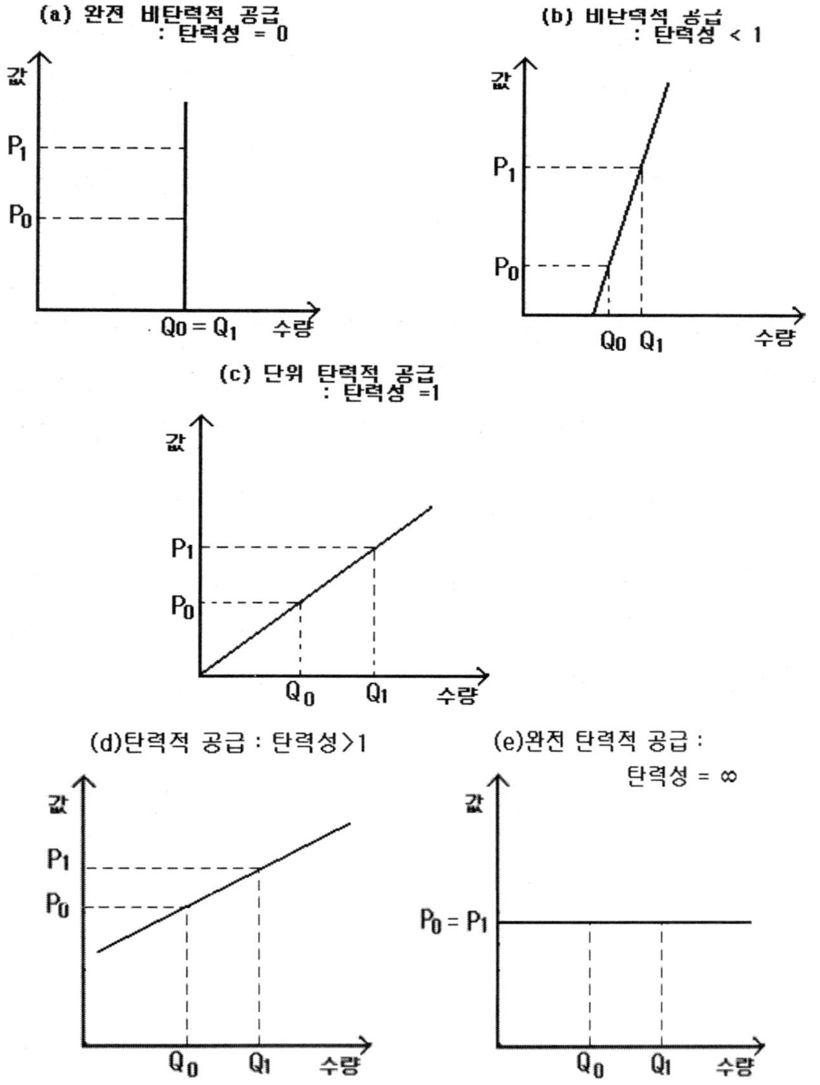

(a) 완전 비탄력적 공급 : 탄력성 = 0

값, P_1, P_0, $Q_0 = Q_1$, 수량

(b) 비탄력적 공급 : 탄력성 < 1

값, P_1, P_0, Q_0, Q_1, 수량

(c) 단위 탄력적 공급 : 탄력성 =1

값, P_1, P_0, Q_0, Q_1, 수량

(d)탄력적 공급 : 탄력성>1

값, P_1, P_0, Q_0, Q_1, 수량

(e)완전 탄력적 공급 : 탄력성 = ∞

값, $P_0 = P_1$, Q_0, Q_1, 수량

(a) 아무리 가격이 상승하여도 공급이 일정하게 고정되어 있는 경우 ; 완전 비탄력적 공급이다. 공급량은 가격에 관계없이 일정하게 나타나고 있다. 최대 수용인원을 초과한 후의 운동장 공급곡선 혹은 세계 최고의 기량과 인기를 갖는 선수의 공급곡선에서 볼 수 있다.

(b) 가격변화에 공급량을 민감하게 변화시키기 어려운 경우(비탄력적) ; 공급의 가격탄력도가 1보다 적어 가격 변화율에 비해 공급량 변화율이 적은 경우다. 유명선수의 공급함수나 스포츠시설의 공급곡선에서 볼 수 있다.

(c) 탄력도가 1인 특수한 경우; 가격의 변화율과 수요량의 변화율이 정확히 같은 경우

(d) 가격변화에 공급량을 민감하게 변화시킬 수 있는 경우(탄력적); 공급의 가격탄력도가 1보다 커 가격 변화율에 비해 공급량 변화율이 큰 경우다. 보통 공산품의 공급에서 볼 수 있으며 스포츠 용품·용구의 공급곡선이 이에 해당한다.

(e) 가격 변동 없이 일정한 가격으로 무한에 가깝게 공급할 수 있는 경우 ; 공급의 가격탄력도가 무한대인 경우다. 최대 수용인원까지의 운동장 공급곡선에서 볼 수 있는 형태다.

주관식

1. 공급의 법칙이란?

2. 공급곡선상의 이동과 공급곡선의 이동, 둘의 차이점을 쓰시오.

3. 공급의 가격탄력성을 정의하시오.

객관식

1. 다음 설명 중에서 틀린 것은?

① 공급의 가격탄력도란 가격변화율을 공급량 변화율로 나눈 숫자이다.
② 유명 스포츠 선수의 공급 가격탄력도는 보통 선수의 공급 가격탄력도보다 적다.
③ 농구공의 주원료인 고무 값이 하락하면 공급곡선은 오른 쪽 또는 아래쪽으로 이동한다.
④ 최대 수용인원까지의 운동장 공급곡선에서 볼 수 있는 공급곡선은 수평선 형태를 취한다.

2. 다음 설명 중에서 옳을 모두 고르시오.

객관식 문제 정답 1. ① 2. ①, ②

① 축구공을 생산하는 기술의 발전으로 인해 공급곡선은 오른 쪽 또는 아래쪽으로 이동한다.
② 스포츠 용품·용구의 공급곡선은 비교적 탄력적인 형태를 나타낸다.
③ 축구공의 가격변화율은 10%인데 공급량 변화율은 15%였다면 농구공 공급의 가격탄력도는 0.67이다.
④ 수요곡선은 X 축에 수량, Y 축에 가격을 표시하지만 공급곡선은 X 축에 가격, Y 축에 수량을 표시한다.

제6장

시장 균형과 응용

"수요공급만 말 할 수 있는 앵무새도 경제학자다"

– 사무엘슨(1915~2009)

학습목표

- 시장균형
- 비교정태분석
- 암표가격 결정
- 슈퍼스타 경제학

6.1 시장균형

'냇물이 바다에서 만나듯'이 '수요와 공급은 시장에서 만난다'. 시장은 언제나 두 개의 상반된 이해집단이 만나는 곳이다. 보다 더 싸게 사려는 수요자와 한 푼이라도 더 받으려는 공급자가 만나는 곳이 바로 시장이다. 우리는 시장수요를 알기 위해 개인의 수요에서 출발하였고 시장공급을 알기 위해 개인의 공급에서 출발하였다. 앞에서 설명한 시장수요곡선과 시장공급곡선을 〈그림 6-1〉에 같이 그려 놓았다.

〈그림 6-1〉에서 수요곡선과 공급곡선이 만나는 곳에서 바로 균형가격($0P_0$)과 균형거래량($0Q_0$)이 결정된다. 수요자도 공급자도 만족하는 상태인 것이다. 현재의 가격이 균형가격보다 높다면 팔려고 내놓은 물건은 많은데 사람들이 사려는 량이 그 보다 적은 경우다. 이런 경우를 초과 공급(excess supply)상태라고 부른다. 이렇게 초과 공급이 있으면 파는 사람이 저(低)자세가 되고 사는 사람이 고(高)자세가 되기 때문에 가격은 하락한다. 반대로 팔려고 내놓은 량보다 사려고 하는 량이 더 많은 초과수요(excess demand)가 나타나면 사는 사람이 저자세가 되고 파는 사람이 고자세가 되기 때문에 가격은 상승한다. 결국 균형가격에서 거래가 이루어진다.

수요량 = 공급량일 때 만약 농구공 가격이 OP_1으로 상승한다면 공급(량)은 OQ_1이 될 것이나 수요량은 OQ_2에 불과해 AB(=Q_1Q_2) 만큼 초과 공급이 발생하여 가격은 하락하게 된다. 사는 사람이 더 고자세가 되는 경우다. 반대로 만약 가격이 균형가격보다 낮은OP_2으로 하락한다면 수요량은 OQ_1이 될 것이나 공급량은 OQ_2 에 불과해 CD(Q_1Q_2) 만큼 초과 수요가 발생하여 가격은 상승하게 된다. 파는 사람이 고 자세가 되는 경우이다.

<그림 6-1> 농구공 가격의 결정

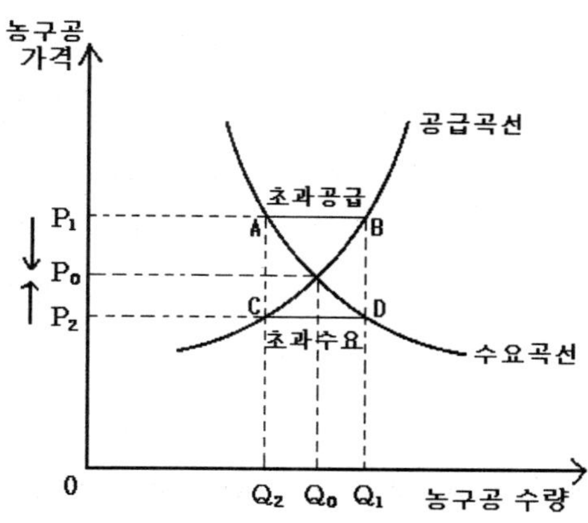

6.2 비교정태 분석(comparative statics)

처음 균형을 찾을 때 주어졌다고 가정했던 변수가 변하여 새로운 균형을 이룬 후 처음의 균형과 새로운 균형을 비교함으로써 변화를 준 변수와 변화를 받은 변수와의 관계를 밝히는 분석 방법을 비교정태 분석이라고 부른다. 예를 들어 정부의 골프장에 대한 특별소비세율 하락효과를 분석한다고 해보자. 먼저 특소세 하락전의 상태를 균형이라고 가정한 후 가격과 거래량을 파악한다(특소세 인하 전의 가격·균형량). 다음으로 특소세 하락으로 인해 나타나는 공급곡선의 바깥쪽으로의 이동과 새로운 균형점에 주목한다. 특소세 인하 전의 가격·균형량과 인하 후의 가격·균형량을 비교하는 것이 비교정태 분석이다. 특소세 인하 후 가격과 균형량, 그리고 수입의 변화를 알 수 있다. 마치 성형 수술전(before)과 후(after)의 모습을 비교하여 어디가 어떻게 변하였나를 알아보는 것과 같다.

6.2.1 수요의 변화

먼저 수요의 변화가 시장에 미치는 영향(균형가격, 거래량, 공급자의 수입)을 분석해 보기로 하자. 〈그림 6-2〉에 농구공의 시장균형상태를 그려 놓았다. 농구공이 필수재가 아니기 때문에 수요와 공급곡선이 가파른 기울기를 가지고 있지 않게 그렸다. 가격은 OP_0에서 거래량은 OQ_0에서 균형을 이루는 것으로 나타났다. 이제 농구 붐이 불어(국제 대회 우승, 슈퍼스타의 등장 등) 농구공에 대한 수요가 급증하였다고 해보자. 수요자의 입장에선 수요가 증가한 것이 되어 수요곡선이 바깥으로 이동하게 되고(D'D') 균형가격은 OP_1으로 상승하고 거래량은 OQ_1으로 증가한다. 또 수입도 인하 전에 직사각형 OP_0EQ_0이였으나 농구 붐 이후에는 직사각형 $OP_1E'Q_1$으로 증가하였다. 농구공 공급자들의 수입(농구공 수요자들의 지출)이 증가한 것을 쉽게 알 수 있다.

<그림 6-2> 수요의 변화에 의한 균형의 이동

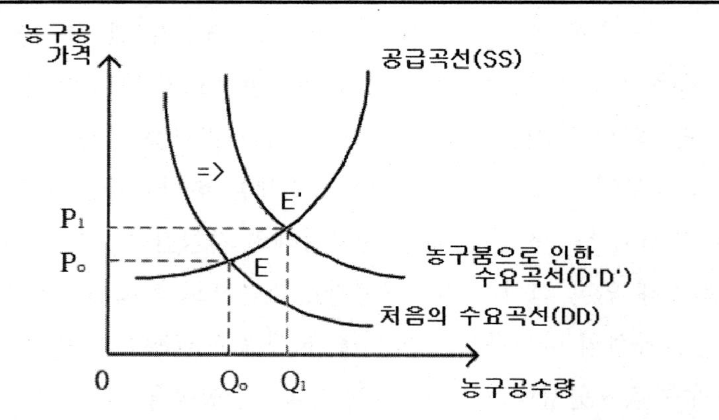

6.2.2 공급의 변화

이번에는 공급의 변화가 시장에 미치는 영향을 알아보기로 하자. 변화가 있기 전 〈그림 6-3〉에서 가격은 OP_0에서 거래량은 OQ_0에서 균형을 이루는 것으로 나타났다. 이제 정부가 농구공에 대한 세금을 대폭 낮춘다(혹은 농구공 생산기술의 발전, 농구공 생산 노동자들의 임금하락 등)고 발표하였다고 해보자. 기업의 입장에선 생산비용이 하락한 것이 되어 공급곡선이 바깥으로 이동하게 되고(S'S') 균형가격은 OP_2으로 하락하고 거래량은 OQ_2으로 증가한다. 또 수입도 인하 전에 직사각형 OP_0EQ_0이였으나 인하 후에는 직사각형 $OP_2E''Q_2$으로 증가하였다. 가격이 내렸음에도 수입이 증가한 것은 가격이 하락으로 인한 손해보다 판매량 증가에 따른 수입증가가 더 크기 때문이다. 즉 농구공에 대한 수요가 탄력적이기 때문이다.[3]

그래프를 이용한 비교정태 분석에서 정확한 결과를 얻기 위해서는 수요공급곡선의 형태 좀 더 정확히 말하면 두 곡선의 탄력도에 대한 정보가 필요하다.[4] 독자들은 수요(공급)곡선에 미치는 다른 변수의 움직임이 가격과 거래량에 어떻게 영향을 미치는지에 대해 학습해 보기 바란다.

<그림 6-3> 공급의 변화에 의한 균형의 이동

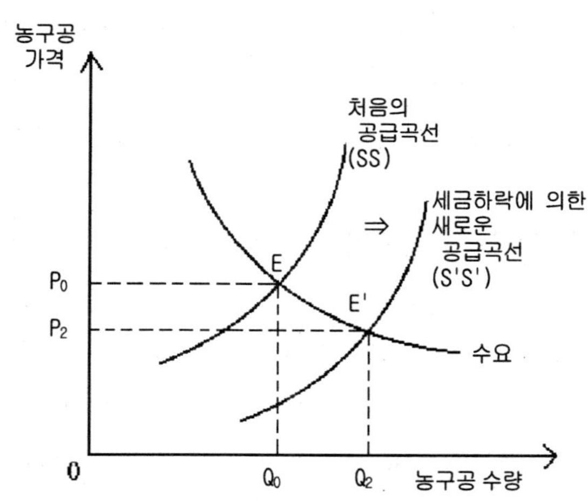

3) 수요곡선의 가격 탄력도에 따라 수입이 변한다. 양자와의 관계에 대해서는 맨큐의 경제학, p. 98~103 참고바람.

4) 경제학에서는 보다 정확한 결과를 얻기 위해서는 수학적 방법을 도입해 쓰고 있다.

6.3 응 용

6.3.1 암표가격 결정

운동장 주변에는 암표가 있을 수밖에 없는 이유와 천정부지로 암표 값이 오르는 이유 및 그것이 시간에 따라 변하는 원리를 찾아보기로 하자? 암표상을 처벌한다면 그 근거를 어디에서 찾을 수 있겠는가?[5)]

가. 공급곡선의 모양

일반적으로 공급곡선은 우상향 하는 형태를 취한다. 가격이 올라감에 따라 재고를 방출한다든가 가동률을 늘여 공급량을 늘리려 할 것이기 때문이다. 그러나 스포츠 경기의 공급곡선은 경기장규모라는 물리적 제약조건이 있기 때문에 〈그림 6-4〉에서 보듯이 'ᅳ'자 형태를 취하고 있다. 운동장 만석까지는 아무리 수요가 증가하여도 관람료 8,000원에 충분히 공급될 수 있으나 그 이상은 더 이상 공급이 불가능하게 되어 가격만 수직으로 상승하는 형태를 취하게 된다.

〈그림 6-4〉에 ᅳ 자모양의 경기장 공급곡선이 두 개 그려져 있다. 하나는 평소의 공급곡선(P_0S)이고 다른 하나는 챔피언 결정전 때의 공급곡선(P_1S)이다. 평상시 경기의 수요는 최대수용규모(만석)보다 적은 수준(이를 테면 D_0)이여서 P_0(예를 들어 8,000원)에 아무 문제없이 거래되고 있다. 암표가 발붙일 곳이 없다. 그러나 챔피언 결정전이 되면 수요는 크게 증가한다. 주최측에서는 처음부터 입장료를 P_0보다 높은 P_1으로 평소보다 높게 책정한다.

이렇게 수요가 피크를 이룰 때 높은 가격을 책정하는 가격 설정은 재화나 서비스가 가장 집약적으로 사용되는 기간에 가장 높은 가격을 책정하는 방식인 최대부하가격(peak -load pricing)과 비슷하다. 그러나 스포츠 시장에

5) 강태진외, 「거시적 경제분석」, p.55~6

서 볼 수 있는 고가격책정은 이윤극대화를 위한 전략으로 쓰이는 반면 최대부하가격은 수요를 분산시켜 한정된 자원을 효율적으로 사용하려는 목적을 가지고 있다.

챔피언 결정전의 경우 수요곡선은 D_1에서 D_2로 폭발적으로 증가하고 이것은 수요곡선의 우측이동으로 나타난다. 수용인원이 정해져 있기 때문에 관객 수는 한정되어 있으나 균형 가격은 관람료 보다 훨씬 높은 가격인 P_2에서 결정된다. 아침 일찍 경기장에 와 표를 구한 사람은 참피언전 관람료(P_1)로 입장할 수 있지만 늦은 사람은 P_2 값으로 암표를 구입하여야 한다. 챔피언 결정전이 치열하면 할수록 수요곡선은 더 바깥쪽으로 이동할 것이고 암표상자들은 더 살 판 난 세상이 될 것이다.

<그림 6-4> 운동장의 공급곡선

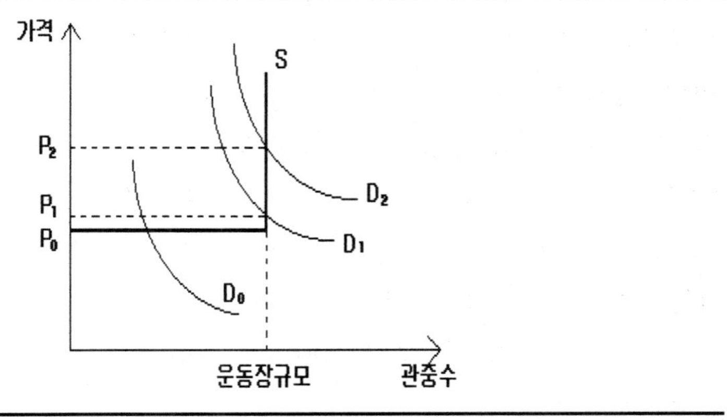

나. 관중의 기대와 암표장사의 판매 전략

스포츠 경기 암표가격이 비싼 것은 시간경과에 따른 희소성 때문이다.[6] 이 말을 역으로 하면 그 시간이 지나면 무용지물이 된다는 말과 일치한다. 이 사실을 알고 있는 관중은 암표장사를 계속 쫓아다니다가 경기 시작 후 헐

6) 이런 면에서는 입장권에 대한 수요는 생선이나 채소와 같은 생물(生物)에 대한 수요와 유사하다.

값에 표를 살 수 있기를 기대할 수도 있다. 경기 후에 헐값으로 팔린다는 사실을 관중들이 모두 알고 경기 전에 절대 안 사려고 한다면 암표장사는 망하고 말 것이다. 따라서 암표장사는 비록 팔다 남은 표가 있다 할지라도 절대로 경기 시작 후에 헐값이라도 팔지 않는 것이 본인에게 유리하다. 비록 사회적으로는 바람직하지 않지만… 경기 시작 후에는 암표도 구할 수 없고 값이 떨어지지 않는다는 믿음을 줌으로써 비싼 가격에 표를 팔 수 있다. 이렇게 가격이 다시 하락하지 않는다는 믿음을 주는 전략은 다이아몬드 가격을 고가로 유지하여 이윤 극대화를 취하는 De Beers의 가격 유지책과 흡사하다.

6.3.2 슈퍼스타 현상[7)]

슈퍼스타 시장의 특성으로는 첫째 이 시장의 모든 소비자들은 최고 수준의 생산자가 제공하는 상품을 쓰려고 한다. 둘째 이 상품은 싼 값으로 소비자에게 공급되는 기술을 가지고 있다는 점이다.

같은 시간에 여러 게임이 벌어지고 있는 경우 소비자들은 최고 기량을 보여주는 선수의 경기를 보려고 한다. 또 매스컴(특히 TV 중계)이 발전하면서 스포츠팬들은 거의 돈을 안들이고 최고 스타의 플레이를 안방에서 즐길 수 있다.[8)] 즉 최고 스타의 플레이를 TV를 통해 동시에 수백 만 명의 팬이 즐길 수 있다. 따라서 최고 스타의 플레이에 대한 수요는 상상을 초월할 정도로 큰 수준일 수밖에 없다.

스포츠 스타는 몸이 재산이다. 그리고 하나뿐이며 또 젊었을 때 한 때만 가치를 발휘하고 급속히 하락하는 속성을 가지고 있다. 즉 스타의 노동력은 독점성(유일성)과 유한성을 특징으로 하는 면에서 토지와 유사한 성격을 가지고 있다.

7) 맨큐의 경제학, p.411 참고.
8) 이 현상은 TV의 공공재(public goods)적 성격에 기인한다. 즉 누구나 TV수상기만 있다면 다른 사람을 방해하지 않고 돈을 내지 않고도 공중전파 방송국(KBS, MBC, SBS)의 프로그램을 즐길 수 있다.

<그림 6-5> 르브론 제임스에 대한 수요와 몸값의 변화

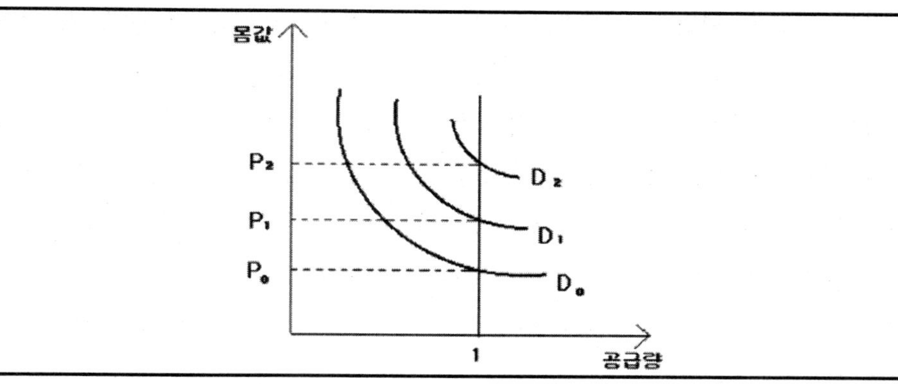

<그림 6-6> 르브론 제임스의 복제와 몸값의 변화

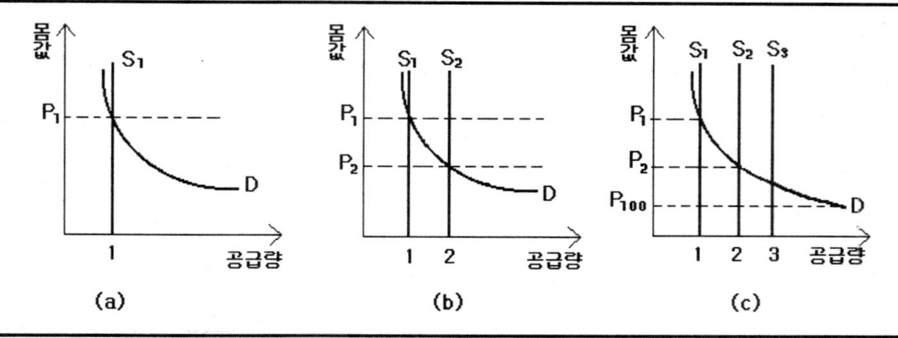

스타의 노동공급과 수요 그리고 가격 결정을 〈그림 6-5〉와 〈그림 6-6〉에서 분석할 수 있다. 농구 스타 르브론 제임스는 이 세상에 한 명 밖에 없고 그를 필적할 선수가 거의 없기 때문에 그의 노동공급곡선은 수직선 형태를 취하고 있다. 그에 대한 인기가 높아질수록 수요곡선은 위쪽으로 이동하게 되고 지대는 수요가 이동한 정도가 그대로 반영된다. 수요가 D1에서 D2로 다시 D3로 상승함에 따라 지대가 P2, P3로 급상승하는 현상은 빠르게 발생한다. 특히 메스컴의 발전은 스포츠 스타의 몸값을 천정부지로 올리는 한 몫을 하고 있다. 다른 시장 예를 들어 자동차 시장에서는 공급이 스타 선수 시장에서 만큼 제한적이지 않기 때문에 수요증가가 있더라도 가격상승은 운동

선수의 몸값 상승보다 분명히 적게 나타날 것이다.

만약 르브론 제임스를 복제한다고 하고 복제된 사람도 르브론과 똑 같은 기량을 가지고 있다고 해보자. 〈그림 6-6-b〉에서 볼 수 있듯이 공급이 증가함에 따라 그의 몸값은 P1이 아니라 Pa로 나타난다. 두 사람 전체의 소득은 증가할지 몰라도 한 사람의 몸값은 분명 감소한다. 이제 보다 극단적인 예로서 복제 르브론 제임스가 만 명쯤 생겼다고 해보자. 〈그림 6-6-c〉에서 보는 바와 같이 르브론 제임스의 몸값은 바닥으로 떨어질 것이다. 여기저기에 르브론 제임스가 있으니 그에게 많은 돈을 주려고 하는 사람이 격감하는 것이다.

이 예를 약간 다르게 설명해 보기로 하자. 보통 평범한 선수란 자신의 복제 인간이 수 없이 많은 선수라고 비유할 수 있다. 공급이 많은 그는 적은 연봉을 감수하지 않을 수 없다. 반면 슈퍼스타란 자신의 복제 인간이 없어 공급이 하나로 한정되어 있는 사람으로 비유할 수 있고 적은 공급- 넘치는 수요는 그에게 높은 연봉을 가져다주고 있다. 모든 운동선수들이 땀을 흘리고 뛰는 것은 자신이 남들과 차별화되어 자신의 기량을 위협하는 복제 인간의 수를 줄이려는 노력이라고 비유할 수 있다.

공공재(公共財)9)인 방송매체를 통해 누구나 쉽게 대가를 치르지 않고 스타 선수의 플레이를 볼 수 있기 때문에 슈퍼스타에 대한 수요를 증가시키는데 매스컴이 엄청나게 기여하였다. 이것은 스포츠에서의 세계화를 가속화시킴으로써 슈퍼스타의 몸값 상승을 부채질하고 있다.

또한 슈퍼스타의 고소득은 경제적 지대에 해당하기 때문에 많은 부분이 사회의 몫이다. 땅 주인이 별 노력 없이 높은 지대를 통해 불로소득을 얻는 것과 비슷한 논리가 적용된다. 스타들이 보통사람이 상상도 못할 정도의 어려움과 시련을 극복하고 자신의 기량을 갈고 닦아 그 자리에 이르렀다고 하나 기본적으로는 지대 소득의 범주를 벗어 날 수 없으며 그것은 사회가 만들

9) 공공재란 비경합성(non-rivaly)과 비배제성(non-excludability)을 갖는 재화를 일컫는다. 비경합성이란 어떤 사람이 TV방송을 본다고 해서 다른 사람이 TV를 즐길 수 있는 혜택이 감소하지 않은 성질을 말하며 비배재성이란 시청료를 안 냈다고 보지 못하게 할 수 없음을 말한다.

어 주는 것이라는 점에서 공통점을 가지고 있다. 경제적 지대로 인한 고소득을 얻기 때문에 높은 세율이 적용되고 있다. 소득이 많은 사람이 가난한 사람보다 더 세금을 부담하여야 한다는 수직적 공평성 원리가 작용되고 있다.

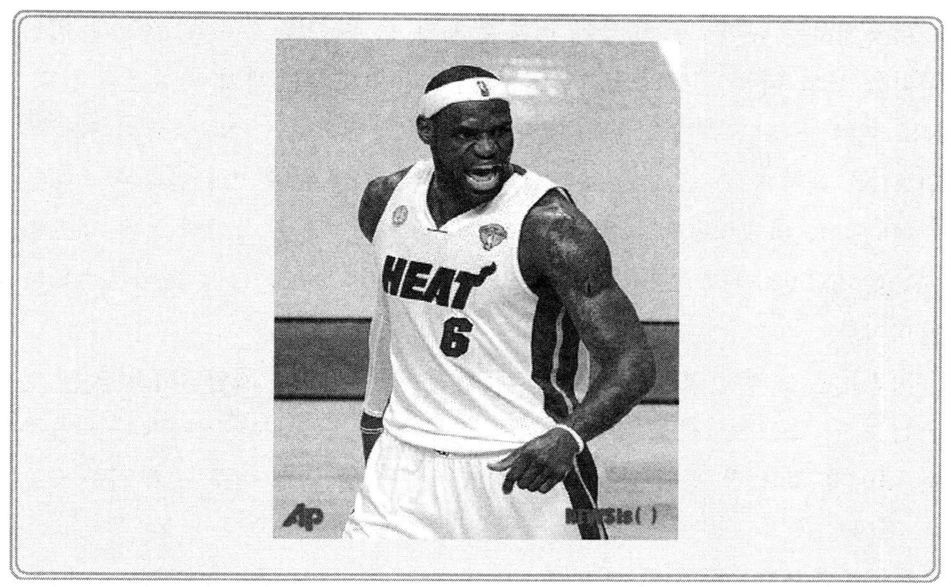

우리가 보통 마이클 조단을 농구 황제, 전성기 때의 타이거 우즈를 골프 황제라고 부르고 있다. 황제란 왕 중의 왕이요, 이 세상에 유일한 사람이다. 즉 권력의 유일한 공급자라는 말로 바꾸어 표현할 수 있다.

복제양 돌리를 탄생시킨 영국 로슬린 연구소의 이언 윌머트 박사가 르브론 제임스 만명을 복제로 만들겠다고 발표하였다고 하자. 르브론 제임스는 즉시 영국으로 가 연구소 앞에서 삭발 단식 투쟁을 시작할 것이다. 머리에 "나의 생계 위협하는 무분별한 인간 복제 결사반대"라는 띠를 두르고 있을 거리고 상상해 본다.

이렇게 상상을 초월하는 몸값에 대해 비판이 있다. 먼저 우리나라 프로 야구 1년 총 입장수입은 700만명을 돌파한 기념비적인 해인 2012년 633억원 정도에 불과하다. 최고 수입을 올린 두산이 불과 111억원에 불과하다. FA시장에 나온 유명 선수 1명을 잡기에도 벅찬 금액이다. 또 지자체에게도 운동

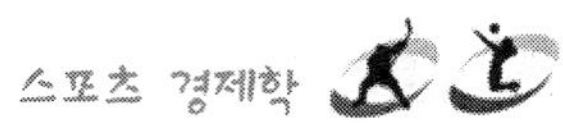

장 사용료와 광고사용료를 주어야 한다. LG 와 두산이 운동장 사용료로 25억 5800만원 광고사용료로 72억 2000만원, 총 97억 7800만원을 지불하였다. 슈퍼스타 현상을 감당하기에는 각 구단이 역부족이라는 말이 아주 틀린 말은 아니라고 볼 수 있는 이유이다.

미국에서는 슈퍼스타 현상이 더욱 문제가 될 수 있다. 슈퍼스타들의 비싼 몸값을 보면 미국 프로 스포츠는 불황의 무풍지대라는 평가가 실감이 간다. MBL 알렉스 로드리게스(뉴욕 양기스) 30,000,000달러, NBA 코비 브라이언트(LA 레이커스) 27,849,000 달러, NFL 드와이트 프리니(인디아나 폴리스 콜츠) 19,035,000달러 에 이르고 있다. 평균 연봉도 상당히 높은 편으로 NBA는 520만 달러, MBL는 320만 달러 NHL은 240만달러 NFL은 190만 달러이다.

서민들은 모기지 페이먼트를 못 내 은행에 살던 집을 차압당하고 있는 것과는 달리 스포츠스타들은 다른 세계에 살고 있는 셈이다. ESPN이 지불하는 메이저 리그 한 경기 중계료는 3,125만 달러로 국내 야구 전체 중계료보다 비싸다.

미국 역사상 최고의 연봉을 받은 선수는 마이클 조단이다. 그는 1997-1998 시즌 3,314만 달러를 기록하였다. MBL에서 최초로 100만달러 연봉자는 1980년 놀란 라이언이었고 1988년 케빈 브라운이 1억 달러를 넘었으며 2000년 로드리게스는 2억 5,200만 달러를 받았다. 35명이 1억 달러 이상이며 이중 2억 달러 이상도 4명이나 된다. 선수 몸값상승은 입장료와 중계료 상승을 낳았고 다시 선수 몸 값 상승으로 이어지는 악순환이 발생하고 있는 것이다.

1930년 베이브 루스는 당시 미국 대통령 후버보다 높은 8만 달러를 받았다. 이 돈은 현재가치로 약 110만 달러에 불과하다. 1985년 MBL 평균 연봉이 37만 1,000달러였지만 현재는 320만 달러로 약 9배로 상승하였다. 이 기간 동안 미국 가계 평균소득은 2만 3,618달러에서 4만 9,777달러로 2배 증가에 그치고 있다. NBA에서는 16배, NFL에서는 10배로 상승하였다.

요는 스포츠 수요의 증가가 슈퍼스타 현상을 가져와 보통 사람의 상상을

초월하는 소득을 우수 스포츠 선수들이 얻고 있다는 사실을 설명하는데 까지는 경제학 이론이 충분히 역할을 하고 있다. 하지만 과연 어느 정도까지 허용하는 것이 옳은가에 대해서는 한계를 보이고 있다.[10)]

공이라고 다 같은 공이 아니다!

2003년 6월 22일 이승엽이 대구 SK전에서 세계 최연소 300호 홈런을 기록하였고 홈런공은 경매에서 1억 2천만원에 낙찰되었다. 또 그 해 10월 아시아 홈런 최고 기록인 56호 홈런 공은 삼성구단 관련 이벤트 업체 직원이 금 56냥을 받고 구단에 양도하였다.

물리적으로는 똑 같은 공이지만 누구에게 언제 쓰이느냐에 따라 값이 달라진다!

수요공급의 법칙을 이용하면 명쾌하게 설명할 수 있다.

10) 이렇게 경제현상을 있는 사실 그대로 객관적으로 분석하는 데 주안점을 두는 실증 경제이론(positive economics)과 어떤 경제 상태가 바람직한가의 차원에서 가치판단이 개입되는 이론 체계인 규범경제학(normative economics)으로 나눌 수 있다. 슈퍼스타 현상을 설명하는 데는 실증경제이론이 이용되고 있으며 어느 정도가 바람직한 수준인가에 대한 해답은 규범경제이론 영역에 속한다.

주관식

1. 슈퍼스타 현상을 설명하시오

2. 암표가가 결정되는 원리를 설명하시오.

3. 비교정태 분석이란?

*4. 우리나라 국가 대표 팀이 월드컵에서 기대이상의 성적을 거두자, 축구 붐이 크게 일었다. 축구공 시장에 나타나는 현상(축구공 값, 거래량, 판매자의 수입, 팬의 지출)을 설명하시오.

객관식

1. (기출) 스포츠 제품에 관한 설명으로 틀린 것은?

① 스포츠 제품은 유형의 재화와 무형의 서비스뿐만 아니라 아이디어 사람 등도 포함한다.
② 특정제품을 구매하는 고객은 제품 자체만을 구매하는 것이 아니라 그 제품이 제공하는 기본적 욕구 충족 또는 혜택을 구매하는 것이다.
③ 스포츠 제품 중 서비스의 특성을 지니는 경우 품질이 예측가능 하고 일관성을 지닌다.

객관식 문제 정답　1. ③

④ 스포츠 제품이란 경기력 뿐 아니라 경기장 시설 팬서비스 등 확장제품을 포함한다.

2. (기출) 참여스포츠산업의 소비시장 규모를 거시적으로 예측할 때 가장 관계가 적은 변인은?

① 1인당 소득 ② 대학진학률 ③ 노동시간 ④ 고령화지수

3. 다음 암표 값에 대한 설명 중에서 틀린 것은?

① 암표에 대해 부정적인 견해만 있는 것이 아니라 자유롭게 허용해야 한다는 주장도 있다.
② 공급량은 한정되어 있는데 수요가 일시적으로 급증하여 생긴 현상이다.
③ 스포츠 현장에서 암표의 전형적인 특성을 볼 수 있다.
④ 경기장 암표 값은 암표상의 사악한 이기심 때문에 생긴 것이지 수요공급 법칙과는 무관하다.

---

2. ② 3. ④

제 3 부

스포츠 시장분석

제7장

스포츠 시장의 분류, 특성 및 영향력

"박세리 선수는 실업과 실직의 고통 속에서 하루하루를 어렵게 사는 우리 국민들에게 꿈과 용기를 심어준 인물이다"

IMF 경제위기에 있던 1998년 동아일보가 박세리를 올해의 인물로 선정한 이유

- 생산에 대한 정의
- 스포츠 시장의 사회적 기여

7.1 스포츠 시장과 (사회적)생산

7.1.1 스포츠 시장의 성격

일반적으로 시장(market)은 특정한 재화나 서비스를 사고파는 장소 혹은 공간을 일컫는다. 크게 냉장고, 자동차, 맥주, 이발 서비스 등과 같은 상품을 생산한 기업과 소비자(가계)가 만나는 시장인 생산물 시장(output market)과 반대로 기업이 노동, 자본, 토지 등의 생산요소를 가계로부터 사는 시장인 생산요소 시장(input market)으로 나누어진다.[1)]

생산물시장에서 가계(家計, household)는 수요자의 입장에 있지만 생산요소 시장에서는 공급자의 입장에 선다. 반대로 기업(企業, firm)은 생산물시장에서는 공급자의 입장에 있지만 생산요소 시장에서는 수요자의 입장에 선다.

매일 벌어지고 있는 프로 경기는 선수들의 '스포츠 서비스'를 관중에게 판매하는 것이므로 생산물 시장(3차 산업)에 속하며, '스포츠 용품' 거래는 생산물 시장(2차 산업)에서 일어나고 있다. 스포츠 시장은 제조업과 서비스업이 혼재되어 있다. 또 선수를 스카우트하거나 트레이드 하는 행위는 생산요소시장에서 벌어지는 일이다. 스포츠 시장은 아마추어 시장이냐 프로 시장이냐, 참여스포츠 시장이냐 관전스포츠냐, 개인 스포츠냐 단체 스포츠냐에 따라 다른 특징을 보이고 있지만 기본적으로는 수요·공급법칙의 시장이론을 벗어나지 않는다.

경쟁관계가 성립하는 시장범위를 거래대상(상품시장), 거래지역(지역시장), 거래 단계, 거래상대방에 따라 나누어 볼 수 있다[2)]. 예를 들어 커피,

---

1) 생산요소(factors of production)란 재화나 서비스를 생산하는 과정에 투입되는 요소를 뜻한다. 노동, 토지, 자본을 3대 생산요소라고 부른다. 생산요소시장은 생산물 시장과 여러모로 비슷하지만, 가장 중요한 차이는 요소에 대한 수요는 파생수요(derived demand)라는 점이다.

2) 공정거래 위원회, 「기업결합심사기준」 참고

축구공, 골프 과 같은 시장은 상품시장이고 상암에서 열리는 프로 축구 경기는 지역시장이다. 프로 스포츠 위원회나 연맹은 상품시장에서 전국적인 독점권을 가지고 있으며 지역 연고 구단에 지역시장에서 독점권을 가지고 있다.

엄밀히 말하면 시장과 산업(industry)에 대한 정의는 다르다. 산업은 제조방식이 유사한 상품을 생산하는 기업의 집합이라고 정의할 수 있다. 시장은 수요와 생산(공급)을 같이 고려하는 개념인 반면 산업은 생산을 중심으로 파악하는 개념이다. 예를 들어 경차와 고급 승용차는 같은 자동차 산업으로 분류되지만 다른 시장으로 분류될 수 있다. 그럼에도 불구하고 때로는 크게 자동차시장 또는 자동차 산업으로 분류하여 분석할 때도 많다. 비슷한 이치로 프로 스포츠에서 1군과 2군 리그는 다른 시장으로 분류되지만 크게 보면 같은 시장, 같은 산업으로 분류될 수 있다. 하지만 독과점 폐해와 관련되어 시장 획정(劃定)문제(어디까지 같은 시장으로 보아야 할 것인가)가 매우 중요할 때가 있다. 따라서 분석 목적에 따라 시장과 산업 개념을 사용하여야 할 것이다.

스포츠 제조업은 〈그림 7-1〉 스포츠 제조업에서의 재화와 용역의 흐름에서 다른 일반 제조업과의 차이가 그렇게 크게 나지 않는다. 스포츠 용품, 용기, 의류, 시설 등이 생산물 시장에서 거래되고 있으며 생산요소 시장에서는 노동, 자본, 토지 등 생산요소가 투입되는 양태는 일반 제조업과 비슷하다. 그러나 경제 원리가 가장 뚜렷하게 적용되는 프로 스포츠 시장에서의 재화와 용역의 흐름을 〈그림 7-2〉에 그려 보았다. 구단의 연합체인 프로 연맹 혹은 위원회가 시장 전체에 독점력을 가지고 있으며 지역 연고 구단은 선수를 영입하여 프로 스포츠 관전 시장에 공급하고 있다. 구단은 기업(firm)으로 선수는 가계(household)로 해석할 수 있다. 또 가계는 스포츠 관전 시장에서 선수와 구단이 생산하는 스포츠 상품을 소비하고 있다.

<그림 7-1> 스포츠 제조업에서의 재화와 용역의 흐름

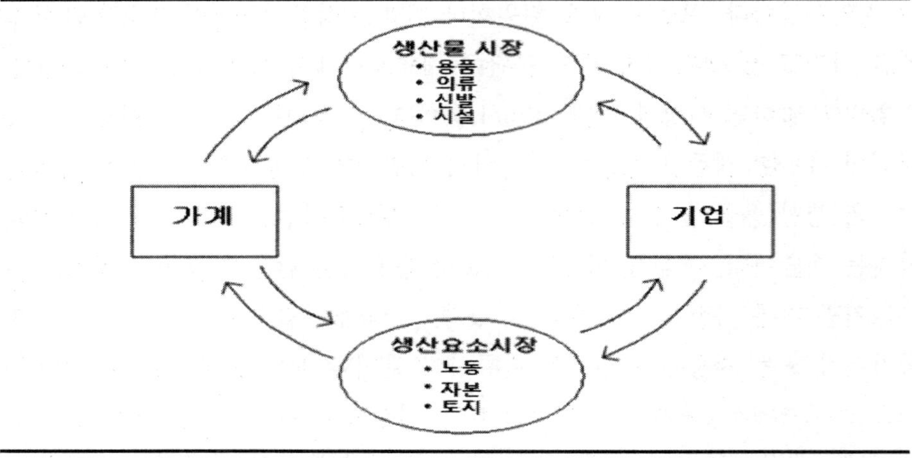

<그림 7-2> 프로 스포츠 시장에서의 재화와 용역의 흐름

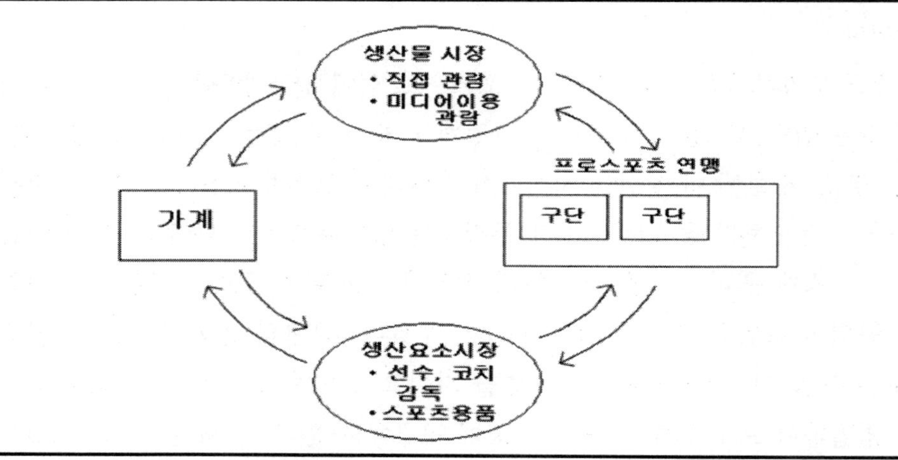

프로 스포츠 시장은 전문성이 뛰어난 소수의 사람들이 공급자로 등장하는 반면 수요는 일반 대중에 의해 이루어지고 있다. 전문성이 높아 소수의 공급자가 참여한다는 점에서는 의사·한의사·변호사 시장과 비슷하지만 훨씬 더 넓은 수요층을 가지고 있다는 점이 큰 차이이다. 연예인과 비슷하게 모든 국민들로부터 사랑을 받는 스타가 되는 것이 가능하다. 한 마디로 공급 면에서

는 최고의 전문성을, 수요측면에서는 폭넓은 대중성을 가지고 있기 때문에 성공한 스포츠 스타는 최고 인기의 연예인 보다 더 대중적 인기를 받을 수 있다. 국민의사 ○○○, 국민 한의사 ○○○, 국민 변호사 ○○○는 없지만 국민 요정 ○○○, 국민 타자 ○○○, 국보급 투수 ○○○ 는 가능한 것이 스포츠 시장에서의 특징이다.[3)]

7.1.2 생산에 대한 정의

생산은 가치를 가지며 개인의 효용에 기여하는 재화나 서비스를 창조하는 생산물을 창조하는 행동이라고 정의된다. 생산은 시간과 장소를 통해 나타나는 과정이다. 유량개념이기 때문에 시간당 생산율로 측정된다. 생산과정에는 3가지 측면이 있다. ① 생산된 재화나 서비스의 양, ② 창조된 재화나 서비스의 형태, ③ 생산된 재화나 서비스의 시간이나 장소적 배분이다. 생산과정은 재화와 서비스에 대한 수요의 패턴과 시장터에서 가능한 이런 재화와 서비스의 양, 형태, 모양, 길이와 배분간의 유사성을 증가시키는 행위로 정의될 수 있다.

생산이라는 측면에서 볼 때 프로 스포츠 시장은 비난의 소지가 있다. 그 자체가 사회에 유용한 물적 생산물을 만들지 못하기 때문이다. 박지성의 득점은 축구경기에서는 가치 있는 것이지만 사회에 없던 유형의 물질을 생산하는 것은 아니다. 생산을 어떻게 인식하느냐에 따라 프로 스포츠의 가치가 설명된다.

이제 생산에 대한 유명 경제학자들의 사상을 정리해 봄으로써 프로 스포츠의 가치에 대해 분석해 보기로 하자. 프랑스의 경제학자 케네(Quesnay 1694~1774)는 생산의 원천은 오직 토지라고 보고 농업만이 생산적이기 때문에 농민만이 생산적인 계급이요 지주와 종교인은 비 생산자 계급이라고 비난하였다. 또 경제학의 시조 아담 스미스(Adam Smith, 1723~1790)도

---

3) 국민 배우 ○○○, 국민 가수 ○○○, 국민 엄마 ○○○, 국민 여동생 ○○○ 식으로 연예계에서 가장 많이 쓰이고 있다. 이렇게 볼 때 스포츠 스타도 인기를 먹고 산다고 하는 연예인과 비슷한 성질을 가지고 있다.

가치를 생산하는 생산적 노동은 농업과 제조업을 인정하였으나 서비스업에 대해서는 비생산적 노동이라고 보았다.[4] 그는 비생산적 노동에 속하는 것으로 교사, 정치가, 법률가, 의사, 시인 및 문학자 등을 들었다. 그러나 교수의 강의는 비생산적이나 그것을 출판하면 생산적이 된다고 말하였다.

그는 "국가의 부(富, wealth)란 국민이 매년 소비하는 생활필수품과 편이품 및 오락품이다"라고 정의하였다.[5] 그의 이러한 견해는 금·는 보화의 보유량이 국력 혹은 국부라고 생각했던 소위 중상주의(重商主義)학파 사람들과는 180도 다른 것이었다. 그는 부를 증대시키기 위해서는 생산적 노동자의 비율과 노동생산성을 증대시켜야 한다고 주장하였다. 쉽게 말하면 놀고 먹는 사람에 비해 일하는 사람의 비율이 높을수록 또 분업(division of labor)을 통해 자기가 할 일을 집중적으로 할 수 있는 여건이 잘 갖추어진 사회일수록 생산성이 증대되고 부자나라가 된다고 보았던 것이다.

20세기 초 포드이즘으로 대표되는 기계화와 표준화가 가속화되면서 국가의 부는 눈부시게 늘어났다. 그러나 다른 한편으로는 단순한 일의 반복에 따른 무기력증과 기업주의 통제 강화로 인한 인간소외는 새로운 사회문제로 대두되기에 이르렀다. 이 때 스포츠는 무기력증과 소외를 없애는데 좋은 처방으로 자연스럽게 등장하게 되었다. 한편으로는 여가선용을 위해 대안으로 다른 한편으로는 작업에서 발생하는 심리적 억압을 풀어주는 청량제로 작용하였던 것이다.

과학기술과 분업의 발전으로 인해 노동자도 직접 생산에 참여하는 자와 직접 참여하지 않고 간접적으로 돕는 사람으로 양분되기 시작하였고 점차 직접 생산에 참여하는 자보다 간접적으로 생산에 참여하는 사람의 중요도가 높아지게 되기에 이르렀다. 선진국일수록 1차 2차 산업보다 3차 산업이 더 비중을 갖는 산업구조를 갖게 되었으며 노동시간도 줄어들고 있다. 이것은 직접 생산자보다 그들을 후방에서 지원하는 산업이 발전할수록 사회 생산력을 높인다는 사실을 말하고 있으며 반대로 사회의 생산력이 높아져 과거보다 훨씬 적은 사람으로 모든 사람을 부양할 수 있음을 의미한다.

---

4) 박기혁, 「경제학사」, 법문사, 1975, p.129~130.
5) 박기혁, 앞의 책, P.102

노동시간이 과거에 비해 줄면서 직접 생산자이든 간접 생산자이든 바쁜 와중에서도 건강하고 인간답게 생활을 즐기려는 욕망이 나타났다. 이것은 '행위(하는) 스포츠'의 활성화를 의미한다. 많은 운동을 현대인들은 즐기게 되었고 새로운 운동이 많이 생겨나게 되었다. 다른 한편에서는 여가가 증가한 사람들은 직접 운동을 할 수는 없어도 남이 하는 것을 '관람(보는) 스포츠'에 대한 수요도 크게 증가하였다. 특히 라디오, TV, 유선 방송 등 방송 매체와 신문, 잡지 등 활자 매체의 눈부신 발전은 스포츠 산업을 현대인의 안방으로 옮겨오는데 결정적인 역할을 하였다.

7.2 스포츠 시장의 영향력(박세리의 성공을 중심으로)

현대의 물질문명과 스포츠는 뗄래야 뗄 수 없는 관계가 되었다. 스포츠 선수가 비록 직접 생산에 기여하지는 않았으나 생산에 직·간접으로 참여하고 있는 사람들에게 희망과 용기를 줌으로써 그들의 생산성을 향상시키는데 크게 기여하였다고 말 할 수 있다.

이제 박세리 선수의 예를 들어 스포츠 영웅이 국민소득 향상에 어떻게 기여하는 가를 보기로 하자. IMF로 많은 국민이 실직을 당하고 노숙자가 거리를 메우고 범죄가 늘고 모두들 고통스럽게 하루하루를 보내고 있던 1998년 박세리는 미국에서 4관왕 메이저 대회 2관왕이라는 엄청난 낭보를 우리 국민들에게 전해 주었다. 불과 20세의 어린 몸으로 전 세계에 한국인의 저력을 과시하였고 실직과 구조조정이라는 고통에 있던 우리 국민들에게는 희망과 용기를 준 엄청난 사건이었다.

그녀가 만약 그런 성적을 내지 못했다면 우리는 그녀와 삼성을 어떻게 평가했을 것인가? 남들은 죽네 사네 하는데 한가하게(?) 골프채나 들고 여기 기웃 저기 기웃했으니 매국노도 그런 매국노가 없고 삼성도 미쳐도 한참 미친 기업이라고 실컷 비난을 받았을 것이다. 아마추어 스포츠 면 한 쪽 구석에 "또 예선 탈락, 허탈, 외화낭비" 운운하면서 박 선수와 삼성을 맹비난하는 기사가 났을지 모른다.

<그림 7-3> IMF 경제위기 이전의 희망의 수요와 공급

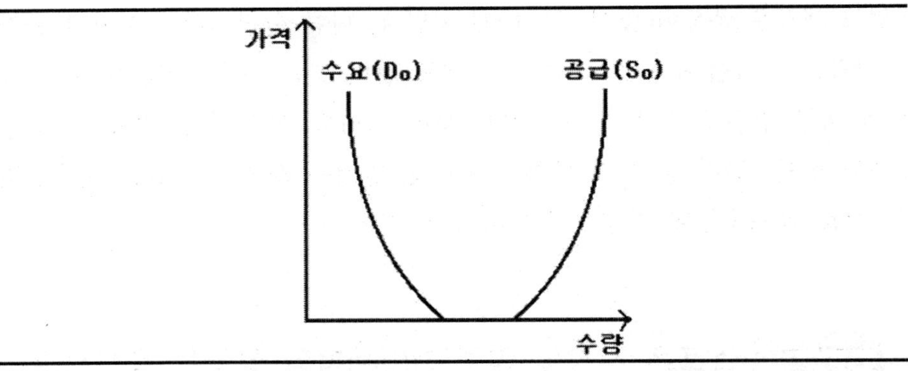

<그림 7-4> 박세리의 우승에 따른 희망의 수요 · 공급 변화

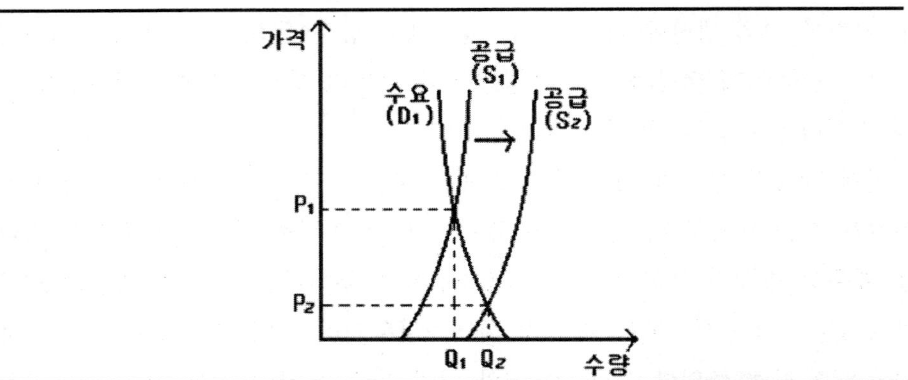

박세리를 비롯한 유명 프로 골퍼들은 전혀 생산적이지 않는 일(골프치는 일)을 하면서도 엄청난 돈과 명예를 얻고 있다[6]. 시쳇말로 골프는 먹고사는 일과는 전혀 관계가 없으며 그야말로 가진 자들의 놀이로도 볼 수 있는 운동을 잘한다는 이유로 왜 돈과 명예를 누가 가져다주고 있는가? 혹시 호미로

6) 회원제로 운영되고 있는 골프 컨트리클럽은 대표적인 클럽재(club goods)이다. 회원을 너무 적게 받으면 기존 회원들이 많은 부담을 하여야 하고 회원이 너무 많으면 부킹이 어려워지고 골프장이 혼잡(congestion)해진다. 일정범위 내에서만 여럿이 쓰는 것이 바람직한 재화다. 회원제로 운영되고 있는 수영장, 테니스장, 휘트니스 클럽 등이 유사한 재화다.

시합을 한다면 가끔 그린에 있는 풀이라도 멜 수 있는데 전혀 생산에는 기여할 수 없는 골프채를 들고 조그만 구멍에 넣는 비생산적인 행동을 하는 선수에게 돈과 명예를 주는 것은 비합리적일 수 있다. 그러나 현실은 정반대이다. 박세리로 대표되는 프로 스포츠선수는 직접 생산 활동은 하지 있지는 않으나 생산자들의 생산력을 고무시키는 역할을 하고 있다는 점이 프로 스포츠의 생산에 대한 근거라고 말 할 수 있다.

이제 IMF 경제위기와 박세리의 기여도를 분석해 보기로 하자. 〈그림 7-3〉에는 IMF 이전에 희망이 자유재(自由財, free goods)였을 때를 그려놓았다. 공급은 무한대이나 수요는 이에 못 미쳐 희망의 값이 제로임을 보여주고 있다. 반면 IMF 경제위기시대에 접어들어 희망이 경제재로 변하고 박세리 선수가 공급을 늘인 것을 〈그림 7-4〉에 나타내 보았다. 이 그림에서 희망에 대한 수요는 IMF이전에 비해 크게 증가하였으나(수요곡선 D1) 공급은 크게 줄어들어(공급곡선 S1) 희망의 가격이 P1으로 비싸진 상태를 나타내고 있다. 그러던 중 박세리 선수가 우승을 함으로써 공급을 늘여(공급곡선 S2로) 희망의 가격이 다시 영에 가까운 P2로 하락하였다.

IMF 경제 위기 와중에서 외화를 안 까먹고 벌어 왔다는 사실만으로는 박세리의 영웅 됨을 설명할 수 없다. 그녀 때문에 골프장에 사람이 늘고 골프채가 많이 팔려서만도 아니다. 레저를 즐기는 것을 하나의 가치 있는 일로 생각하는 사람이 늘었고 그들에게 그녀의 플레이를 모델로 삼는 사람에게 즐거움을 준 것만으로도 부족하다. '위기극복을 위한 의지와 실천' 즉 희망이라는 그 당시 가장 가치 있다고 생각되는 상품을 온 국민에게 선물했기 때문이다. 온 국민이 희망을 갖고 즐거운 마음으로 일터로 가게 한 그녀 때문에 1998년 우리나라 GDP성장률 하락률이 좀 줄어들었을 것이라고 얘기해도 과언은 아닐 것이다.

프로 골퍼 박세리는 그녀와 아버지에 의해 만들어졌지만 당시 경제상황이 그녀를 더욱 생산적인 영웅으로 만들었다. 그녀는 IMF시대에 가장 희소한 자원이었던 '희망'이라는 자원을 생산하여 온 국민에게 무료로 공급하였다. 박세리 개인적으로 미국 골프 명예의 전당에 헌액되었고 미국 LPGA에서 25

번 우승을 하여 상금으로만 약 126억원을 벌었다.

박세리의 예는 국가 대표 선수가 아닌 순수 개인스포츠 선수의 성공이 본인은 물론 사회 전체적으로 얼마나 큰 영향을 보여주는가에 대한 가장 좋은 예인 동시에 소득변화에 따른 재화의 성격변화를 잘 읽는 것이 성공의 요인인 된다는 사실을 보여주는 예라고 본다.

스포츠 룰과 기업경영

삼성이 본받자고 제시한 스포츠 과 그 정신에 대해 공부해 보기로 하자. 삼성은 1993년 〈나부터 변할 것〉을 선포하면서 삼성의 스포츠로 골프, 야구, 럭비를 선정하였다.[7)]

골프는 룰과 에티켓의 스포츠다. 이 세상 스포츠 중 심판이 없는 것은 골프밖에 없다. 골프의 룰은 스스로 지키는 것- 이것이 자율과 직결되는 것이다. 누가 안 보더라도 양심적으로 자율적으로 룰을 지키는 습관을 몸에 배게 하자는 취지이다. 또 다른 선수에게 방해를 해야 의미가 없다. 자신과의 싸움이 가장 절제되게 나타나는 운동이 골프이다.

7) 이원복, 「나부터 변하자」, 삼성경제연구소, 2003, p.80.

야구는 단체운동이면서 개인플레이며 자율적인 운동이지만 어떤 때는 감독의 명령을 받게 된다. 또 스타플레이어가 있기는 하지만 뒤에서 고생해 주고 생색내지 않는 포수의 역할도 중요하다. 투수나 타자나 혼자 잘해서는 이길 수 없다. 개인의 기록과 팀의 조화, 희생정신과 협동심, 선수와 감독의 믿음이 있어야 좋은 성적을 낼 수 있기 때문에 이 정신을 높게 산 것이다.

마지막으로 럭비는 비나 눈이 와도 외부 환경에 구애받지 않고 경기를 한다. 기후에 관계없이 무조건 밀고 가는 투지, 강력한 순발력, 순간적인 판단력, 그리고 강인한 정신력을 배우고 익힐 수 있다. 또 격렬하지만 매우 배려 깊고 신사적인 운동이며 희생정신과 팀워크가 중요하게 작용한다.

주관식

1. 생산에 대한 정의가 시대에 따라 어떻게 변해왔는지를 쓰시오.

2. 스포츠 시장의 사회적 기여를 박세리 선수의 예를 들어 설명하시오.

3. 삼성이 1993년 새로운 도약을 위한 체제 정비를 하면서 배우자고 한 스포츠 종목은 무엇이며 그 이유를 쓰시오.

객관식

1. 다음 설명 중 틀린 것을 고르시오.

① 아담 스미스는 농업과 제조업은 생산적 노동으로 인정하였으나 서비스업에 대해서는 비생산적 노동이라고 보았다. 교수의 강의와 출판도 비생산적 노동이라고 보았다.
② 중상주의는 금・는 보화의 보유량이 국력 혹은 국부라고 보았다.
③ 아담 스미스는 "국가의 부(富, wealth)란 국민이 매년 소비하는 생활필수품과 편이품 및 오락품이다"라고 정의하였다
④ 프랑스의 경제학자 케네는 생산의 원천은 오직 토지라고 보고 농업만이 생산적이기 때문에 농민만이 생산적인 계급이요 지주와 종교인은 비 생산자 계급이라고 비난하였다.

객관식 문제 정답 1. ①

2. 다음 설명 중 틀린 것을 고르시오.

① 스포츠 시장에서 일어나는 일은 기업경영이나 보통사람의 삶에 전혀 교훈을 주지 못한다.
② IMF 경제위기 때 박세리의 성공은 '희망'이라는 재화를 무료로 공급한 일이라고 표현할 수 있다.
③ 생산적인 노동에 대한 고전적인 노동관으로 볼 때 스포츠 선수의 플레이는 비난받을 면이 있다.
④ 사회의 생산력 증대는 생산에 대한 고전적인 인식을 바꾸어 놓았다.

---

2. ①

제8장

구단의 경제학 I

"경기를 끝낸 상태는 곧 경기를 앞둔 상태다"

– 독일의 전 국가대표 축구 감독 제프 헤르베르거(Sepp Herberger)의 말

학습목표

- 구단의 존재 이유
- 생산과 관련된 여러 개념과 용어 이해(한계 생산물, 평균 생산물, 한계생산력 체감의 법칙 등)
- 여러 가지 비용(가변비용, 고정비용, 평균 비용, 한계비용 등)에 대한 이해

8.1 구단의 존재 이유

8.1.1 특성

경제학에서 '기업이 왜 존재하는가'를 다루는 분야가 있다. 이른바 기업 본질론이다. 여기에는 사회전체의 분업론과 협동체 생산설을 근거로 사회 전체의 분업과 협업, 그리고 구단의 특성에 대해 알아보고자 한다.

먼저 사회 전체적인 분업론을 주장한 사람으로 그리스시대 플라톤(Ploto, 427~347 B.C)을 들 수 있다. 그는 분업의 발생요인으로 평등하지 못한 인간의 천성을 들고 있다. 인간이 자신의 타고난 천성에 적합한 직업에만 일을 할 때 모든 일이 쉽게, 많이 그리고 질적으로 훌륭하게 이루어진다고 주장하였다.

그의 이상 국가는 지배계급(철인(哲人)), 전투계급(무사), 및 비 지배계급(농부, 상인, 공업 종사자)이라는 3계급으로 구성된다. 각 계급은 각각 이성(지혜), 의지(용기), 감성(절제)를 요구하고 있다. 천성적으로 이성이 뛰어난 소수가 훈련을 통해 지배계급이 되고 용기가 많은 사람은 무사, 절제력이 강한 사람은 비 지배계급이 되는 것이 이상국가의 모습이라고 주장하였다. 그의 분업론은 사회적 분업론이다.

경제학의 시조 아담 스미스(Adam Smith, 1723~1790)는 분업과 전문화를 통해 생산성이 향상되고 국부의 증가로 이어진다고 주장하였다. 그가 예로든 핀 공장 이야기는 너무도 유명한데 10인 직공이 독립적으로 일하면 한 사람이 하루에 도저히 20개조차도 만들지 못할 것이며 어쩌면 1개도 만들지 못할지 모른다. 그런데 이 공장 전체 공정을 18개로 나누고 생산한 결과 약 48,000개까지 생산하였다고 한다. 분업을 통한 생산성 향상을 지적하였던 것이다.

그는 분업의 효과로 ① 기술력 향상 ② 이동시간 절약 ③ 기계발명이 쉬

워짐 점을 들고 있으며 단점으로는 노동자가 종래 익혀 온 직업 이외의 일에는 그의 전력을 다 할 수 없게 된다는 점을 들고 있다. 또 그는 분업은 인간의 교환하려는 속성에 근거하기 하기 때문에 선천적 재질보다는 후천적 교육을 중시하였고 따라서 선천적 재능의 차이로 인해 직업선택의 제한을 받아서는 안 된다고 보았다. 이 점은 분업의 조건으로 인간 천성의 차이를 거론한 플라톤과는 근본적인 차이를 보이고 있다.

기업이 왜 존재하느냐에 대한 근거로 거래비용절감설과 협동체 생산설(cooperative specialization, 혹은 팀 생산설)을 들 수 있다. 후자가 스포츠 시장에 있는 공급자(개인이든 구단이든) 형성에 가장 접합한 이론이라고 생각한다.

만일 팀 구성원 각각이 소유하는 투입물의 생산성이 상호보완적 관계를 갖는다면 팀이 생산한 산출량은 팀 구성원 각자가 독립적으로 행동하여 얻을 수 있는 개별산출량의 합보다 크기 때문에 누구나 팀을 구성하고자 하는 유인을 갖는다. 이 때 문제는 각 구성원의 한 사람 한사람의 공헌도를 어떻게 측정하고 보상해 줄 것인가가 난제 중의 난제이며 이것이 정확히 이루어지지 않는다면 그 팀은 와해되고 만다. 각 조직의 성패는 모니터 기능을 잘 하느냐 못하느냐에 달려 있다고 해도 과언이 아니다.

협업의 이점으로는 아래 4가지 점이 지적되고 있다.[1] ① 여럿이 기계를 공동으로 사용하기 때문에 일인당 적은 투자비용이 든다. ② 여럿이 생산하면서 경쟁도 생기고 일할 의욕도 높아져 생산성이 향상된다. ③ 협력함으로써 노동시간을 줄일 수 있다. ④ 생산규모가 늘어나는 것에 비해 상대적으로 공간을 적게 차지한다.

여러 사람이 힘을 모아 생산하기 때문에 생산성은 향상되지만 책임회피(shirking), 무임승차(free riding) 문제, 그리고 분배의 어려움이라는 새로운 문제를 야기 시킨다. 내가 아니더라도 남이 내 대신 해줄 수 있기 때문에 이런 일이 발생한다. 일은 적게 하고 수입은 크게 하려는 이기심이 작동한다. 따라서 각 생산자에 대한 노력을 모니터할 필요가 발생하며 조직은 의계

---

1) 박영사, 「경제학대사전」, 제3정판, p.3052 참고바람.

제(位階制, hierarchy)형태를 취하게 된다. 성과에 따라 보수가 결정되는 프로 스포츠에서도 팀 생산에 따른 조직 관리문제와 수입배분문제가 큰 이슈가 된다. 일반 기업에서보다 더 철저하게 선수, 코치를 비롯한 관련자들의 성과를 기록하고 관리하여야 한다.

분업이 보편화되면서 많은 직업을 양산하였다. 남보다 운동 잘 하는 사람을 직업선수로 변신시키는 힘으로 작용하고 있다. 따라서 선진국일수록 프로 스포츠가 발전하게 되는 것은 자연스러운 현상이다. 프로 스포츠의 성행은 사회적 분업의 결과다.

스포츠 내에서도 분업화가 빠르게 진행되고 있다. 역으로 분업이 잘 되어 있어 역할분담이 확실한 팀이 좋은 성적을 낸다고 할 수 있다. 분업이 가장 잘 된 단체운동으로 미식축구와 야구를 꼽을 수 있다. 미식축구에서는 수비전문, 공격전문, 쿼터백, 키커 등으로 역할이 세분화되어있으며, 야구 투수는 선발, 중간계투, 마무리 요원으로 나누어지며, 타자도 수비능력과 타격, 주루 능력에 따라 다른 역할을 맡고 있다.

축구, 야구, 배구, 농구 등 단체 경기는 처음부터 여럿이 하게끔 규정되어 있기 때문에 선수 개인의 기량을 전체와 잘 조화시키는 팀일수록 좋은 성적이 나타난다. 또 육상 계주, 수영계주, 탁구 단체전, 배드민턴 단체전 등과 같이 기본적으로는 개인 경기이지만 단체전이 있는 스포츠의 경우에도 개인과 팀의 조화가 가시적으로 나타나기 때문에 팀워크의 중요성은 아무리 강조하여도 지나침이 없을 것이다.

또한 순수 개인 경기, 예를 들어 태권도, 개인 체조, 개인 육상, 개인 수영, 유도, 권투 등에서도 선수, 감독, 임원이 서로 역할 분담을 잘하고 합심할 때 좋은 성적이 나오는 것이 상식이다. 이렇게 볼 때 협동 생산설이 단체 스포츠뿐만 아니라 모든 스포츠의 본질을 가장 잘 설명하는 이론이라고 평가할 수 있다[2].

---

2) 우사인 볼트는 코치, 스포츠에이전트, 상업 에이전트, 경영 매니저, 관리 매니저 등을 두고 하나의 팀으로 움직이고 있다. 우사인 볼트 홈페이지(usainbolt.com) 참고.

<그림 8-1> 프로스포츠 시장의 생산형태

생산물
A팀 + B팀 =〉 선수의 플레이, 승패, 순위, 관중의 만족 =〉 관중 수 (공동 생산자)

프로 스포츠의 '기업'은 독점금지법과 헌법의 노예규정에 비추어 볼 때 매우 특별한 존재이다[3]. 프로 스포츠 팀의 생산물은 첫째 선수들의 플레이, 둘째 승패, 세 째 순위이다. 승률과 관중수로 나타나며 품질의 향상이란 승률 향상을 의미한다. 매우 특이한 점은 상대가 있어야 생산 활동이 의미가 있다는 점이다. 반드시 A 팀 과 B팀이 경기를 하여 하나의 생산물(경기내용)을 생산하지 A 팀만 B 팀만 경기를 하는 것은 있을 수 없다. 두 팀, 나아가 리그에 속해 있는 모든 팀은 공동 생산자이다. 이런 면에서는 경제학에서 분석하고 있는 기업과 매우 다르다. 프로 스포츠는 최소한 둘 이상(개인이등 팀이든)에 의해 경쟁적인 구조 하에서 공급된다. 우사인 볼트가 혼자 100m를 뛴다고 할 때 지금처럼 많은 사람들이 관심을 갖지 않을 것이다. 오늘 저녁에 예정된 축구 경기에 상대 팀은 없고 한 팀만 경기를 한다! 상상도 할 수 없는 일이다. 또 한 경기 한 경기가 서로 다른 생산물로 취급된다. 또 보통 한 시즌을 단위로 모든 과정이 생산되고 있으며 한 경기 한 경기가 서로 다른 생산물로 취급되고 있다.

3) Neale W. C,,"The Peculiar Economics of Professional Sports", *Quarterly Journal of Economics,* 1964, pp. 1~14.

8.1.2 기업 자산의 종류

기업의 자산으로는 유형 자산(tangible assets)과 무형 자산(intangible assets)으로 나눌 수 있다. 컴퓨터, 트럭, 건물 등 구체적으로 형태를 갖는 기업의 자산을 유형자산이라고 부른다. 무형 자산은 특성상 물리적 형태(physical)를 가지고 있지 않거나 금전적(financial)이지 않는 자산을 일컬으며 특허(patent), 성가(聲價, goodwill), 및 상표(trademark)등 무형의 가치 있는 자산을 말한다.

우리나라 프로 구단의 경제적 효과를 〈표 8-1〉에 나타내 보았다. 상위 10개 팀 중 8개가 프로 야구 구단이다. 야구의 경제 효과는 1조 8,338억원으로 축구, 농구, 배구, 야구 등 4대 프로 스포츠 중 52.9%에 해당하는 금액이다[4]. 팀 성적, 지역민들의 성원정도, 팀의 마케팅 능력, 도시 규모 등에 의해 크기가 영향을 받고 있다. 야구의 도시 부산을 연고지로 삼고 있는 롯데가 가장 높게 평가되었다.

<표 8-1> 프로 스포츠 구단별 경제효과 순위

(단위: 억 원)

순위	구단(종목)	경제효과
1	롯데자이언트(야구)	2,313
2	LG트윈스(야구)	1,716
3	두산베어스(야구)	1,694
4	SK와이번스(야구)	1,547
5	기아 타이거스(야구)	1,507
6	FC서울(축구)	1,095
7	삼성라이온스(야구)	973
8	수원삼성(축구)	868
9	넥센 히어로즈(야구)	841
10	한화 이글스(야구)	819

자료 : 국민체육진흥공단
매경이코노미 2011.10.19 1627호에서 재인용

4) 2011년 야구, 축구, 농구, 배구 4대 인기 프로 스포츠의 총 관중 수는 11,878,731명이었다. 그 중 야구 관중은 7,154,378명으로 전체의 60.2%를 차지하고 있다.

현재 우리나라 프로 팀은 자립적인 수입구조를 가지고 있지 못하기 때문에 스포츠 선진국에서처럼 각 구단의 독자적인 가치를 계산하는 것이 거의 불가능하다. 하지만 프로 구단의 유형 수입은 비용보다 적어 적자를 보이고 있으나 모 기업(母 企業) 혹은 그룹 전체에 주는 보이지 않는 수입(무형자산)은 대단히 크다고 평가할 수 있다. 앞으로 무형자산의 중요성이 더 부각됨에 따라 이미지제고를 위한 각별한 투자가 필요한 시기다. 구단도 나름대로 무형 자산의 가치를 높이려고 노력하고 있으나 재벌 그룹 전체 혹은 개별 기업단위로 스포츠 마케팅에 열을 올리고 있는 이유가 되고 있다.

8.2 생산

생산은 가치를 가지며 개인의 효용에 기여하는 재화나 서비스를 창조하는 생산물을 창조하는 행동이다. 생산은 시간과 장소를 통해 나타나는 과정이다. 유량개념이기 때문에 생산은 시간당 생산율로 측정된다. 생산과정에는 생산된 재화나 서비스의 양, 창조된 재화나 서비스의 형태, 생산된 재화나 서비스의 시간적·장소적 분배라는 3가지 측면이 있다[5].

생산함수(production function)란 주어진 기간 동안 여러 가지 생산요소의 양과 이것을 이용해 생산할 수 있는 최대의 생산량과의 관계를 나타내는 함수를 일컫는다. 보통 노동(labor, L)과 자본(capital, K)이 가장 중요한 생산요소로 쓰이므로 생산함수는

$Q=f(L,K)$의 형태로 쓰고 있다[6]. Q는 생산량이다.

일반적으로 기업이 노동과 자본을 투입하여 생산을 하고 있는 것과 같이

5) 위키 백과사전
6) 토지(land, N), 경영자능력(managerial ability, M) 등도 중요한 생산요소이지만 토지는 장기간 고정되어 있고 경영자 능력은 넓게 보아 노동에 포함된다고 보기 때문에 생산요소로서 보통 노동과 자본만을 대상으로 분석하고 있다.

프로 구단도 역시 자본과 노동을 투입하여 '승패', '승률', '관중의 만족'이라는 상품을 생산하고 있다. 이 생산물에 따라 관중수의 변화가 있기 때문에 구체적으로는 관중의 수로 나타난다. 투입되는 노동으로는 감독, 코치, 선수, 프론트, 치어걸 등을 들 수 있다. 투입되는 자본으로는 구장 건립비 등을 들 수 있다.

노동과 자본 중에서 자본은 고정적 성격이 강하기 때문에 노동을 중심으로 생산을 분석하고 있다. 평균 생산력($APP_L =$ 총생산량/노동량 $= TP/L$)이란 총 생산량을 투입된 노동량으로 나눈 값이다. 한계생산력($MPP_L =$ 추가생산량/추가노동량 $= \Delta TP/\Delta L$)은 노동력이 한 단위 더 투입됨에 따라 증가하는 생산량을 말한다. 노동이 더 투입됨에 따라 생산량은 증가하지만 그 증가하는 정도는 감소하는 한계생산력 체감의 법칙이 적용된다.

이상에서 본 생산력에 관한 개념은 단체 경기에서 보다는 개인 경기에서 더 쉽게 확인 할 수 있다. 김연아, 손연재, 박태환 등과 같은 선수가 출전하는 경기에 폭증하는 관중 수나 시청률이 그 개인의 한계생산물이라고 개념지을 수 있다. 단체 경기에서는 선수 한 사람의 생산력 개념을 계산하기가 쉽지 않지만 단체경기이면서도 개인의 성과가 비교적 잘 나타는 종목이나 포지션에서는 계산이 가능하다. 따라서 축구보다는 배구, 농구, 야구에서 더 선수 개인별로 계산가능하다. 2003년에 이승엽선수가 아시아 홈런기록을 앞두고 소위 이승엽 잠자리채와 MBL 에서 아시아인 최고의 기록을 남기고 귀국한 후 박찬호선수를 보려고 모여든 관중 수 증가가 이승엽과 박찬호의 한계생산력으로 평가할 수 있다.

8.3 비용

8.3.1 경기장 비용곡선

제 3장에서 경기장 평균비용곡선은 L자 형태를 취한다는 사실을 공부하였다. 경기장 건설과 유지에는 막대한 고정비용이 들지만 가변비용은 상대적

으로 크게 적기 때문이다.

어느 경기장 건설에 고정비용은 200억원이고 한계비용은 1백만원으로 일정하다고 해보자. 〈그림 8-2〉 경기장의 비용곡선에서 보듯이 생산량이 12,000일 때 평균비용은 166만원, 생산량이 13,000일 때 평균비용은 154만원, 생산량이 14,000일 때 평균비용은 143만원으로 계속하락하고 있다[7].

<그림 8-2> 경기장의 비용곡선

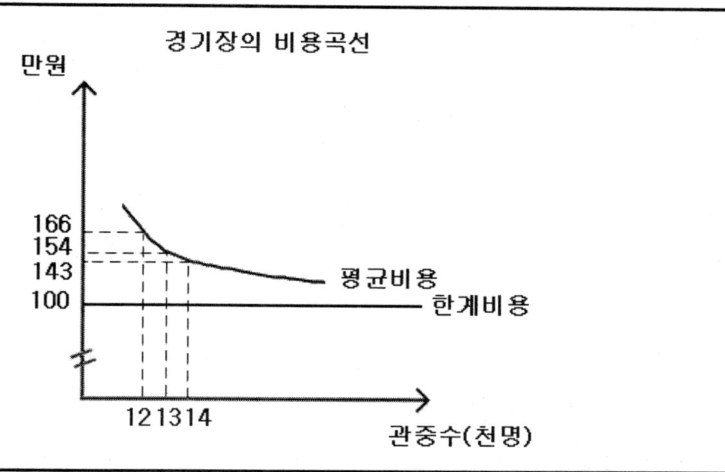

8.3.2 규모의 경제와 범위의 경제

먼저 규모의 경제(economies of scale)란 생산량이 증가함에 따라 단위당 비용(평균비용)이 하락하는 현상을 일컫는다. 이것의 원인으로 [8] 생산과정에서 발생하는 것과 생산과정 외에서 발생하는 것으로 나누어 볼 수 있다. 생산과정에서는 다음의 네 가지를 들 수 있다.

(ㄱ) 고정비용의 불가분성과 퍼짐성(indivisibilities and spreading of fixed costs): 고정비용의 성격상 생산량이 증가하면 단위당 비용은 하락한다.

7) 이 책 〈그림 3-8〉 참고.

8) Besanko, D., Dranove, D., and Shanley M., 「The Economics of Strategy」, John Wiley & Sons, Inc. 제 5장 참고바람.

(ㄴ) 노동과 같은 가변 생산요소의 생산성 증대(increased productivity of variable inputs): 생산량이 증가함에 따라 노동자들의 생산성이 증가하게 되어 단위 당 비용은 하락하게 된다.

(ㄷ) 효율적인 재고관리(inventory)도 단위 당 비용을 하락시킨다.

(ㄹ) 입방-평방 룰(cube-square rule): 비용은 평방에 의해 생산능력은 입방에 의해 좌우된다.

또한 생산과정 외에서는 (ㄱ) 마케팅 (ㄴ) 구입 (ㄷ) 연구개발에서도 대량으로 원료, 중간재, 부품 등을 구입, 판매, 개발함으로써 단위당 비용을 낮출 수 있다. 이와는 반대로 규모의 불경제성도 존재한다. 규모가 커짐으로써 노동비용이 올라가며, 관료화되며, 특별한 자원의 가치가 떨어지는 현상[9]으로 인해 비효율이 발생한다.

스포츠 시설을 건설하는 데는 막대한 자금이 소요된다. 반면 유지하는 데는 상대적으로 적은 비용이 든다. 즉 스포츠 시설 건립에는 고정비용이 대단히 많이 들지만 관리에는 그보다 훨씬 적은 돈이 드는 일종의 자연독점기업과 유사하다. 원천적으로 적자(赤子)가 우려되는 구조를 가지고 있다. 관중수가 늘수록 매우 빠르게 평균비용이 하락하다가 일정 수준을 넘으면 매우 완만하게 하락하는 특성을 가지고 있다. 따라서 이용자수가 늘어날수록 평균비용의 하락 폭이 크기 때문에 단순히 경기장을 운동경기만 관람하는 곳이 아닌 다른 용도로 적극 활용해야 할 필요가 대두된다.

다음으로 중요한 개념으로 범위의 경제(economies of scope)를 들 수 있다. 서로 공통점을 갖는 사업(혹은 제품)부분을 여러 기업이 독립적으로 생산하지 않고 한 기업이 생산함으로써 비용이 절감되는 현상이다. 이 경제성은 사업간에 공통성이 클수록 더 강하게 나타난다. 예를 들어 냉장고와 에어컨을 생산함에 있어 냉장고는 A기업이 에어컨은 B기업이 독립적으로 생산하는 것 보다는 A나 B 한 기업이 냉장고와 에어컨을 같이 만드는 것이 더 비용 면에서 유리하다.

스포츠 시장에서도 범위의 경제를 흔히 볼 수 있다. 구단이 관람 스포츠에

9) 이것을 특별한 자원의 희석화(dilution of specialized resources)라고 부른다.

만 전념하고 경기장 관리, 부수적인 이벤트 행사 등을 다른 독립된 회사가 하는 것보다 프로구단이 스포츠와 관련되는 사업을 같이 함으로써 비용을 줄일 수 있고 효과적인 팬 서비스를 할 수 있다.

대기업이 프로 스포츠에 참여하는 것은 그룹과 기업의 홍보효과를 노리는 경우가 많다. 모 기업(혹은 그룹)과 스포츠 구단과는 광고라는 공통요소로 묶어 있다고 볼 수 있다. 삼성, 엘지, 에스케이 등 재벌기업이 야구, 농구, 축구에 참여하고 있는 것은 범위의 경제 활용이라고 해석할 수 있다[10].

마지막으로 시너지 효과(synergy effect)를 들 수 있다. 자원이 결합되어 이용되는 경우 독립적으로 이용될 때보다 생산성이 증가하는 현상을 말한다. 2+2=5 가 되는 현상에서 나타나는 생산성 향상을 말한다. 일반적으로는 독립적으로는 얻을 수 없는 결과를 둘 혹은 그

이상의 존재가 같이 기능함으로써 얻게 되는 현상을 말한다. 경영학에서는 추가적인 가치를 창조하는 조직간의 연결(a link between business units that result in additional value creation)이라고 정의하고 있다. 자연, 경제, 사회 등 여러 곳에서 좋은 의미로 두루 쓰이고 있다.[11] 반대말로는 상쇄(相殺)나 중화(中和)를 들 수 있다.

기업의 활동은 기획, 구매, 생산, 재무, 경영자, 판매 등 여러 가지 과정 혹은 단계에서 나타난다. 우수한 경영자가 경영상 어려움을 겪고 있는 기업을 인수하여 더 우수한 모니터링과 계획, 더 능숙한 경영능력, 및 경험을 통해 어려웠던 기업을 정상화시키는 예는 경영능력 시너지효과가 나타났다고 평가할 수 있다. 크게 조업(Operational Synergy), 재무(Financial synergy), 경영자 시너지(Managerial synergy)로 나눌 수 있다. 음식도 궁합이 있다고 한다. 소주와 삼겹살을 독립적으로 먹는 것보다 같이 먹음으로써 더 맛을 느낄 수 있는데, 이는 음식소비에서 나타나는 시너지효과라고 할 수 있다. SK가 재정적인 위기에 빠진 쌍방울을 기반으로 새로운 프로팀을 창단하

10) 삼성 스포츠단(www.samsungsports.net)은 야구, 축구, 농구(남여), 배구, 탁구(남여), 레슬링, 테니스, 럭비, 배드민턴(남여), 태권도(남여), 육상단(남여), 게임단을 운영하고 있다. 에스케이스포츠단(www.sksports.net)은 야구,농구, e-스포츠단을 운영하고 있다. 또 엘지는 야구, 농구, 배구, 축구단을 운영하고 있다.

11) 이동현, 「경영의 교양을 읽는다: 현대편」, 더난 출판사, 2006, p.576.

여 성공적인 운영을 하고 있다. 경영자 시너지라고 볼 수 있다.

8.3.3 응용: 경기장 규모의 결정

앞에서 배운 비용개념을 경기장 규모를 결정하는 데 응용해 보기로 하자. 최근에 지은 세계적인 경기장은 단순히 운동경기를 하는 장소를 넘어 예술성, 오락성, 편리성 등을 고루 갖춘 종합적인 건축물로 자리 매김을 하고 있다. 요즈음 경기장은 과거에 비해 훨씬 크게 짓는데 그 이유로 제일 먼저 건설능력의 향상은 물론 이거니와 다른 이유는 없는가? 대규모 경기장 건설이 사후에 가져올 문제점은 없는가에 대해 생각해 보기로 하자.

<표 8-3> 우리나라 월드컵 경기장 소재 도시와 경기장 내역

개최도시	사업비 (억원)	관중석 규모(석)	인구 (천명)	인구 일인당사업비	좌석당 인구수
서울	4,536	62,000	10,321	44,000	166
부산	1,991	62,000	3,843	51,808	62
대구	2,925	70,000	2,505	116,766	36
광주	1,543	42,000	1,342	114,978	32
대전	1,527	41,000	1,346	113,447	33
울산	1,514	42,000	1,018	148,722	24
수원	2,518	43,000	882	285,500	21
전주	1,450	42,000	600 (2,015)	241,667	14
서귀포	1,251	42,000	85 (534)	1,471,764	2
인천	2,521	52,000	2,498	100,921	48

상암월드컵경기장

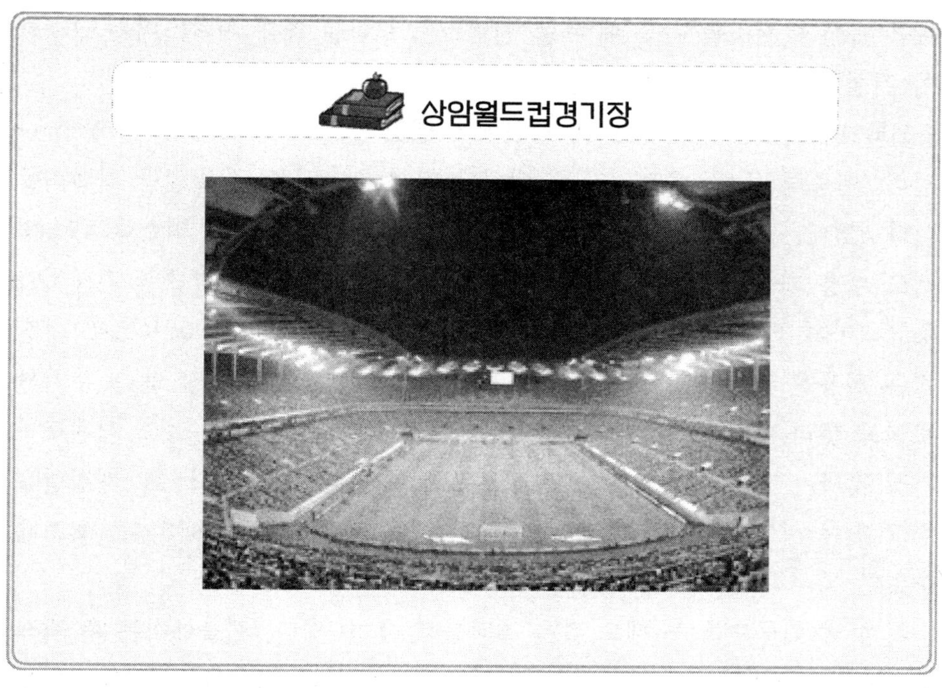

경기장 규모를 어느 정도로 하느냐는 매우 중요한 과제이다. 2002년 월드컵 경기장 건설을 생각해 보기로 하자. 각 구장은 기존 구장과 비교해 볼 때 규모나 시설 면에서 상대가 안될 만큼 많은 비용을 들여 지었다. 일단 FIFA가 일정 규모 이상을 지으라고 강제하기 때문에 어쩔 수 없다. 또 건축기술의 향상, 국민소득의 증가와 스포츠 수요 증가에 따른 자연스러운 결과인 측면도 있다.

경기장을 건설할 때 평균 관중 수보다는 피크 타임 때 최대 관중 수에 맞추어 경기장의 규모를 하여야 한다. 왜냐하면 과거에 비해 도시에 인구가 집중되어 있으며 소득이 높아지고 교통이 좋아져 주변 지역 사람들이 쉽게 참관할 수 있기 때문이다. 만약 월드컵과 같은 국제경기가 열리는 경기장이라면 일시적으로 급증하는 외국 손님도 고려하여야 하기 때문이다. 그렇다고 평소의 관중 수나 평균 관중수가 아주 무시되는 것은 아니지만 일차적으로는 최대 관중수가 문제가 된다. 그래서 반드시 잉여시설이 발생하게 되고 이것을 경기가 없을 때 어떻게 잘 활용하느냐가 새로운 과제로 떠오르게 된다.

예를 들어 발전소를 지을 때 평균 전력소비 보다는 최대 전력소비를 고려하여 건설하여야 하는 이치와 같다.

2002년 월드컵 경기가 10개 도시에서 열렸다. 〈표 8-3〉에 각 구장의 사업비, 관중석 규모, 용도, 인구, 일인당 좌석 수, 및 인구 일인당 사업비를 나타내었다. 월드컵 경기를 한 게임이라도 치르기 위해서는 최소한 4만 명 정도 수용 가능한 경기장을 건설하여야 한다. 고정비용인 막대한 건설비가 소요되어야 한다. 인구 일인당 사업비를 볼 때 서울이 44,000원으로 가장 적은 비용을 부담하고 있으나 서귀포가 약 147만원으로 가장 높은 수치를 보이고 있다.[12] 이것은 서울 시민의 일인당 부담액이 가장 적고 서귀포가 가장 많다는 것을 의미한다. 중앙정부는 월드 컵 경기장 건립으로 재정난을 겪고 있는 서귀포, 울산, 수원, 인천, 전주 등 5개 도시에 1,803억을 보조해 주었다.

좌석 당 인구수를 볼 때도 같은 결과를 얻을 수 있다. 서울에서는 한 좌석을 166명이 이용할 수 있는 반면 서귀포에서는 불과 2명만이 이용할 수 있음을 의미한다. 이것은 월드컵이후 서울경기장의 이용률이 가장 높고 서귀포의 이용률이 가장 낮을 가능성이 있음을 의미하고 있다. 계속적인 유지관리비도 무시 못 할 정도이다[13].

월드컵 개최 이전 우리나라의 경기장은 대부분 종합경기장이었다. 각종 스포츠 행사(축구, 육상, 전국체전과 같은 종합대회)는 물론 지자체 주최 행사가 하루가 멀다 하고 열려 사후 관리 문제가 월드컵 이후 전용축구장의 사후 관리 문제만큼은 크게 부각되지 않았다. 하지만 월드컵 경기장은 규모의 경제성을 활용하기 위해 또 국제수준에 맞추기 위해 일단 그 도시의 능력을 초과하는 수준으로 지어지지 않을 수 없다. 경기장만 덩그러니 있고 경기가 없을 때는 빈 공간으로 놓아 둘 수 없게 되었다. 단순히 한시적으로 선수는 뛰고 시민들은 관전하는 장소가 아닌 늘 주민들에게 즐거움을 주는 장소로 변신이 요구되고 있다. 잉여시설을 적극 활용한 갖가지 편이시설들이 갖추

12) 서귀포의 1년 예산은 2천1백억 원에 불과하다. 총사업비 1,251억 원 중 도지원금 488억 원을 제한 7백63억 원을 시가 부담하여야 한다.

13) 2002년 당시 대구시의 경우 매년 2백억 원의 유지관리비가 들 것이라고 예상하였다.

어져 쇼핑센터, 이벤트 행사장소, 전시장 등 주민들 피부에 맞닿는 새로운 차원의 서비스가 제공되고 있다. 시내에서 거리가 멀다는 단점을 극복하고 넓은 주차장, 다양한 볼거리, 즐길 거리, 살거리를 제공하는 문화관광 명소가 되기를 기대해 본다.

이런 관점에서 보면 대형 스포츠 경기 유치가 재정을 약화시키는 요인으로 작용하고 있다. 또 이러한 막대한 자금의 기회비용을 생각해 보면, 예를 들어 대형 경기장을 지을 돈이면 지역 현안문제를 먼저 해결하는 것이 더 사회적으로 바람직 할 수도 있다. 무작정 대형 스포츠 대회를 유치하거나 경기장을 건설할 때는 신중하여야 할 필요가 있다.

주관식

1. 규모의 경제란(정의, 발생이유, 평균비용과의 관계)

2. 범위의 경제란(정의, 발생이유)

3. 경기장을 건설할 때 고려하여야 할 요인들을 쓰시오

객관식

1. 다음 설명 중 틀린 것을 고르시오.

① 규모의 경제란 생산량이 증가함에 따라 단위당 비용(평균비용)이 하락하는 현상을 말한다.
② 매몰비용이란 일반 지불된 후에는 영원히 잃어버리게 되는 비용을 말한다.
③ 범위의 경제란 공동요소가 많은 곳에서 크게 나타난다.
④ 경기장 크기를 결정할 때 가장 중요하게 고려하여야 할 변수는 평균 관중수이다.

2. 다음 설명 중 틀린 것을 고르시오.

① 국제 스포츠 대회를 위한 시설물은 최대 수용인원이 규모 결정에 가장 중요

객관식 문제 정답 1. ④ 2. ③

한 변수이기 때문에 대회 후 경기장 사후 관리가 큰 문제가 될 수 있다.
② 분업과 협업이 잘 이우러지도록 구단을 운용하여야 한다.
③ 일반적으로 경기장 건설에는 가변비용이 고정비용보다 상대적으로 크다.
④ 스포츠 시장에서는 다른 시장에 비해 선수 개개인의 한계생산물을 더 쉽게 관찰할 수 있다.

3. 우리나라 재벌기업의 적극적이고 광범위한 스포츠 시장 참여에 대한 설명이다. 옳은 설명을 묶은 것은?

(ㄱ) 기업의 이미지 제고에 크게 기여하고 있다.
(ㄴ) 규모의 경제와 범위의 경제를 얻고 있다고 평가할 수 있다.
(ㄷ) 삼성이 가장 많은 종목에 참여하고 있으며 상당한 성과를 이룬 것으로 평가할 수 있다.
(ㄹ) SK가 쌍방울을 인수한 후 얻은 성공적인 성과를 경영자 시너지 활용의 예로 설명할 수 있다.

① (ㄴ)(ㄷ)(ㄹ)	② (ㄱ)(ㄴ)
③ (ㄱ)(ㄴ)(ㄹ)	④ (ㄱ)(ㄴ)(ㄷ)(ㄹ)

---

3. ④

제9장 구단의 경제학 II

"야구 발전을 위해 '선배구단'들이 노력을 많이 했다. 성의를 보여야겠다고 생각해 200억원을 야구발전기금으로 내기로 했다"

– 프로 야구 제 10구단으로 선정된 후 이석채 kt 사장의 말

학습목표

- 이윤극대화
- 시장구조와 독점력의 근원
- 여러 가지 가격전략
- 구단의 창단과 거래
- 승자의 저주란 무엇이며 그 사례

9.1 | 이윤극대화

9.1.1 이윤극대화 원리

이윤(利潤, profit)이란 총수입(總收入, total revenue, TR)에서 총비용(總費用, total cost, TC)을 뺀 금액을 말하며 기업은 이윤극대화를 추구하는 존재로 파악하고 있다. 총수입은 상품가격에 판매량을 곱한 수치이며 총비용은 기업이 생산요소의 구입에 지불하는 금액이다. 〈그림 9-1〉에서 가격을 일정하다고 가정하여 총수입은 원점을 지나는 직선으로 그려져 있다. 총비용은 생산량이 제로인 곳에서 존재하는 고정비용이 있기 때문에 고정비용만큼의 높이에서 시작하여 생산량과 함께 상승하다가 일정수준을 넘어서는 매우 빠르게 상승하는 모양을 하고 있다.

총수입과 총비용의 차이가 가장 큰 곳(생산량)이 이윤극대화 수준(principle of profit maximization)인데 한계비용(限界費用: marginal cost) = 한계수입(限界收入: marginal revenue)이라는 조건이 만족하는 곳이다.[1] 생산(판매)량을 스포츠 시장에서는 관중수로 파악할 수 있다[2].

이윤(π) = 총수입(TR) - 총비용(TC)
이윤극대화 조건 : 한계비용(MR) = 한계수입(MC)

경제학에서는 기회비용의 개념을 쓰고 있기 때문에 명시적 비용(explicit cost)과 암묵적 비용(implicit cost)을 나누어 파악하고 있다. 먼저 명시적

---

1) 한계수입이란 물건을 한 단위 더 생산하고 판매함으로써 얻는 수입의 증가분을 말한다.
한계수입 $MR = \frac{\text{총수입의 변화분}(\Delta TR)}{\text{판매량 변화분}(\Delta Q)}$
참고로 평균수입(平均收入)은 총수입을 판매량을 나눈 한 단위당 평균적 수입을 의미한다.
평균수입: AR= 총수입/판매량 = TR/Q

2) Fort 는 이윤에 미치는 설명변수로 관중 수는 물론 승률도 도입하고 있다. Sports Economics, 2006, p.114.

비용이란 기업이 생산요소를 구입하면서 명시적으로 (장부상에 기재되는)쓴 비용, 예컨대 이자, 인건비, 재료비, 연료비 등을 말한다. 또 암묵적 비용은 주인의 인건비와 같이 장부상에 기재되지 않지만 혹은 명시적으로 쓰지 않지만 생산과정에서 포기해야 하는 비용을 말한다.

이렇게 비용을 명시적 비용과 암묵적 비용으로 나누어 파악하고 있기 때문에 이윤도 경제적 이윤(economic profit)과 회계 이윤(accounting profit)로 나눌 수 있다. 경제적 이윤이란 기업의 총수입에서 그 기업이 판매하는 재화와 서비스 생산에 따르는 모든 기회비용을 뺀 금액을 말하며 회계 이윤이란 기업의 총수입에서 명시적 비용만을 뺀 금액(암묵적 비용을 무시)이기 때문에 경제적 이윤보다 크다.

<그림 9-1> 이윤극대화 곡선

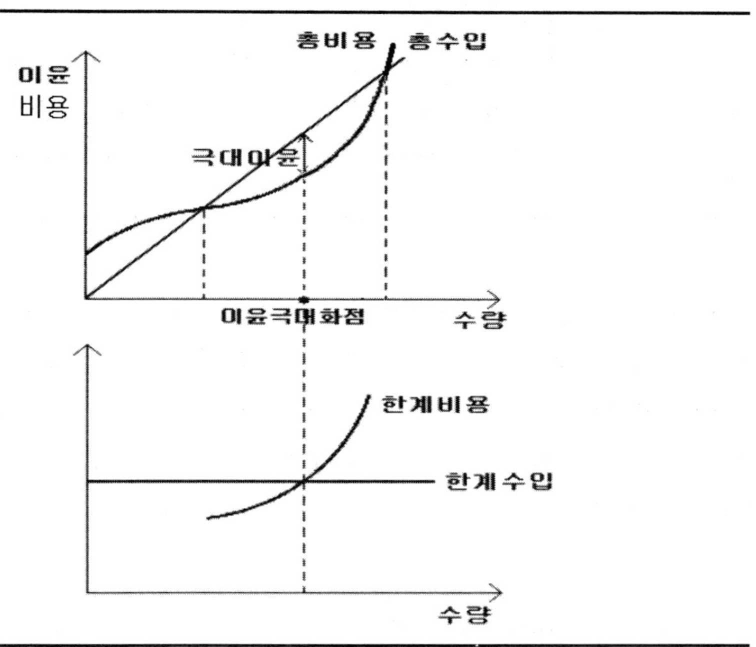

프로 구단은 이윤극대화 주체이다[3]. 구단주의 보수는 미리 정해져 있지

3) 프로 스포츠 구단이 이윤극대화 주체냐에 대한 의문이 현실적으로 존재하고 있다. 미국에서

않고 구단운영에 소요된 여러 비용을 뺀 나머지가 된다. 시즌 초에 연봉 2억짜리 선수와 감독은 있어도 구단주는 없다. 한 시즌이 끝난 때까지 구단주의 수입은 아무도 모른다. 우리나라 각 구단의 주 수입원은 입장료 및 중계료 등이 있지만, 자체 수입만으로는 어려워 손실의 대부분을 각 구단 계열사들의 광고협찬 등 지원금으로 보전하고 있다. 비용은 선수단에 지급되는 연봉, 마케팅 비, 구장 사용료 등을 들 수 있다.

<그림 9-2 > 경제적 이윤과 회계 이윤

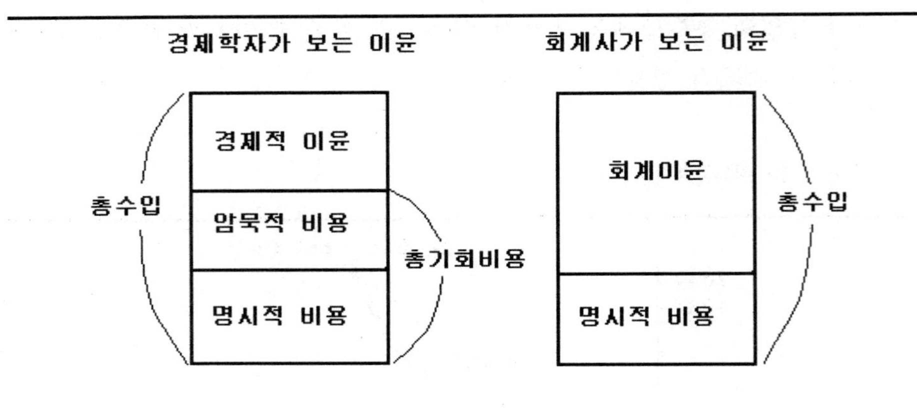

〈표 9-1〉에 2012년 우리나라 프로 야구단의 수익을 나타내 보았다. 각 구단의 수입은 크게 입장수입, 포스트 시즌 분배금, KBO 사업 분배금과 자체 마케팅 수익으로 구성되고 있다. 구단별 마케팅 수익은 자체 마케팅 수입에서 자체 비용을 제외한 금액으로 비공개이며 그 액수도 전체 수익에서 낮은 비중을 차지하고 있다.

는 이윤극대화모델에 가까운 형태를 보이고 있지만 유럽의 구단은 이윤극대화보다는 명예, 권위, 정체성, 팬들의 충성도 등을 중시하는 경향을 보이고 있다. 설수영・김예기, 스포츠 경제학, pp.296~299 참고. 강팀의 승률이 너무 높고 약팀의 승률이 너무 낮으면 리그 전체의 수입이 불안정할 가능성이 높다. 서로 의존적으로 행동을 가능성이 높음을 지적하고 있다. 구단주는 교과서에서 말하는 이윤극대화 주체와는 약간 다르다고 볼 수 있다. Sandy, Sloane, and Rosentraub, 「The Economics of Sports; an internatioanl perspective」, 2004. p.20참고.

<표 9-1> 2012 프로야구 구단별 수익현황

구단	정규리그입장수입	포스트시즌 분배금	KBO사업 분배금	합계
두산	111억 2158만원	4억9820만원	20억원	136억 1978만원
LG	112억 7049만원	-	20억원	132억 7049만원
롯데	104억 2215만원	7억4731만원	20억원	131억 6946만원
삼성	56억 9323만원	37억3655만원	20억원	114억 2978만원
SK	80억 928만원	12억4551만원	20억원	112억 5479만원
넥센	58억 6331만원	-	20억원	78억 6331만원
기아	56억 248만원	-	20억원	76억 248만원
한화	53억 7340만원	-	20억원	73억 7340만원
합계	633억 5592만원	62억2757만원	160억원	855억 8349만원

출처: 문화일보, 2013년 1월 9일

2012년 프로야구는 715만 관중에 633억원의 입장수입을 얻었다. KBO는 중계권료, 각종 스폰서십계약, 온라인게임·상품판매 등으로 약 350억원을 벌었고 각 구단의 회비 18억원을 뺀 20억원을 각 구단에 나눠줬다.[4] 또 포스트 시즌 분배금을 성적에 따라 나누어졌다[5]. 통합우승팀인 삼성이 37억 365억원을 받아 톡톡한 재미를 보았다. 전체적으로 볼 때 KBO가 주도권을 가지고 분배하는 돈이 약 182억 2,757억원으로 전체 수입의 26%를 점하고 있다. 시장이 좁은 지방 연고구단이 그 의존도가 더 심각하게 나타나고 있다. 연맹의 구단에 대한 주도권을 재정적으로 가지고 있음을 보여주고 있다.

4) 프로 야구의 방송 중계권료는 1982년 3억원, 1995년 35억원, 2006년 100억원, 2011년 230억원, 2012년 250억원으로 최근 들어 빠르게 상승하고 있다.

5) 프로 야구 포스트 시즌 배분 방식은 다음과 같다. 필요경비를 뺀 나머지에서 20%를 정규리그 우승팀이 차지하며 나머지 80%에서 50%를 한국 시리즈 우승팀(전체의 40%), 25%를 준우승팀(전체의 20%), 15%를 플레이오프 패한 팀(전체의 12%), 10%를 준 플레이 오프에서 패한 팀(전체의 8%)에게 분배된다.

구단 수입이 급격히 늘고 있지만 흑자 경영은 요원한 일이다. 현재 명목상 흑자 경영을 하고 있는 구단은 롯데가 유일하다. 하지만 모기업 지원금 110억원이 광고비로 산정되어 있어 나타난 수치상으로만 나타나는 흑자다. 미국이나 일본에서 흑자가 나는 구단은 입장료, 중계권료, 스폰서와 광고 등 3가지 비중이 비슷하다는 점을 고려하면 구단과 KBO의 적극적인 노력이 필요함을 알 수 있다.

수익 면에서 볼 때 프로 스포츠 구단간의 차이는 다른 분야에서 보다 그다지 크게 나타나고 있지 않다. 〈표 9-1〉에서 보는 바와 같이 1위 구단의 수익은 8위 구단과의 수익에 비해 1.8배에 불과하다. 또 이 차이가 연고지역의 인구와 구장규모와 밀접하게 관련되어 있기 때문에 수익을 올리려는 구단 자체의 노력은 한계가 있다.

합리적인 의사결정에 결정적인 역할을 하는 매몰비용(埋沒費用: sunk cost)이란 일반 지불된 후에는 영원히 잃어버리게 되는 비용을 말한다. 예를 들어 100억 원에 배구 구단을 매입하였다고 하자. 이 돈은 시합을 하든 안하든 관중이 있건 없건 이미 지불한 금액으로서 고정비용이다. 그런데 1년이 지난 후 경기 불황으로 이 구단을 팔려고 한다. 아무도 구입하려고 하지 않는 경우라면 100억 원을 고스란히 날리게 된다. 앞으로 비전도 없고 해서 빈손 들고 나온다면 100억 원이 매몰비용이 된다. 100억 원에 미련을 두고 계속 붙잡고 있게 된다면 손해는 더 커질 것이다.

그런데 이 때 40억 원에 사겠다는 사람이 나타났으며 다시는 이런 조건조차도 제시할 사람이 있을 가능성이 전무하다고 해보자. 누구에게서도 전가할 수도 없고 본인이 손해를 보아야 할 몫이 60억원이다. 60억원이 매몰비용이 된다. 이미 매몰된 100억원을 아까워하여 계속 붙들고 있는다면 40억원도 못 건지게 되는 우를 범할 수 있다.

이윤은 다른 생산요소에 대한 대가와 달리 미리 얼마라고 정해지는 것이 아니라 다른 생산요소에 대한 보수를 다 제하고 남은 잔여소득(殘餘所得)이다. 이것은 위험(危險, risk)을 감수한 것에 대한 보상적 성격이 강하다. 이윤이 많다고 함은 잘못되어 망할 위험을 각오하고 벌린 일이 잘된 대가이며

이윤이 적은 것은 너무 안전 위주로 사업을 한 것에 대한 대가라고 해석할 수 있다. 자본주의 기업이 이윤 때문에 움직인다는 얘기는 위험을 감수하려고 하는 모험정신이 사람에게 새로운 동기를 부여하고 사회발전의 원동력이 된다는 뜻이다. 따라서 실패할 가능성이 높은 행동에 대해서는 반드시 이에 상응하는 대가가 주어져야 사회가 발전한다.

9.1.2 응용: 헬스클럽의 조업중단 결정

기업을 경영하다보면 늘 흑자만 나는 것이 아니라 적자를 보기도 한다. 장기적으로 손실이 지속된다면 그 시장에서 발을 빼는 것(자진 퇴출)이 현명한 결정이다. 반면 단기적으로 볼 때 경영자는 손실을 있다 할지라도 계속 조업(생산, 영업)을 하면서 그 손실을 계속 감당하기도 하지만 어떤 때는 조업을 중단하기도 한다. 다시 말해 장기적으로 적자가 계속된다면 폐업을 하는 것이 옳지만 단기적으로는 적자를 보면서도 폐업 하지 않고 조업을 잠정적으로 중단하는 경우가 옳은 결정일 때가 있다. 여름 바캉스 시즌 동네 목욕탕은 '내부 수리중'이라면서 일정 기간 문을 닫는 경우가 좋은 예이다.

여름 바캉스 시즌 헬스클럽에서도 동네 목욕탕과 비슷하게 영업을 중단하는 경우를 볼 수 있다. 경쟁시장에 있는 헬스클럽에 손님이 별로 없는 데도 문을 닫지 않고 영업하는 이유는 무엇이며 언제 조업을 중단하는 것이 좋은가에 대해 생각해 보기로 하자.

종업원을 두 명 고용하고 있는 헬스클럽의 예를 들어 보기로 하자. 이 클럽의 이용자수가 생산량이다. 이 클럽이 완전경쟁시장에 있다고 가정하면 시장가격이 한계수입(限界收入, MR)이 될 것이다[6]. 이 클럽을 경영하는 데 각종 세금, 종업원 월급, 임대료(헬스장과 기구 등), 전기료나 수도료 등의 비용이 든다. 각종 세금과 임대료는 손님이 있던 없던 지불하지 않으면 안 되는 고정비용이다. 하지만 전기료나 수도료, 종업원 월급은 손님의 수에 관계없이 부담하여야 하는 고정적인 비용(부담)과 손님의 수에 따라 변하는 가변적인 비용(부담)으로 나눌 수 있다. 여기에서는 논의의 편리함을 위해 전

6) 완전 경쟁 시장의 성립조건과 성격에 대해서는 이 책 p. 174 참고바람.

기료금과 수도료을 모두 고정비용으로 종업원 월급은 모두 가변비용으로 처리하기로 하자. 또 고정비용 전부를 매몰비용 성격을 갖는다고 가정하자.

이 헬스클럽의 총비용은 고정비용(각종 세금, 임대료, 전기료금과 수도료) + 총가변비용(종업원 월급)로 나타낼 수 있다.

이 클럽이 직면하고 있는 시장 가격(P), 평균비용(AC), 평균가변비용(AVC), 한계비용(MC)을 〈그림 9-3〉에 그려 보았다. 시장 가격에 따라 생산량이 결정되며 수입, 비용 그리고 이윤이 달라진다. 시장 가격이 얼마냐에 따라 이윤이 결정된다.

시장 가격의 수준을 크게 두 영역으로 나누어 볼 수 있다. 시장 가격이 평균비용 최저점보다 높을 때와 낮을 때이다. 후자의 경우를 다시 두 영역 - 시장가격이 평균가변비용 최저점보다는 높지만 평균비용 최저점보다는 낮을 때와 시장가격이 평균가변비용의 최저점보다 낮을 때 -로 나눌 수 있다. 따라서 시장 가격의 수준은 세 영역 i) 시장 가격이 평균비용 최저점보다 높을 때, ii) 시장가격이 평균가변비용 최저점보다는 높지만 평균비용 최저점보다는 낮을 때 iii) 시장가격이 평균가변비용의 최저점보다 낮을 때로 나눌 수 있다.

먼저 시장 가격(P_1)이 평균비용 최저점(P_m)보다 높을 때는 이윤이 발생한다[7]. 하지만 시장가격이 평균비용의 최저점(P_m)보다 낮으면 손해가 발생한다. 손해가 발생한다고 무조건 조업을 중단하는 옳은가? 그렇지 않고 다시 가격이 오르는 것을 기대하며 조금 참고 견디는 것이 옳은가?

만약 시장가격(P_2)이 평균비용보다는 낮지만 평균가변비용 최저점(P_n)보다 높은 경우를 생각해 보기로 하자. 생산량은 Q_2 가 될 것이고 손해가 발생할 것이다. 하지만 수입은 가변비용 이상이 되는 것을 의미한다. 비록 손해는 보고 있지만 어차피 임대료 등 고정비용은 다 커버하지 못하지만 종업원 월급은 주고 남음이 있기 때문에 굳이 문을 닫을 이유가 없다. 지금은 손님이 없어 고전을 하고 있지만 장기적으로 손님이 늘어나게 되면 그 동안 손해를 만회할 수 있기 때문이다.

---

7) 이윤(π)은 총수입(TR) - 총비용(TC)이다. 이 헬스클럽이 경쟁시장에 있기 때문에 P = MR이다. $\pi = P \times Q - AC \times Q = (P - AC) \times Q = (MR - AC) \times Q$이다.

만약 시장가격이 더 하락하여 시장가격(P_3)이 평균가변비용 최저점(P_n)보다 낮은 경우를 생각해 보기로 하자. 생산량은 Q_3가 될 것이고 손해가 발생할 것이다. 하지만 가변비용조차도 충당하지 못하는 수입을 얻게 된다. 고정비용이야 어차피 건질 수 없지만 두 종업원의 월급도 줄 수 없을 만큼의 수입인 것이다. 만약 조업을 중단한다면 수입은 제로로 줄지만 종업원 월급은 아주어도 되기 때문에 손해가 더 적은 셈이다.

이상의 설명을 정리해 보면
시장 가격(P_1) 〉 평균비용 최저점(P_m) ==〉 이윤발생
평균가변비용 최저점(P_n)〈 시장 가격(P_2) 〈 평균비용 최저점(P_m)==〉 손해발생, 조업 계속
시장가격(P_3) 〈 평균가변비용의 최저점(P_n) ==〉 손해발생, 조업 중단

이렇게 볼 때 평균비용 최저점(P_m)과 평균가변비용의 최저점(P_n)이 중요한 기준점이 되며 평균비용 최저점(P_m)은 손익 분기점(break - even point), 평균가변비용의 최저점(P_n)은 조업 분기점(shutdown price)이라고 불린다.[8)]

한 여름에 내부수리중이라는 이유로 휴업을 하는 헬스클럽 주인은 “요즈음 손님이 너무 없어 집세는 고사하고 종업원(헬스 강사) 월급도 못 벌 정도로 손님이 없어... 물세, 전기세는 손님이 있든 없든 어차피 나가는 거니까... 종업원월급 줄 정도만이라도 손님이 있으면 문 안 닫지....”라고 말하고 있다. 여기에서 물세, 전기세는 고정비용이고 종업원월급은 가변비용이다. 가변비용만큼만 수입이 된다면 적자가 나더라도 문을 여는 것이 옳다는 것을 의미하고 있다.

8) 이상은 단기분석이다. 시장 가격(P), 평균비용(AC), 평균가변비용(AVC), 한계비용(MC) 모두가 단기 개념임을 유의하여야 한다. 시장에서 퇴출을 논의할 때는 단기가 아닌 장기를 대상으로 하기 때문에 '시장 가격이 장기 평균비용 아래로 내려가게 되면 기업은 시장에서 퇴출하는 것이 유리하다'라는 표현이 옳다.

<그림 9-3> 헬스장의 조업 중단

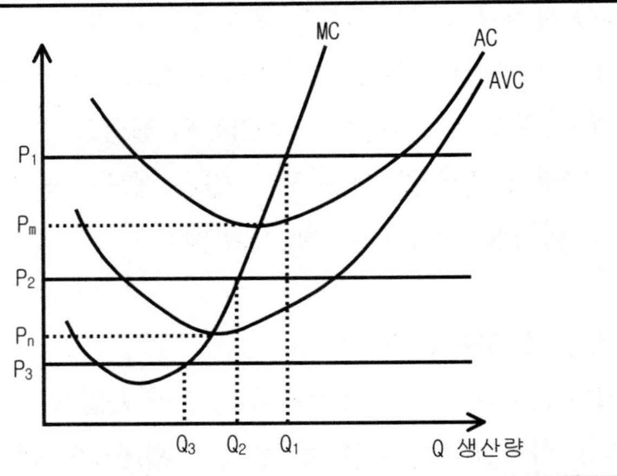

9.2 시장구조

9.2.1 시장구조

시장구조(market structure)란 경영의사결정에 영향을 미치는 요소로서 경쟁하는 기업의 수, 기업의 상대적 크기, 기술 및 비용조건, 수요조건, 진입 및 퇴출의 용이성 등의 요소를 의미한다. 각 산업은 상품의 특성에 따라 수요와 공급조건을 가지고 있으며 이에 영향을 받아 시장구조가 정해진다.

예를 들어 자동차 시장과 커피시장은 상품의 성격이 전혀 다르기 때문에 시장구조가 다르며 이에 따라 기업의 행동과 성과도 다르게 나타난다. 스포츠 산업을 구성하고 있는 2차 산업인 스포츠 제조업(농구공, 골프 클럽 등)과 3차 산업인 스포츠서비스 시장(프로 농구, 프로 골프 대회 등)은 완전히 다른 상품이 거래되고 있어 그 특성에 따라 다양한 시장 구조를 보이고 있다.

일반적으로 시장구조를 분류하는 데 있어 공급자와 수요자의 수, 상품의 동질성·차별성, 진입과 퇴출의 자유로움, 정보의 완전성을 기준으로 나누고 있다. 〈표 9-2〉에 볼 수 있듯 완전경쟁시장, 독점적 경쟁시장, 과점시장,

및 독점시장으로 크게 나눌 수 있다.

<표 9-2> 시장구조

	완전경쟁	독점적 경쟁	과점(복점)	독점
성립 조건	· 무한한 공급자와 수요자 · 동질의 상품 · 자유로운 진입과 퇴출 · 완전한 정보	· 무한한 공급자와 수요자 · 차별화된 상품 · 자유로운 진입과 퇴출 · 완전한 정보	· 2~5개의 공급자 · 진입장벽 상당히 높음	· 유일한 공급자 · 진입장벽 매우 높음
가격 통제력	· 가격 수용자	· 약간의 가격통제력 있음	· 가격통제력 상당히 있음	· 가격설정자
긍정적인 성과	· 효율적 자원배분	· 차별화된 제품생산	· 차별화된 제품생산 · 기술혁신	· 기술혁신
부정적인 성과	· 비현실적인 가정	· 비효율적인 자원배분 · 유휴설비 존재	· 비효율적인 자원배분 · 과도한 비가격 경쟁	· 비효율적인 자원배분 · 경제력집중 · 소득분배 악화
예	농수산물, 컴퓨터 메모리 칩의 소매 통신	주유소, 편의점, 헬쓰클럽, 스포츠 의류, 스포츠 레슨	TV수상기, 이동통신, 프로관람시장(축구, 야구농구, 배구 등), 골프채시장	코레일, 프로스포츠 리그 전체

첫째 완전 경쟁 시장(perfect competitive market)[9]은 아래와 같은 4가지 조건이 충족되어야 한다. ① 수많은 공급자와 수요자가 존재한다. ② 공급자들이 공급하는 물건의 품질이 동일하다. ③ 기업들이 자유롭게 진입과

9) 맨큐의 경제학 p.290

퇴출을 할 수 있다. ④ 공급자든 수요자든 거래에 관련된 모든 경제적·기술적 정보를 알고 있다.

위와 같은 여건에 처해 있는 기업은 시장에서 결정되는 가격을 그대로 받아들이는 가격수용자(價格受容者, price taker)가 된다. 이 시장에 있는 어떤 기업도 정상이윤(正常利潤, normal profit)[10]이상을 얻지 못하고 남보다 더 많은 이윤을 얻으려면 획기적인 제품 개발이나 비용절감을 하여야 한다. 각 기업들은 정상이윤만을 얻게 되고, 사회 전체적으로는 가장 효율적인 자원배분 상태에 이르게 된다.[11]

조건이 매우 엄격하기 때문에 현실에서 몇 몇 농수산물 시장(배추, 감자 등)을 제외하고는 쉽게 볼 수 없는 시장이다. 이런 약점에도 불구하고 가장 많이 언급되고 있는 것은 이 시장이 하나의 이상적(理想的)인 시장형태가 된다는 점이다. 마치 미인선발대회에서 가장 이상적인 미인의 기준을 설정한 뒤 참가자들이 그 기준에 비추어 얼마나 가깝나로 평가하는 것과 유사하다.

스포츠 시장에서는 그 성격상 완전경쟁시장과 거리가 있어 보인다. 프로스포츠 시장은 소수의 구단만이 참여하고 있기 때문에 더욱 그렇다. 하지만 비록 시장구조는 완전경쟁시장과 거리가 있다할지라도 치열하게 경쟁하기 때문에 성과는 완전경쟁시장에서 볼 수 있는 성과와 유사한 경우를 얻을 수 있다.

예를 들어, 선수의 저변이 넓어 언제든지 좋은 선수를 선발할 수 있다면 모든 선수들이 한시도 한 눈을 못 팔고 운동에만 전념하여 좋은 성적을 얻을 수 있으리라 기대된다. 또 부상선수나 기량이 떨어지는 선수가 있다면 새로운 선수로 쉽게 대체되어 그렇지 않은 경우에 비해 좋은 성적이 기대된다. 우리나라 양궁이 세계 최고의 수준을 유지하는 비결로 바로 이 점을 들 수

10) 정상이윤이란 기업가로 하여금 장기적으로 기업을 운영할 의욕을 보장하는 최소한의 수익을 말한다. 다시 말해 기업가가 자신의 자본과 노력을 현재 종사하고 있는 사업 이외의 다른 분야에 투자했다면 벌었을 것으로 기대되는 최소한의 이윤을 말한다.

11) 자원의 효율적 배분을 판단하는 기준으로 파레토 효율(Pareto efficiency)이라는 개념을 쓰고 있다. 다른 사람의 행복이 감소하지 않고서는 한 사람이 지금보다 더 행복해 질 수 없는 상태(you can't make anyone better off without making someone else worse off)를 일컫는다.

있다.

또 좋은 성적을 올리기 위해 프로에서나 아마추어에서나 여러 가지 새로운 방법(과학적인 훈련, 장비, 용구, 보조품 등)이 개발되어 왔다. 특정 선수에 맞는 운동화 혹은 골프채 개발이 라든가에서 경쟁의 힘을 볼 수 있다. 만약 경쟁이 없다면 이런 노력이 훨씬 덜 했을 것이다.

독점적 경쟁시장(monopolistic competitive market)이란 다수의 기업이 동일하지는 않지만 매우 비슷한 상품을 공급하는 구조를 말한다. 수없이 많은 공급자가 있고 자유롭게 진입과 탈퇴를 할 수 있다는 점에서는 완전경쟁시장과 유사하지만 차별화된 제품을 공급하고 있다는 점에서는 독점시장과 닮은 구조를 가지고 있다. 차별화로 인해 단기적으로는 이윤을 얻을 수 있지만 다른 기업들이 자유롭게 시장에 진입함에 따라 장기적으로는 (경제적)이윤이 없어지는 시장이다.

이 시장에 있는 기업들은 자신들의 제품이 다른 경쟁자의 제품보다 보다 더 낫다는 것을 소비자에게 설득하기 위해 갖가지 지혜를 동원하고 있다. 광고나 신제품 개발을 통한 차별화 전략을 택하고 있다. 한 마디로 공급자가 주변에 많이 있으나 공급자마다 약간씩 무언가 달라 소비자 입장에서는 골라 선택할 수 있는 시장이다. 이 시장의 예로는 이발소, 식당, 세탁소, 제과, 피아노 레슨, 주유소, 편의점 등을 들 수 있으며 스포츠 시장에서는 헬스클럽, 스포츠 의류와 신발과 같은 용품산업 등을 들 수 있다.

다음으로는 과점(oligopoly)을 들 수 있다. 유사하거나 동일한 상품을 공급하는 소수의 공급자가 존재하는 시장구조이다. 2개의 기업만 있을 때는 복점(duopoly)이라고 부른다. 이 시장에 참여하고 있는 기업들 사이에는 상호의존성이 매우 강하다. 각 기업은 행동을 하기에 앞서 이 행동에 대한 경쟁기업들의 반응을 고려하여야 한다. 즉 서로 비슷비슷한 기업들이 전략적 상황에 처해 있기 때문에 때로는 매우 경쟁적인 결과를 낳을 때도 있고 반대로 서로 담합하여 마치 독점기업처럼 자신들에게 일방적으로 유리한 성과를 낳기도 한다. 휴대전화서비스 시장에서 kt, skt, u+ 의 경쟁, 우유시장에서 서울우유, 매일우유, 남양우유 의 경쟁, 맥주시장에서 하이트와 오비의 경쟁

등에서와 같이 우리 일상에서 쉽게 볼 수 있는 시장구조이다.

프로 스포츠 시장은 과점시장에 가깝다고 평가할 수 있다. 프로 야구 9개 팀, 프로축구 16개 팀, 프로 남자 배구 6개 팀, 여자 배구 6개 팀, 프로 남자 농구 10개 팀, 여자 배구 6개 팀이 있기 때문에 수자 적으로 보면 과점이라고 분류하기에 무리가 있어 보이지만 구단간의 상호의존성이 매우 강하다는 점을 감안하면 과점시장에 가깝다고 평가할 수 있다. 스포츠 의류시장에서도 나이키, 아디다스, 리복이 주도를 하고 있으며 골프채 시장에서는 나이키, 켈러웨이, 테일러 메이드 등에 의한 과점시장이라고 볼 수 있다. 프로 스포츠 시장은 처음부터 구단의 연합체인 연맹이나 위원회를 중심으로 움직이기 때문에 스포츠 의류나 용품 시장은 물론 다른 어떤 시장보다도 독점적 요소가 강하게 지배하고 있다. 하지만 치열한 경쟁을 하는 점에서는 독점적 경쟁시장과 유사한 성과를 낳을 때도 있다.

그 수가 한정되어 있는 국가 대표 급 선수간의 경쟁도 과점시장의 원리가 적용된다. 예를 들어 한국 마라톤을 대표하는 선수는 불과 5, 6명밖에 되지 않는 것이 현실이다. 감독은 소수의 인원을 잘 훈련시켜 개인 간의 경쟁유발과 팀웍의 조화를 늘 이루어지게 하여야 한다. 그래서 국가대표 감독은 영광의 자리인 동시에 조금만 잘못하면 선수들로부터 외면당할 가능성이 늘 있는 가시방석과 같은 자리이다.

독점(獨占, monopoly)시장은 유일하게 한 기업만이 상품을 공급하는 시장이다. 한 사람 또는 소수의 사람들이 시장가격에 대해 상당한 영향을 미칠 수 있는 능력을 일컫는 시장지배력(market power)을 갖는 기업이다. 한마디로 땅 집고 헤엄치기 사업을 하고 있는 기업이다. 소비자들이 이 회사 물건 아니면 다른 곳에서 같은 물건을 살 곳이 없는 경우라 울며 겨자 먹기 식으로 사서 쓸 수밖에 없는 경우다.

일반적으로 독점이 발생하는 원인으로 크게 5가지를 들 수 있다[12]. 첫째, 핵심적인 생산요소를 배타적(排他的)으로 지배하고 있는 경우이다. 노동, 자본, 토지, 기술, 경영능력 등의 기본 생산요소를 다른 경쟁자보다 유리한 조

12) 버냉키 · 프랭크 저, 곽노선 · 왕규호 공역, 「버냉키 · 프랭크 경제학」, 2010. p.256~260.

건으로 구매하거나 소유하고 있는 경우이다. 예를 들어 토지는 질이나 위치에 따라 가치가 변하기 때문에 위치가 좋은 토지를 차지한 기업은 매우 쉽게 독점이윤을 얻을 수 있을 것이다. 둘 째 특허(特許, patent)와 저작권(著作權, copyright)과 같이 창조적인 인간의 지적활동의 결과물에 대한 보호, 장려의 차원에서 독점권을 인정하고 있다.

셋째 정부가 안전, 수입, 일정한 질 확보, 물리적인 이유로 인한 자연독점 허용 등 여러 이유로 독점을 허용하는 경우가 있다. 즉 정부의 인허가 또는 프랜차이즈(전매권)에 의한 독점이다.

넷째 시장 전체 수요를 여러 생산자보다 하나의 생산자가 맡아 더 적은 비용으로 생산·공급할 수 있는 시장조건, 규모의 경제와 자연독점(自然獨占, Natural Monopoly)의 경우이다. 다섯째 사용자가 많아질수록 제품의 가치가 상승하는 효과 –네트워크 외부성(Network externality)–를 일컫는다. 이 효과가 나타나게 되면, 평균비용은 하락하게 되고 품질은 향상되는 서로간의 상승효과가 나타나게 된다. 확고하게 확보된 네트워크 외부성은 규모의 경제와 마찬가지로 자연독점의 지속적인 원인이 될 수 있다[13].

프로 스포츠 시장은 위의 다섯 가지 요인을 모두가지고 있다고 해도 과언이 아니다. 탁월한 운동능력을 가지고 있는 인력을 독점적으로 가지고 있다는 점, 지역 독점권을 주고 있다는 점, 협의회나 연맹을 합법적으로 인정받아 카르텔 형태로 공급하고 있다는 점, 또 규모의 경제성과 네트워크 효과가 중요하게 작용하고 있다는 점을 들 수 있다. 한마디로 카르텔에 의한 연맹중심의 관전 시장 독점과 이를 바탕으로 하는 생산 요소시장의 독점으로 압축하여 말할 수 있다. 구단간의 경쟁을 금지하고 강력한 규율을 강제함으로써 그 지위를 돈독하게 유지하고 있다.

독점은 여러 가지 측면에서 사회적 폐해(弊害)를 야기 시킨다. 첫째 소비자들은 경쟁 시장에서 보다 비싸게 적은 량을 살 수 밖에 없기 때문에 사회 전체의 후생(厚生)을 감소시킨다. "울며 겨자(독점기업의 상품) 먹는다(소비한다)"는 말이 이를 두고 하는 말이다. 둘째 독점 기업 내부적으로도 무사안

13) 「버냉키 · 프랭크 경제학」, p.259.

일(無事安逸)한 태도가 만연할 가능성이 높아 비효율적이다. 셋째 장기적으로 볼 때 굳이 열심히 연구 개발 투자에 노력할 필요를 못 느끼기 때문에 기술발전이나 상품의 질 향상에도 부정적인 영향을 미친다[14]. 넷째 소득분배에도 나쁜 영향을 미친다. 다섯째 강자는 우월주의에 약자는 패배주의에 빠지게 되어 사회적 이질감을 확대시킬 위험도 있다. 반면 독점의 혜택으로는 독점이윤을 바탕으로 대형 프로젝트에 적극 참여할 수 있고 지속적으로 연구개발에 투자할 수 있으며 시장이 넓어 빠르게 많이 팔 수 있다. 즉 넉넉한 재력과 시장을 바탕으로 연구개발에도 성공할 가능성이 높다.

프로 스포츠에서 두드러지게 나타나는 특성은 합법적인 독점시장이라는 점이다. 프로스포츠 연맹(혹은 위원회)가 만들어져 리그를 운영하고 있는데, 이는 전형적인 카르텔(cartel)이다. 다른 사업자 단체와는 달리 처음부터 연맹을 만들어 스포츠 상품을 공급하고 있으며 각 구단은 처음부터 연맹 안에 소속되어 있기 때문에 결속력과 독점력이 매우 강하다. 다른 사업자 단체(예를 들어 자동차 협회)는 각 자동차 회사(예 현대차, 쌍용차, 기아차 등)가 설립되고 난 후 설립된 조직이지만 구단들의 모임인 프로 스포츠 연맹(예를 들어 프로 축구 연맹)이 먼저 만들어지고 각 구단(예, 서울 FC, 울산 현대, 대전 시티즌 등)이 만들어졌다.

9.2.2 프로 스포츠 독점과 대응정책

가. 자연독점

하나의 기업이 다른 여러 기업들이 생산하는 것보다 작은 비용으로 시장 공급량을 커버할 수 있는 경우 그 기업을 자연독점(自然獨占, natural monopoly)이라고 정의한다. 규모의 경제가 현저하게 나타나는 기술적 요인과 상대적으로 협소한 시장규모 때문에 자연스럽게 나타나는 독점이다. 전기, 가스, 전화 등의 시장에서 흔히 볼 수 있는 데, 설비를 갖추는 데 매우 많은 고정비용이 들지만, 일단 하드웨어가 구축되고 나면 추가적인 비용은 매우

14) 이와는 반대로 독점이 기술진보에 더 적극적이라고 보는 견해도 있다. 따라서 기술진보와 독점과의 관계는 단정적으로 이야기 할 수 없다.

낮은 측성을 보이고 있다. 150만 인구인 대전의 프로 야구 시장에 2,3개의 구단이 난립한다고 해보자. 아마 모두 망하고 말 것이다.

미국의 셔먼법(Sherman Act)과 한국의 공정거래법

셔먼법은 1890년 미국에서 만들어진 세계 최초의 독점금지법이다. 당시 미국은 트러스트(trust)[15]에 의한 독점이 주를 이루었기 때문에 반(反)트러스트법의 효시라고 불리고 있다. 거래를 제한하는 행위와 독점화하려는 시도를 금지하고 있다. 우리나라에서는 1980년에 제정한 '독점규제 및 공정거래에 관한 법률'(약칭 공정거래법)로 독과점 문제를 규율하고 있다.

우리나라 공정거래 위원회 www.ftc.go.kr, 미국 공정거래위원회 www.ftc.gov, 미국 법무부 반 독점국(http://www.justice.gov/atr/)

"프로 팀 스포츠 리그는 교과서에서나 볼 수 있는 가장 고전적인 사업카르텔의 예이다."라고 한 Fort and Quirk(1995)의 주장처럼 프로 스포츠는 카르텔에 의한 전형적인 독점 시장구조를 가지고 있다[16]. 경제학에서 분석대상으로 하는 개별 기업에 의한 독점 허용이 아니라 리그에 의한 독점 허용(strategic coalliance)이다[17].

대부분 프로 스포츠에서는 지역프랜차이즈를 실시하고 있기 때문에 구체

15) 같은 업종에 있는 여러 기업이 주식을 매수(買收) 혹은 협조, 신탁을 한다든가, 또 지주회사를 설립하여 동종기업을 산하에 두는 등 사실상 기업으로서 일체화를 시키는 기업경영의 한 형태이다.

16) Fort, R and Quirk,J "Cross subsidization, incentives, and outcomes in professional team sports leagues, *Journal of Economic Literature* 33, 1995, 1265~99. 그러나 정준영 옮김 에서는 미국 프로 야구 MLB는 독점이 아니라고 주장하고 있다. 정준영 옮김, 앞의 책, p. 326

17) 김화섭, 「스포츠 경제학」, p.234.

적으로 안을 들여다보면 다양한 얼굴을 하고 있다. 프로 야구 서울의 경우에는 3팀이 연고지로 하고 있기 때문에 자연독점이라기 보다는 과점(寡占, oligopoly)라고 말 할 수 있으나 부산, 대구, 인천, 대전, 광주 등 다른 지역은 자연독점+허가독점이라고 볼 수 있다.

이렇게 고정비용이 많이 드는 사업에서 한계비용으로 가격을 책정하면 적자가 난다. 적자를 회피하기 위해서는 평균비용으로 가격을 책정하는 것도 한 방법이지만 이런 경우 입장료가 비싸질 가능성도 있다. 또 보조금을 지급하는 방법도 있으나 비효율을 낳을 우려가 있다. 지방정부의 지원이 중요한 과제가 된다. 다양한 편이시설과 부대시설을 만들고 평균이용자수를 늘려가는 방법이 현명한 대안 중에 하나라고 본다.

프로 스포츠 시장에서도 가격 선도자(price leadership)가 있다. 같은 제품을 생산하고 있는 기업 중에서 다른 회사들 보다 출중하여 가격을 선도하는 기업을 가격 선도자라고 부르는데 이런 기업은 대개 역사가 오래되고 규모가 크고 생산·판매 등 기업 활동 여러 면에서 다른 기업보다 앞 서 있는 기업이 그 역할을 하는 경우가 일반적이다. 자동차 시장에서의 현대, 라면 시장에서의 농심, 컴퓨터 시장에서의 삼성전자 등을 들 수 있다. 스포츠 용구·의류에서는 나이키나 아디다스가 프로 스포츠 시장에서는 대도시 연고구단이 이 역할을 하고 있다고 보아도 무방할 것이다.

1915년 미국 프로 야구에서 연방리그(Federal League)가 제 3의 프로 야구 리그를 설립하려고 하면서 이미 메이저 리그에 의해 독점되고 있음을 셔먼법 위반으로 소송을 내었다. 1922년 미국 대법원은 야구는 셔먼법에 해당하지 않는다고 판결하여 메이저 리그가 독점금지법의 예외로 인정되게 되었다.

한편 유럽 축구에서는 승강제(promotion and relegation)가 실시되고 있어, 미국에서 보다는 독점력이 약하다고 할 수 있다[18]. 또 유럽은 EU내에서 비교적 노동자의 이동의 자유가 있기 때문에 선수수급시장에서도 미국에 비

18) 우리나라 축구에서도 2013년부터 승강제가 실시되고 있다. 2012년 16팀 가운데 2개의 강등팀(광주FC, 상주상무)이 결정됐고, 2013년 K리그 클래식(1부리그) 14개 팀이 추려졌다. 2부리그 K리그는 총 8팀(고양HiFC, 광주FC, 부천FC1995, 수원FC, FC안양, 충주험멜FC, 경찰축구단, 상주상무)으로 꾸려졌다.

해 구단의 독점력이 약하다. 이렇게 볼 때 승강제가 잘 운영된다면 리그를 활성화시키는 촉매제 역할을 할 수 있다.

일부 스포츠 제조업에서는 독과점 시장이 형성되어 있으나 대부분 제조업에서는 눈에 띄는 불완전 경쟁 시장은 없다. 참여 스포츠 시장은 지역성이 강하게 작용하기 때문에 차별화요소가 상당히 작용하고 있으며 관람스포츠 시장은 대부분 프렌차이즈 시장이기 때문에 독점력이 강하다.[19]

나. 독점의 폐해를 줄이기 위한 정책

프로 스포츠에서 사전적 의미에서 독점은 어느 정도 피할 수 없듯이 결과의 독점 역시 필연적인 현상이다. 리그에 많은 팀이 있지만 혹은 많은 (개인)경기자가 있지만 마지막에는 우승자 한 팀 혹은 한 사람이 가려진다. 이렇게 추려진 챔피언은 독점적 지위를 누리게 된다. 철저하게 승자독식의 세계이다. 만약 소수의 몇 팀이 우승을 도맡아서 가게 된다면 독점적 지위를 더 공고해 질 것이다.

일반적으로 독과점 정책에 있어 크게 효율성을 중시하는 시카고 학파(Chicago School)와 구조개선에 무게를 두는 하버드 학파(Havard School)의 견해로 나누어진다. 시카고 학파에서는 남보다 능력 있는 기업(생산 효율성, 고 품질, 차별성 등)이 독점기업이 되기 때문에 독점기업은 나름대로 존재의 이유가 있다고 본다. 독점이 계속된다면 다른 기업들이 진입하기 때문에 독점이 일시적인 현상일 뿐 오래가지 못한다고 본다. 자유로운 경쟁과 시장이 가장 효율적인 결과를 낳는다고 주장하는 시카코 학파의 견해요 처방이다.

반면 독점은 혜택보다 폐해가 더 크기 때문에 정부가 직접 개입하여 법을 만들고 규제하여야 한다. 시장의 불완전성을 정부의 적극적인 개입으로서 해결해야 한다고 주장하는 하버드 학파의 견해요 처방이다.

---

19) 참여시장은 다시 본인 직접 행위자가 되는 경우와 레슨을 받는 경우로 나눌 수 있다.

명문 팀과 독점

모든 팀이 명문 팀으로 불릴 수는 없다. 명문 팀은 장기간 좋은 성적을 내고 팬 친화적인 경영을 한 팀에게 주어지는 영광이다. 서로 명문으로 불리려고 노력하는 과정에서 스포츠는 발전한다. 굳이 비유하자면 명문 팀은 효율성이 높은 가격선도자와 비슷하다고 볼 수 있다. 이런 기업이 하루아침에 만들어지지 않듯이 명문 팀도 하루아침에 만들어지지 않는다. 명문 팀으로 불리려면 남다른 능력과 노력, 투자가 필요하기 때문이다.

전 국민의 사랑을 받는 팀 즉 명문 팀이 필요하다. 어느 도시를 가도 사랑을 받기 때문에 관중이 모이게 되고 리더로서 프로 스포츠 활성화에 크게 공헌할 수 있다. 그러나 명문 팀이 지속적으로 독식, 독점을 한다면 문제는 달라질 수 있다. 자동차 시장을 한 회사가 독점한다고 해보자. 차 값이 비싸질 것이고 에프터 서비스도 지금보다 못해질 것이고 수출 경쟁력도 하락할 것이다.

스포츠에서도 이것이 그대로 적용된다고 볼 수 있다. 우승을 많이 하는 팀이 명문 팀이 될 것이고 이 팀이 매년 우승을 한다면 우선 선수와 구단을 나태하게 만든다. 이것은관중의 흥미를 반감시키고 관중 수 격감, 구단의 수입 감소로 이어질 것이다.

먼저 독점의 원인에 대한 연구가 필요하며 제도에 그 원인이 있다면 제도 개선이 필요하다. 그렇지 않다면 다른 팀들은 적극적인 선수육성, 과감한 트레이드, 아마추어 팀에 대한 지원을 통해 팀간 전력의 높은 수준의 평균화를 이룩해야 한다. 자금력이 풍부한 팀이 상식을 뛰어넘는 투자로 다른 구단의 선수를 마구 사들여 우승을 독식하게 된다면 팬들로부터 자연히 멀어지게 된다.

“또 그 팀이 우승했어 … 채널 다른 데로 돌려, 하나마나 한 게임 뭐 때문에 하지” 하는 불평이 팬들 사이에 나오는 그 시점이 프로 스포츠 몰락의 신호탄이 터지기 시작하는 날이다. 명문 팀은 있으되 우승을 독식하는 팀이 없어야 한다. 스포츠의 묘미는 사전에 승부를 모르는데 있다.

일본 불경기 · 한국세(韓國勢)의 대두… 국내 골프 인기에 그늘.'

지난 16일 일본 산케이 신문을 통해 보도된 기사의 제목이다.

2003년 당시 고교생이었던 '스타'미야자토 아이(27) 출현 이후 꾸준히 성장했던 일본여자프로골프(JLPGA) 투어의 인기가 최근 3년 동안 시들해지고 있다는 내용을 골자로 한 기사다. 신문은 인기 하락의 원인으로 경기 침체와 함께 특히 한국선수의 맹활약을 꼽았다. 실력 있는 한국선수가 투어 규도에서 미국에 손색없고 모국에서 가까운 일본으로 대거 눈길을 돌려 일본선수가 우승에서 멀어지면서 팬들의 관심이 떨어졌다는 설명이다. "(일본 팬들 사이에) '또 한국선수 우승인가'라며 질릴 수 있는 요인이 부지불식간에 쌓여간다 해도 이상하지 않다"는 대목도 보인다.

한국선수들은 실제로 최근 몇 년간 JLPGA 투어를 장악해왔다. 2010년에는 역대 최다인 15승을 쓸어 담았고 올해에는 35개 중 19개 대회가 치러진 23일 현재 벌써 9개의 우승컵을 수확해 기록을 경신할 기세다. 안선주는 2010년과 2011년 상금왕도 2연패했다.

반면 일본에서 JLPGA 투어의 인기 하락은 수치로 나타나고 있다. 지난달 17개 대회까지 평균 시청률은 5.4%로 전년보다 1.5%포인트나 감소했다. 비일본인이 우승한 대회의 시청률은 최저 2.8%에 그쳤다고 한다. 누적 관중은 24만3,000여명으로 8,907명이 줄었는데 지난해에는 3월 동일본 대지진 여파로 4경기가 못 열렸다는 점을 감안하면 큰 폭으로 감소했다.

한국선수들은 차별 같은 것은 느낄 수 없다고 말하지만 일본 골프계의 시선이 고울 리 없다. 고바야시 히로미 JLPGA 회장은 "글로벌 시대다. 분하다면 노력할 수밖에 없다"며 애써 태연한 반응을 보였다. 그러나 스포츠호치 등 일부 언론은 "(외국인의 강세가 지속되면) 대회 스폰서가 떨어질 수 있을 것"이라며 우려를 표하고 있다.

한국선수들은 어떻게 해야 할까. 주눅 들고 눈치 보면서 일부러 우승을 하지 않을 수도 없는 노릇이다.

방법은 코스 밖에서 찾을 수 있을 것 같다. 지난 6월 미국여자프로골프 메이저대회인 웨그먼스 LPGA 챔피언십 개막 이틀 전 감동적인 장면이 연출됐다. 뉴욕주 먼로카운티 한국전쟁 참전용사 모임 회원들이 대회장을 찾아와 2006년부터 이 단체를 후원해온 장정(32·볼빅)에게 감사패를 전달한 것. 최경주를 비롯한 미국 무대의 남녀 선수들도 여러 차례 자선과 기부 활동을 펼쳤다. 현지에서 지속적으로 나눔을 실천한다면 상금 유목민이 아닌, 실력과 따뜻한 인간미를 겸비한 이웃으로 사랑 받을 수 있을 것이다

-- 서울경제 2012년 7월 24일

실제로 정책을 시행함에 있어서 어느 한 쪽의 견해만 반영되지 않고 사안에 따라 두 견해가 적절히 조화되어 반영되고 있다. 프로 스포츠에서는 사후에 우승을 많이 했다고 그 팀을 제재하는 것은 있을 수 없는 일이다. 그렇다고 소수의 몇 팀이 승리나 우승을 독식하는 구조를 그대로 방치할 수는 없다. 따라서 구단끼리 사전에 공정한 제도가 만들어야 하며 공정한 행동(구단간에는 물론 선수에 대해서도)을 유도하는 정책이 바람직하다고 본다.

다. 프로 연맹 또는 위원회

프로 구단의 결합체인 연맹 혹은 위원회가 총괄적인 공급의 주체이다. 이 점은 다른 시장과 극명하게 차이가 있다. 예를 들어 자동차 시장의 경우 국내 생산자가 A, B, C 세 기업이 있다고 하자. 이들은 각자 독립적으로 활동을 하고 있고 그의 모임인 협회는 프로 스포츠의 연맹 혹은 위원회만큼 독점력을 가지고 있지 못하다. 〈표 9-3〉에 자동차 시장과 축구 시장의 차이를 그려 보았다.

<표 9-3> 자동차 시장과 프로 축구 시장의 차이[20]

			자동차	프로 축구	
생산주체			자동차 회사	연맹	구단
생산요소	노동		기술자, 경영자	심판, 기록원	선수, 감독
	자본	중간재	철판, 타이어	축구공	유니폼, 축구화
		자본재	공장시설	경기장(지자체 협조, 홈팀주도)	
생산동기			개별기업의 이윤극대화	리그전체의 이윤극대화와 동시에 개별 구단의 이윤극대화	
생산물			자동차 수	플레이, 승패, 순위 혹은 관중수	

일반적으로 사업자 단체(trade association)는 같은 산업내의 경쟁자들을 회원으로 하고 그들의 이익을 증진하는 활동을 한다. 가끔 불공정거래의 온상이 되기 때문에 공정거래법에서는 사업자 단체의 행위에 규제를 가하고 있다. 프로 스포츠에서 구단의 모임인 연맹이나 위원회는 일반적인 사업자 단체 보다 더 강력한 힘을 가지고 있다. 정부로부터 사업승인을 얻은 후 결성되며 그 후에 사업자를 선정하는 점에서 매우 특이하다. 또 집합적인 의사결정체로서 합의의 구속력이 매우 크다.

예를 들어 한국프로야구위원회(韓國野球委員會, Korea Baseball Organization, KBO)는 야구를 통하여 대한민국 프로스포츠 발전에 기여하고 각종 국제 대회의 참가로 국제친선에 공헌할 목적으로 1981년 12월 11일 창립총회를 열고 출범한 대한민국 문화체육관광부 소관의 사단법인으로 한국 프로 야구를 총괄하는 기구이다. 〈표 9-4〉에 한국프로야구위원회의 업무를 나타내 보았다[21]. 실제 우리나라 공정거래위원회는 야구위원회를 사업자단체로 보고 있다.

20) 김화섭(2004) 앞의 책. 〈표 1〉을 기초로 그린 것임.

21) 한국프로야구위원회(www.koreabaseball.com/) 홈페이지를 참고하기 바람. 한국축구연맹(www.kleague.com), 한국배구연맹(www.kovo.co.kr), 한국프로농구연맹(www.kbl.or.kr) 등이다.

<표 9-4> 한국프로야구위원회의 업무

- 한국 프로 야구 관리, 통괄
- 야구 경기 기록, 관련 자료의 수집과 조사 및 분석 연구
- 페넌트레이스, 올스타전, 준 플레이오프, 플레이오프, 한국 시리즈 주최
- 국제 야구 활동 교류 추진
- 아마추어 야구의 발전을 위한 제반 지원 활동.
- TV 및 라디오 방송중계권 계약 활동
- 야구 기술의 개발 및 지도 보급
- 야구 관계자의 상벌 및 복지 사업
- 회원 간의 연락 및 친선
- 야구 박물관, 도서관 및 회관의 설치 운영
- 한국 프로 야구 연감 및 간행물 발간.
- 한국야구위원회 재산/회계 관리
- 기타 목적 달성에 필요한 사업

9.3 가격전략

스포츠 시장에 참여하고 있는 기업은 이윤극대화를 여러 행동을 하지만 그 중에서도 가장 기본적인 결정은 가격결정이다. 여기에서는 독점력을 가지고 있는 프로 스포츠 구단의 가격 결정원리에 대해 생각해 보기로 하자. 먼저 일반적인 독점 가격 설정에 대해 알아본 후 가격차별화에 대해 공부해 보기로 하자.

일반적인 독점기업의 이윤 극대화 가격설정을 〈그림 9-4〉에 그려 보았다. 독점기업은 한계수입과 한계 비용이 같은 점을 찾은 후 그 점에서 생산하는 수량을 시장에서 모두 판매할 수 있는 가격을 수요곡선 상에서 찾아 그 가격을 독점가격으로 설정한다. 〈그림 9-4〉에 P_M 으로 나타내었고 공급량은 Q_M 으로 표시하였다. 경쟁일 때의 가격(P_C)보다는 높고 경쟁일 때의 수량(Q_C)보다는 적은 값을 보이고 있다.

<그림 9-4> 일반적인 독점가격설정

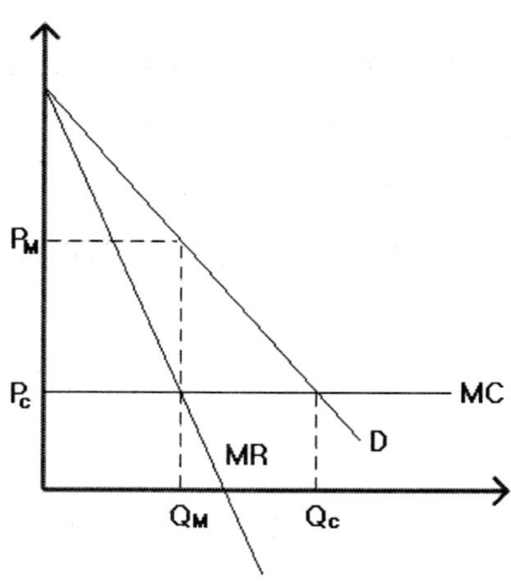

이렇게 설정된 독점가격은 독점가에게는 아쉬움을 남기며 제 3자의 입장에서 볼 때도 독점가의 행동에 이해가 안 되는 면이 없지 않다. 한계비용보다도 높은 지불의사를 가진 소비자가(P_M P_C 사이에 있는)있음을 무시한다는 것이 아쉬움이요 제 3자가 본 납득가지 않는 점이다. 만약 독점자가 비싼 값을 주고라고 살려고 하는 소비자와 싼 값을 주고 살려고 하는 소비자를 구별할 수 있어 서로 다른 가격을 매길 수 있다면(가격차별) 소비자를 구별하지 않고 단일 가격을 설정했을 때보다 더 많은 이윤을 얻을 수 있을 것이다.

스포츠제조업 시장에서도 독점이 나타나지만 법적으로 인정된 지역독점인 스포츠관람시장에서는 더 두드러지게 나타나고 있다. 따라서 소비자들의 선호와 지불능력을 충분히 고려한 가운데 자신의 독점력(시장지배력)을 최대한 활용하여 가격을 설정하려고 한다. 즉 가격차별(價格差別, price discrimination)을 통해 이윤극대화를 하고 있다. 이것은 동일한 상품에 대해 구입자에 따라 다른 가격을 받는 행위다.[22] 수요자에게 단일 가격을 설정하는 것이 아니라 비싼 돈을 주고서라도 꼭 사고 싶어 하는 수요자에게는 비싸

22) 이 이유는 독점수요곡선이 한계수입보다 언제나 크다는 사실에서 기인한다. 맨큐의 경제학 p.316~318, Carlton & Perloff, ibid, p. 434 참고바람. 이 사실을 뒤집어 보면 소비자잉여를 독점자가 자기 것으로 하려는 가격전략이라고 말할 수 있다.

게 그 상품이 없어도 그만인 사람에게는 싸게 팔음으로써 이윤을 극대화하는 가격설정이다.

보통 관람료는 남자 성인과 여자 성인이 차이가 있고 중고교생(군경포함), 초등학생이 다른 요금을 내고 있다. 남녀를 구별하지 않고 같은 요금을 받는 경우라도 가끔은 여성 관중들에게 특별 할인제도를 실시하는 경우도 심심치 않게 볼 수 있다. 어쩌면 스포츠 관람처럼 남녀차별과 성인・학생차별이 심한 곳도 흔히 않다.

가. 제1급 차별

가격 차별화에는 크게 3가지가 있다. 첫째 제1급 차별(first- degree price discrimina-tion)는 소비자가 각 단위에 대해 지불하고자 하는 최고금액으로 독점가가 팔 수 있는 경우를 말한다. 완전 가격 차별화(perfect price discrimination)이라고도 부른다. 〈그림 9-5〉에 시장 수요곡선이(예를 들어, 한일전 축구경기관람, 공식 관전료 5만원) 그려져 있다. 소비자 A는 10만원, B는 9만원, C는 8만원, D는 7만원 등으로 최대 지불하려고 한다. 독점가는 각 소비자가 지불하려고 하는 최대금액을 알고 있고, 소비자들간의 거래(전매)가 불가능하다면 독점가는 A에게 10만원, B에게 9만원, C에게 8만원, D에게 7만원 등으로 가격을 매겨 F까지 6사람에 표를 팔게 될 것이다. 표를 싸게 산 소비자가 비싸게 산 소비자에게 되 팔 수 없는 경우이다. 소비자 잉여는 모두 독점가의 몫이 된다. 예술품 경매에서 볼 수 있으나 일상생활에서는 거의 볼 수 없는 형태다. 주요 스포츠 경기장에서 암표 장사가 암표를 팔 때 볼 수 있다.

<그림 9-5> 제 1급 가격차별

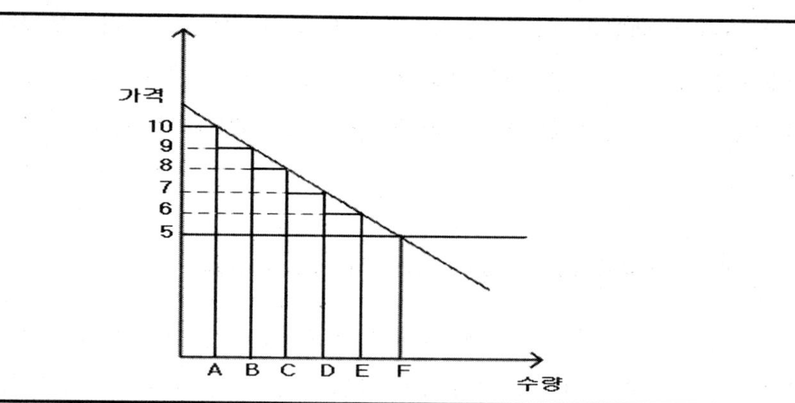

나. 제2급 가격차별

제 2급 가격차별 (second- degree price discrimination)는 독점가가 수요자를 몇 개의 그룹으로 나누고 비싸게 사려고 하는 그룹에게는 비싸게, 그 다음 그룹에게는 앞의 그룹보다 싸게 값을 매겨 파는 경우를 말한다. 즉 가격을 구입하는 양에 따라 다르게 책정하는 것이다. 소비자들의 선호를 생산자가 완전하게 알 수 없는 가운데, 소비자들이 스스로 자신의 선호를 나타내게 하는 방법이다.

<그림 9-6> 제 2급 가격차별

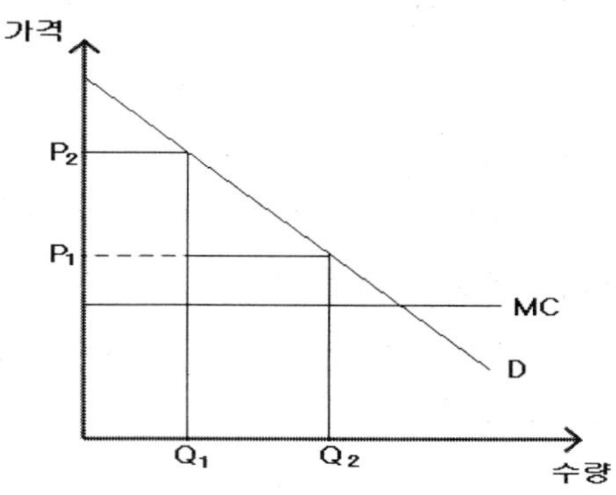

〈그림 9-6〉에서 0에서 Q_1까지는 P_1의 가격을 동일하게 매기고, Q1부터 Q2사이의 구매량에 대해서는 P2로 동일하게 부과하는 경우를 볼 수 있다. 독점기업의 이윤은 증가할 것이고 소비자 잉여는 감소하게 된다. 전화, 전기, 수도 등 요금체계에서 흔히 볼 수 있다. 청소년 단체 할인이 가장 좋은 예이다.

다. 제3급 차별(third- degree price discrimination)

제 1급, 제 2급 가격차별과는 달리 독점기업이 수요자의 유형에 따라 시장을 나누고(시장 분리) 각 시장에서 다른 가격을 부과하는 경우를 말한다. 제 2급 가격차별은 모든 소비자에게 같은 조건이 제시되고 있지만 제 3급 차별에서는 독점기업이 수요자를 유형별로 나누고 처음부터 다른 가격을 매기는 것이 다르다.

수식으로 표현하면 수요의 가격 탄력도와 가격은 서로 반비례하는 것으로 알 수 있다. 수요의 가격탄력도(price elasticity of demand)가 낮은 시장에는 높은 가격을, 높은 시장에는 낮은 가격을 받는 것이 이윤을 극대화할 수 있다. 즉 판매자 입장에서 자신의 상품을 꼭 살려고 목을 매는 사람에게는 비싸게 받고 그렇지 않고, 있어도 그만 없어도 그만이라고 느끼는 수요자에게는 싸게 파는 것이 유리하다.

이렇게 3급 가격차별화를 하기 위해서는 다음과 같은 조건이 충족되어야 한다. 첫째, 수요가 다른 시장이 확실히 구별되어야 한다. 수요의 가격 탄력도가 완전히 다른 별 개의 시장이 있어야 한다. 둘 째, 두 시장 소비자를 구별하는데 많은 비용이 들어서는 안 된다. 셋째 싸게 산 소비자가 비싸게 산 소비자에게 팔 수 없어야 한다(전매 불가능).

어린이보다는 어른이, 여자보다는 남자가 평균적으로 볼 때 스포츠 관람에 더 열성적이라고 얘기해도 틀린 말은 아닐 것이다. 설령 관심과 열정이 비슷하다고 할지라도 돈 내고 보라면 아무래도 여자와 아이들은 다른 것을 사려고 할 것이다. 여성들은 1만원을 주고 스포츠 관람을 가느니 쇼핑을 가려고 할 것이고 아이들은 PC 방에서 가려고 할 것이다. 즉 성인남자와 여성

·어린이간에는 스포츠에 대한 수요 탄력성이 다르다. 성인남자의 탄력도가 여성 혹은 어린이 보다 낮다. 가격차별화를 위한 조건을 만족한다.

<그림 9-7> 제 3급 가격차별

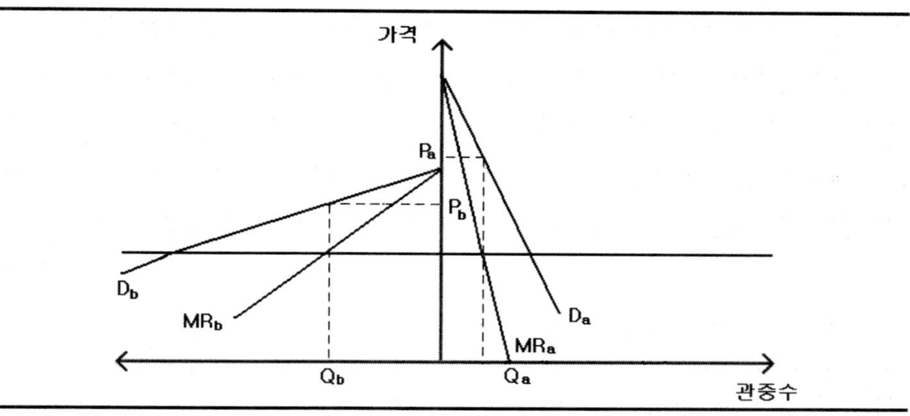

〈그림 9-7〉에서 보듯 어른과 청소년, 남자와 여자를 차별하여 가격을 매기는 방법을 생각해 보기로 하자. 수요의 가격탄력성이 낮은 어른에게는 P_a를 받고 청소년에게는 P_b를 받는 것이 합리적이다. 한계비용이 같지만, 어른에게는 높게 청소년에게는 낮게 매기는 것이다. 서로 다른 소비자 그룹이(여기에서는 성인남자 한 그룹, 어린이·여성 한 그룹) 신체적 특성 때문에 쉽게 구별이 가능하여야 하고 싸게 표를 산 사람(여성이나 어린이)이 비싸게 산 사람(어른 남성)에게 다시 판다고 할지라도 쉽게 구별할 수 있기 때문에 싸게 사고파는 것의 실익이 없다. 가격차별화를 위한 조건을 만족한다.

남녀 간의 구별은 매우 쉽지만 저학년 중학생과 고학년 초등학생인 경우 구별이 쉽지 않다. 바쁜 시간에 학생증을 일일이 대조할 수 없고 해서 보통 키로 구별하고 있다. 키가 작은 중학생 중에는 약간 양심을 속이는 것이 별로 어려운 일이 아니고 초등학생 요금을 내고 절약하고 싶은 충동을 느낀다.

백인백색이라는 말이 있다. 사람마다 서로 다른 생각을 하고 행동을 달리한다는 말이다. 관람스포츠에 대한 수요도 백인백색일 것이다. 어떤 사람은 축구와 골프를 무척이나 좋아하지만 야구를 싫어하는 사람이 있고 축구와

야구는 좋아하지만 골프를 싫어하는 사람이 있다. 구단은 경기관전에 적극적인 사람(수요탄력성이 적은 사람)에게는 좀 비싸게 받고 별 관심이 없는 사람(수요 탄력성이 큰 사람)에게는 싸게 받음으로써 모든 사람에게 동일한 가격을 매길 때보다 더 많은 수입과 이윤을 얻을 수 있다. 위와 꼭 같은 현상이 극장 관람, 예술관 관람, 버스 학생 할인제 등에서 발견할 수 있다.

또 가격차별화는 시기에 따라 실시되는 경우를 많이 볼 수 있다. 주중과 주말에 팬들의 수요가 다르기 때문에 가격을 달리 매기고 있다. 포스트 시즌 특히 챔피언 결정전에는 정규리그보다 수요자들의 가격탄력도가 낮아지기 때문에 이를 적극 활용하여 평소보다 높은 입장료를 책정하고 있다.

<표 9-5> 프로 스포츠 입장권 가격

<table>
<tr><th>종목</th><th>팀명</th><th>좌석종류</th><th>대상</th><th>정규리그가격</th><th>한국시리즈가격</th><th>비고</th></tr>
<tr><td rowspan="9">야구</td><td rowspan="6">SK</td><td rowspan="2">일반석</td><td>일반</td><td>9,000</td><td>20,000</td><td rowspan="6">주말·주중 차이 없음</td></tr>
<tr><td>청소년</td><td>5,000</td><td>10,000</td></tr>
<tr><td colspan="2">내야패밀리석(4인석)</td><td>80,000</td><td>220,000</td></tr>
<tr><td colspan="2">외야패밀리석(4인석)</td><td>60,000</td><td>160,000</td></tr>
<tr><td colspan="2">응원지정석</td><td>12,000</td><td>35,000</td></tr>
<tr><td colspan="2">스카이박스(8인석)</td><td>500,000</td><td>800,000</td></tr>
<tr><td rowspan="3">삼성</td><td rowspan="2">일반석</td><td>일반</td><td colspan="3">9,000(주중), 11,000(주말)</td></tr>
<tr><td>청소년</td><td colspan="3">6,000(주중), 8,000(주말)</td></tr>
<tr><td>특별석</td><td colspan="4">25,000(주중), 30,000(주말): 음료제공</td></tr>
<tr><td rowspan="4">축구</td><td rowspan="4">삼성</td><td rowspan="2">자유석</td><td>성인</td><td colspan="2">10,000(8,000), 20,000(18,000)</td><td rowspan="4">주말·주중 차이 없음</td></tr>
<tr><td>청소년</td><td colspan="2">6,000(4,000), 10,000(8,000)</td></tr>
<tr><td rowspan="2">지정석</td><td>성인</td><td colspan="2">14,000(12,000),30,000(28,000), 40,000(38,000)</td></tr>
<tr><td>청소년</td><td colspan="2">8,000(6,000),20,000(18,000), 30,000(28,000)</td></tr>
<tr><td rowspan="2">농구</td><td rowspan="2">삼성</td><td colspan="2">일반석(2,3층)</td><td colspan="2">성인 8,000, 청소년 6,000</td><td rowspan="2">주말·주중 차이 없음</td></tr>
<tr><td colspan="2">특석(1층)</td><td colspan="2">15,000 18,000 25,000</td></tr>
</table>

주: ( )안은 예매시 가격임

티켓안내

수원블루윙즈의 홈경기 및 경기장 안내입니다.

입장권안내 | 연간회원권안내 | ATM안내 | 지정석예매 | 자유석예매 | 예매확인/취소

좌석배치

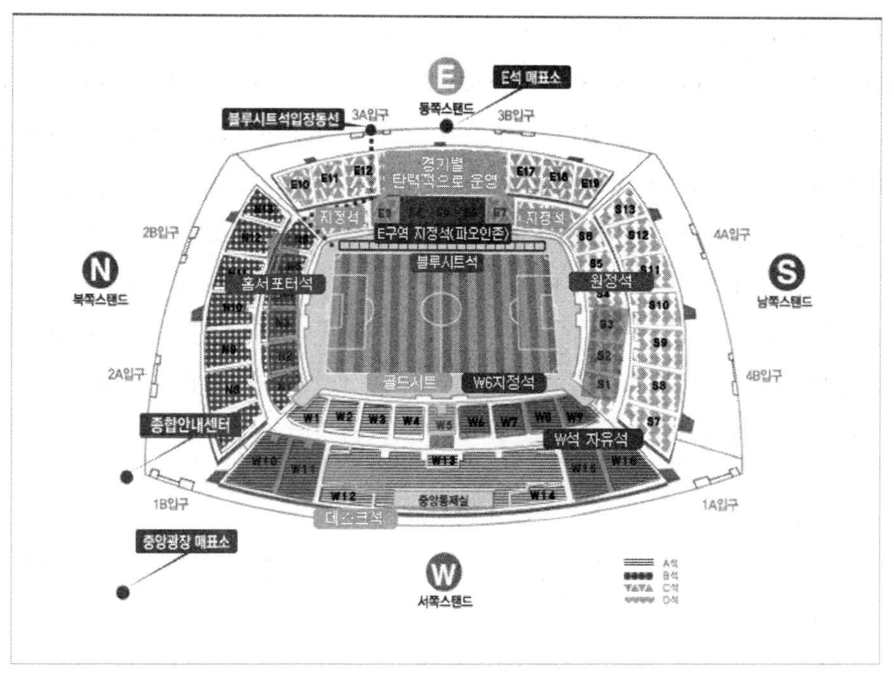

〈표 9-5〉에서 야구의 SK와 삼성의 입장료, 축구 삼성의 입장료, 농구 삼성의 입장료를 보여주고 있다[23]. 축구와 야구는 실내경기인 농구와 배구보다 넓은 장소에서 벌어지고 있기 때문에 차별화하기가 쉬워 매우 다양한 입장료가 제시되어 있다. 입장료는 좌석의 위치, 주중·주말, 정규리그·한국시리즈, 관중의 성격, 예매여부 등에 따라 다른 가격으로 제시되어 있다. 가격차별화 원리를 적극 활용한 사례라고 평가할 수 있다.

중학교 1학년짜리 아들을 데리고 간 아빠가 경기장 앞에서 또는 극장 앞에

23) 야구와 축구의 경우 매우 복잡하기 때문에 일부만 보여주고 있다.

서 "길동아, 누가 물으면 너 초등학교 6학년이라고 해"라고 거짓말을 강요하고 길동이도 고개를 끄덕이는 모습을 자주 관찰할 수 있다. 구단의 입장에서는 애교로 눈감아 줄 수밖에 없다.

라. 이부가격 설정(二部 價格 設定, two-part pricing)[24)]

시장 지배력을 가진 기업은 이윤을 극대화하기 위해 이부가격전략을 설정하기도 한다. 소비자에게 제품을 구매하는 권리에 대해 고정요금(fixed fee)과 매 구매 단위에 대해 단위당 요금(variable charge)이 추가로 부과되는 가격설정 전략이다. 기업이 소비자들이 다른 선호를 보인다는 사실을 알고는 있지만 각 소비자를 직접적으로 차별화할 수 없을 때 쓰는 가격 설정방법이다. 독점기업은 여러 가격 메뉴를 제공하고 소비자들이 스스로 자신의 선호를 나타내게 한 후 이를 적극 이용하는 것이다. 놀이동산, 골프장이나 헬스클럽에서처럼 보통 고정 입회비를 받은 후 그 시설을 이용하는 요금은 그때 그 때 부과하는 경우에 흔히 볼 수 있는 가격설정이다.

<그림 9-8> 표준적인 독점가격 설정과 이부가격의 비교

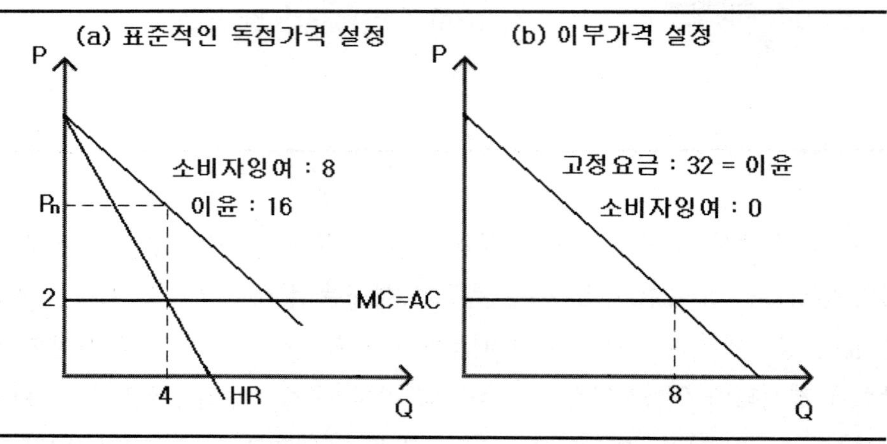

24) 이부 가격은 이급 가격차별의 한 종류이다. 소비자가 한 명일 때, 동일한 선호를 갖는 소비자가 다수 일 때, 이질적 선호를 갖는 소비자가 다수일 때로 나누어 분석할 수 있다. 앞의 두 가지 경우에 대해서는 이준구, 「미시 경제학 4판」, 법문사, p.321. 참고하기 바람. Bybe, M.R., 지음, 정기웅 외 공역, 「경영전략과 경영경제학(7판)」, 지필미디어, 2010, pp. 438~440.

우리 주변에서 이부 가격이 설정된 예를 쉽게 찾을 수 있는데, 택시를 이용할 때 기본요금을 내고 주행거리·속도에 따라 요금이 추가되는 경우와 놀이동산에서도 볼 수 있다. 프로 스포츠에서 실시하고 있는 개인 좌석 라이센스(PSL, personal seat licenses)도 그 예이다. 이 제도는 특정 좌석의 시즌 티켓을 구매할 수 있는 권리를 취득하는 대가로 지불하는 비용이다. 스타디움이나 아레나를 지을 때 드는 비용을 감당하기 위해 도입되었다.

〈그림 9-8〉에 시장 지배력을 가진 기업의 수요곡선, 한계수입, 및 한계비용 곡선을 그려 놓았다. 기업의 수요곡선은 Q = 10-P, 한계수입은 MR = 10-2P, 한계비용은 2이다. 만약 이 기업이 모든 소비자에게 같은 가격을 부과한다면 가격은 P=6 생산량은 Q=4를 책정할 것이다. 이 때 이윤은 16이고 소비자 잉여는 8이 될 것이다.

이 기업이 소비자 잉여를 모두 자기 것으로 만들기 위해 고정요금을 32로 하고 가격은 한계비용 2로 하는 이부가격을 실시한다면 소비자 잉여는 0가 되고 기업이윤은 32가 될 것이다. 이렇게 이부가격을 실시하면 독점기업은 더 많은 이윤을 얻을 수 있게 된다.

어느 골프장의 회원규정과 입회금, 그리고 이용료

(입회금) 입회금은 회원자격 보증금으로 회사가 예치 받아 특별회원 및 정회원은 5년간 거치하고 주중회원은 3년간 예치한다.

(퇴회) 퇴회 시에는 무이자로 원금만 반환한다.

회원권 종류	회원가(2013년 7월)	이용료
주중 개인	2,100만원	주중회원: 72,000원 비회원: 132,000원 주말 회원: 92,000원 비회원: 172,000원
주중 가족	3,700만원	
정회원	1억원	

9.4 구단 창단과 거래

가. 창단

〈표 9-6〉에 나타낸 구단의 창단과 리그 참가 구단 수 변화에서 보듯 프로 스포츠 리그에 참가하는 방법에는 크게 - 처음부터 창립 멤버로 발을 들여놓는 경우와 기존의 리그에 새로이 참여하는 경우 - 두 가지가 있다. 창립 멤버로 참여를 희망하는 구단은 프로 스포츠 협회를 조직하고 정부로부터 승인을 받은 후 지역별 연고 팀을 모집하여 참여하는 형식(창설멤버 창단)을 취한다.

창단멤버가 아닌 후발자로 참여하는 경우에는 여러 가지 방식이 있다. 순수하게 팀을 새로이 만드는 경우(리그 출범 후 순수창단; 프로 야구 제 9구단)가 있지만 기존의 팀을 인수하는 경우도 있다. 기존 팀을 인수하는 경우도 팀 전체를 인수하는 경우(전체인수 창단: 기아의 해태인수)와 팀의 일부분만 인수하여 새롭게 창단하는 방법(부분인수 창단: SK 의 쌍방울 인수)이 있다.

어느 경우이든 각 구단은 수익성을 생각하여야 한다. 시장규모, 성장 가능성, 최소 효율 규모, 최적 기업 수, 지역 등 일반적으로 기업이 새로운 시장에 진입하려고 할 때 고려하여야 할 요소들을 고려하여야 하지만 리그 출범 후 진입하는 경우에는 진입장벽에 대해 더 심각하게 고려하여야 한다. 한 번 정해지면 연고(프랜차이즈) 지역을 쉽게 옮길 수 없기 때문에 일반적인 기업의 창업보다 훨씬 신중하게 행동을 하여야 한다.

이윤극대화 주체인 구단이 새로운 스포츠 시장에 진입하는 경우 수익성이 보장되어야 한다. 수익성은 전체 시장 규모와 최소 효율 생산 규모를 비교함으로써 가능성여부를 알 수 있다.

<표 9-6> 구단의 창단과 리그 참가 구단 수 변화

방법		구단 수 변화
창설 멤버 창단		구단 수 증가(제로에서 N으로)
리그 출범 후	순수 창단	구단 수 증가(N에서 N+1으로)
	기존 구단 전부인수	구단 수 변화 없음(N에서 N으로)
	기존 구단 부분인수	구단 수 변화 없음(N에서 N으로)

일반적으로 한 기업이 정상적인 경영 상태를 유지하기 위해서는 최소한 얼마정도는 생산해야 한다는 그런 수준을 설정할 수 있는 데 그 수준을 최소 효율 생산 규모(minimum efficiency scale, MES)라고 한다. 즉 평균비용이 가장 작아지는 최소 생산량 규모이다. 생산기술과 고정비용 등에 의존한다. 시장 규모와 이 크기를 비교하면 몇 개의 기업이 시장에 존재하는 것이 효율적인지에 대한 대략적으로 정보를 얻을 수 있다. 즉 이렇게 한 시장(산업)의 수요 전체와 최소 효율생산규모를 감안하면 최적 기업 수(optimal firm number)를 설정할 수 있다. 〈그림 9-9〉에서 보듯 시장 규모와 최저효율규모간의 차이가 많을수록 많은 기업이 참여하는 것이 바람직한 반면, 둘 간의 차이가 적을수록 참가기업수가 적은 것이 바람직하다.

<그림 9-9> 적정규모의 구단 수(시장 크기와 최소효율규모)

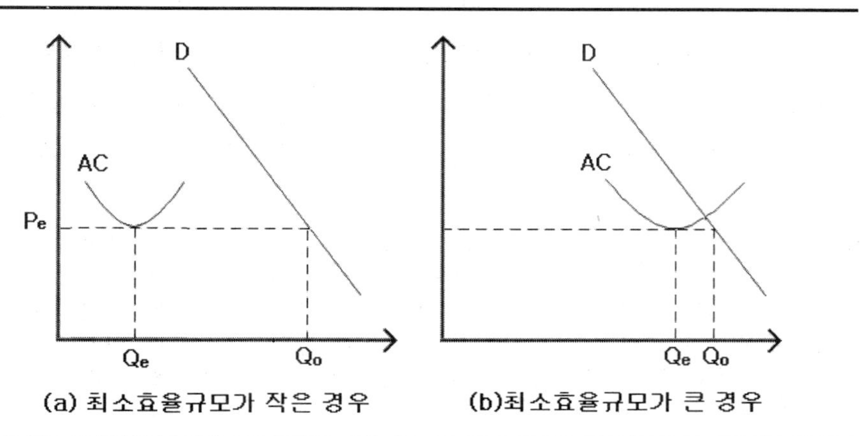

(a) 최소효율규모가 작은 경우　　(b)최소효율규모가 큰 경우

예를 들어 자동차 시장에서 국제적인 경쟁력을 갖추려면 최소한 연간 백만대 정도의 생산능력을 가지고 있어야 한다고 해보자. 우리나라 규모의 자동차 시장에서 자동차 회사가 2~3개 정도가 가장 적당한 수이다. 자동차 산업(시장)에서 최적기업수가 상정할 수 있듯이 프로 축구 시장에도 최적 팀 수라는 개념을 도입해 쓸 수 있다. 프로 리그가 정상적으로 운영되기 위해서는 년 관중 총수가 전체적으로는 3백만명, 한 팀에 최소한 30만명은 되어야 한다. 최소 효율수준은 30만명이며 최적 팀 수는 10개 정도가 최적 팀 수다.

나. 후발 참여와 진입 장벽

진입장벽(進入障壁, entry barriers)란 시장에 경쟁의 정도나 생산자의 수를 감소시키는 장애요인들을 말한다. 기존 기업에게 계속해서 시장지배력을 누리게 하는 요인으로 작용한다. 보통 기존 기업들은 시장에 진입하려는 기업에 비해 ① 절대 비용 우위 ② 많은 자본 지출을 요하는 대규모 규모의 경제 향유 ③ 제품 차별화 이점을 가지고 있다. 이외에도 정부의 규제나 법에 의해서도 장벽이 쌓아지는 경우가 있다.

기존 기업은 선입의 이익(first - mover advantage)을 가지고 있다.[25] 은행과 오래 거래하였기 때문에 신참 기업보다 싸게 돈을 빌릴 수 있으며 (① 절대 비용 우위) 이미 대규모 투자를 해 놓았기 때문에 처음부터 많은 투자를 하고 상당 기간 어려움을 감수하여야 하는 신참기업에 비해 유리하다(② 많은 자본 지출을 요하는 대규모 규모의 경제 향유). 또 기존 기업 상품에 대해 소비자들은 같은 값이면 더 좋아하는 성향(③ 제품 차별화 이점)을 가지고 있기 때문에 신규 기업이 진입에 성공하려면 이러한 장벽을 넘어야 한다. 이것들은 자연적으로 만들어지는 현상일 때도 있으며 기존기업에

25) 이와는 반대로 후발의 이익(advantage of later-comer)도 있다. 나중에 들어오는 자가 기존 기업 혹은 국가의 실패를 거울삼아 또는 새로운 기술을 적극 도입함으로써 오히려 기존 기업이나 국가를 앞서가는 현상을 일컫는다. 신생 팀에게 선수선발 우선권을 주는 것은 제도적으로 후발의 이익을 보장해 주는 것이라고 해석할 수 있다. 이와 같은 현상을 맨큐의 경제학에서는 따라잡기 효과(catch-up effect, 가난한 상태에서 출발한 나라들이 부유한 상태에 있는 나라에 비해 성장률이 높은 경향)으로 설명하고 있다. 맨큐의 경제학, p.723참고.

의해 인위적으로 만들어지는 측면도 있다.

일반적인 시장에서 볼 수 있는 진입장벽보다 더 강한 장벽이 스포츠 시장에 작용하고 있다. 신입 구단은 기존 구단들이 이미 차지하고 있지 않은 지방을 연고지로 하여야 한다. 기존 구단이 당연히 인구가 많고 관중동원이 유리한 곳을 선점하고 있기 때문에 기존 팀에 비해 불리한 지위에서부터 출발하지 않을 수 없다.

기존 팀은 다년간 투자하였고 상당한 노하우를 가지고 있고 추가로 드는 비용이 적으나 신생팀은 일시에 막대한 돈을 투자하여야 할뿐만 아니라 창단 전에는 물론 후에도 많은 시행착오를 거쳐야 한다. 반대로 새롭게 진입하는 구단이 재력이 튼튼하고 스포츠 활성화에 대한 의욕이 강한 경우라면 오히려 반대 현상이 나타날 수도 있다. 2013년 수원과 kt가 제 10구단을 창단하면서 구장시설, 운영조건, 선수복지 등에서 파격적인 지원책을 내 놓은 예가 있다.

<표 9-7> 1984년 기존 6개 구단주들은 내건 신규 구단 창단 승인 조건

1) 야구회관 건립을 위한 30억원의 가입금을 KBO에 납부할 것
2) 대전구장 관중석을 2만석까지 늘리고 인조잔디를 포설할 것
3) 6개인 충청권 고교 야구팀을 1988년까지 10개 팀으로 확대할 것
4) 1985년부터 프로야구 정규리그에 참가할 것

진입장벽은 먼저 프로에 진입한 구단이 팀을 운영하는 과정에서 자연스럽게 생긴 기득권이라는 측면이 있다. 한편 기존 구단이 인위적인 진입 저지책을 마련해 두는 경우도 있다. 스포츠에서는 인위적인 장벽으로 기존 구단이 가지고 있는 사업 인허가권(認許可權)을 들 수 있다. 가장 원초적인 장벽을 쌓고 있는 셈이다.

인위적인 저지 책으로 흔히 기존 기업이 신규기업의 진입에 직면하여 자신의 생산설비를 필요이상으로 확장하여 진입 기업이 이 시장에 들어 왔을 때 공급과잉으로 손해를 보게 만드는 초과설비 전략이 있다. 또 기존 기업이

일부러 제품의 종류를 늘여 놓고 다양화하여(제품 다양화 전략) 진입기업의 의지를 꺾는 경우도 있다. 스포츠에서는 초과설비 전략이나 제품 다양화 전략은 흔히 관찰되지 않는다.

kt의 1,000억원 투자

10번째 프로 구단으로 선정된 kt는 약 2년간 무려 1,000억원을 투자하여야 한다.

창단 비용 20억원 구단 운영비 180억원 2군구장 · 숙소 건립 200억원
1군선수 · 코칭스태프 구성 250억원 가입금 30억원 가입예치금 100억원
야구발전기금 200억원

이중에서 야구발전 기금을 포함하여 KBO회원이 되는 데 330억원이 들며 선수구성 · 2군 구장건립 등 본격적으로 팀 꾸미기에 660억원이 소요된다. 총 1,000억원에 가까운 돈이 든다. 2012년 수익면에서 1위를 한 두산의 수입이 136억 1,978만원인 점을 고려하면 얼마나 큰 돈인가를 알 수 있다.

그 대신 리그 입회비를 강제하는 경우가 많다. 프로 야구 원년부터 있던 구단들은 제 7구단 희망자에게 리그 참여 조건으로 〈표 9-7〉에 있는 조건을 내걸었다.[26] 우선 협상자로 나선 한화와 KBO는 해를 넘겨 계속된 협상 끝에 가입금을 현금으로 내놓는 대신 30억원 상당의 건물(현재 도곡동 야구회관)을 지어준다는 조건에 합의하였다. 이 조건은 기존 구단들이 희소성을 포기하는 대가로 만들어진 인위적인 진입장벽이라고 해석할 수 있다. SK 와이번즈는 KBO에 가입금 250억 원 납부하였다. 또 2013년 10구단이 창설되면서 KT- 수원은 발전기금으로 200억원을 제시하였고 80억원을 제시한 부영-전북을 물리치는 데 결정적인 역할을 하였다는 것이 중론이다.

또 프로 축구에서는 창단할 팀의 입회금은 종전대로 10억원으로 정해져있다. 다만 발전기금은 유동적이다. 2002년까지 서울에 팀을 만들 경우 1백21억원으로 정해져있고 기존 팀이 옮겨올 경우 세부사항은 이사회에서 조정키로 했다. 서울을 제외한 지방도시에 세울 경우 발전기금은 30억원 이상이다. 수원삼성도 40억원을 내고 들어왔다.

라. 팀 거래

프로 스포츠에서 경기 하나 하나가, 선수 한 사람 한사람이 상품으로 취급되어 거래되듯이 구단도 상품으로 거래되고 있다. 과거 아마추어 시절 팀이 해산되면 다른 팀이 선수단을 인수하여 새 팀으로 변신을 꾀한 적은 많으나 팀 자체와 관련 권리(선수단, 지역연고권 등)를 사고팔지는 않았다.

팀을 사고파는 것이나 기존선수 트레이드 및 신인선수 스카우트가 유사한 원리 하에서 계약이 이루어지고 있다. 그러나 팀 매매는 당사자간에 오직 한 번만 발생하는 거래인 반면 선수트레이드나 신인 선수 스카우트는 계약 후 그 선수를 팀에 소속시켜 계속해서 그 선수와 계약을 하여야 하기 때문에 다른 측면도 있음을 유의할 필요가 있다. 여기에서는 협상이론을 근거로 팀 매매과정과 결과를 설명하려고 한다.

팀 거래에 있어 당사자들은 미래에 일어날 모든 일들을 이해하고 평가할

---

26) 손윤 · 배지헌지음, 「프로야구 크로니클」, R H K.2012, pp.224 ~226.

수 없는 능력을 가지고 있지 못하기 때문에 즉 제한된 합리성(bounded rationality)으로 인해 여러 가지 문제가 발생한다. "사람들은 한치 앞도 내다보지 못한다", "열 길 우물 속은 알아도 한 길 사람 속은 모른다" 라는 속설은 인간의 제한된 합리성을 함축하고 있는 것이다.

구단을 매매할 때 미래에 발생하는 수익에 따라 거래가격이 좌우될 것이다. 구단의 미래수익은 관중수가 최고의 척도가 될 것이지만 구매자나 판매자를 포함한 그 누구도 구단의 미래 가치에 대해 정확히 알 수 없다. 점점 경기 외에서 얻을 수 있는 수입(로고, 캐릭터, 의류, 모자 등)이 증가할수록 더 힘들어진다.

당사자들은 지루한 협상과정(bargaining)을 거쳐야 한다. 처음에는 팔려는 사람은 자신이 평가하고 있는 팀의 가치보다 비싼 가격을 제시할 것이고, 사려는 사람은 자신이 평가하고 있는 팀의 가치보다 싼 가격을 제시할 것이다. 일반적으로 처음 만나 거래가 이루어지지 않을 것이지만 서로 조금씩 양보해가면서 합의점을 찾아 갈 것이다. 교섭력이 큰 쪽에 유리한 가격으로 정해 질 것이다. 이해당사자들이 협상을 통해 합의에 도달하는 과정에서 부담하는 협상비용 혹은 거래비용(transaction costs)이 들게 되는데 이 비용이 너무 크며 '배보다 배꼽이 더 큰 경우'가 되어 원만한 합의에 이르지 못할 가능성도 있다. 이때의 비용은 물론 기회비용 개념이다.

스포츠 시장에서는 비교적 쉽게 구단의 가치를 평가할 수 있다. 구단 연고지역의 인구수나 경기장 규모 같은 중요한 변수에 대한 객관적인 자료가 있기 때문이다. 기존 팀을 인수하는 경우가 보통이다. 인수(引受, acquisition)란 하나의 기업이 타 기업의 주식이나 자산의 일부 또는 전부를 취득함으로써 그 기업의 경영권을 획득하는 행위를 일컫는다.[27] 수평적 인수, 수직적 인수, 복합적 인수 및 머니 게임적 인수 등으로 유형화 할 수 있으며 규모의 경제 실현, 시장 지배력 획득, 효율적 통제 · 거래비용의 회피, 경영효율의 증대, 보완적 기능제휴, 다각화 · 안정화, 세무적 메리트, 잉여자금의 활용, 및 주식이익의 향상 등을 들 수 있다.

---

27) 김지수 · 노택환, 「기업의 합병 · 매수론」, 영남대학교출판부, p.15.

스포츠 팀의 인수는 보통 자금난에 허덕이는 기존 팀이 인수를 희망하는 회사에 팔리는 경우가 주를 이루고 있어 보통 경제학이나 경영학에서 분석하고 있는 인수·합병 이론 중 일부분만이 적용된다.

우리나라에서 프로 구단의 인수는 복합적(複合的) 인수에 가깝다. 프로팀이 가지고 있는 폭발적인 광고효과를 얻으려는 목적(판매공동효과)이 주를 이루고 있다. 인수 기업의 기존 회사나 상품의 이미지제고를 위해 프로팀을 십분 활용하려는 전략의 일환으로 평가할 수 있다. 또한 인수되는 구단이 현재 저 평가되어 있기 때문에 인수한 후 잘 운영한다면(경영효율의 증대) 높은 자산으로 평가받게 할 수 있기 때문이다.

인수하는 회사 입장에서 보면 팀을 새로 만들 때 예상되는 비용과 인수 금액을 비교하여 후자가 적으면 인수하는 것이 유리할 것이다. 현재 인수되는 구단은 저 평가되었다고 할지라도 원천적으로 진입이 한정되어 있기(거의 불가능) 때문에 새로이 구단을 창단하는 것보다 인수하는 쪽이 상대적으로 비용과 시간이 덜 든다.

구단의 거래에서 건물, 땅 등 실물자산을 살 때의 값과 팔 때의 가격 차이에서 발생하는 이득인 자본이득(capital gain)이 발생한다. 예를 들어 올해 1월1일 20억원 주고 산 프로 농구 팀이 1년이 지나 30억원에 팔았다면 양자의 차액인 10억원이 자본 이득이 된다. 반대로 자본손실도 있을 수 있다. 1987년 청보는 삼미로부터 60억원에 구입한 프로 야구단을 태평양에 5년거치 5년 분할 상환조건으로 50억원에 매각하였다. 자본이득은 커녕 오히려 10억원 이상의 손해를 보고 판셈이다.

〈표 9-8〉에서 프로 스포츠에서 흔히 볼 수 있는 계약인 팀 매매와 트레이드 및 신인 스카우트 간의 차이를 보여 주고 있다. 팀 매매가 트레이드 및 신인 스카우트에서 나타나는 계약과 확연히 구별되는 것은 계약의 횟수다. 트레이드나 신인 스카우트 계약은 반복해서 나타나기 때문에 계약시의 예상과 다른 결과가 나타나면 수정할 수 있는 기회가 주어진다. 그러나 팀 매매 계약은 오직 한번만 있을 뿐이다.

또한 일상의 상품(예컨대 냉장고)거래에서는 거래 후 나타나는 예기치 못한 결함(缺陷)을 최소화할 수 있는 사후교정(事後矯正)제도(예를 들면 품질 보증, 리콜제, 리펀드, 교환제도, A/S 제도) 등이 있어 잘못된 거래를 나중이라도 시정할 수 있는 길이 열려 있으나 팀 매매에서는 이러한 제도가 없다. 한번 사고팔면 그만이다. 한번 사면 물릴 수도 없고 다른 곳에 팔수도 없는 진퇴양난에 처하게 된다.

팀을 매매 시에도 기본적으로 정보의 비대칭성이 존재하여 역 선택의 가능성이 없지 않다. 한 번의 계약으로 모든 것이 결정되기 때문에 사후적 기회주의 행동에 연유한 도덕적 해이(moral hazard)[28]현상은 없으나 사전적 기회주의에 노출되어 있다. 팀 매매는 신중에 신중을 기해 의사결정이 내려진다. 팀을 구입한 후 팀의 성적이 나쁘다면 전적으로 구입자의 책임이지 전(前) 구단에게 책임을 물을 성질의 것이 아니기 때문이다. 즉 한 번의 계약에서 장차 벌어질 모든 가능성을 고려되어 판단하고 그 책임을 전적으로 혼자 져야 한다. 만약 시장에 나온 팀이 약한 팀일 경우 구단을 매입한 후에도 추가적으로 상당한 투자를 하여야 하거나 손해를 감수하여야 하므로 매매가 더욱 어렵게 된다.

<표 9-8> 팀 매매, 선수 트레이드 및 신인 스카우트의 차이

	팀 매매	선수 트레이드 및 신인 스카우트
거래의 횟수	단 한 번의 거래만	계약 후 선수의 계약수행여부를 관찰할 수 있음
재계약	계약조건에 대한 재고의 기회가 없음	계약기간 경과 후 재계약 여부 체결 가능
책임소재	완전히 당사자 책임임	당사자뿐만 아니라 외부여건 변화에도 책임 있음
적용법규	매매 계약	고용관계 계약

28) 도덕적 해이(moral hazard)란 한 사람의 행동이 다른 사람의 이익에 상당한 나쁜 영향을 미침에도 불구하고, 상대방의 행동을 정확히 관찰·평가할 수 없는 상황에서 한 사람이 자신의 이익만 위하여 행동하여도 다른 사람이 속수무책인 경우에 발생한다. 운전자가 보험 가입 후 보험을 믿고 보험 가입 전 보다 더 안일하게 운전하여 사고가 자주 나는 경우가 도덕적 해이의 대표적인 예이다.

아직 우리나라에서는 프로팀이 독자적인 경영주체가 아니기 때문에 구단을 인수하게 되면 적자를 상당 기간 감수하지 않으면 안 된다. 반면 모기업을 광고하는 효자노릇을 톡톡히 하고 있다. 프로 구단을 창단하거나 인수할 때 살려고 하는 구단이 느끼는 고민이다. 프로 구단 인수는 사세(社勢)를 비약적으로 발전시킬 수 있는 좋은 기회를 제공해 주는(기업의 무형자산가치를 높여 주는) 반면 물리지도 못할 것을 비싸게 사 처치 곤란인 애물단지로 전락할 가능성도 있다. 늘 어떤 팀을 인수하려는 기업은 늘 주저하거나 시간을 끌고 하는 모습을 쉽게 관찰할 수 있다. 아직 우리나라에서는 팀 그 자체를 독립적인 상품으로 만들려는 노력이 별로 없었고 그 결과 구단주들이 프로 팀을 모회사(母會社)의 광고·홍보비를 줄여주는 정도로 생각하지 본격적으로 돈벌이 수단으로 인식하고 있지 않은데 그 원인이 있다.

9.5 응용: 승자의 저주

일정한 권리를 놓고 경매에 붙이는 경우가 있다. 예를 들어 연맹에서 특정지역에 연고팀을 경매에 붙이는 경우이다. 실제로 우리나라 프로 축구에서 가장 수익성이 높을 것으로 기대되는 서울을 비워놓고 리그를 시작하였고 일정시간이 지난 후 기존 팀과 새로운 팀을 포함하여 경매를 실시하였다. 이때 입찰에서 승리한 사람(혹은 기업)이 상품의 진정한 가치보다 더 높게 평가하여 구입한 경우 입찰에는 이겼어도 실제로는 기대만큼 이득이 없을 가능성(I Won the Auction But Don't Want the Prize)을 일컫는 승자의 저주(winner's curse)[29)]가 발생할 높다.

이 현상은 경매대상이 되는 재화의 가치가 참여자 모두에게 같은 공동가치경매(common value auctions)에서 흔히 볼 수 있다. 한마디로 경매물의 가치가 누구에게나 알려져 있고 누가 승자가 되어 경영한다고 할지라도 예

29) 승자가 하는 저주가 아닌 승자가 당하는 손해를 저주라고 부르고 있다. Besanko, D., Dranove, D., and Shanley M., 「The Economics of Strategy」, John Wiley & Sons, Inc. p.231 와 임봉욱, 「미시경제학」, 예지각, p.654 참고바람

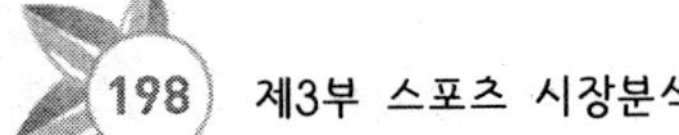

상한 가치를 크게 벋어나지 않을 텐데, 승자가 되겠다고 무리한 가격을 제시하여(bidding) 결국은 손해를 보는 경우이다.[30] 승자의(에 대한) 저주는 스포츠 시장에서도 흔히 볼 수 있다. 방송권을 둘러 싼 경매, FA 선수 영입 때[31], 신생팀 공모 때 등에서 나타나고 있다.

30) 이 용어는 1971년 유전 개발회사인 애틀랜타리치필드 엔지니어인 케이펜(Capen), 클랩(Clapp) 그리고 켐펠(Campell) 등 3사람이 쓴 논문에서 처음 소개되었다. 그 후 1992년 탈러(Thaler)가 *Journal of Economic Perspective*에 소개함으로써 널리 알려지게 되었다. Thaler, R.H., Anomalies The Winner's Curse, *Journal of Economic Perspective,* vol.2, no.1, pp.191~202.

31) 이준구 · 이창용, 앞의 책 p.212.

주관식

1. 프로 스포츠 시장에서 나타나는 독점은 다른 시장에서의 독점과 어떻게 비교되는가?

2. 승자의 저주란 무엇이며 스포츠 시장에서 볼 수 있는 예를 들어 설명해 보시오.

3. 포스트 시즌 입장료는 정규시즌 입장료보다 비싸다. 이 사실을 경제학 원리로 설명하시오.

4. 계절에 따라 수입이 큰 차이를 보이는 여름 휴양지의 미니 골프장 주인0 언제까지 영업을 할까를 고민하고 있다. 이 주인에게 어떤 조언을 할 것인가?

5. 주변에서 볼 수 있는 회원제 스포츠 운영업의 예와 그 업체의 가격을 조사해 보시오. 이부 가격을 경제학 원리로 설명하시오

6.* 어느 구단의 좋은 좌석에 대한 수요는 $P_g = 1,000 - 0.02Q_g - 0.01Q_b$ 나쁜 좌석에 대한 수요는 $P_b = 500 - 0.01Q_b - 0.001Q_g$ 이고 한계비용은 0이다. 각 좌석의 가격과 수량, 그리고 만석이 되었을 때 이윤을 구하시오

객관식

1. (기출) 스포츠비즈니스 관점에서 볼 때 한국 및 미국 프로야구리그가 채택하고

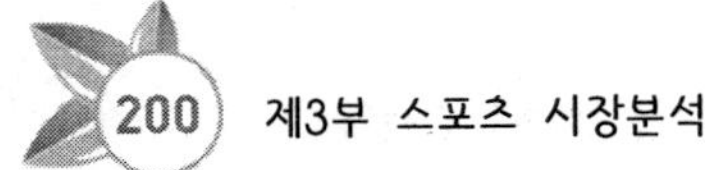

있는 포스트 시즌 제도와 유럽축구에서 채택하고 있는 승강제도가 갖고 있는 공통점은?

① 흥행을 위해 팀간 전력균형을 유지하는 역할
② 선수시장의 안정을 위한 역할
③ 리그 종반 이탈하기 쉬운 팬들의 관심을 유지하는 역할
④ 구단간의 빈부격차를 줄어주는 역할

2. 다음 내용 중 옳은 것을 고르시오.

① 이윤 극대화 조건은 한계수익이 한계비용과 같은 곳에서 발생한다.
② 경제적 이윤은 회계 이윤보다 더 크다.
③ 프로 스포츠 시장에서 나타나는 독점력은 프로 연맹과는 관계가 없다.
④ 승자의 저주 현상은 스포츠 시장에서는 별로 볼 수 없다.

3. (기출) 일반적으로 프로리그 연맹은 리그에 가입하는 회원구단의 숫자를 제한하려는 경향이 있다. 다음 중 그 이유와 가장 거리가 먼 것은?

① 프로 구단의 희소성을 유지하여 리그가치를 높이기 위해 신규 구단의 가입을 제한한다.
② 리그수입의 분배금을 기존구단들이 많이 배당하기 위해 제한한다.
③ 선수확보를 용이하게 하기 위해서 구단숫자를 제한한다.
④ 리그의 효율적인 프로모션을 위해 제한한다.

4. 스포츠 관전 시장에서 볼 수 있는 가격 차별화에 대한 설명 중 옳지 않은 것을 고르시오.

① 독점력을 바탕으로 실시되고 있다.
② 크게 세 가지 유형을 나누어진다.
③ 프로 스포츠 시장에서만 볼 수 있는 독특한 현상이다.
④ 3급 차별화에서 가격과 수요의 가격탄력도와는 반비례한다.

객관식 문제 정답 1. ③ 2. ① 3. ③ 4. ③

5. 프로 스포츠 구단의 매매와 관련한 설명 중 옳은 것을 고르시오.

① 매우 흔히 발생하고 있다.
② 구단의 매매가 시장 구조에 미치는 영향은 새로이 구단을 창단할 때와 다르게 나타난다.
③ 구단을 매각하는 쪽은 언제나 자본이득을 얻고 있다.
④ 적자가 나는 구단만이 매매의 대상이 되고 있다.

6. (기출) 스포츠 조직이 재원을 확보하기 위해 좌석 라이센스에 관한 설명으로 옳은 것은?

① 경기장 건설 사업체가 좌석 상업권을 취득하기 위해 부담하는 비용이다.
② 개인이나 사업체가 좌석에 이름을 각인하는 대가로 부담하는 비용이다.
③ 특정좌석의 시즌티켓을 구매 할수 있는 권리는 취득하는 대가로 지불하는 비용이다.
④ 경기장의 모든 좌석을 구매할 때 할인을 받을 수 있는 권리를 취득하는 대가로 지불하는 비용이다.

---

5. ② 6. ③

제10장 소비자의 경제학

"야구는 사랑하지 않을 수 없어(How can you not be romantic about baseball?"

– 영화 '머니 볼(Money Ball)에서 빌리 빈(브래드 피트)의 말

학습 목표

- 한계효용, 총효용, 효용함수에 대한 이해
- 한계효용체감의 법칙에 대한 이해
- 소비자 균형
- 소비자 잉여
- 여가의 선택
- 생산자 잉여

10.1 효용과 무차별곡선

10.1.1 효용

가. 효용함수

스포츠 소비자들도 스포츠를 통해 효용을 극대화하려고 한다. 효용(效用, utility)이란 소비자가 재화를 소비함으로써 느끼는 주관적 만족도를 말한다. 경제학자들은 합리적인 소비자는 여러 가지 공리(公理, axiom)를 만족하는 선호체계를 가지고 있다고 상정하고 있으며 이러한 선호체계를 정확히 반영하는 효용함수(效用函數, utility function)를 근거로 하여 소비자 이론을 전개하고 있다.

X 재와 Y재 두 재화를 소비하는 소비자의 효용한수는 U = U(X, Y) 로 나타낼 수 있다. X재(혹은 Y재) 한 단위를 추가로 소비하였을 때 증가하는 소비자 효용의 증가분을 X(Y)재의 한계효용(限界效用, marginal utility, MUx, MUY)라고 정의한다.

X의 한계효용(MUX) = $\frac{\triangle U}{\triangle X}$ Y의 한계효용(MUY) = $\frac{\triangle U}{\triangle Y}$

소비자가 느끼는 가장 기본적인 법칙은 한계효용체감의 법칙(the law of diminishing marginal utility)이다. 일반적으로 소비량이 증가함에 따라 전체 만족은 증가하지만 증가하는 정도는 줄어드는 현상을 말한다. 축구를 하고 난 후 처음 마시는 물 한잔은 꿀맛이지만 두잔, 세잔 마시게 되면 나중에 마시는 물맛은 점점 떨어지는 현상을 일컫는다. 혹은 같은 팀이 계속 우승하게 됨으로써 소비자(팬)들이 식상하게 되는 경우에도 나타난다. 처음에 딴 금메달에 대해서는 온 국민이 환호하지만 획득하는 금메달의 수가 증가함에 따라 환호의 정도가 줄어드는 현상도 이 법칙이 적용되고 있다.

<그림 10-1> 무차별 곡선

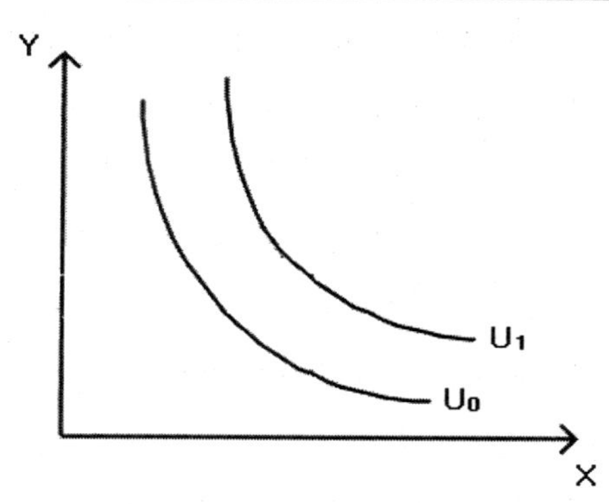

지금까지는 하나의 재화만을 대상으로 하였으나 실제 사람들은 여러 가지 상품의 묶음을 소비하고 있다. 이제부터는 재화의 묶음을 생각해 보기로 하자. 이 때 가장 유용하게 이용되고 있는 개념은 무차별곡선(無差別曲線, in-difference curve)이다. 〈그림 10-1〉에 그려 보았다. 일정한 값으로 고정되어 있는 효용을 U0 라고 할 때 무차별곡선은 U0 = U(X, Y)을 만족하는 X 재와 Y 재의 결합이라고 정의할 수 있다.

10.1.2 재화의 종류

재화는 여러 기준에 의해 다양하게 분류되고 있다. 소득 변화와 수요와의 관계에서 정상재(혹은 상급재)와 열등재(혹은 하급재)로 나누어진다.[1] 또 희소성을 기준으로 경제재와 자유재로, 내구성 유무에 따라 내구재와 비내구재로, 용도에 따라 생산재, 중간재, 및 최종소비재로 나눌 수 있다. 또 대체재 보완재로 나눌 수 있다.

1) 정상재 혹은 열등재는 절대적인 개념이 아니고 상대적인 개념임에 유의하기 바란다. 소비자에 따라 또 같은 사람이라도 소득수준에 따라 같은 재화가 우등재가 되기도 하고 열등재가 되기도 한다. 소득수준이 올라감에 따라 탁구 치던 사람이 테니스로, 골프로, 요트로 옮겨 갈 수 있다.

가. 정상재와 열등재

정상재(normal goods)란 소득 수준이 상승하면서 소비가 증가하는 재화다. 정상재는 다시 사치재(luxuries)와 필수재(necessities)로 나뉜다. 사치성이 강할수록 소득증가 정도보다 소비증가 정도가 더 크게 나타난다(사치재). 필수품 성격이 강한 재화일수록 소득증가 정도보다 소비증가 정도가 더 적게 나타난다(필수재). 골프, 대형 냉장고, 에어 컨디션 등이 대표적인 사치재이다. 한편 열등재(inferior goods)란 소득 수준이 상승하면서 수요가 감소하는 상품이다. 돈이 없어 할 수 없이 쓰고 있지 조금만 여유가 생기면 당장 안 쓰고 싶은 상품이다. 아이스박스, 선풍기, 복싱 등이 그 예이다.

박세리 선수가 처음 골프를 시작할 무렵 아무도 골프시장 특히 여자 골프시장의 장래에 대해 크게 관심을 두고 있지 않았지만 박선수 아버지 박준철씨는 소득수준이 향상되면 골프에 대한 수요가 증가할 것이라고 정확히 예측하고 박세리를 골프 선수로 키웠다. 그 당시 소득 상승에 따라 최고의 프로 스포츠였던 권투와 골프의 위상이 어떻게 바뀌었냐는 두 종목의 선수수를 비교해 보면 실감할 수 있다. 1982년 남자 골퍼 86명, 여자골퍼 12명, 권투선수 1,365명이었으나 2005년에는 남자 골퍼 4,032명 여자 골퍼 1,001명 권투선수 543명으로 변하였고 2010년에는 남자 골퍼 5,667명 여자 골퍼 1,627명 권투선수 314명으로 변하였다. 골프선수의 급증과 권투의 몰락으로 압축할 수 있다. 박준철씨는 골프가 사치재라는 성격을 정확히 간파한 것이다. 또 박세리 선수의 프로 데뷔 시절 스폰서였던 삼성 역시 사치재인 골프, 프로 골퍼의 수요가 크게 증가할 것이라고 예상하고 당시로는 상당한 거액을 투자하여 성공하였다.

나. 경제재(economic goods)와 자유재(free goods)

돈이나 노력을 지불해야 얻을 수 있는 재화를 경제재라고 부르며 사람이 의식적으로 노력하거나 희생하지 않더라도 욕망하는 만큼을 무한대까지 공급받을 수 있는 유용물을 자유재라고 말한다[2]. 인간의 욕망에 대해서 희소

2) 박영사, 「*경제학사전*」, p. 2252 참고바람.

성을 가지지 않기 때문에 선택이나 절약할 필요가 없는 재화를 말한다. 일광, 공기, 물 등이 대표적인 예이다.

문명의 발전에 따른 자연환경의 변화로 과거 자유재로 여겨졌던 재화들이 경제재로 변하는 예도 심심치 않게 볼 수 있다. 맑은 물이 대표적인 예라고 할 수 있다. 고산지대에서는 공기가 매우 중요한 경제재로서 캔에 담겨 시장에서 거래되고 있다.

1998년은 6·25이후 최고로 어려운 IMF경제위기를 겪고 있던 때로서 온 국민이 실업과 실직을 경험하고 모두가 희망 없이 힘겹게 하루하루를 살던 때였다. 희망이라는 것이 IMF 이전에는 우리 사회 어디에서나 존재하는 자유재였으나 IMF이후에는 욕망에 비해 희소성을 갖는 경제재로 변하였다. 희망이라는 당시 최고의 경제재를 박세리는 대가없이 온 국민들에게 선물하였다.

다. 내구재와 비 내구재

지속적으로 소비자에게 유용하게 쓰이는 재화를 내구재라고 하며 그렇지 않고 한두 번 쓰이고 유용성이 없어지는 재화를 비 내구재라고 부른다. TV, 컴퓨터, 냉장고, 축구공, 운동복, 골프채 등은 내구재이며 담배, 커피, 아이스크림, 프로 스포츠 관람 등은 비 내구재의 대표적인 예이다.

라. 대체재와 보완재

다른 재화에 대체하여 사용할 수 있는 재화를 대체재라고 부르고 다른 재화와 같이 쓰임으로써 유용성이 높아지는 재화를 보완재라고 부른다.[3] 꿩 대신 닭이라고 할 때 닭이 꿩의 대체재인 셈이다. 축구 경기를 할 때 농구경기를 할까를 망설이는 청년에게는 축구공과 농구공이 대체재로 여겨질 것이다. 골프채와 골프공, 탁구공과 라켓은 보완재의 대표적인 예라고 할 수 있다. 아마 스포츠와 프로 스포츠는 대체재 성격도 있는 반면 보완적 성격도

---

3) 경제학에서는 대체재와 보완재에 대한 정의를 보다 엄밀하게 하고 있으나 여기에서는 개략적으로 정의하였다.

동시에 가지고 있다.

마. 중간재와 최종재

생산과정에서 생산요소로 쓰이는 재화는 중간재이고 최종적으로 소비되는 것은 최종재이다. 아마 스포츠는 프로 스포츠의 중간재 역할을 하고 있다. 보통 사람이 취미로 축구를 할 때는 축구공이 최종재로 분류되지만 프로 스포츠에서는 중간재로 쓰이고 있다. 프로 스포츠가 활성화되기 위해서는 좋은 중간재가 투입되어야만 한다.

10.2 소비자 균형

우리는 늘 선택을 하면서 산다. 아침에 일어나 무엇을 먹을까, 탈까, 마실까, 언제 누구를 만날까, 몇 시에 귀가하고 잠자리에 들까 등 하루에 수십 가지 사항을 고려하여 선택하고 있다. 제 1편에서 말한 바와 같이 경제학이 선택의 학문이고 스포츠도 선택의 연속이므로 일맥상통한 점이 있다.

스포츠 시장과 관련하여 수많은 결정을 하고 있다. 예를 들어 공부를 할 것인가, 스포츠를 할 것인가? 스포츠를 한다면 축구를 할 것인가, 농구를 할 것인가? 축구공을 산다면 어떤 회사제품을 얼마에 살 것인가? 등등 이루 말할 수 없을 정도로 많은 선택을 하여야 한다. 스포츠 시장과 관련된 의사결정도 기본적으로 제약조건하의 극대화라는 측면에서 보면 경제학의 기본 원리가 작용하고 있다. 이때 가장 기본적으로 적용되는 원리가 단위(원)당 한계효용 균등의 법칙(law of equal marginal utilities per dollar)이다.

이 원리는 어떤 재화의 수요는 그 재화 구입에 드는 1원으로 얻을 수 있는 한계효용이 다른 재화에서 1원으로 얻을 수 있는 한계효용과 같을 때까지 수요된다는 법칙이다. X와 Y 두 재화 중 어떤 것을 얼마나 수요할 것인가 고민하고 있는 소비자는 같은 돈(시간, 희생, 손해)을 들여 더 많은 이득을 가져다주는 쪽을 우선적으로 수요한다.

$$\frac{X\text{의 한계효용}}{X\text{의 가격}} = \frac{Y\text{의 한계효용}}{Y\text{의 가격}} = \text{1원당 한계효용}$$

이 법칙을 잘 살펴보면, 분모는 소비자의 입장에서 보면 손해를 보는 정도(가격으로 표시된)를 나타내고 있으며 분자는 그로 인해 얻을 수 있는 이득(만족)의 정도(한계효용으로 표시된)를 나타내고 있다. 만약 (X의 한계효용/ X의 가격)이 (Y의 한계효용/ Y의 가격)보다 크다면 같은 돈을 들여 X재에서 얻는 효용이 Y재에서 얻는 효용보다 더 크다는 사실을 의미한다. 이럴 때 계속 X재를 더 소비하는 것이 더 현명한 행동임을 의미한다.

설명을 쉽게 하기 위해 두 사람(슛돌이군과 노래해양)이 가지고 있는 대안은 두 가지(축구 경기 관람과 음악회 감상)밖에 없으며 두 대안 모두 5시간이 소요되고 축구 경기 관람에는 두 사람의 경비가 5만원이 들고 음악회 감상에는 10만원이 든다고 하자.

'슛돌이'군은 축구를 매우 좋아하여 5시간 축구 관람, 5만원의 비용에 자신은 9만원어치의 만족을 '노래해'양은 1만원 정도의 만족을 느낀다고 생각하고 있다. 반대로 '노래해'양은 음악회를 매우 좋아하여 5시간 음악회 관람, 10만원의 비용에 자신은 9만원의 만족을 '슛돌이'군은 1만원의 만족을 느낀다고 생각하고 있다.

'슛돌이'군의 입장; 1만원당 한계 효용을 구해 보면

축구 관람에서는 9만원/5만원, 음악회에서는 1만원/5만원으로 계산된다.

'노래해'양의 입장; 1만원당 한계 효용을 구해 보면

축구 관람에서는 1만원/10만원, 음악회에서는 9만원/10만원으로 계산된다.

'슛돌이'군은 축구 관람에서는 1만원당 1만 8 천원(9만원/5만원)을 얻지만 음악회 관람에서는 1만원당 2천원(1만원/5만원)밖에 얻지 못하기 때문에 축구장에 가려고 할 것이다. 경제학 용어를 빌리면 축구관람에서의 1만원당 한계효용이 음악회 감상에서보다 크다고 할 수 있다.

'노래해'양은 정반대의 입장인데 음악회에서는 1만원당 9천원의 효용을 느끼지만 축구장에서는 1천원밖에 느끼지 못하기 때문에 음악회 가는 것을 선택할 것이다. 음악회 감상에서의 1만원당 한계효용이 축구 관람에서 보다 크다고 말할 수 있다.

10.3 소비자 잉여

10.3.1 정의

소비자 잉여(consumer's surplus)란 소비자가 상품을 사면서 지출하려고 하는 최대 금액(the maximum amount that a buyer will pay for a good)과 실제 지불한 값(the amount the buyer actually pays)의 차이를 말한다. 이것은 실제로 돈을 받거나 벌은 것이 아니라 소비자가 기꺼이 쓰려고 했던 돈보다 적게 씀으로써 생기는 심리적인 만족도를 돈으로 나타낸 것이다. 여기에서 소비자가 최대로 지불하고자 하는 금액을 '지불하고자 하는 금액(Willingness to pay)' 이라고 한다.

한 여름 심한 운동 후 심한 갈증을 느끼고 있는 소비자는 스포츠 음료 한 병을 1,000원을 주고도 살 용의를 가지고 있으나 실제로는 700원만을 주고 사 마신다. 이 때 천원과 700원의 차이인 300원이 소비자 잉여이다. 이 300원을 안 써서 벌은 느낌을 갖는 것이지 새로이 그 돈이 생긴 것은 아니다.

좀 더 자세히 설명해 보기로 하자.[4] 어느 보통사람에게 사과 하나를 보이면서 얼마면 사겠느냐고 물어 보았다. 첫 사과를 먹으면서 무척 맛을 느끼기 때문에 그는 상당히 높은 값(예컨대 3천원)을 대답할 것이다. 두 번째 사과를 보이면서 얼마에 사겠느냐고 물어 보았다. 그의 대답은 분명히 첫 번째 사과에 대한 답보다는 적은 값(예컨대 2천 5백원)을 답할 것이다. 다시 세 번째 사과를 보이면서 같은 질문을 했다면 두 번째 사과에 대한 답보다 적은

4) 여기에서는 한 소비자의 수요곡선을 유도하였으나 시장 수요곡선도 같은 방법으로 도출할 수 있다. 시장 수요곡선에 대해서는 제 3장을 참고하기 바람.

값(예컨대 1천8백원)을 말 할 것이다. 왜냐하면 사과를 더 먹음에 따라 배가 불러 와 나중에 먹는 사과로부터는 더 적은 만족을 느끼기 때문이다. 즉 한계효용체감의 법칙이 작용하기 때문이다. 이제 X축에 사과의 수량을, Y축에는 지불하고자 하는 최대 금액을 나타내면 이러한 수량과 지불 가격과의 관계를 나타낸 것이 〈그림 10-2〉이다. 그리고 이것을 연속적으로 나타낸 것이 〈그림 10-3〉이다. 이 때 수요곡선이란 수요자가 상품을 구입하면서 최대로 지불하고자 하는 금액과 수량과의 관계를 나타낸 곡선이라고 할 수 있다.

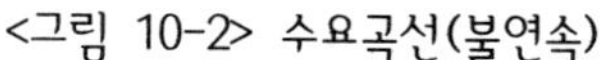
<그림 10-2> 수요곡선(불연속)

<그림 10-3> 소비자잉여

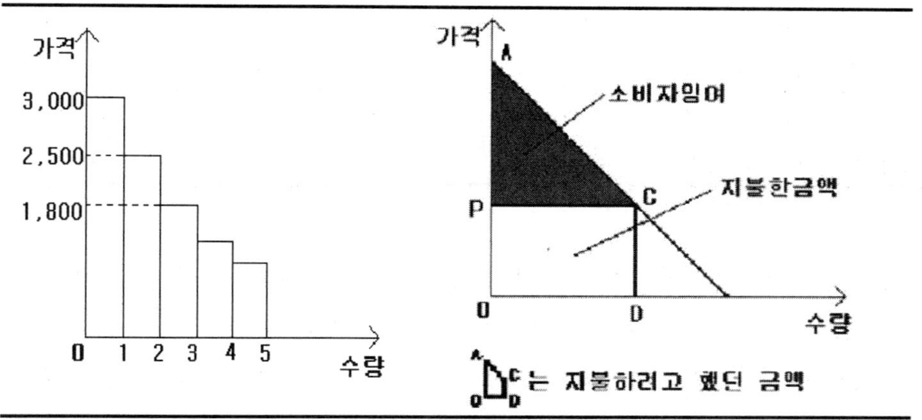

어느 소비자에게 상품 OD만큼을 사면서 얼마를 지불할 의사가 있는가를 물어 보았다. 사다리꼴 OACD 만큼의 돈을 주고 살 의사가 있다고 대답할 것이다. 그런데 시장에서 이 상품의 가격이 OP이기 때문에 실제로 지불한 돈은 직사각형 OPCD에 불과하다. 사다리꼴 OACD와 직사각형 OPCD의 차이인 삼각형 APC가 소비자 잉여이다.

10.3.2 응용: 선발 투수예고제를 통해 본 소비자 잉여

〈표 10-1〉에서처럼 세 사람(열성팬(갑), 보통 팬(을), 보통이하 팬(병))이 있다고 하자. 세 사람에게 오늘 게임에서 홈팀이 이길 확률이 백 퍼센트인

경우 각각에게 배구장에 얼마까지 지불하고 갈 의사가 있냐고 불어 보았다. 갑은 2만원, 을은 1만원, 병은 7,000원이라고 대답하였다고 하자. 이번에는 각각에게 백 퍼센트 질 가능성이 있는 게임인 경우 얼마까지 내고 배구장엘 가겠냐고 물어 보았다. 갑은 7,000원, 을은 3,000원 병은 1,000원이라고 답하였다고 하자.

<표 10-1> 홈팀의 승패와 소비자 잉여

	입장료	승리가 예상되는 경우		패배가 예상되는 경우	
		지불하려는 금액	소비자잉여	지불하려는 금액	소비자잉여
열성팬(갑)	5,000원	20,000원	15,000원	7,000원	2,000원
보통팬(을)	5,000원	15,000원	10,000원	2,000원	-3,000원
보통이하 팬(병)	5,000원	10,000원	5,000원	0	-5,000원

배구장 입장료는 시즌 초에 승패에 관계없이 결정된다. 예컨대 5,000원으로 이미 결정되었다고 하자. 세 사람이 홈 팀 응원을 갖는데 그 게임에서 홈팀이 승리하였다면 갑의 소비자잉여는 1만 5천원, 을은 5천원, 병은 2천원이 되어 전체적으로 세 명이 2만 2천원을 번 셈이다.[5)] 반대로 홈팀이 진 경우 갑은 플러스 2,000원 을과 병은 각각 마이너스 2천원과 4천원의 소비자 잉여가 나타났다. 즉 갑은 2천원을 번 기분이지만(소비자 잉여를 느꼈지만), 을은 2천원을, 병은 4천원을 손해 본 느낌이 든다.

홈팀이 홈에서 자주 이기면 이길수록 모든 야구팬들은 실제로는 돈을 벌지는 못했지만 기분으로는 돈을 버는 느낌이다. 입장료 5천원이 아깝지 않은 것이다. 오히려 소비자 잉여만큼을 기분 좋다고 호프집에서 생맥주 마시고 돈을 더 쓸 가능성도 없지 않다. 어쨌든 돈 버는 기분을 홈팀 선수와 구단이 만들어주니 다음 경기에 또 갈 마음이 자연 생겨나게 된다. 이와는 반

5) 이 때 소비자 잉여는 팬이 느끼는 심리적 만족도를 돈으로 나타난 것이기 때문에 지갑에 그만큼이 늘어난 것은 아니다. 착오 없기를 바란다.

대로 홈팀이 홈에서 자주 진다고 해보자. 열성 팬인 갑만 빼놓고는 을과 병은 돈 주고 오라고 해도 안 간다. 소비자 잉여가 마이너스이기 때문이다. "내 돈 내고 미쳤다고 가" " 혹시나 하고 갈다가 역시나 하고 왔어"라고 말하는 홈 팬이 많을수록 관중 수는 줄고 구단 수입은 줄어든다.

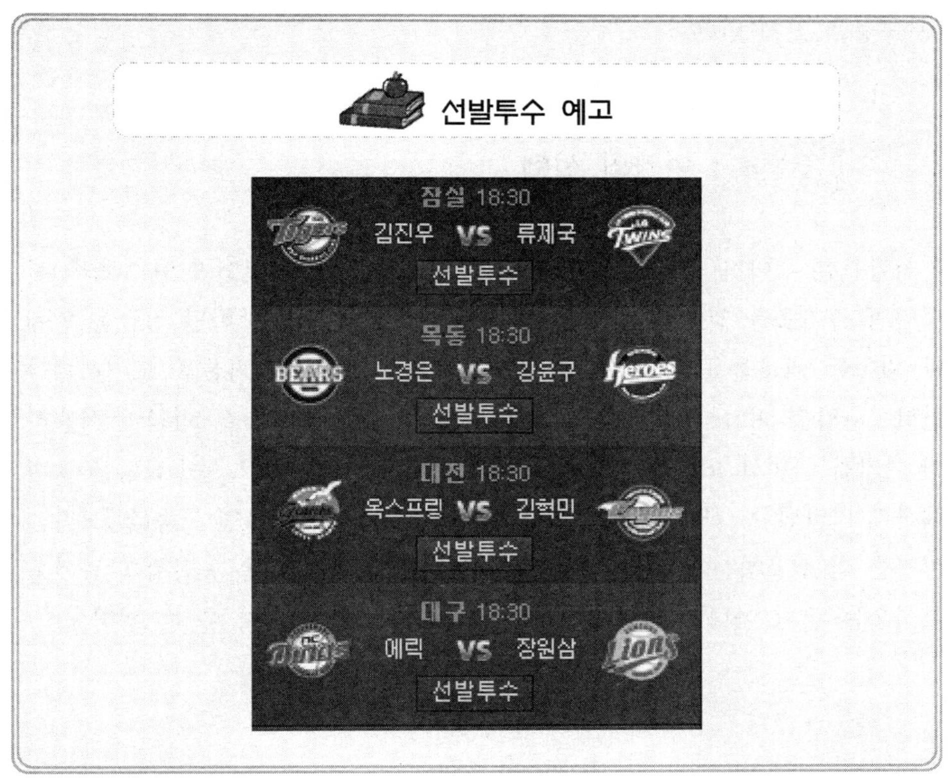

홈팀이 홈경기에서 연전연승을 하니까 온 시민이 들떠서 난리고 시합 후에는 호프집과 선술집에 손님이 넘친다. 모두 기분 좋게 오늘의 경기를 복기(復碁)하면서 자신이 감독인양, 수훈 선수인양 떠들면서 난리다. 같은 관람료를 내고 돈 벌은 기분이니 번만큼 쓰고 싶은 욕망은 인간의 가장 기본적인 본능 중에 하나다. 홈경기 승리는 구단과 선수에게는 (눈에 보이는)수입증가를 시민들에게는 돈 번 기분을 줄 뿐 아니라(기분일 뿐 실제로는 돈 번 것이 없는) 술집 매상 증가(눈에 보이는)에도 기여한다.

홈 관중들에게 누가 오늘 선발투수로 등판한다는 사실을 알려주는 제도인 선발투수 예고제가 홈 관중 모으는 좋은 전략의 하나가 된다. 팀의 에이스급 선수가 출전한다는 사실을 미리 알려 준다는 것은 게임을 이길 확률이 높다는 것을 사전에 기대하게끔 한다. 이것은 홈 팬들에게 소비자잉여가 클 것이라고 기대하게 하여 “본전 충분히 뽑을 텐데 뭐”라고 자신하며 즐거운 마음에 구장을 찾게 만든다.

10.4 여가의 선택

사람들은 주어진 시간 내에서 일을 하여 임금을 얻을 것인가 여가(餘暇)를 택하며 즐거움을 얻을 것인가를 선택하여야 한다[6]. 일을 하면 임금을 얻지만 일하는 괴로움을 감당하여야 하고 여가에서 얻는 즐거움을 포기하여야 한다. 수입을 여가보다 더 중요하게 생각하는 보통사람들은 임금이 상승하면 여가를 줄이고 노동을 더 하려고 한다. 따라서 임금과 노동공급량은 정비례하게 나타난다. 하지만 임금이 어느 수준 이상으로 오르면 노동(일)보다는 여가를 더 선호하는 심리가 더 크게 작용하기 때문에 노동 공급량의 증가를 가져오는 것이 아니라 오히려 노동 공급량의 감소를 가져 올 수 있다.

6) 근로기본법에서 "임금"이란 사용자가 근로의 대가로 근로자에게 임금, 봉급, 그 밖에 어떠한 명칭으로든지 지급하는 일체의 금품을 말한다.

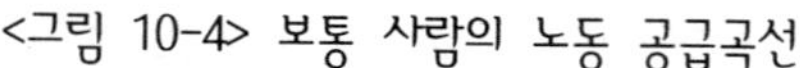
<그림 10-4> 보통 사람의 노동 공급곡선

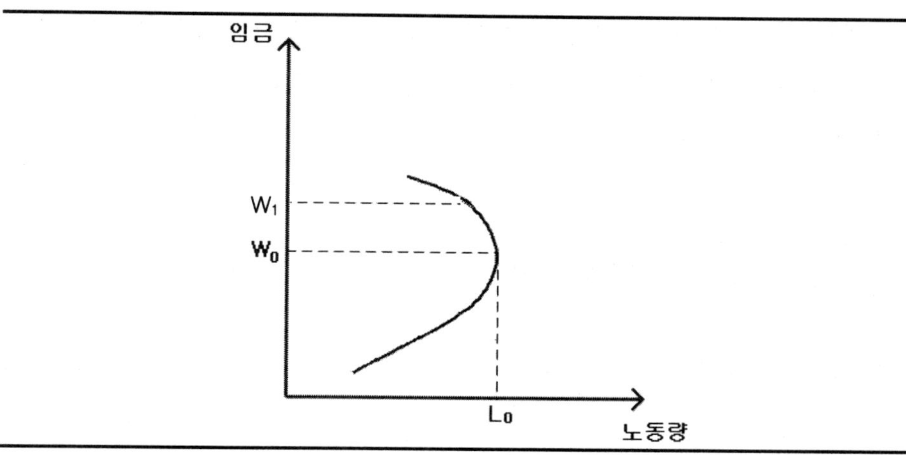

<그림 10-5> 임금(소득)과 스포츠 수요와의 관계

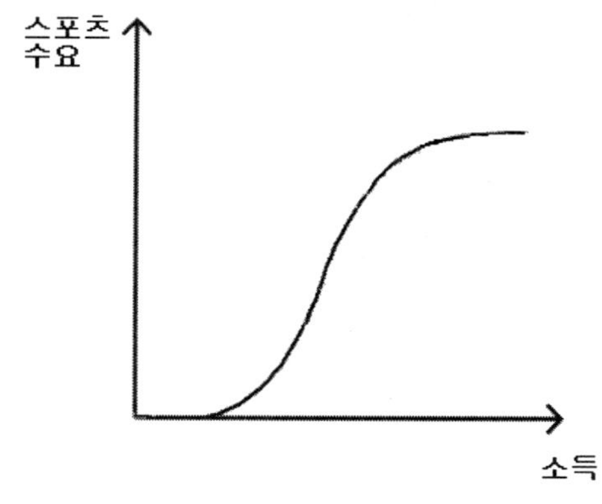

따라서 〈그림 10-4〉에서 볼 수 있듯이 노동공급곡선은 임금이 낮은 상태(w_0까지)에서는 임금과 노동공급량은 정비례하게 나타나지만 상당한 소득수준이 이른 다음에는 (w_0 이상 예를 들어 w_1) 임금과 노동공급량이 반비례하게 나타나는 후굴공급곡선(backward bending supply curve) 형태를 띠게 된다.

이 관계를 조금 더 확대하여 임금을 소득으로 보고 여가를 스포츠에 대한

수요로 바꾸어 생각한다면 〈그림 10-5〉에서와 같이 소득과 스포츠 수요와의 관계를 그릴 수 있다. 일정 소득 이상에서 소득과 스포츠 수요는 (체증하는)정의 관계를 보이지만 어느 수준(변곡점)이상에서는 체감하는 모양을 나타낼 것으로 보인다.[7)]

10.5 생산자 잉여

생산자 잉여란 공급자가 실제로 받은 금액에서 공급자가 그 물건을 제공하는 비용을 뺀 나머지 금액을 일컫는다. 이것은 공급자가 시장에 참여하여 얻게 되는 이득을 나타낸다.[8)]

용세, 용미, 용기, 용수 4사람의 골프 연습장 업자가 있고 각자의 (기회)비용이 〈표 10-2〉와 같다고 하자. 이 비용은 손님 한 사람을 받을 때 드는 최소한의 가격이기 때문에 골프 연습장 서비스를 하려고 용의를 나타내는 금액이라고 할 수 있다.

<표 10-2> 골프 연습장 업주의 비용

공급자	비용
용세	10만원
용미	9만원
용기	8만원
용수	7만원

골프 연습을 하려는 사람은 네 사람을 대상으로 입찰을 실시하면 높은 비용을 감당하는 사람부터 입찰에서 떨어지게 된다. 가격이 내려가면서 용세,

7) 임금은 기업이 노동자를 고용했을 때 노동자가 제공한 서비스에 대한 대가로 지불한 금액을 말하며 소득(income)은 근로소득(임금), 투자소득, 이전 소득, 자본 소득 등으로 이루어진다. 보통사람에게는 임금이 소득의 대부분을 차지하고 있기 때문에 임금과 여가와의 관계를 소득과 스포츠 수요와의 관계로 변형해 사용하여도 별 무리가 없을 것이다.

8) 맨큐의 경제학, p.178~180.

용미의 순으로 탈락하게 된다. 8만원에 이르면 용기 역시 남는 게 없다는 이유로 탈락하게 되고 용수만 남게 된다. 그가 받는 금액은 8만원이고 비용이 7만원이므로 1만원만큼의 이득이 발생하는 데 이것이 바로 생산자 잉여(生産者剩餘, producer surplus)이다[9].

생산자 잉여는 공급곡선을 이용하여 계산할 수 있다. 〈그림 10-6〉에 4사람의 비용을 그림으로 나타내 보았다. 가격이 8만원이기 때문에 용수만 공급자가 되고 그림에서 밑줄 친 부분이 생산자 잉여가 계산된다. 용세, 용미, 용기는 골프 연습장을 오픈했다가는 본전도 못 뽑고 손해를 보게 된다. 용세는 손님 한 사람당 2만원, 용미는 1만원의 손해를 감수하여야 한다. 하지만 입찰가격이 9만원으로 오르면 용기도 가세하게 되고 10만원으로 오르면 용미도 공급자가 된다. 생산자 잉여는 점점 크게 나타나게 된다. 10만원이상이라면 4사람 모두 공급하려 할 것이고 반대로 7만원이하이면 아무도 공급하지 않으려 할 것이다.

<그림 10-6 > 생산자 잉여

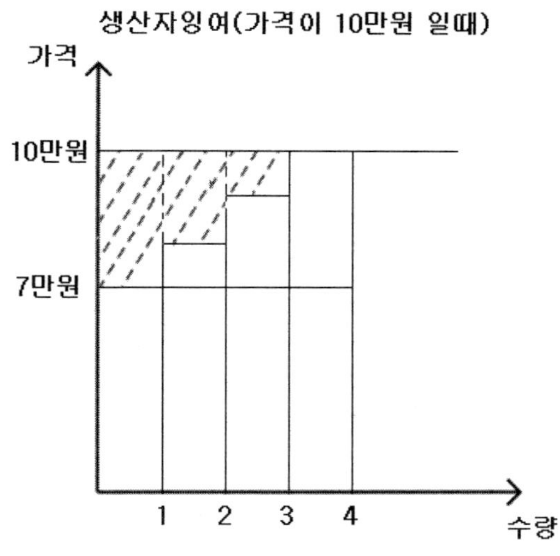

9) 소비자 잉여와 생산자 잉여의 합을 사회적 잉여라고 정의하며 경제학에서는 이 크기가 최대화되는 상태를 가장 바람직한 상태로 보고 있다.

입찰가격이 10만원으로 결정되었다면 용수는 3만원, 용기는 2만원, 용미는 1만원의 개인적인 생산자 잉여를 얻으며 사회 전체적으로는 6만원의 생산자 잉여를 얻게 된다. 가격이 높아질수록 생산자 잉여는 커진다. 반면 소비자 잉여는 가격이 오를수록 낮아진다는 사실을 공부하였다. 가격인상(인하)은 소비자에게는 손해(이득)를 생산자에게는 이득(손해)을 가져다주고 있는 셈이다. 생산자와 소비자의 이해관계가 상반되게 된다. 따라서 소비자 잉여와 생산자 잉여의 합을 사회적 잉여라고 정의하고 이 크기를 최대화하는 가격을 찾는 것이 경제학의 과제중의 하나이다.

주관식

1. 한계효용, 총효용, 효용함수에 정의를 쓰시오

2. 한계효용체감의 법칙이란 무엇이며 스포츠 현장에서 볼 수 있는 예를 소개하시오

3. 야구경기 관전에서는 10,000원, 축구 경기 관전에서는 16,000원의 효용을 느끼는 팬이 있다. 야구장 관람료는 7,000원이고 축구장 관람료는 8,000원이다. 이 팬은 어느 경기를 관전하는 것이 현명한 판단인가?

4. 임금과 여가의 선택을 분석하시오

6. 소비자 잉여란 무엇이며, 관람 스포츠 시장에서 볼 수 있는 예를 들어 설명하시오.

7. 생산자 잉여란 무엇이며, 관람 스포츠 시장에서 볼 수 있는 예를 들어 설명하시오.

8. * 수요함수 $p= 10- q$
   공급함수 $p= 2+3q$ p: 가격, q: 수량
   1) 균형가격과 수량을 구하시오
   2) 소비자 잉여와 생산자 잉여를 구하시오
   3) 수요함수 $p= 15- q$ 로 변했을 때 균형가격과 수량을 구하시오
   4) 공급함수가 $p= 5+3q$로 변했을 때 균형가격과 수량을 구하시오

객관식

1. (기출) 제품으로서 스포츠 서비스 이용의 수요탄력성에 관한 설명으로 틀린 것은?

① 필수재 성격을 갖는 스포츠 제품의 수요는 사치재 성격을 갖는 스포츠제품의 수요보다 탄력적이다.
② 일정한 대체재가 존재하는 스포츠제품의 수요는 가격에 대해 탄력적이다.
③ A와B라는 제품의 입장료가 동시에 내렸을 때 A제품보다 B제품의 수요가 더 늘어난 경우 B가 A에 비해 탄력적이라는 의미이다.
④ 기간에 따라 수요의 가격탄력성은 가격인상에 대하여 시간이 장기적으로 흐를수록 이탈하는 경우가 많아지므로 이는 단기에 비해 장기가 더 탄력적임을 의미한다.

2. ○× 문제

① 같은 축구공이라도 프로 축구단에서 소비되는 경우와 보통사람이 소비하는 경우, 성격이 다르다.
② 프로 야구 선발투수 예고제는 소비자 잉여를 높이기 위해 전략이다.
③ 임금과 스포츠 수요는 반비례관계에 있다.
④ 프로 스포츠와 아마 스포츠는 오직 대체재 관계로만 설명할 수 있다.

3. (기출) 다음 중 스포츠 소비에 대한 정의로 가장 옳은 것은?

① 스포츠에 대한 관심 및 욕구와 관계된 국가 경제 계획
② 스포츠에 대한 욕구를 만족시키기 위한 관련 상품 또는 서비스의 소모
③ 스포츠에 대한 욕구를 만족시키기 위한 관련 상품 또는 서비스의 창출 교환 과정
④ 스포츠에 대한 욕구를 만족시키기 위한 관련 상품 또는 서비스의 전달

4. (기출) 스포츠소비의 특성에 관한 설명으로 틀린 것은?

객관식 문제 정답 1. ① 2. ① ○ ② ○ ③ × ④ × 3. ②

① 스포츠소비는 운동용품 소비 스포츠시설서비스 지출 운동경기 관람료 등으로 나누어 볼 수 있다.
② 스포츠소비의 내부구성 중 스포츠용품과 시설서비스 교섭은 직접스포츠 참가로 파생된 소비이다.
③ 관람료는 간접적 스포츠 참여에 대응되는 소비이다.
④ 스포츠시설서비스 이용료와 운동경기 관람료는 재화의 구입에 소요된 비용이다.

5. (기출) 관람스포츠 산업에서 수요자가 아닌 것은?

① 팬
② 기업
③ TV 방송국
④ 스포츠협회

---

4. ④ 5. ④

제11장

선수시장 I

"K리그 선수들의 연봉을 공개하자고 주장하고 있다. 적자인 리그형편을 고려하여야 한다. 공개하여야 진정한 프로 거듭날 수 있다고 주장하고 있다."

김세훈의 창과 방패, 2013년 1월 9일

"챔피언이란 마음 깊은 곳에 있는 것으로부터 만들어 지는 것이다. 갈망, 꿈, 비전이 그것이다. 당신은 온 힘을 발휘해야 한다. 당신은 다른 사람보다 더 빨라야 한다. 당신은 기술이 있어야 하고 의지가 있어야 한다. 기술보다 의지가 더 중요하다. 의지가 있는 사람은 앞으로 나아가게 되어 있다."

–무하마드 알리(Muhammad Ali, 1942~)

학습목표

- 선수시장의 특성
- 선수 영입과 관련된 여러 가지 제도
- 연봉과 계약금 결정
- 선수 트레이드
- 선수 협의회

11.1 특성

기업이 노동자를 고용하는 것은 어디까지나 그 사람이 일을 해서 기업의 이윤증가에 기여할 것이라는 기대 하에서이지 그 자체(고용)가 목적이 아니다. 노동에 대한 수요는 그 노동자가 만들어 내는 생산물의 가치의 크기에 달려 있다. 노동에 대한 수요는 토지나 자본과 같은 다른 생산요소에 대한 수요와 마찬가지로 파생수요(derived demand)라고 부른다.

일반적으로 임금이 상승함에 따라 기업에게는 비용으로 작용하기 때문에 노동에 대한 수요는 감소한다. 노동의 수요곡선은 우하향하는 곡선의 형태를 갖는다. 반면 임금이 상승함에 따라 노동자는 여가를 줄이고 노동 공급을 늘이기 때문에 노동의 공급곡선은 일정수준의 임금까지는 우상향하는 곡선의 형태를 갖는다.

〈그림 11-1〉 프로 스포츠 관람시장과 프로 선수 시장에서 볼 수 있듯이 전자는 생산물 시장이고 후자는 생산 요소 시장이다[1]. 프로 운동선수에 대한 수요가 파생수요이라는 점, 노동의 수요곡선이 우하향하는 곡선의 형태를 취한다는 점, 노동의 공급곡선이 일정수준의 임금까지는 우상향하는 곡선의 형태를 갖는다는 점 등이 일반적인 기업과 노동자에서 나타나는 현상이 매우 유사하게 나타나고 있다.

어느 중국요리식당에서 직접 식당에 오는 고객은 격감했다 할지라도 배달 자장면에 대한 수요가 증가하면 자장면 배달부의 임금은 상승되어야 한다. 이와 비슷한 원리가 프로스포츠 선수시장에서 나타나 프로 선수에 대한 수요는 소비자(관중과 시청자 등)가 그 선수와 소속 팀의 서비스(성적, 구장시설, 기타 팬 서비스 등)를 얼마나 좋아하느냐에 달려있다.

다른 점은 연봉제가 보편화되지 않은 보통 회사에서는 임금이 전체적으로 일률적으로 변화가 있지만 스포츠 시장에서는 선수 개개인이 구단과 연봉교

1) 이 그림은 〈그림 7-2〉를 그대로 옮겨 놓은 것이다.

섭을 벌인다. 이 때 결정적인 지침이 되는 것이 1년간 성적인데 이것은 가장 객관적인 근거로 작용하지만 여러 가지 요인에 의해 결정되고 있다. 소위 '스토브 시즌'이 경기장 열기보다 더 뜨겁다는 말이 여기에서 나온다.[2)]

<그림 11-1> 프로 스포츠 관람시장과 프로 선수 시장

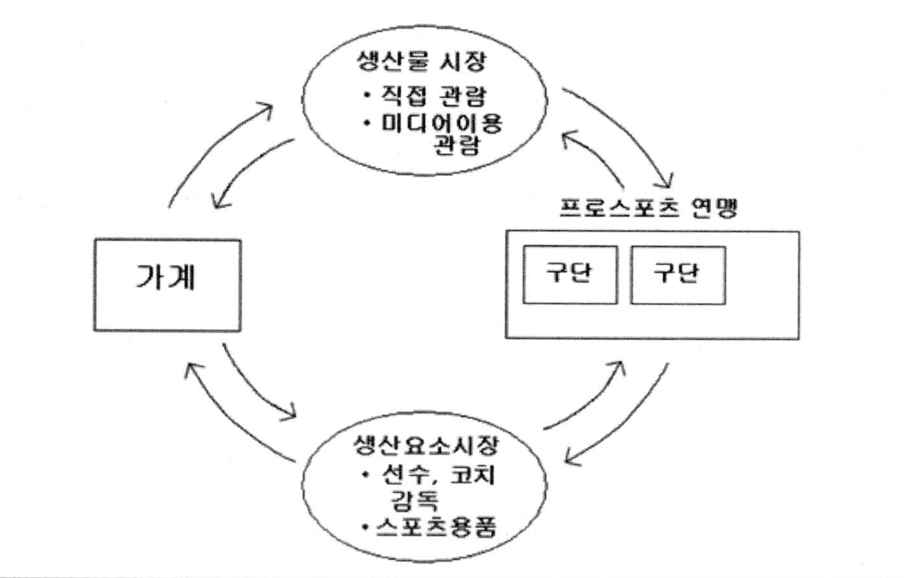

보통 사람의 임금 상승은 노동시간을 늘이고 여가를 적게 하여 스포츠에 대한 수요 감소 요인으로 작용한다. 하지만 프로 스포츠 경기는 보통사람의 일과시간에 하지 않기 때문에 그 영향은 적다고 볼 수 있다. 오히려 소득이 늘어 스포츠에 대한 수요를 증가하게 할 것이다. 당연히 보통사람의 스포츠 대한 수요는 참여 스포츠든 관람스포츠든 임금과 소득에 비례한다고 할 수 있다.

2) 미식축구에서 관찰된 바에 따르면 계약을 늦게 지연하는 선수들이 다른 선수에 비해 자신에게 더 유리한 조건에 계약을 맺으며 계약교섭 시에 자신의 능력에 대해 긍정적인 개인정보를 가지고 있는 것으로 나타났다. Michael Conlin, " Empirical test of a separating equilibrium in National Football League contract," *Rand Journal of Economics,* vol.30, No.2, Summer 1999, pp.289~304.

이제 일반적인 노동력의 성격과 프로 선수의 노동력의 특이성에 대해 생각해 보기로 하자. 먼저 노동은 자본, 토지와 같이 3대 생산요소의 하나다. 상품으로 시장에서 거래 될 때 노동력이라고 하며 이것은 자본이나 토지와 다른 아래와 같은 특성을 가지고 있다. 먼저 노동력의 일반적 특수성으로는[3)]

① 근로자(선수)는 자신의 노동력을 구단에 팔지만 그 자신을 판매하는 것은 아니다.

② 근로자(선수)가 자신의 노동력을 판매할 때 (선수) 자신이 작업장(구단)에 가서 노동력을 제공하지 않으면 안 된다는 점이다.

③ 노동력이란 상품은 사용여부에 관계없이 시간의 경과에 따라 자동적으로 소멸된다.

④ 노동력의 판매자(선수)는 교섭에서 불리한 입장에 서기 쉽다.

⑤ 노동력에 대한 수요가 증가하더라도 공급은 즉각적으로 증가하기 어렵다.

프로 야구선수의 모습

2011년 프로 야구 선수의 평균 년차는 7.5년이며, 평균 연령은 26.6세이다. 41세인 이종범선수가 최고령이고 그보다 23년이나 어린 심창민선수가 최연소이다. 프로 선수는 성과가 연봉에 즉시 반영되는 체제를 가지고 있기 때문에 2007년 류현진은 400%, 김상현은 365.1%, 2011년 오지환은 325%(2,400만원에서 1억 200만원), 2011년 손승락은 271.4%인상되어(3,500만원에서 1억 3,000만원), 이 네 선수는 역대 연봉 인상률 최고4인으로 기록되었다. 이와는 반대로 2011년 박명환은 5억에서 90%가 삭감된 5,000만원에 계약하여 역대 최대 삭감을 기록하였다.

출처: 한국야구위원회, 「2012 프로야구 연감」, p.86

---

3) 배무기, 「개정 제3판 노동경제학」, 경문사, 2000, p.17.

특히 프로 선수의 노동력은 다른 직업에 비해 상품으로서의 지속기간이 짧다는 점, 공급이 대단히 한정되어 있다는 점, 구단과의 교섭에서 불리한 입장에 놓인다는 점, 그리고 계약이 개인별로 이루어진다는 점, 그리고 성적이 분명하게 나타나기 때문에 성과 위주로 노사관계가 정해진다는 점 등이 뚜렷한 특징이라고 지적할 수 있다. 이 중에서 공급의 한정성만 가끔 일부선수들에게 유리하게 작용할 뿐 나머지 특성은 대부분의 선수에게 불리하게 작용하고 있다. 프로 선수 노동력의 특성으로 한시성, 정형화된 계약조건(uniform contract), 성과중심의 노사관계, 공급의 한정성, 시장의 폐쇄성 등을 들 수 있다.

개별 기업으로서 프로 선수는 개인 종목 선수는 기본이고 단체운동 선수도 일종의 제품차별화(product differentiation)를 하려고 노력하고 있다. 제품차별화란 동일한 특성을 가지고 있지 않아 소비자들이 완전히 같은 제품이라고 인정하지 않는 관련 제품을 일컫는다.

예를 들어 배기량이 같은 차라도 현대차와 쉐보레가 서로 다르다고 소비자들이 느낀다. 이러한 소비자의 느낌은 차별화를 위한 기업의 노력에 의해 만들어 진 것이다. 기업은 품질 자체를 차별화시키기도 하고 광고·판촉활동을 통해 상표 충성심을 제고시키고 있다. 디자인. 색상, 판매조건, 보증기간, 편이성, A/S등 다양한 수단을 이용하여 차별화시키고 있다.

차별화는 스포츠 시장에서 프로 스포츠에서는 물론 최근 들어서는 아마추어 선수에서도 광범위하게 나타나고 있다. 선수들이 남 보다 더 좋은 기량, 이미지를 팬들에게 줌으로써 무언가 다른 선수와 다르다고 하는 차별성을 부각시키려고 노력하고 있다. 스타들의 음반제작, 선행, 광고출연 등도 차별화 전략의 일종이다. 개성 있는(튀는) 스타를 현대인은 좋아하고 있다.

선수가 독립된 경제주체로서 단체 스포츠인 경우 팀과 유관한 차별화도 있고 독자적인 차별화도 있다. 개인 스포츠인 경우에는 후원 기업과 유관한 경우도 있고 독자적인 경우도 있다.

또 단체 종목 프로 선수들의 노동 조건이 일반 노동자와 특별히 구별되는 점은 공급자들이 매우 소수이며 또 연맹을 중심으로 움직인다는 점이다. 매우 개별성을 갖는 선수 개인이 상대하여야 하는 대상은 소속 구단은 물론 연맹도 포함하고 있다는 점이 다른 노동시장과 차별되는 점이다.

11.2 드래프트제, 보류제도, 웨이브 조항, 샐러리 캡 및 FA제

일반인들은 취업을 할 때 여러 기업을 선택 대상으로 할 수 있다. 경제학과 졸업생이라면 공무원, 금융권, 신문 방송기자, 자영업, 자동차 회사, 제약회사 등 선택할 수 있는 직종의 폭이 상당히 넓다. 하지만 스포츠 선수의 경우 프로 스포츠 시장 이외에는 경쟁력을 갖는 곳이 거의 없다. 당연히 주도권을 구단이 갖게 되며 이를 적극 활용하여 드래프트제, FA제, 보류제도, 및 웨이브 조항 등 다른 노동시장에서는 볼 수 없는 제도를 가지고 있다.

먼저 신인 선수 드래프트(rookie draft)제도를 통해 구단이 일방적으로 선수를 지명하기 때문에 울며 겨자 먹기 식이라도 지명된 구단에 입단하지 않으면 안 된다[4]. 그래도 어린 프로 선수들의 경우 가장 기뻤을 때를 묻는 질문에 프로 지명을 받았을 때라고 말하고 있다. 그만큼 우수한 몇 몇 선수를 제외하고는 이 팀 저 팀 가릴 것 없이 그저 지명되는 것이 다시 말하면 실업자 신세를 면하는 그 순간이 행복하기만 하다. 프로 지명을 못 받는다면 유년 청년 시절 자신은 물론 부모들과 어렵게 운동한 피와 땀이 한 순간에 물거품이 되 버린다.

드래프트 제도는 장점과 함께 단점도 가지고 있다. 보통 성적이 낮거나 신생팀에게 유리하게 제도가 만들어져 있어 팀 간의 전력 균형을 이루어 리그 전체에 활력을 불어 넣을 수 있다는 장점이 있으나 선수의 입장에서 볼 때는 직장선택의 자유를 박탈하는 문제를 가지고 있다. 헌법상의 기본권을 침해하는 문제이다.

이 제도 하에서는 처음 구단과 계약을 맺을 때 신인 선수의 유보임금(留保賃金, reservation wage)는 낮은 편이다. 유보임금이란 근로자가 이 임금보

---

4) 선수 드래프트(rookie draft)제도는 1936년 NFL에서 시작하였고, 일본에서는 1965년 야구에서부터 실시되었다.

다 낮은 수준에서는 일하기를 거부하게 되는 (또는 사직하는)임금수준을 말한다. 연봉 협상 때 선수들은 최소한 받으려고 하는 금액을 제시하는 데(기존 선수인 경우 보통 전년도 연봉대비 몇 퍼센트 상승 혹은 삭감) 이 금액을 유보임금이라고 해석할 수 있다. 신인 또는 성과가 크지 않은 선수들의 유보임금은 낮게 나타난다.

또 구단은 보류조항(혹은 유보 조항, reserve clause)을 통해 선수들의 자유로운 계약과 이동을 막고 있다. 이 제도는 한 선수가 특정 구단과 계약을 맺고 나면 그 구단이 선수에 대한 모든 권리를 독점적으로 행사할 수 있도록 하는 제도이다[5]. 또 특정 팀이 포기한 선수와의 교섭권을 다른 팀이 갖기 위해서는 영입을 원하는 팀들간 드래프트를 거쳐야 하는 제도인 웨이브 조항(waiver rule)도 있다. 이 제도는 프로 스포츠 구단 등에서 선수에 대한 권리를 포기하는 것을 의미한다. 즉 구단에 소속된 선수를 일방적으로 방출하면서, 일정 기간 동안 다른 팀들에게 그 선수를 데려갈 의향이 있는지 묻는 것이다. 이 때 해당 선수를 원하는 팀이 나타나면 원 소속 구단은 무조건 선수를 보내야 하며, 다른 팀들에서 양도를 바라지 않으면 그 선수는 자유계약 신분이 된다. 그리고 만약 선수가 웨이버 공시를 거부할 경우에는 임의탈퇴 선수로 규정된다. 많은 프로 구단들이 기량이 떨어지거나 심각한 부상을 당한 선수를 방출하는 수단으로 웨이버 제도를 이용한다.[6]

신인 드래프트, 보류제도, 및 웨이브 조항은 구단 간 전략 균형을 유지하게 하는 장점도 있지만 선수들의 자유로운 계약이나 이동을 막는 단점을 가지고 있다. 이점을 개선하기 위해 FA(Free Agent)제도가 도입되고 나서 선수시장에 큰 변화가 발생하였다. 자유계약선수(Free Agent, FA)란 자유롭게 특정 팀에 억매이지 않고 다른 팀과 계약을 맺을 수 있는 선수를 말한다. 나라에 따라 종목에 따라 내용이 좀 다르다. 보류조항의 폐단을 극복하기 위해 만들어진 제도이다. 미국에서는 1975년부터 실시되고 있다. 이 제도의 단점으로는 구단 간의 선수확보 경쟁을 하면서 과도한 지출을 하게 되어 구

---

5) 1876년 MBL에서부터 실시하고 있다. 우리나라에서는 프로야구 규정 제 6장 보류선수(제47조~제 55조)에서는 절차, 선수 녀단 공시, 효력, 수당, 기간의 종료 등을 명시하고 있다.
6) 네이버 백과

단의 이윤이 감소하게 된다. 이른 폐단을 막기 위해 샐러리 캡(salary cap)이 도입되어 있다.

FA이전에는 구단이 일방적으로 우월적 지위를 누렸지만 FA이후에는 주도권이 선수에게도 많이 넘어가는 경향을 보이고 있다[7]. 정보의 비대칭이 중요한 역할을 한다. FA전에는 신인 선수가 어떤 성과를 나타낼지 기대와 예상은 하지만 확신을 할 수 없기 때문에 계약금과 연봉 체결에 있어 구단이 유리한 입장에 서게 된다. 또 선수들도 다른 대안이 없다.

그러나 FA이후에는 실력이 검증되었기 때문에 선수가 오히려 주도권을 가질 수 있다. FA전에는 직장선택의 자유가 없지만 FA후에는 이 자유가 생기는 것이다. 전에는 수요독점(需要獨占, monopsony)이였으나 후에는 공급독점(供給獨占, monopoly)시장까지는 아니더라도 적어도 쌍방독점 시장으로까지는 변한 것으로 평가할 수 있겠다[8].

FA자격을 얻기 까지 최선을 다한 선수가 FA이후 많은 계약금과 연봉을 챙긴 후 기대이하의 성과를 보이는 경우를 흔히 볼 수 있다. 이런 선수를 소위 '먹튀(먹고 튄다)'라로 부르고 있다. FA제도 실시이후 팀간의 전력, 선수의 수입, 리그의 수지가 어떤 영향을 받을 것인가? FA가 되면 돈 많은 구단으로 선수가 몰리게 돼 리그의 팀 간 균형성이 깨지게 될 것이라고 구단 쪽은 반대를 하였다. 하지만 1956년 스포츠 경제학의 효시라고 불리는 사이먼 로텐버그(Rottenberg)는 불균형 원리(invariance principle)를 주장하였다.[9]

"유능한 선수의 분포는 구단주나 선수가 선수에 의해 생산되는 가치를 유지하려고 하든 말든 간에 불변이다. 유능한 선수는 구단주나 선수가 선수의 한계생산물 수입을 얻는지 아닌지 리그에서 최고 높이 사용되는 쪽으로 옮겨간다[10].

7) 이와는 반대로 FA를 신청한 선수가 오히려 원 소속팀은 물론 다른 팀에서도 받아 주지 않아 미아가 되는 경우도 가끔 발생하고 있다. 2006년 2건, 2010년 2건이 있었다.

8) 미국의 경우 자유선수제도를 도입한 후 76년 평균 연봉이 5만 달러(약 5천5백 만원)이던 것이 10년 후에는 40만 달러(약 4억 4천 만원)로 늘어났다고 한다.[1] 스포츠투데이 1999년 11월 17일자 참고 바람.

9) Rodney, D. Fort, 「Sports Economics」, Pearson Prentice Hall, 2006, p.281.

10) the distribution of talent is invariant with respect to whether owners or players get to keep the value generated by players; talent moves to highest valued use in

보류조항의 근거가 되는 논리는 전력균형론(competitive balance)이다. 리그에 참가하고 있는 팀들간에 전력이 비슷해야 승부를 알 수 없는 불확실성이 높아지고 그래야 관중이 늘어난다는 주장이다. 하지만 로텐버그는 보류조항이 소수 몇 선수의 연봉을 적게 하는 데는 기여하였지만 본래의 목적인 전력 균형에는 크게 역할을 하지 못하고 오히려 선수들 착취하는 도구가 되었다고 비판하고 있다[11]. 보류제도가 시행되고 있던 1920~51년 기간 뉴욕 양키스는 18번 아메리칸 리그에서 우승한 반면 시카고 화이트 삭스는 한 번도 우승하지 못하였고, 세인트 루이스 카디널스는 내쇼날 리그에서 9번, 뉴욕 자이언트는 8번, 필라델피아 필립스는 1번, 보스톤 브레이브는 1번 우승에 그쳤음을 증거로 내세우고 있다. 보류제도에 의해 자유가 제한된 시장은 완전한 자유가 있는 시장보다 선수들의 분포가 더 균등하다고 기대할 수 없다고 주장하고 있다. 그 이유로 좋은 선수가 많아지면 규모의 불경제가 발생하게 되고 이를 구단이 전략적으로 피하려고 한다는 점을 들고 있다. 그래서 그는 보류조항이 야구 노동시장에서 자유를 제한하는 핵심요소라고 보았고 자유계약제도를 주장하였다.

호나우드의 이적료

2010년 스페인의 레알 마드리드는 영국의 멘체스터 유나이 티디에서 1,620억원라는 천문학적인 이적료를 지불하고 포르투갈의 축구 스타 호나우드를 영입하였다. 1천만원하는 소형자동차를 16,200대 혹은 1억원짜리 국내 최고급 승용차인 에쿠스를 1,620대 살 수 있는 금액이다. 약 1만 6천가구, 6만 4천명이 사는 도시(예를 들어 강화도)의 모든 가구에 소형차를 한 대씩 줄 수 있는 금액이다.

---

the league whether players or owners receive players' MRPs."

11) Rottenberg, S, "The baseball players' market," *Journal of Political Economy* 64, 1956, p.246.

또 그는 프로 스포츠 구단 운영이 수익면에서 그렇게 변화가 크지 않다는 점을 지적하고 있다. 예를 들어 R & D 투자나 원유 채굴 투자인 경우 망하면 크게 망하고 흥하면 크게 흥할 수 있지만 프로 스포츠 구단의 수익은 범위를 획정 지을 수 있는 비교적 한정된 관중(시장)을 대상으로 하기 때문에 수익의 분산이 적다는 점도 지적하고 있다.

FA가 시행됨에 따라 구단주의 주장이 틀렸고 로텐버그의 불균형 원리(competitive imbalance)가 옳음이 증명되고 있다[12]. FA 도입에 따라 정규리그는 더 치열하게 전개되었고, 챔피언에 오를 수 있는 능력을 갖춘 팀의 증가에 따라 소수 팀에 의한 챔피언 독점 현상이 감소하였다.

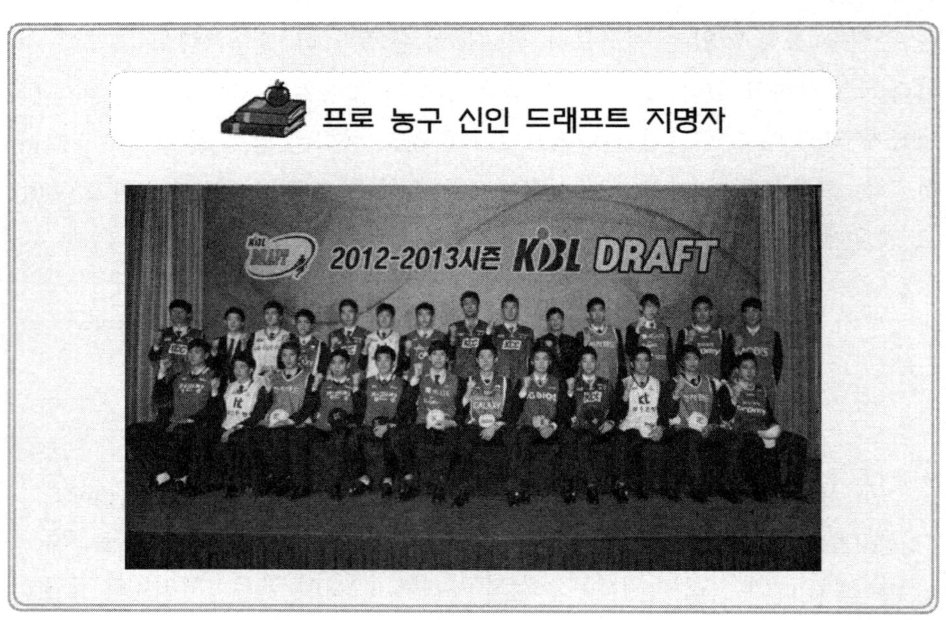

프로 농구 신인 드래프트 지명자

스포츠 시장도 세계화가 되면서 국경을 초월한 선수거래가 활발히 이루어지고 있다. 크게 두 가지로 나누어 볼 수 있는데, 자국 프로 리그에서 뛴 경험이 없는 선수를 스카우트하는 경우와 자국 리그에서 경험이 있는 선수를 스카우트하는 것이다. 전자는 박찬호, 김선우, 서재응, 일본 처음 진출 때

12) Rodney, D. Fort, ibid, p.281.

박지성의 예이며 2013년 류현진의 미국 진출과 김연경의 터키진출 등이 후자의 예이다. 외국 리그 경험이 있는 선수를 스카우트하는 경우 국적이 다른 구단과의 관계가 매우 중요하기 때문에 전자에 비해 훨씬 복잡하다. 류현진의 LA 다저스로의 이적이나 호나우드의 레알 마드리드로의 이적에서 볼 수 있듯 이미 검증된 선수들이 국적이 다른 팀으로 이적하기 때문에 오가는 돈도 천문학 적인 경우가 비일비재하다.

또 팀 간의 거래이기도 하지만 나라간의 제도의 차이로 인해 초창기에는 불미스러운 일도 심심치 않게 일어났지만 세월이 흘러 경우의 수가 많아지면서 합리적인 제도로 자리 잡아 가고 있다. 유럽에서는 보스만 사건(Bosman)이 미국에서는 커트 플러드 사건(Curtis Charles Flood)이 선수시장의 관행을 깬 회기적인 사건이었다. 프로 야구에서는 이런 과정을 거쳐 최근 일종의 비공개입찰제도인 포스팅(Posting) 제도가 도입되었다. 즉 국내 프로 선수가 미국 메이저리그에 진출하려는 경우, 스카우트를 희망하는 구단이 입찰 금액을 제시해 최고액을 제시한 팀에 선수와의 독점 계약협상권을 주는 제도다. 일본 프로 야구선수가 미국 메이저 리그로 진출하면서 생긴 제도로서 우리나라에도 적용되고 있다. 2012년 시즌이 끝난 후 한화의 류현진 선수에 대해 포스팅제도를 활용하였고 2,573만7737달러33센트(한화 약 280억원)를 제시한 LA 다저스가 우선 협상권을 차지하게 되었다. 이는 메이저리그 포스팅 역사상 역대 4위에 해당되는 규모이다[13]. 그는 LA 다저스와 6년간 3,600만 달러(390억원), 성적에 따라 매년 100만 달러 보너스를 지급하며 5년 후 FA자격을 얻는 것으로 계약을 맺었다.

---

13) 일본인 투수 다르비슈가 2011년 51,703,411달러의 이적료와 6년간 6천만 달러의 연봉을 받은 것이 최고의 기록이고, 마쓰자까가 2006년 51,111,111달러의 이적료와 6년간 5천2백만 달러의 연봉을 받은 것, 이가와가 2006년 26,000,194달러의 이적료에 5년간 2천만 달러의 연봉을 받았다. 또 이치로는 2000년 13,125,000달러의 이적료와 3년간 1천4백만 달러의 연봉을 받았다.

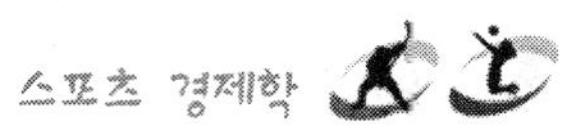

보스만 사건(Bosman)

○ 경위와 판결내용:

벨기에의 축구 선수 Jean-Marc Bosman (1964~)가 계약이 끝나는 1990년 소속팀인 RFC 리에주(RFC Liège)에서 프랑스의 됭케르크(Dunkerque)로 이적을 하고자 했다. 그러나 됭케르크 팀은 리에주 팀에 충분한 이적료를 지불하지 못했고 보스만 자신도 외국선수 쿼터제 등의 규정에 묶여 리에주 팀도 그의 이적을 허용하지 않았다. 이러는 사이에 그의 연봉 또한 감소하였다.

억울함을 느낀 그는 팀과 벨기에 축구협회를 상대로 승소하였고 한 걸음 더 나아가 UEFA (United European Football Association)를 상대로도 유럽사법재판소에 소를 제기하였다. 1995년 12월 재판소는 FIFA((International Federation of Football Association)의 선수들에게 불리한 이적 규정 17조에 대해 보스만의 승소를 판결하였다. 유럽사법재판소는 유럽 연합 회원국의 근로자들의 직업 선택의 자유를 보장한 로마 조약 39조를 들어 보스만의 손을 들어 주었던 것이다.

○ 영향: 유럽 프로 축구 선수들은 구단의 동의와 이적료 없이 자유롭게 다른 팀으로 이적할 수 있게 되었다. 유럽역내 팀은 가맹국적을 가지고 있는 선수를 외국인 취급을 할 수 없게 되었다. 유럽뿐만 아니라 세계 프로축구시장에 큰 영향을 미쳤다고 평가받고 있다.

○ 여담: 보스만은 축구선수로는 별로 빛을 못 본 평범한 선수에 불과했지만 이 사건으로 인해 유명한 인물로 회자되고 있다.

http://www.famousbelgians.net/bosman.htm

커트 플러드(1938~1997) 사건

○ 누구: 미국 MLB 세이트 루이스 카디널스의 중견수였다. 그는 통산 0.293의 타율, 1861안타, 636타점을 기록하였으며, 올스타 3번 월드시리즈 우승 2번 골든 글로브 7번을 수상한 뛰어난 선수였다. 하지만 1969년 구단이 필립스로 트레이드를 시키려고 하자 이에 반발하여 소송을 제기하였고 비록 패소하였지만 FA제도 도입에 결정적인 물고를 튼 선수로 평가받고 있다.

○ 그는 보류조항은 선수들의 임금을 낮추는 요인이며 한 팀에 묶어두는 노예제도라고 비판하였다. 또 본인의사에 반하는 트레이드에 응하지 않는 것이 기본권이라고 주장하였다. 하지만 대법원은 '게임의 이익을 위하여(for the good of the game)'을 이유로 그의 패소 판결을 내렸다.

실제로 우리나라 프로 야구에서 FA가 2000년 도입된 이래 처음에는 자금력이 풍부한 팀으로 선수들의 이동이 나타났지만 매년 조금씩 양태가 변해 왔다[14]. 영입선수 연봉의 최대 300%에 해당하는 보상금액 또는 200%의 보상금액과 보류선수 20인 외 1명을 지명할 수 있는 권리를 원 소속팀이 갖게 하여 FA이동과 몸값 상승을 적정수준으로 유지해 오고 있어 쏠림 현상을 의도적으로 저지하고 있다. 2012년 FA시장에서는 강한 팀 선수가 약한 팀으로 옮겨가는 모양이 뚜렷이 나타났다. 어떤 때는 빈익빈 부익부로 나타날 때도 있지만, 반대로 전력 평균화에 도움이 되는 경우도 발생하고 있다. 이렇게 보면 선수들은 직장의 자유와 상당한 수입을 얻어서 좋고 각 팀들은 전체적인 전력 상승, 리그 전체적으로는 전력의 상향 평균화에도 기여하는 모습을 보이고 있다.

14) 미국 프로 야구에서는 1973년부터 일본 프로 야구에서는 1990년부터 실시되고 있다.

< 표 11-1> 우리나라 종목별 FA 제도

종목	내용
프로 배구	6년, FA대상 선수 직전 연봉의 300%를 상대구단에 주어야 함
프로 야구	9시즌(대졸 선수 8시즌)뒤 자격부여. 하지만 7시즌 이후부터 국외 진출 자격부여, 해외 진출 때에는 최고 이적료를 써낸 팀에게 우선권을 주는 포스팅 시스템을 거쳐야 함, 9시즌을 완전히 채운 선수는 국내 복귀 시 원 소속 팀으로 반드시 돌아와 2년을 더 뛰어야 7시즌만 마친 선수 역시 국내 복귀 시 원 소속 팀으로 반드시 돌아와 4년을 더 뛰어야 함.
프로 축구	국내 구단과 계약기간(보통 3년)을 채우면 자유롭게 해외로 갈 수 있음. 국내 복귀 시에도 원 소속팀에 돌아올 의무 없음
프로 농구	5시즌 이후 자격부여, 국외로 갈 때 연맹의 승인만 있으면 됨

구단이 우수한 선수에게 많은 연봉을 주는 부담을 줄이면서도 팀 전체의 전력을 극대화시키려는 방안의 하나로 만들어진 것이 샐러리 캡(salary cap)제도다. 이 제도는 한 구단이 소속 선수들에게 지급할 수 있는 연봉의 상한선을 총수입의 일정비율이나 총액으로 정하고 있다. 현재 미국의 NHL, NBA, NFL을 비롯하여 유럽, 캐나다, 일본에서도 실시되고 있으며 우리나라 프로 농구와 프로 배구에서 시행하고 있는 제도다[15].

이 제도의 장점으로는 전력의 균등화와 비용통제를 들 수 있다.[16] 샐러리 캡은 일종의 최고 가격제(price ceiling)이다[17]. 이 제도 하에서 선수들의 불만 특히 스타 선수들의 불만이 없지 않을 수 없다. 다른 시장에서는 암시장(black market)이 발생하여 불법적으로 이 문제를 해결하려는 노력이 있으나 스포츠에서는 이면 계약과 같은 성과급 제도로 이 문제를 풀려고 하고 있다.

반면 최저임금제(price floating, minimum-price laws)도 실시되고 있다. 일반적으로 만성적으로 초과공급 상태인 노동시장에서 결정되는 임금수

15) 2012-2013 시즌 프로 농구는 18억원, 프로 배구는 13억원이 최대 지급액이다. 미국 MLB은 채용하고 있지 않다.

16) Dietl, H., Lang, M., and Rathke, A. (2009). ""The Effect of Salary Caps in Professional Team Sports on Social Welfare"", *The B.E. Journal of Economic Analysis and Policy*, Vol. 9, Article 17.

17) 정부가 물가를 안정시키고 소비자를 보호할 목적으로 가격의 상한선을 설정하고 그 상한 수준 이상에서의 거래를 법으로 금지하는 제도를 최고가격제라고 한다.

준이 너무 낮기 때문에 정부가 이 보다 높게 임금 수준을 정하고 기업으로 하여금 그 이하의 임금을 주지 못하도록 하는 것이다. 따라서 기업의 인건비는 올라가고 노동의 수요는 감소한다. 즉 실업발생이라는 부작용이 나타난다.

프로 선수들에게 최소한의 연봉을 보장해 주는 제도다. 비록 가시적인 팀 공헌도가 낮은 선수라고 할지라도 연습게임, 주전 선수의 교체 멤버 역할, 팀 내 경쟁자로서 보이지 않는 공헌을 하고 있기에 계속적으로 운동을 할 수 있게 보장하여야 한다. 우리나라 프로 축구에서 신인 선수의 첫 연봉은 최대 5,000만원 최소 2,000만원으로 규정하고 있다.

<그림 11-2> 커트 플러드가 당시 코미셔너인 쿤에게 보낸 편지

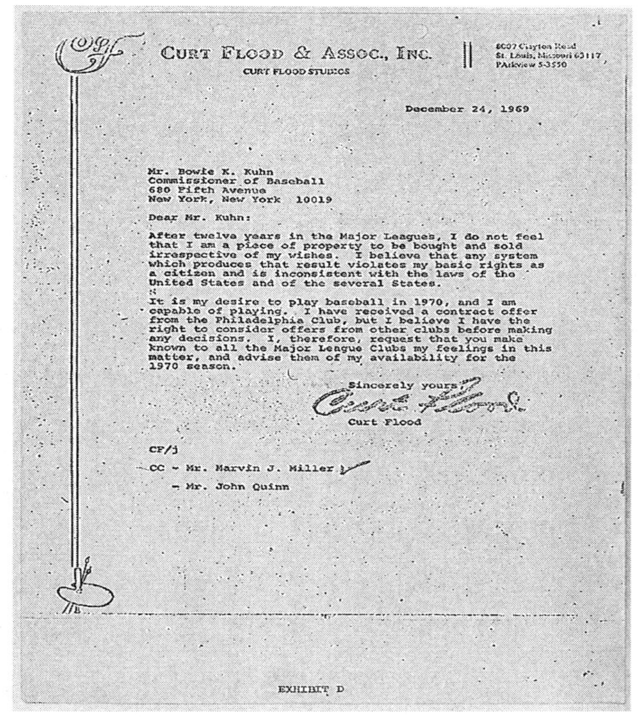

CURT FLOOD & ASSOC., INC.
CURT FLOOD STUDIOS

8007 Clayton Road
St. Louis, Missouri 63117
PArkview 5-3550

December 24, 1969

Mr. Bowie K. Kuhn
Commissioner of Baseball
680 Fifth Avenue
New York, New York 10019

Dear Mr. Kuhn:

After twelve years in the Major Leagues, I do not feel that I am a piece of property to be bought and sold irrespective of my wishes. I believe that any system which produces that result violates my basic rights as a citizen and is inconsistent with the laws of the United States and of the several States.

It is my desire to play baseball in 1970, and I am capable of playing. I have received a contract offer from the Philadelphia Club, but I believe I have the right to consider offers from other clubs before making any decisions. I, therefore, request that you make known to all the Major League Clubs my feelings in this matter, and advise them of my availability for the 1970 season.

Sincerely yours,

Curt Flood

CF/j

CC - Mr. Marvin J. Miller
 - Mr. John Quinn

EXHIBIT D

11.3 계약금과 연봉의 결정

11.3.1 선발과 계약금 결정

프로 스포츠 선수는 성적, 기량, 팀 공헌도, 인기도에 따라 스포츠와 관련된 시장에서 얻는 수입과 관련 없는 시장에서 얻는 수입으로 나누어진다. 수입의 가장 기본적인 토대는 성적, 기량, 팀 공헌도이며 인기도는 이 세 요소에 따라 영향을 받는 경향을 보이고 있다.

또 스포츠 시장의 유형에 따라 수입의 형태가 다르게 나타나고 있다. 프로 골프, 프로 테니스, 프로 복싱과 같은 순수 개인 스포츠는 상금이나 게런티를, 프로 야구, 프로 축구 등과 같은 단체 스포츠는 연봉을, 경마. 경정, 경륜과 같은 베팅형 스포츠 시장에서는 연봉과 상금을 받고 있다.

구단은 한 선수를 입단시킬 것인가 말 것인가를 가장 기본적으로 결정한다. 데뷔 때는 계약금과 첫 해 연봉만 결정하는 데, 입단 후 연봉 결정보다는 비교적 쉽게 정해지는 경향이 있다. 구단은 물론 선수 자신도 프로 시장에 들어와 어떤 성적으로 낼지 모르기 때문에 보통 입단 이전의 능력을 바탕으로 계약금과 첫해 연봉이 기계적으로 정해진다. 그러나 입단 후 연봉 결정은 시즌 성적에 대한 평가를 구단과 선수가 자기 유리한 대로 해석하려는 경향이 있기 때문에 입단 후 연봉 결정은 입단 전 보다 어렵게 결정되는 경향을 보이고 있다. 특히 단체 경기에서는 더욱 어렵다[18].

입단을 희망하는 선수 중에서 누구를 선발할거냐 하는 것이 가장 근본적인 결정이다. 구단에 더 많은 수입을 가져다 줄 선수 즉 기량이 우수한 선수부터 선발을 할 것이다. 간단히 선수가 생산하는 생산물을 관중수라고 한다면 구단의 수입은 늘어난 관중이 지불한 금액 즉 경기 입장료× 증가한 관중

---

18) 박지성선수가 맨유에서 QPR로 팀을 옮긴 후 이렇다 할 성과를 못 내고 있는 예에서 보듯 단체 경기에서는 한 선수의 성과는 다른 선수의 역량에 따라 영향을 받는다. 농구 황제 마이클 조단의 성과가 다른 선수에 의해 영향을 받는다는 사실을 강태진외(2005) 에서는 평균생산과 한계생산을 이용하여 설명하고 있다.

수 로 나타날 것이다. 선수의 연봉도 이 값과 같게 될 것이다. 기량과 인기가 좋은 선수일수록 관중 동원 능력이 높아(한계생산력이 높음) 구단 수입증가에 기여하기 때문에 높은 연봉이 주어지는 것이다.

일반적으로 경제학에서 노동자의 임금은 한계수입 × 노동의 한계생산물(marginal product of labor, MPP_L)로 표시되는 한계수입생산(限界收入生産, Marginal Revenue Product: MRP)과 같다고 보고 있다[19]. 스포츠 선수시장에서도 비슷한 원리가 적용된다. 스포츠 시장에서 상품의 가격은 경기관람료로서 정해진 것이기 때문에 결국 구단은 노동의 한계생산물이 높은 선수 즉 기량이나 인기가 높은 선수를 뽑게 되고 그에 합당하는 연봉을 주는 것이다. 또 선수를 선발 할 때에 있어 기량이나 인기가 높은 선수 순으로 뽑는 것도 이 원리에 기초하고 있다.

프로 선수의 한계생산가치(VMP_L) = 경기 입장료(P)× 증가한 관중수(노동의 한계생산물, MPP_L)로 나타낼 수 있다.

〈그림 11-3〉에서 선수에 대한 수요곡선을 그려 보았다. 선수의 한계생산물이 우하향하기 때문에 구단의 선수에 대한 수요곡선도 우하향하는 형태를 취하게 된다. 선수의 한계생산물이 우하향하는 이유는 다른 생산 요소의 투입량이 고정되어 있는 상태에서 한 생산요소가 계속 투입되면 이 생산요소가 추가로 가져다주는 한계생산은 점차 감소한다는 한계생산체감의 법칙이 작용하고 있다고 전제하였기 때문이다.

다음으로 계약금 결정원리에 대해 알아보기로 하자. 먼저 현재가치(present discounted value, PDV)에 대한 이해가 필요하다. 앞으로 발생하는 수입(수익)을 오늘의 값으로 계산하는 것이다. 예를 들어 오늘 내가 천만원을 가지고 있다고 하자. 1,500cc 자동차를 한 대 살 수 있는 돈인데 자동차 구입 대신 이 돈을 연 10%의 이자를 주는 은행에 예금한다면 1년 후에 원금과 이자를 합해 1,100만원을 받을 수 있을 것이다. 이렇게 보면 오늘의 천만원은 일년 후 1,100만원과 같고, 일년 후 1,100만원은 오늘의 1,000만원

19) 한계수입이 상품 가격과 같다고 가정하여도 무방하기 때문에 한계수입 생산보다는 상품가격(P) × 노동의 한계생산물로 나타내는 노동의 한계생산물 가치(value of marginal product of labor, VMP_L)와 같다고 보아도 무방하다.

과 같다고 할 수 있다. 1년 후 1,100만원의 현재가치가 1,000만원이라고 말할 수 있다.

$$PDV(\text{현재가치}) = 1,100/(1+0.1) = 1,000$$

일반적으로 이자율이 r(×100)%이고 t년 후 수익이 Vt인 사업의 현재가치는 $PDV = V_t/(1+r)^t$로 표시된다.

<그림 11-3> 개별 구단의 선수에 대한 수요

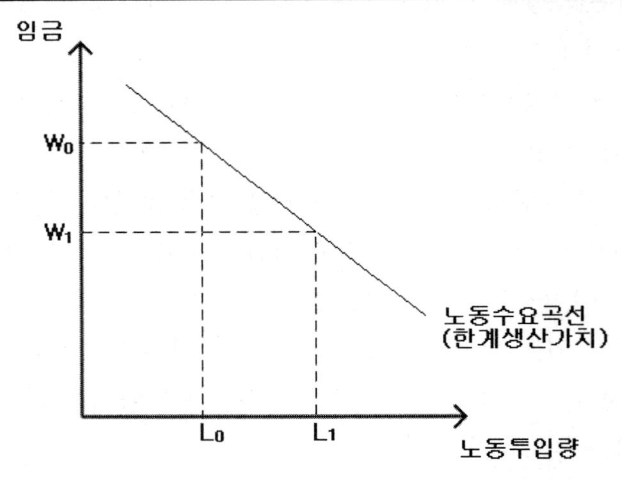

선수는 계약기간 지속적으로 구단의 수입증대에 기여하고 있다. 마치 기업에서 자본재를 구입할 때의 원리가 적용된다. 기계를 하나 구입할 때 그 기계가 수명을 다 할 때까지 가져다주는 수입의 현재가치가 클수록 비싸게 구입하고 작을수록 값싸게 구입한다. 균형점은 기계로 인한 수입의 현재가치와 구입비용이 일치하는 점이 될 것이다.

T년(기) 동안 수입을 가져다주는 기계가 있고 1년(기) 후에는 수익을 R1, 2년(기)후 수익을 R2, T년(기) 후 수익을 RT 라고 할 때 이 기계의 현재가치(PVM)은 각 년(기)의 수익의 현재가치의 합으로 나타낼 수 있다.

$$PV_M = \frac{R_1}{(1+r)} + \frac{R_2}{(1+r)^2} + \cdots\cdots + \frac{R_T}{(1+r)^T}$$
$$= \sum_{t=1}^{T} \frac{R_t}{(1+r)^T}$$

선수를 한 명 입단시키는 것은 마치 기업이 기계(자본재)를 구입할 때 적용하는 원리와 같다. 선수는 계약기간동안 지속적으로 구단의 수입증대에 기여하고 있다. 예를 들어 15년 정도 선수 생활이 예상되는 고졸 신인 선수가 있다. 15년 중 처음 5년은 적응기, 다음 5년은 전성기, 마지막 5년은 쇠퇴기로 나눌 수 있다고 보자. 매 년 구단의 수익에 기여하는 바가 다르나 분석의 편의를 위해 15년간 동일한 수익(예컨대 1,000만원)을 가져다준다고 해보자. 이자율을 10%라고 해보자.

$$\text{신인 선수의 현재가치} = \frac{1{,}000}{(1+0.1)} + \frac{1{,}000}{(1+0.1)^2} + \cdots\cdots + \frac{1{,}000}{(1+0.1)^{15}} = 7{,}366\text{만원}$$

이 선수에게 줄 계약금의 상한선이 바로 약 7,400만원이다. 구단은 이 금액보다 적게 제시할 것이고 선수는 아마추어도 이 금액 보다 많은 것을 요구하다가 이 금액(혹은 근처)에서 입단 승인을 할 것이다. 선수는 일정기간동안 구단에 이익을 가져다주는 자본재 성격을 가지고 있어 계약금은 계약기간동안의 현재가치의 합으로 계산할 수 있다.

이것을 일반화시키면

$$\text{선수 계약금}(PV_L) = \frac{R_1}{(1+r)} + \frac{R_2}{(1+r)^2} + \cdots\cdots + \frac{R_T}{(1+r)^T}$$
$$= \sum_{t=1}^{T} \frac{R_t}{(1+r)^T}$$

Rt : 매년 구단에 주는 순수익, r : 이자율, T : 계약기간

플로우와 스톡

○ 플로우((flow, 유량, 流量): 일정기간동안 측정한 변수의 값이다.
예컨대 1분 동안 대청댐에서 방류된 물의 량

○ 스톡((stock, 저량, 貯量): 일정시점에서 측정한 변수의 값이다.
2013년 1월 1일 0시 현재 대청댐에 저장된 물의 총량

○ 일반적으로 국민소득, 수출액, 수입액, 국제수지 등의 경제변수는 일정기간 동안 측정된 수치이기 때문에 플로우 개념인 반면 국부, 국가부채 등의 경제변수는 일정시점에서 측정된 수치이기 때문에 스톡 개념이다.

○ 적용 : 연봉은 1년간의 성과에 대한 보수 지급이기에 플로의 개념이지만 계약금은 입단시점이라는 일정시점에서 평가한 신인 선수의 잠재력에 대한 평가이므로 저량의 개념이라고 할 수 있다.

이 선수의 계약금을 결정하는 요인이 세 가지 있다. 첫째 기량과 인기가 좋은 선수일수록 매년 구단에 더 많은 순이익을 가져다 줄 것으로 기대되기 때문에 더 많은 계약금을 받게 된다. (식 11-1)에서 V가 커지는 것이다. 둘째 같은 기량을 가진 선수라도 선수생활을 오래 할 가능성이 높은 사람일수록(T가 길수록) 많은 돈을 받게 된다. 셋째 이자율이 낮을수록 많은 계약금이 오고간다. 이자율이 낮다는 것은 미래가 안정적이라는 뜻을 함축하고 있다.

선수 각자가 최선의 노력을 다했을 때(부상을 입지 않고) 얻을 수 있는 성적을 '잠재적 성과(potential performance)'이라고 정의할 수 있고 실제 각 시즌에 나타난 성적을 '실제 성과(actual performance)'이라고 할 수 있다. 보통인 경우 양자 간에 차이가 나타난다. '잠재적 성과'는 황금 알을 낳는 거위 자신이라면 '실제 성과'는 그 거위가 낳은 황금 알이라고 비유할 수 있다. 부상이나 슬럼프가 있는 시즌에는 잠재적 성적보다 실제적 성적이 낮기 때

문에 적은 연봉을 달게 받아야 한다. 반대로 잠재력 이상으로 성적을 낸 경우 부상을 당한다든가 오버페이스에 의한 기량노출로 다음 해 이후에는 제 기량을 발휘 못하는 경우도 흔히 볼 수 있다. '2년차 징크스'도 이 개념으로 설명할 수 있다[20].

신인 선수들이 받는 데뷔 연봉에 큰 차이가 나지 않는 다는 사실은 동등가치론(비교가치론, comparable worth)으로 설명할 수 있다. 이 원리는 비슷한 직업을 가진 사람들은 같은 임금을 받아야 한다는 원리이다.[21] 석사학위와 10년의 경력을 가지고 일주일에 40시간 일하고 있는 도서관 사서는 석사학위와 10년의 경력을 가지고 일주일에 40시간 일하고 있는 엔지니어와 같은 임금을 받아야 한다는 주장이다.

신인 선수의 경우 데뷔 첫해에 실전에서 어떤 성적을 낼지 모르기 때문에 구단의 입장에서는 성큼 많은 연봉을 줄 수 없다. 능력의 차이를 계약금으로 표시되었고 같은 나이에 입단하는 선수들에게 일률적으로 연봉을 책정하는 것은 동등가치론의 입장이 반영된 것으로 보인다. 시간이 지나면 선수들간에 능력의 차이가 연봉에 반영되지 않을 수 없기 때문에 같은 연도에 데뷔한 선수라도 연봉의 차이가 나게 되는 것이 프로 세계다.[22]

11.3.2 연봉 결정

선수나 구단의 최고 목표는 우승이다. 아니면 자신들이 가진 전력을 감안할 때 최고의 성적을 내려고 한다. 우승을 하고 나면 다음날부터 구단은 고민에 빠지게 된다. 물론 행복한 고민이지만…… 팀 성적이 좋은 해일수록 연봉협상이 느려지고 거꾸로 성적이 나쁠수록 빨리 끝나는 경향이 있다. 그래서 시즌 끝나고 선수와 구단 간에는 진짜 승부를 벌여야 하는 데 이 새로운

20) 한 나라 국경 안에 있는 모든 생산자원을 정상적으로 고용한 경우 물가를 자극하지 않고 생산가능한 모든 최종생산물의 시장가치인 잠재(potential) GDP 와 실제로 경제에서 나타난 모든 최종생산물의 가치인 실제(actual) GDP로 나누어 비교하는 아이디어와 비슷하다. 실제적 GDP가 잠재적 GDP가 크면 인플레이션이 발생할 가능성 크며 반대로 잠재적 GDP가 실제적 GDP보다 크면 경기 침체의 가능성이 있다.

21) 맨큐의 경제학 p. 418

22) 한홍순 · 김중렬번역, 앞의 책, p. 499~504

연봉싸움을 '스토브 시즌(stove season)'이라고 부른다.

스포츠 시장에서는 다른 분야보다도 선수의 성과를 객관적으로 계산하는 것이 가능하다. 구단은 각종 기록을 이용하여 나름대로 선수 개개인의 프로 선수의 성과 즉 한계생산가치(VMP_L)를 평가하고 이것을 기초로 연봉을 설정하고 있다. 연봉은 전 연도 성적을 기초로 계산되기 때문에 후불성격을 띄고 있다. 스타 선수가 기록에 도전한다든가 화제를 만들면 그대로 구단의 수입증대와 직결된다. 특히 포스트 시즌에서는 선수 한 사람의 활약에 따라 게임의 수가 정해지며 구단의 수입도 영향을 받는다. 반대로 부상 등 여러 이유로 많은 활약을 못한 경우에는 연봉이 삭감되는 수모도 겪어야 한다.

프로 스포츠에서 임금 결정은 철저하게 고과중심으로 이루어지고 있다. Lazear의 연구에 의하면 능률급 임금제도(piece-rate wages)는 시간제 임금일 때보다 노동자의 생산성이 40% 더 높게 나타나고 있다. 그 이유로는 두 가지를 지적하고 있는데 하나는 기존의 노동자들의 생산성 증가이고 다른 하나는 생산성이 높은 노동자들이 고용되기 때문이라고 분석하고 있다. 또 노동자들은 생산성 향상에 따라 10%정도의 임금상승이 있다고 주장하였다.[23] 이런 결과를 능률급 임금제도를 택하고 있는 선수나 감독의 연봉 결정으로 확장해 볼 때 더 많은 생산성 향상이 예상된다고 하겠다.

우리나라 4대 프로 스포츠의 2013년 선수들의 평균연봉과 최고 연봉을 〈표 11-2〉에 나타내 보았다. 프로 농구 선수 연봉이 1억 4,858만원으로 가장 높고 프로 배구 선수의 연봉은 9,370만원으로 가장 낮았다. 농구, 축구, 야구의 평균연봉은 거의 차이가 없다. 하지만 축구 K리그 클래식에서는 1억 4,609만원인 반면 챌린지에서는 4,428만원에 불과하였다. 무려 1억 정도의 차이를 보이고 있다. 최고 연봉자는 축구와 야구에서 15억원이였으나 농구에서는 6억원, 배구에서는 3억 5,000만원인 것으로 알려져 있다.

23) Edward P. Lazear, "Performance Pay and Productivity," *American Economic Review,* 2000,12, pp.1346~1361.

<표 11-2> 국내 4대 프로 스포츠의 평균 연봉과 최고 연봉

	축구		야구	남자농구	여자농구
	클래식	챌린지			
선수수	477명	174명	222명	125명	98명
평균 연봉	1억 4,609만원	4,428만원	1억 3,815만원	1억 4,858만원	9,370만원
최고 연봉	15억원		15억원	6억원	3억 5,000만원

출처: 한겨레 신문, 2013년 4월 11일.

국내 프로 선수 중 처음으로 누적 연봉이 100억원을 넘긴 선수인 두산 김동주선수의 성적과 연봉 추이를 〈표 11-3〉에 나타내 보았다. 1998년 계약금 4억 5천만원에 연봉 2천만원으로 입단한 그는 2012년 연봉이 7억원으로 올라 13년간 연 31.5%의 높은 증가율을 기록하고 있다[24]. 전체적으로 볼 때 해를 거듭할수록 누적된 기록(누적 안타수, 누적 홈런 수, 누적 타점수 등)이 좋아지고 그에 상응하는 연봉상승이 있음을 알 수 있다.[25]

<표 11-3> 김동주의 성적과 연봉 추이

	연봉(만원)	타율	안타	타점	홈런	수상과 특이사항
1998	2,000	0.265	121	89	24	타점 4위, 계약금 4억 5천만원
1999	4,000	0.321	128	84	22	-
2000	6,200	0.339	159	106	31	골든 글로브, 최다안타 3위, 타격 2위, 타점 4위
2001	12,500	0.324	118	62	18	-
2002	16,500	0.318	132	79	26	타격 3위, 출루율 4위
2003	22,500	0.342	137	89	23	골든 글로브, 출루율 2위, 타격 1위
2004	30,000	0.286	123	76	19	장타율 4위
2005	32,000	0.202	81	50	10	-

24) 기하평균으로 구한 값이다.
25) 회귀분석 결과 누적 타점수와 연봉과의 관계가 가장 통계적으로 유의한 결과가 나타났다.

2006	42,000	0.250	35	16	4	-
2007	42,000	0.322	123	78	19	골든 글로브, 출루율 1위, 타격 3위, 장타율 5위
2008	70,000	0.309	112	104	18	골든 글로브, 출루율 4위, 타격 2위, 장타율 5위
2009	70,000	0.353	125	86	19	-
2010	70,000	0.295	114	67	20	-
2011	70,000	0.286	116	75	17	계약금 5억원, 2차 FA
2012	70,000	0.291	65	27	2	-

최근 성과와 연봉간의 상관관계를 잘 보여주는 예로 LG의 오지환선수를 들 수 있다. 2009년 2,000만원의 연봉을 받았던 그는 다음 해 2,400만원, 2011년에 1억 2백만원, 2012년에 4,800만원, 2013년 다시 1억 2백만원을 받았다. 2009년 타율은 0.111, 2010년 0.242, 2011년 0.212, 2012년 0.249를 기록하였고 출전 경기수는 2009년 5게임, 2010년 124게임, 2011년 63게임, 2012년 133게임을 기록하였다. 전년도 타율과 연봉과의 상관관계는 0.898이었으며 전년도 출장게임수와 연봉의 상관관계는 0.985를 기록하고 있다.

11.3.3 프로 선수의 직업만족도와 일자리 전망

프로 선수의 직접만족도와 일자리 전망을 〈표 11-4〉에 나타내 보았다. 프로 스포츠 선수들은 감독, 코치, 트레이너, 에이전트에 비해 더 높은 소득을 얻고 있으나 일자리 전망에 대해서는 더 비관적이었다. 특히 배구와 농구선수들의 전망이 어둡게 나타나고 있다. 프로 골프 선수는 연봉은 낮은 편이지만 직업만족도도 높고 전망도 좋게 나타나고 있다.

<표 11-4> 프로 선수의 직업만족도와 일자리 전망

	평균연봉 (만원)	직업만족도 (%)	일자리 전망(%)		
			증가	현상유지	감소
경기 감독 및 코치	3,362	13	33	63	3
스포츠 트레이너	2,519	58	67	30	3
프로 야구선수	7,155	24	53	43	3
프로 축구선수	6,671	49	36	50	13
프로 농구선수	4,669	49	40	40	20
프로 골프선수	3,774	83	70	27	3
프로 배구선수	5,500	50	46	26	26
자동차 레이서	4,275	62	50	37	13
경마선수	4,267	50	23	70	7
경륜선수	5,803	71	23	63	13
스포츠 에이전트	3,301	49	60	30	10

출처 : 워크넷 한국직업정보 시스템 www.work.go.kr

11.4 물가와 연봉

지금은 전설이 된 유명 슈퍼스타 선수(예를 들어, 선동렬)와 요즈음 슈퍼스타선수(예를 들어 류현진)의 기량에 대한 비교를 하는 경우 전문가 사이에서도 의견이 분분할 것이다. 하지만 명목적으로 보는 연봉을 비교하면 요즈음 선수가 훨씬 더 많이 받는다는 데는 이견이 없다. 그렇지만 그간의 물가수준의 변화를 생각하면 얘기가 달라질 수도 있다. 과거와 현재를 비교하기 위해서는 연결다리가 필요한데 물가수준이 그 역할을 한다.

11.4.1 물가와 물가지수

경제성장에 따라 물가수준은 올라가는 것이 일반적이다. 과거의 소득과 현재 소득을 비교하기 위해서는 액면 그대로(명목)를 보아서는 안 되고 두

기간 동안에 나타난 물가지수의 변화를 고려한 실질 소득을 비교하여야 한다. 그 동안 물가수준이 올랐기 때문이다. 양자를 비교하기 위해서는 기준이 필요한데 그것이 바로 물가지수이다. 우리나라와 같이 고도성장을 이루면서 인플레이션을 겪었던 경제에서는 물가지수가 국민들의 생활수준을 비교하는 데 매우 중요한 역할을 한다.

물가(物價)는 시장에서 거래되는 수많은 재화와 용역의 가격들의 움직임을 전체적으로 파악하고자 하는 개념이다. 지수(指數)란 구체적인 숫자 자체의 크기보다는 시간의 흐름에 따라 수량이나 가격 등 해당 수치가 어떻게 변화되었는지를 쉽게 파악할 수 있도록 만든 것으로 통상 비교의 기준이 되는 시점(기준시점)을 100으로 하여 산출한다. 따라서 물가지수(price index) 란 수많은 개별 상품의 변동을 특수한 방식으로 평균하여 작성한 경제지표로서 어떤 기준시점의 물가를 100으로 놓고 비교되는 다른 시점의 물가를 나타내는 형태이다. '물가지수'는 과거의 소독과 오늘의 소득을 비교할 수 있게끔 연결해 주는 다리 역할을 한다.

일반적으로 지수를 작성하기 위해서는 기준시점, 가중치, 지수식이 필요하다. 기준시점은 지수를 작성하기 위한 기준이 되는 시점으로 2013년 현재 통계청에서 작성하는 지수들의 기준시점은 2010년도 이다[26]. 〈표 11-5〉에 2010년을 기준으로 한 생산자 물가지수와 소비자 물가지수의 변화를 나타내 보았다. 2010년의 소비자 물가지수를 100으로 하였을 때 2011년에는 104.0, 2012년에는 106.3으로 나타났다. 이것은 2010년에 100원을 주고 샀던 물건을 2011년에 사려면 4.0%, 2012년에 사려면 6.3%를 더 주고 사야했음을 의미한다.

26) 기준시점은 시간이 지남에 따라 변동되는데 보통 5년마다 개편되고 있다. 종합지수를 작성할 때 개별 구성항목의 지수를 단순 산술평균하지 않고 각 항목의 중요도를 고려하여 가중평균(weighted average)하는데 이때 고려되는 중요도가 가중치이다.

<표 11-5> 생산자 물가지수와 소비자 물가지수의 변화

기준년도 : 2010=100

	2005년	2008년	2009년	2010년	2011년	2012년
생산자 물가지수	86.9	96.5	96.3	100	106.7	107.5
소비자 물가지수	86.1	94.5	97.1	100	104.0	106.3

물가지수는 목적에 따라 여러 가지로 작성되고 있다. 가장 대표적인 지수 3가지만 들어보았다. 각각은 대상품목을 달리하고 가중치를 달리하고 있어 언제나 같은 움직임을 보이는 것은 아니다.

① GNP 디플레이터(GNP deflator): 경상가격에 의한 GNP를 불변가격에 의한 GNP로 나누어 산출한 것이므로 가장 포괄적인 물가지수라고 할 수 있다.

② 생산자물가 지수(producer price index ; PPI) : 국내시장의 제 1차 거래단계에서 기업상호간에 거래되는 서비스를 제외한 모든 상품의 평균적인 가격변동을 측정하기 위해 작성된 것이다.

③ 소비자물가지수(consumer's price index ; CPI) : 일반 도시가구가 소비생활을 영위하기 위하여 구입하는 재화의 가격과 서비스요금의 변동을 종합적으로 측정하기 위하여 작성되는 물가지수다. 가장 많이 쓰이고 있는 지수다. 2013년 현재 생활필수품516개를 조사대상으로 하고 있으며 그 중 식료품이 가장 많은 비중을 차지하고 있으며, 주거비, 광열・수도비, 교육・교양・오락비 등이 조사항목이다.

소비자 물가지수는 소비자의 구매력을 가늠하는 지수라면 생산자 물가지수는 기업의 비용증가, 즉 생산원가와 관련이 있다. 다시 말해 소비자물가가 '소비자가격'이라면 생산자물가는 '공장도가격'이라고 볼 수 있다.

11.4.2 누가 연봉 킹인가?

시간을 달리하는 경제주체의 소득(임금)을 비교하기 위해서 이용되고 있

는 개념이 명목임금(nominal wage)과 실질임금(real wage)이다. 명목임금은 노동자가 받는 임금 액수를 말하며 실질임금은 노동자 임금의 실질적인 구매력(원하는 상품을 실제로 살 수 있는 능력)을 나타내고 있다. 실질임금은 명목임금을 물가지수로 나누어 구할 수 있다.27)

과거의 스타선수가 받은 연봉이 현재의 시점에서 볼 때에 얼마에 해당되는가는 물가지수를 이용하면 구할 수 있다.28) 프로야구 원년인(1982년) 최고 연봉자였던 박철순의 연봉은 2,400만원이었는데 이 금액을 명목 소득이라고 부른다. 2013년 최고의 연봉자 김태균 선수는 15억원에 이르는 연봉을 받고 있다. 명목적으로는 김태균 선수가 박철순 보다 62.5배 더 많이 받고 있다. 그러나 1982년 박철순의 연봉이 당시 서울 시내 30평대 아파트 한 채 값이었음을 감안할 대 오늘의 기준으로 볼 때 그의 연봉은 약 4억 7천만원에 해당한다고 볼 수 있다. 실질적으로는 김태균이 박철순에 비해 3배정도로 더 연봉을 받는 것으로 짐작 할 수 있다. 가상적인 이야기지만 프로야구 출범 때 여건이 오늘과 같았다면 박철순은 4억 7천만원 정도의 연봉을 받았을 것으로 김태균에 비해 10억원 정도를 덜 받는 셈이다. 반대로 말하면 김태균은 세월을 잘 만나 박철순보다 10억원 이상의 더 많은 소득을 받고 있다고 볼 수 있다29).

---

27) 2005년 제조업 평균 임금이 월 238만 7천 6백원으로 조사되었고 2010년에는 281만 6천 2백원 이었다. 명목적으로 약 18%가 상승하였다. 그러나 그 동안 물가수준도 꾸준히 올랐기 때문에 액면 그대로(명목적인)의 비교는 그 의미가 적다. 실질적으로 구매력이 얼마나 상승했는가를 알아보려면 실질임금을 계산하여야 한다. 2010년의 소비자물가수준을 100으로 했을 때 2005년의 물가수준은 86.1이었다. 따라서 2005년 평균임금은 2010년에 약 277만 3천원에 해당한다. 2005년 평균임금 238만 7천 6백원과 277만 3천원의 차액(43만원 정도)을 생산성향상, 노조의 교섭력 증대에 따른 임금향상 등으로 해석할 수 있다.

28) 프로야구는 선수의 포지션, 공격과 수비, 그리고 선수 개인기록을 중심으로 한 연봉산정 방법이 비교적 객관적이며 체계적으로 실행되고 있는 반면 프로축구는 각 구단별로 별도의 연봉산정기준을 가지고 있으며 그 기준도 비공개적이고 구단과 감독의 권한 및 영향이 매우 크게 작용하고 있어 선수의 경기력을 객관적으로 평가 할 수 있는 기준이 모호하다는 평가를 받고 있다. 신문선, "한국 프로축구와 프로야구의 연봉제도에 관한 비교 연구", 한국스포츠산업·경영학회지 제7권 제2호 (2002. 12) pp.141-155

29) "전설적인 홈런왕 베이브 루스의 1931년 연봉은 8만 달러였다. 당시 후버 대통령보다 5천 달러 더 많은 금액이다. 오늘날(2007년)로 계산하면 110만 달러에 불과하다" 맨큐의 경제학, p.646.

<표 11-6> 프로야구 연도별 최고 연봉 및 평균연봉 비교

연도	선수명	최고연봉(A)	선수평균 연봉액(B)	제조업 상용근로자 평균 연봉*(C)	(A/B)	(B/C)	(A/C)
1982	박철순	2,400	1,215	–	1.97	–	–
1995	선동렬	13,000	2,442	1,227	5.32	2.00	10.6
1999	정명원	15,400	3,757	1,731	4.10	2.17	8.9
2010	김동주	70,000	8,687	3,380	8.05	2.57	20.7
2011	김동주	70,000	8,704	3,413	8.04	2.55	20.5
2013	김태균	150,000	14,535**	3,280***	10.3	4.43	45.7

* 2006년 이전 자료는 제조업 사용 근로자의 연봉이며 2007년 이후는 전 산업 상용 및 비상용근로자의 분기별 평균을 근거로 계산한 것임

** 2013년 평균연봉은 개막전에 등록된 234명의 평균연봉임

*** 2012년 11월 전 산업 상용 및 비상용 근로자의 월급여액을 근거로 계산한 것임

자료 : 한국은행과 한국야구위원회

$$\text{현재금액} = T\text{년도 금액} \times \frac{\text{현재 물가수준}}{T\text{년도 물가수준}}$$

프로야구 원년(1982년)에서 2013년까지의 최고 연봉선수와 평균 연봉 그리고 양자와의 비율(최고 연봉을 평균연봉으로 나눔)을 〈표 11-6〉에 나타내 보았다. 원년에는 (최고선수 연봉/평균연봉)비율이 1.97배에 불과하였으나 2013년에는 10.3배로 증가하였다. 김태균이 유독 높은 연봉을 받고 있다는 사실을 감안하여 약 5~8배 정도라고 볼 수 있겠다[30].

또 〈표 11-6〉에 제조업 평균임금과 최고선수의 연봉 및 평균 연봉을 비교해 보았다. 1990년대에는 프로 야구선수 평균연봉이 제조업 평균연봉의 약 2배 정도였지만 2010년대에는 2.6배 정도로 상승하였음을 알 수 있다. 프로야구가 해를 거듭해 감에 따라 제조업 평균임금과에 대한 선수 평균연봉의 비율도 높아지고 있으며 최고 연봉과의 비율도 상승하고 있다. 그만큼 프로

30) 우리나라 상위 10% 소득자의 평균 연봉은 9,500만원으로 전체 평균 2,817만원보다 3.36배 높다.

스포츠로서 자리를 잡아가고 있다고 해석할 수 있다. 특히 2000년 자유계약 선수제도가 본격적으로 시행됨에 따라 또 해외 진출 후 복귀하는 특급 스타들의 높은 연봉으로 인해 이러한 추세는 더 가속화 되었다. 다른 프로 스포츠에서도 같은 현상이 나타날 것으로 예상된다.

이 표에서는 직접 나타나 있지는 않으나 선수들 사이에서 양극화가 나타나고 있다. 프로 야구선수 중에서 1억원이상의 연봉자는 2010년 110명, 2011년에는 100명으로 전체 선수 약 400명의 25%에 해당한다. 이는 총 급여 1억원이상 회사원이 36만명이며 전체 임금 근로자의 2.3%를 차지하고 있다는 사실로 비교해 볼 때 매우 높은 수준이라고 말 할 수 있겠다. 이런 차이는 2군 선수에 대한 대우와 1군 선수에 대한 대우를 확연히 차이 나게 함으로써 2군 선수에게는 도전의 유인책을 1군 선수에게는 나락의 두려움을 주어 전력을 극대화 하고 있다[31].

11.5 훈련과 연봉 및 효율적 계약파기

훈련과 연봉결정도 생각해 보기로 하자. 크게 보아 훈련은 모든 직장(팀)에 동일하게 도움이 되도록 개인의 생산성을 높이는 훈련인 일반훈련(general training)과 현재 고용되어 있는 직장(팀)에만 도움이 되도록 개인의 생산성을 높이는 훈련인 특수훈련(specific training)으로 나눌 수 있다.[32] 단체 경기에서는 개인 훈련과 팀 훈련으로 나누어 볼 수 있다.

같은 팀에 속한 선수간의 팀웍이 중요하기 때문에 특수 훈련을 게을리 하지는 않지만 순수한 의미로 한 팀에서만 유용하고 다른 팀에서는 가치가 없는 훈련이란 거의 존재하지 않는다. 특히 최고 기량을 가진 선수일수록 빠르게 팀에 적응하는 능력을 가지고 있다. 중요한 국가 대항전을 앞두고 급조된 국가 대표 팀이 한 두게임을 치른 후 마치 오랫동안 손발을 맞춰 온 단일팀

31) 미국 메이저 리그에서는 1군 선수와 2군선수간의 처우에 엄청난 차이가 나타나고 있다. 추신수 선수는 구단에서 의도적으로 이런 차이를 조장하고 있다고 느낀다고 말하고 있다.
32) 한홍순 · 김중렬번역, 앞의 책, 교보문고, 1999, p.173

처럼 좋은 성과를 나타내고 있다는 사실은 스포츠에서의 훈련이 일반 훈련의 성격을 강하게 가지고 있음을 잘 대변하고 있다. 또 중요한 경기에 앞서 상대팀에 맞춤형 훈련을 하고 있다. 따라서 유능한 팀은 일반 훈련을 기초로 팀에 맞는 특수훈련과 상대를 의식한 맞춤형 훈련을 잘 세우는 능력을 가지고 있어야 한다.

주전선수가 아니더라도 선수들은 늘 훈련을 하여야 한다. 특히 2군 선수들은 1군으로 승격되고 주전선수가 되기 위해 눈물 젖은 빵을 먹으면서 피땀 흘려 연습을 거듭 하고 있다. 그런데 2군에서 1군으로 올라와 주전이 되고 구단의 수입을 올려주는 선수는 불과 1년에 2~3명에 불과하다. 구단의 입장에서는 한두 명의 보석을 발굴하기 위해 많은 돈을 들이고 있는 셈이다. 그렇다면 이 돈을 어디에서 만회할 것인가? 각 팀은 실질적으로 선수들에게 한계생산물가치(팀 기여도를 돈으로 환산한)보다 훨씬 낮게 급여를 지급함으로써 2군 리그에서의 훈련비용을 회수하고 있다. 야구에서는 흔히 볼 수 있는 보류조항은 훈련비 회수책의 일환이라고 해석할 수 있다.[33)]

이렇게 볼 때 훈련비용은 공공재적 성격을 가지고 있다. 구단은 직접 수입을 가져다주지 않는 2군 선수에게도 훈련비용을 대고 있으며 연봉을 주고 있다. 이들 중에서 1군에 올라가 수입창출에 기여할 가능성이 매우 불확실하다. 2군 육성은 1군에 대한 예비전력으로서 가치가 상당히 있지만 실제 가시적인 수입으로 나타나지 않을 수도 있다. 모험을 감수하여야 한다. 따라서 2군 선수에게 높은 임금을 주는 것이 합리적인 결정이 아니다 라고 할 수 있다.

1군과 2군 선수들간의 인위적인 내부경쟁조작은 레트 레이스(rat race)로 비유할 수 있다. 원래 레트 레이스는 여러 마리의 쥐 앞에 치즈 한 조각을 놓았을 때 치즈를 향해 달려가는 쥐들의 모습을 묘사한 말인데, 냄새를 맡은 쥐들이 다른 쥐들도 같은 치즈의 냄새를 맡는다는 사실을 확인하는 순간 모든 쥐들이 치즈를 향해 전력을 다해 달리기 시작한다. 가장 빨리 달린 쥐만이 치즈를 차지하고 다른 쥐들은 헛수고를 하고 마는 쥐들의 집단적 비합리성을 빗대는 말이다[34)]. 1군과 2군의 대우를 현저하게 다르게 함으로써 1군

33) 한홍순·김중렬 번역, 앞의 책, p.182
34) 마티아스 빈스방거 지음, 김해생 옮김, 「죽은 경제학자의 망할 아이디어」, 비즈니스맵,

에 올라가려고 하는 2군 선수의 욕망을 자극하는 동시에 밑으로 떨어지지 않으려는 1군 선수의 분발을 유도하고 있다. 일반적으로 레트 레이스는 부정적인 면을 내포하고 있지만 스포츠 시장에서는 긍정적인 면이 많이 나타나고 있다고 볼 수 있다.

구단이 우수한 선수에게 많은 연봉을 주는 부담을 줄이면서도 팀 전체의 전력을 극대화시키려는 방안의 하나로 만들어진 것이 샐러리 캡(salary cap)제도다. 이 제도는 한 구단이 소속 선수들에게 지급할 수 있는 연봉의 상한선을 총수입의 일정비율이나 총액으로 정하고 있다. 현재 미국의 NHL, NBA, NFL을 비롯하여 유럽, 캐나다, 일본에서도 실시되고 있으며 우리나라 프로 농구와 프로 배구에서 시행하고 있는 제도다[35].

이 제도의 장점으로는 전력의 균등화와 비용통제를 들 수 있다.[36] 샐러리 캡은 일종의 최고 가격제(price ceiling)이다[37]. 이 제도 하에서 선수들의 불만 특히 스타 선수들의 불만이 없지 않을 수 없다. 다른 시장에서는 암시장(black market)이 발생하여 불법적으로 이 문제를 해결하려는 노력이 있으나 스포츠에서는 이면 계약과 같은 성과급 제도로 이 문제를 풀려고 하고 있다.

반면 연맹에서는 프로 스포츠 선수에게 최소한의 연봉을 보장해 주고 있다. 이 제도는 일반적인 최저임금제(price floating, minimum-price laws)와 유사한 것이다. 이 제도는 일반적으로 만성적으로 초과공급 상태인 노동시장에서 결정되는 임금수준이 너무 낮기 때문에 정부가 이 보다 높게 임금수준을 정하고 기업으로 하여금 그 이하의 임금을 주지 못하도록 하는 것이다. 따라서 기업의 인건비는 올라가고 노동의 수요는 감소한다. 즉 실업발생이라는 부작용이 나타난다.

2010, pp.71~74.

35) 2013-14시즌 프로 농구 샐러리 캡은 22억원(인센티브 5억원포함)이며 모비스가 99%를 지출하고 있다. 2012-2013 시즌 프로 농구는 18억원, 프로 배구는 13억원이 최대 지급액이다. 미국 MLB은 채용하고 있지 않다.

36) Dietl, H., Lang, M., and Rathke, A. (2009). ""The Effect of Salary Caps in Professional Team Sports on Social Welfare"", *The B.E. Journal of Economic Analysis and Policy*, Vol. 9, Article 17.

37) 정부가 물가를 안정시키고 소비자를 보호할 목적으로 가격의 상한선을 설정하고 그 상한수준 이상에서의 거래를 법으로 금지하는 제도이다.

비록 가시적인 팀 공헌도가 낮은 선수라고 할지라도 연습게임, 주전 선수의 교체 멤버 역할, 팀 내 경쟁자로서 보이지 않는 공헌을 하고 있기에 계속적으로 운동을 할 수 있게 보장하여야 한다. 우리나라 프로 축구에서 신인선수의 첫 연봉은 최대 5,000만원 최소 2,000만원으로 규정하고 있다.

마지막으로 스포츠시장에서 나타 날 수 있는 효율적 계약파기(efficient contract breach)에 대해 공부해 보기로 하자[38]. 계약을 이행하는 비용이 모든 당사자들에게 주는 계약 준수의 이익보다 더 클 때 효율적 계약파기가 성립한다.

예를 들어 축구선수 용세는 프로 선수로 데뷔하면서 A 팀과 계약금 1억원에 연봉 3천만원에 계약을 맺었다고 하자. 그런데 B 팀이 나타나 계약금 1억 5천만원에 연봉 3천만원을 주겠다고 한다. 위약금이 5천만원보다 작다면 용세가 A팀과의 계약을 파기하고 B팀으로 가는 것이 본인에게는 물론 사회 전체적으로 볼 때 더 효율적인 상태에 이르게 된다. 이런 계약파기가 효율적 계약파기이다.

하지만 프로 스포츠시장에서 이런 일은 거의 발생하고 있지 않다. 과거 아마추어 시절 자유계약 제도 하에서는 두 팀 사이에서 오락가락 하던(효율적 계약파기를 하던) 소위 2중 등록 선수가 없지 않았지만, 요즈음은 선수를 둘러 싼 잡음을 없애기 위해 구단들이 여러 가지 제도(신인 드래프트제 등)를 마련하였기 때문에 거의 발생하고 있지 않다[39].

---

38) 이 용어는 처음 보는 사람에게는 생소하게 느껴 질 것이다. 계약 파기라고 하는 비도덕적인 행위에 '효율적'이라는 관형사가 붙어 있어 괜히 어색한 느낌이 든다. 우리는 어디까지나 도덕적인 것은 차치하고 오직 자원의 효율적인 배분에만 관심을 갖기로 하자. 박세일, 「법경제학」 p.219 와 Cooter & Ulen, 「Law and Economics」 p.290 참고바람

39) 1979년 대학 졸업예정자이던 이 모 농구선수가 H 팀과 S 팀을 오가면서 몸값을 올려 크게 문제가 된 적이 있다. 이때는 프로 농구가 없었던 때라서 자유로운 계약이 가능하였고 두 팀간의 오기까지 발동하여 큰 물의를 빚은 적이 있다. 김학균외 2인, 앞의 책. pp.119~124.

11.6 슈퍼스타 현상과 평가

〈그림 11-5〉에 관중 증가(성적향상)가 프로 선수의 임금(연봉)에 미치는 영향을 그려 보았다. 프로 선수에 대한 수요곡선은 우하향, 공급곡선은 우상향하는 모양으로 그렸다. 관중이 증가했다는 말은 선수(의 서비스)에 대한 수요가 증가했음을 의미한다. 따라서 선수의 수요곡선이 우측으로 이동(shift)하게 되며(D_0에서 D_1으로 이동) 그 결과 임금은 상승(w0에서 w1으로)하게 된다. 이 때 공급이 제한적일수록 선수에게 돌아가는 몫이 커진다. 성적이 좋아지면 선수단에게 연봉을 높여주어야 한다는 상식을 설명하였다.

이와 꼭 같은 원리가 선수 한사람 한 사람에게도 적용된다. 기량과 팀 공헌도가 비슷하여도 인기가 높아 관중을 몰고 다니는 선수에게 더 많은 연봉이 돌아가는 것은 지극히 자연스러운 일이다. 만약 관중들이 의도적으로 백인선수를 편애한다면 구단주는 본의 아니게 인종차별을 하지 않을 수 없다. 실제로 미국 NBA농구 선수 통계적으로 똑 같은 공수에 대한 기록과 똑같은 경험을 가지고 있는 백인선수와 흑인선수를 비교한 결과 백인이 흑인에 비해 평균적으로 1/6에서1/4까지 더 많은 급여를 받고 있다는 연구가 있다.[40] 이렇게 보면 구단주가 인종차별을 하는 것이 아니라 팬들이 하고 있다는 사실이 명백해진다.

먼저 슈퍼스타 현상에 대해 다시 한 번 복습해 보기로 하자. 〈그림 11-6〉에 보통 평균적인 선수의 수입결정과 슈퍼스타 선수의 수입결정을 그려 놓았다. 우선 공급측면에서 볼 때 보통 선수에 비래 슈퍼스타의 공급곡선은 더 비탄력적이다. 극단적인 경우 수직선으로 나타낼 수 있다(LS). 레브본 제임스와 같은 농구 실력을 가진 선수나 우사인 볼트와 같은 단거리선수가 세상에 한 명밖에 존재하지 않는다고 해도 과언이 아니기 때문이다.

---

40) 한홍순·김중렬 번역, 앞의 책, p. 482

<그림 11-5> 관중수 증가와 선수의 연봉

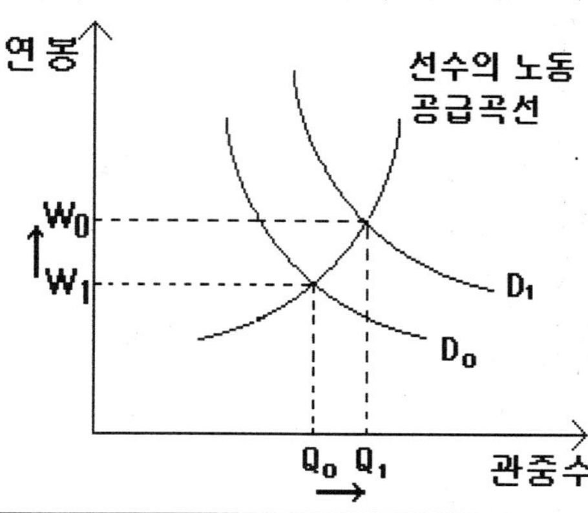

또 수요 면에서 볼 때도 상당한 차이를 보이고 있다. 〈그림 11-6〉에서는 일단 보통선수와 슈퍼스타에 대한 수요가 D_0D_0 로 같다고 가정 해보았다. 슈퍼스타 선수의 수입(W_S)는 보통선수의 수입(W_P)보다 훨씬 크게 나타난다. 이제 수요가 D_1D_1 증가하였다고 하자. 편의를 위해 같은 크기의 수요가 증가하여도 보통 선수의 수입 증가에 비해 슈퍼스타 선수의 수입은 매우 빠르게 수직상승하고 있음을 알 수 있다. 즉 수요상승 전에는 슈퍼스타와 보통선수 간의 수입차이는 W_SW_P 였지만 수요 상승후에는 $W_S^1 W_P^1$ 으로 더 크게 나타나고 있다.

결론적으로 말해 슈퍼스타 선수가 일반선수에 비해 많은 수입을 얻는 것은 공급의 비탄력성과 수요의 폭등에 그 원인을 찾을 수 있다[41]. 한마디로 희소성이 낳은 결과이다. 이렇게 일반 선수보다 더 많이 얻는 수입은 어떤 성격을 가지고 있는가? 지대(地代, rent)의 성격을 가지고 있다.

41) 정보화가 슈퍼스타의 승자독식 현상을 더 가속화시킬 것이라고 예상하고 있으며 이런 현상은 다른 여러 분야에도 현저하게 나타날 것이라고 예상하고 있다. 이준구·이창용, 앞의 책, p.252.

<그림 11-6> 보통 선수의 연봉결정과 슈퍼스타 선수의 연봉결정

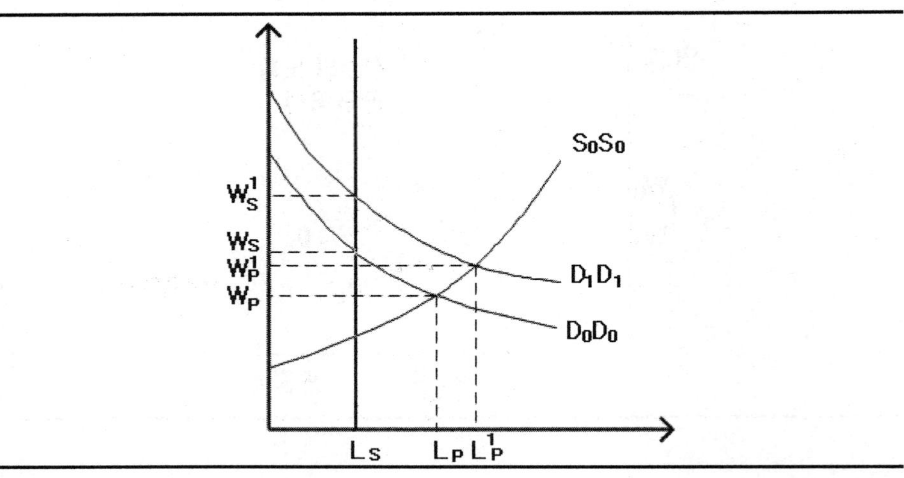

토지는 다른 생산요소나 상품과는 달리 단기적으로는 매우 한정된 공급량을 보이고 있다는 점에서 특이하다. 예를 들어 같은 땅이라도 도로 앞쪽에 있느냐 뒤쪽에 있느냐에 따라 현저한 가격 차이를 보이고 있다. 일반적으로 가격이 상승하면 공급이 증가한다. 자동차 가격이 증가하면 자동차 회사는 철야 작업을 해서라도 또는 재고를 방출함으로써 공급을 늘일 수 있지만 토지 공급은 그렇지 않다. 지대가 올라가 토지주인이 땅을 넓히려 해도 늘릴 땅도 그리 많지 않을 뿐만 아니라 상당한 시간이 지나서야 확장이 가능하다. 그래서 지대는 공급이 매우 한정된 상태에서 수요 측 요인에 의해 결정된다. 즉 희소성(稀少性)이 강할수록 약간의 수요증가에도 지대는 수요증가만큼 가격에 반영된다. 자동차로 대표되는 보통 재화의 공급곡선은 〈그림 11-7〉(a)로 나타나며 보통 선수의 공급곡선과 유사하다고 볼 수 있다. 하지만 토지는 〈그림 11-7〉(b)와 비슷하며 슈퍼스타의 공급곡선과 유사하다고 볼 수 있다.

더 정확히 말하면 슈퍼스타선수의 지대는 경제적 지대(economic rent)이다. 토지 이외의 다른 요소에서 발생하는 지대를 토지의 그것과 구별하기 위해 경제적 지대라고 부른다.[42)]

42) 지대란 토지를 빌린 사람이 토지 주인에게 주는 돈, 즉 토지에 대한 임대료(賃貸料)를 말한다.

슈퍼스타 김연아의 티켓파워

무료→유료→암표…김연아 인기 '살아있네'

피겨 '여왕' 김연아(23·고려대)의 티켓파워는 대단했다. 김연아 출전으로 무료입장이었던 대회가 유료 대회로 바뀌더니, 급기야 암표까지 등장했다.

'김연아 티켓'은 지난해 12월 27일 예매가 시작되자마자 10여 분 만에 매진됐다. 3600석 티켓이 모두 팔린 뒤에도 피겨 팬들은 포기하지 않았다. 팬사이트와 게시판을 중심으로 표를 구하는 행렬이 이어졌고, 암표가 등장했다. 포털사이트 게시판에서 표를 구하던 한 네티즌은 "암표상에게서 연락이 왔다. 좌석 4개에 20만원을 요구했다"고 밝혔다. A석 1만9800원, B석 1만5400원인 티켓 가격이 몇 배 뛴 것이다. 김연아가 출전하는 5일과 6일엔 현장에서도 암표상이 등장할 가능성이 크다.

대한빙상경기연맹은 결국 추가 입장권을 판매하기로 결정했다. 시야가 가린다는 이유로 팔지 않았던 1층 좌석과 2층 첫 줄 등 1200석을 관람객에게 개방하기로 한 것이다. 빙상연맹 관계자는 "티켓이 매진된 다음날 업무가 마비될 정도로 문의가 쇄도했다. 결국 예정에 없던 추가 판매를 결정했다"고 털어놓았다. 2일 오후 5시 시작된 추가 판매도 10분 만에 끝났다.

국내 종합선수권은 그동안 무료 대회로 치러졌다. 선수 부모와 피겨 관계자들 외엔 관람객이 없었기 때문이었다. 빙상연맹 관계자는 "팬들이 많이 몰리면 안전 문제를 신경 써야 하기 때문에 대회를 유료화했다. 그래도 이 정도일 줄은 몰랐다"며 놀라워했다.

중앙일보 2013년 1월 3일

<그림 11-7> 보통재화의 공급곡선과 토지의 공급곡선

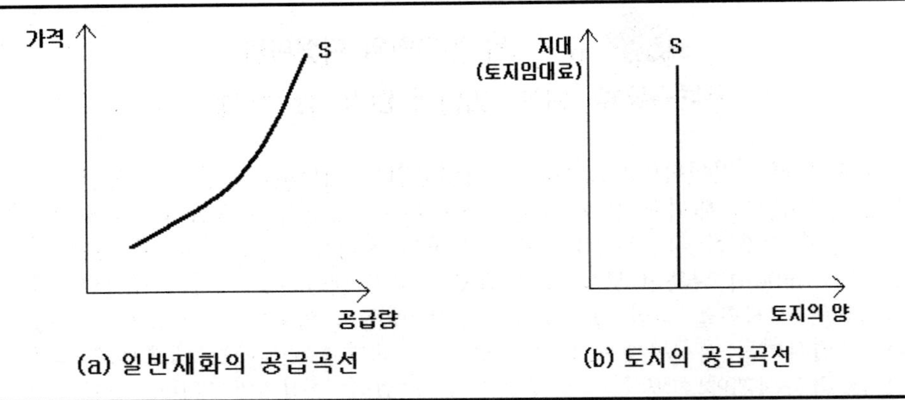

(a) 일반재화의 공급곡선 (b) 토지의 공급곡선

조금 엄밀하게 설명하면 생산요소의 공급이 제한되어있기 때문에 덤으로 더 받는 소득을 일컫는다. 이것은 받은 소득에서 공급이 제한되어 있지 않았다면 받았을 소득을 뺀 부분이다.

유명 연예인이나 스포츠 스타가 받는 고소득은 경제적 지대다[43]. 스포츠 스타는 매우 희소성이 높으나(공급이 한정됨) 그가 다른 직업에서는 이보다 훨씬 적은 소득밖에 받을 수 없기 때문에 그들의 소득을 경제적 지대라고 할 수 있다. 어느 스타 배구선수의 연봉이 1억 원이라고 하자. 그가 만약 배구 선수이외의 직업에서 최대로 얻을 수 있는 소득이 2천 만 원이라면 양자의 차액인 8천 만 원이 경제적 지대가 된다. 스타 선수일수록 팬의 도움을 더 많이 받고 있는 셈이다. 스타성 때문에 팬이 많고 그 덕에 별로 힘 안들이고 고소득을 얻는 것이다. 팬의 지지와 스타의 수입은 서로 상승 작용을 하고 있다.

프로 선수냐 아마 선수냐에 따라 슈퍼스타 현상의 논리는 같지만 아마선수의 경우에는 소속 직장이나 국민체육진흥공단의 지침에 따라야 하기 때문에 선수의 몸값은 프로 선수만큼 즉시적이고 성과에 합당하는 만큼 오르지

43) "우리나라의 문화산업의 규모는 일본의 6분의 1수준이지만 톱스타의 출연료는 일본의 2배에 가깝다고 한다. 주연급 배우의 출연료가 제작비의 4,50%에 이르는 정도이며 제작자나 기타 종사자들에게 매우 낮은 처우가 주어질 수밖에 없는 실정이다" 성준기(동아예술대학 교수)가 CBS 시사자키 인터뷰에서 한 말.

는 않는다[44].

수직적 공평성(소득 수준이 높은 사람이 더 많은 세금을 감당하여야 한다)에 의해 많은 소득을 올리는 스타들이 소득이 적은 보통사람들에 비해 상대적으로 더 많은 세금을 내고 있다.[45] 이것은 소득세는 고소득층일수록 소득 증가분보다 세금 증가분이 더 빨리 상승하는 누진적(累進的, progressive) 구조를 가지고 있기 때문이다.[46]

---

44) 런던 올림픽 양궁 2관왕인 기보배 선수는 2011년 5,500만원의 연봉을 받았지만 2012년 7,000만원으로 상승하였고 올림픽에서 2관왕이 된 이후 2013년 1억원으로 급상승하였다. 이 금액은 국민체육진흥공단의 지침에 따라 자치단체 선수가 받을 수 있는 최고 연봉이다.

45) 능력이 비슷한 사람은 비슷한 정도의 세금을 내야한다는 원칙을 수평적 공평성이라고 한다.

46) 가난한 사람이든 부자든 자신의 소득에서 일정한 비율의 세금을 내는 것을 비례적(proportional)이라고 하고, 가난한 사람보다 부자가 세금을 더 많이 내지만 가난한 사람이 소득에 비해서 더 높은 비율의 세금을 내는 것을 역진적(regressive)이라고 하고, 가난한 사람에 비해 부자가 더 많은 세금을 냄은 물론 소득에 차지하는 비율도 높게 세금을 내는 것을 누진적(progressive)이라고 한다.

주관식

1. 로텐버그의 불균형 원리란 무엇인가?

2. 프로스포츠 선수 노동력의 특성에 대해 쓰시오?

3. 샐러리 캡 제도의 내용, 장점과 단점은 무엇인가?

4. 프로 선수의 계약금과 연봉 결정 메카니즘의 차이점은 무엇인가?

5. 지난 시즌 최고 연봉 상승률을 보인 선수를 찾아 전 년도 성적과의 관계를 분석해 보시오? 반대로 연봉이 대폭 삭감된 선수와 성적과의 관계를 분석해 보시오.

6. 관중수가 증가(급감)함에 따라 선수의 연봉이 상승(하락)하는 것을 그래프를 이용하여 설명하시오

7. 5년간 매년 1억 원의 수익을 올려 줄 것으로 기대되는 신인 선수의 계약금은 얼마로 계산될 수 있는가? 이자율은 연 3%이다.

객관식

1. (기출) 스포츠 선수가 특정 구단과 계약을 맺고 나면 그 선수가 은퇴할 때까지 선수에 대한 모든 권리를 구단이 독점적으로 행사할 수 있는다는 내용을 포함한 것은?

① 보류조항 ② 자유계약제
③ 연봉상한제 ④ 드래프트

2. 미국에서 FA제도를 가져오게 한 결정적인 사건은?

① 보스만 사건 ② 커트 플러스 사건
③ 다르비슈사건 ④ 이찌로 사건

3. 유럽 축구에서 있었던 사건으로서 선수들의 자유로운 이적을 가능하게 만드는 계기가 되었던 사건은?

① 보스만 사건 ② 커트 플러스 사건
③ 호나우드사건 ④ 매시 사건

4. 샐러리 캡 제도에 대한 설명 중 옳은 것을 고르시오.

① 우수 선수에게 더 많은 인센티브를 주기 위해 만들어진 제도이다.
② 선수 연봉의 상한선을 두는 제도로 여러 나라에서 실시되고 있다.
③ 우리나라에서는 아직 실시하고 있지 않은 제도이다.
④ 효율적 계약파기를 막기 위해 도입된 제도이다.

5. ○×문제

① 연봉은 지난 시즌 성과에 대한 평가에 따라 결정되는 경향이 강하다.
② 신인선수 드래프트제는 신인 선수 연봉을 상승시키는 데 기여하고 있다.
③ 과거 은퇴 선수의 연봉과 현역 선수의 연봉을 비교하기 위해서는 물가지수를

객관식 문제 정답 1. ① 2. ② 3. ② 4. ② 5. ① ○ ② × ③ ○ ④ ○

이용하여야 한다.

④ FA제도는 일정기간이 경과한 선수가 자유롭게 원 소속팀을 비롯한 다른 팀과 계약을 맺게 할 수 있는 제도이다.

6. 다음 설명 중 틀린 것을 찾으시오?

① FA 제도로 인해 구단의 영향력이 더 강해졌다고 평가할 수 있다.
② 로텐버그는 보류조항의 근거가 되는 구단의 전략균형 주장이 틀렸음을 보여 주고 있다.
③ 프로 선수가 입단 첫해에 상대적으로 낮은 연봉을 받는 현상은 불확실성으로 설명할 수 있다.
④ 구단은 유보(보류)조항을 통해 선수들의 자유로운 계약과 이동을 막고 있다.

---

6. ①

제12장
선수시장 II와 감독시장

"나는 아직 배고프다"
- 히딩크 감독

"크게 이기려면 크게 실패할 준비를 하라. 본능에 충실하라. 자신을 믿어라. 성공하는 자신을 상상하라. 승부욕에 불을 붙여라. 난관을 기회로 보라"
진 랜드럼 지음, 양영철 옮김, 「신화가 된 사람들: 경쟁에서 이기는 10가지 법칙」, 말글빛냄, 2007.

학습목표

- 선수 트레이드의 원리
- 선수 노동조합의 성격과 선수협의회의 성격
- 감독시장의 특성

12.1 선수 트레이드

프로 운동선수는 구단의 소유물이요 재산이다. 구단은 전력의 극대화를 위해 선수 본인의 의사에 관계없이 다른 구단에 팔고(?) 다른 구단에서 필요한 선수를 사오기도 한다. 이것이 트레이드(trade)이다. 나쁘게 보면 합법화된 인신매매(?)처럼 보이지만 프로 세계에서는 프로의 재미를 더 느끼게 하는 묘약으로 쓰이고 있다. 무역을 영어로 트레이드로 표기하고 있으니 경제학과에서 배우는 국제 무역론(theory of international trade)을 선수 트레이드에 그대로 적용하면 될 것이다.

트레이드를 왜 하며 어떤 효과를 기대할 수 있는가? 트레이드는 선수에게 치욕적인 일이며 본인에게 하등 득이 없는 구단의 일방적인 조치인가? 트레이드 당사자인 선수, 구단은 물론 프로 스포츠 전체가 승자가 될 수 있는 윈-윈(win-win) 트레이드는 어떤 형태이어야 하는가?

이 질문에 대한 답은 비교우위(comparative advantage)의 개념을 기초로 하고 있다. 여러 종목을 대상으로 설명할 수 있으나 여기에서는 트레이드가 가장 흔한 야구를 예를 들어 설명하고자 한다. 또 여기에서는 투수와 타자를 예로 들고 있으나 투수와 포수, 내야수와 외야수, 왼손 타자와 오른 손 타자 등 분석 목적에 따라 여러 가지로 쓸 수 있다. 한편 축구의 예를 든다면 수비수와 공격수, 골키퍼와 공격수, 스트라이커와 미들 필더 등 두 개의 묶음으로 나누어 보면 된다.

어느 팀이 보유하고 있는 우수한 투수의 수를 X축에 우수한 타자의 숫자를 Y축에 나타내 보았다. 동일한 전력을 가져다주는 투수와 포수의 결합을 상정할 수 있으며 〈그림〉에서와 같이 무차별곡선으로 나타낼 수 있다. 원래 원점에서 멀리 있는 곡선일수록 높은 효용(만족도)을 나타내고 있으나 여기에서는 더 높은 전력을 나타내고 있다. 예컨대 〈그림 12-1〉에서 좋은 투수 5명, 타자 5명을 보유하는 경우(a점)보다 투수 10명, 타자 10명을 보유하고

있는 상태인 b점이 더 좋은 전력, 더 나은 성적을 낸다고 할 수 있다. 또 I0라는 전력 무차별 곡선 상에서 투수 5명 타자 5명이 있는 경우의 전력과 같은 전력을 유지하기 위해서는 투수가 한 명 확충되는 경우 반드시 타자의 수가 줄어들어야 한다.[1] 몇 명이 줄어야 하는 것은 처해진 상황에 따라 다르기는 해도 반드시 그래야만 같은 전력이 유지된다.

<그림 12-1> 야구팀의 전력(성적)무차별 곡선

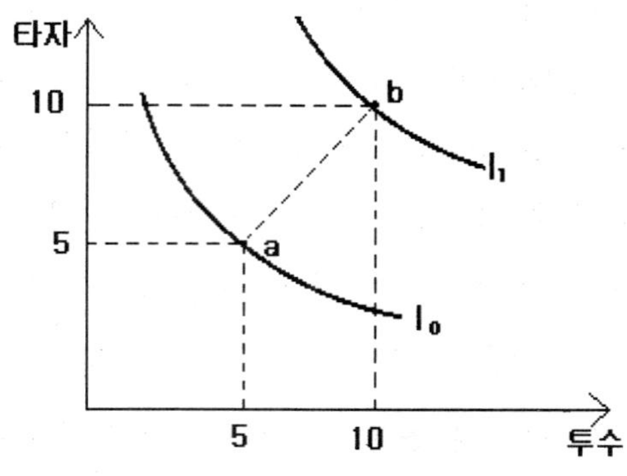

에지워드 박스 다이아그램(Edgeworth Box Diagram)[2]을 이용하여 교환의 이익을 설명하기로 하자. 각 팀은 기왕 자기 구단 선수를 상대에게 주는 바에는 한 명이라도 더 좋은 선수를 더 데러 오려고 노력할 것이다. 처음에는 조건이 잘 맞지 않으나 조금씩 양보해 가면서 최대의 실리를 얻으려고 한다. 이 과정에서 교환비율이 정해진다.[3] 1대 1이냐, 2대 3이냐 등 아니면 득이 더 많다고 생각하는 쪽에서 현금을 더 얹혀주기도 한다.

트레이드 당사자인 두 팀(예를 들어 넥센과 삼성)만 있고 선수를 크게 투수와 타자로 분류할 수 있다고 하자. 또 한 팀(넥센)은 투수가 많은 팀이고

1) 무차별 곡선 상에서 한 상품이 한 단위 증가함에 따라 줄어들어야 하는 다른 상품의 량을 한계대체율(限界代替率, marginal rate of substitution)이라고 부른다.
2) 영국의 경제학자 Edgeworth(1845~1926)가 교환의 이익을 설명하기 위해 고안한 상자를 말한다.
3) 이 교환비율을 국제 무역에서는 교역조건(交易條件, terms of trade)라고 부른다.

다른 팀(삼성)은 타자가 많은 팀이라고 해보자. 트레이드 전 두 팀이 보유하고 있는 투수의 수를 X 축에 타자의 수를 Y에 나타내어 에지워드 박스 다이아그램을 그린 것이 〈그림 12-2〉와 〈그림 12-3〉이다. 이 때 넥센은 통상적으로 7시 방향을 원점으로 삼았고(O점) 삼성은 넥센와는 정반대가 되는 2시 방면을 원점(O‘)으로 삼았다.

두 팀이 총 소유하고 있는 투수는 OQ 혹은 O'R 로 나타나며 타자는 OR 혹은 O'Q로 나타낼 수 있다. 넥센은 투수왕국(타자빈국)이기 때문에 타자보다는 상대적으로 투수가 많아 전력무차별곡선($I_o^{넥센}$)상에서 E점으로 표시하게 만들었다. 반대로 삼성은 타자왕국(투수빈국)이기 때문에 투수보다는 타자가 상대적으로 많은 E점으로 표시된다. 이 때 삼성의 전력 무차별 곡선은 $I_0^{삼성}$이다. 즉 E점이 트레이드 전 두 팀의 사정을 나타내고 있는 점이다.

이제 두 팀은 두 팀의 무차별곡선 안에 있는 복숭아씨 영역(채색된 부분)으로 옮겨간다면 전력의 상승을 꾀할 수 있음을 발견한다. 넥센은 $I_o^{넥센}$에서 $I_1^{넥센}$으로 트레이드 전 보다 더 높은 전력(성적)으로 옮겨할 수 있음을 발견하게 된다.[4] 그리고는 협상에 나선다. 이와 같은 이유로 삼성 역시 $I_0^{삼성}$에서 $I_1^{삼성}$으로 트레이드 전 보다 더 높은 전력(성적)으로 옮겨갈 수 있음을 발견하고는 협상에 나선다. 처음에는 자신에게 최고 유리한 조건을 제시하지만 시간이 지남에 따라 조금씩 양보하여 교환비율을 정한다. 서로 밝은 표정으로 약수를 하면서 헤어진다.

E'점은 트레이드 후의 상태를 나타낸 점은 트레이드 전의 상태를 표시하고 있는 E점에 비교해 보면 재미있는 현상을 발견할 수 있다. 투수왕국・타자 빈국이어서 성적이 좋지 않았던 넥센도 타자왕국・투수 빈국이어서 성적이 부진했던 삼성도 투타에 균형이 맞는 팀으로 변신하였다. 넥센은 넘치는 투수를 주고 부족하던 타자를 데려왔기에 싱글 벙글이고 삼성은 넘치는 타자를 주고 부족하던 투수를 보충했으니 만족이다.

여기서 주목해야 할 점은 두 팀 모두 트레이드 성사이후 얻은 만족이 새롭

4) 원점에서 더 멀리 있는 전력 무차별곡선이 더 높은 전력을 표시하고 있다는 사실을 상기하기 바란다.

게 선수를 뽑아서 생긴 것이 아니고 기존에 있던 선수를 유니폼만 바꿔 입힘으로써 발생하였다는 사실이다. 트레이드가 활성화되면서 소위 저니 맨(journey man)이라는 새로운 용어가 생기게 되었다[5].

<그림 12-2> 트레이드 전 두 팀의 전력

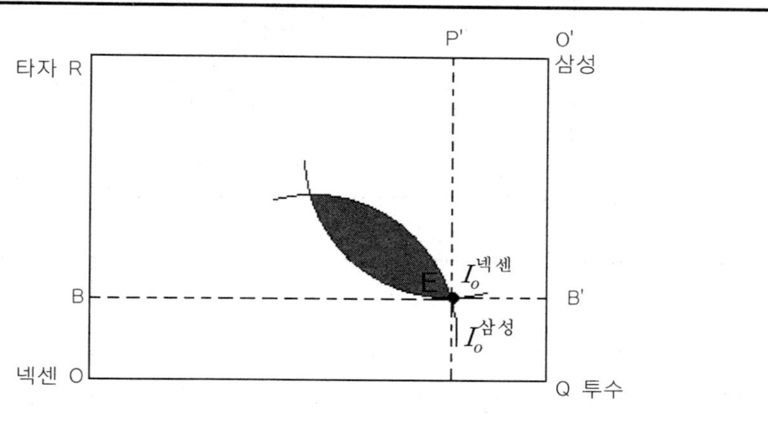

트레이드는 크게 세 가지 형태로 나타나고 있다. 첫째, 구단끼리 선수와 선수만을 맞바꾸는 행위로서 물물교환(物物交換,barter)이라고 할 수 있다. 이것은 상품과 상품을 교환함에 있어 교환의 수단으로서 화폐를 사용하지 않고 직접 바꾸는 것을 말한다. 둘 째 선수를 교환하면서 한 쪽에서 돈을 더 주는 트레이드이다. 세 째 다른 구단의 선수를 오직 돈으로 사오는 현금 트레이드이다.

5) 중세 유럽 프랑스의 도제(徒弟, apprenticeship)제도 하에서 숙련된 기술은 연마하였으나 마스터(master)에 이르지 못한 기술자를 지칭하는 용어이다. 미국 프로야구에서 자주 트레이드되어 여러 팀을 옮겨 다니는 선수를 일컫는 말이다.

<그림 12-3> 트레이드 후 양 팀의 전력변화

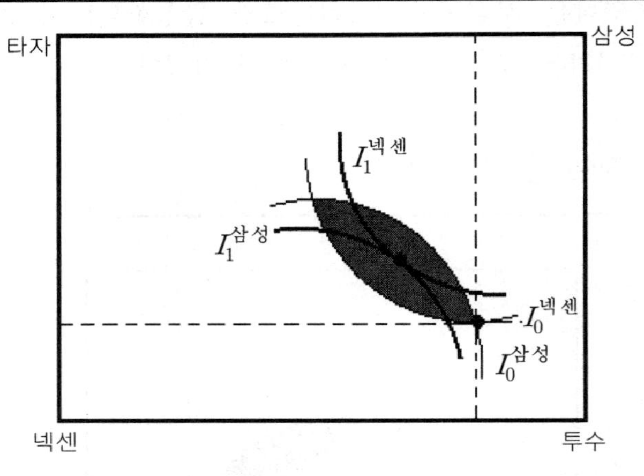

프로 세계에서 돈이 오가는 것은 어쩌면 자연스러운 일이지만 전체적인 프로 스포츠의 균형 발전을 위해서는 순수한 의미의 교환인 바터(barter)가 가장 바람직한 형태다. 왜냐하면 현금트레이드가 성행하게 되면 자금력이 많은 팀으로 우수선수가 집중되게 되고 그렇게 되면 팀간 전력의 차이가 현저해져 그 팀이 좋은 성적을 독식하는 것은 장기적으로 볼 때 바람직하지 않다.[6] 즉 현금 트레이드는 소수 팀의 우승 독점·독식을 낳기 쉬기 때문이다. 이렇게 되면 프로 스포츠가 기량경쟁이 아닌 돈 싸움으로 변질될 가능성이 있다.

프로 스포츠가 발전할수록 보다 전문화되는 경향을 보이고 있다. 트레이드에서도 이런 경향이 반영되고 있다. 위에서 본 바와 같이 포지션이 다른 선수의 교환도 있지만 같은 포지션에서서도 역할에 따른 트레이드도 있다. 이러한 현상은 국제 무역에서 나타나는 산업간 교역(inter-industry trade)과 산업내 교역(intra-industry trade) 개념을 응용하여 설명할 수 있다.

산업간 교역은 농수산물(1차 산업 생산물)과 자동차(2차산업 생산물)간의 교역과 같은 전혀 다른 산업 생산물간의 교역을 말한다. 반면 산업내 교역은

6) 가끔 KBO가 현금트레이드에 대해 제동을 거는 것은 바로 이런 이유 때문이다.

같은 산업, 같은 용도의 제품이라도 나라에 따라 비교우위가 달리 나타나 교역을 하는 현상을 일컫는다. 예를 들어 자동차 산업 내에서도 대형차는 미국이 소형차는 한국과 일본이 비교우위를 갖고 교역하는 현상이다. 과거에는 산업간 교역이 주를 이루고 산업내 교역은 별로 관찰되지 않았으나 일본, 독일 등 미국을 필적할 수 있는 공업국이 나타남에 따라 산업내 무역도 활발해지고 있다.

단체경기의 경우 팀 내에서도 선수들의 역할(포지션)에 따라 몇 가지 그룹으로 나눌 수 있다. 예컨대 축구의 경우 골키퍼, 수비수, 미들 필더, 공격수 등 4그룹으로 나눌 수 있으며, 야구의 경우 투수, 포수, 내야수, 외야수 등 4그룹 혹은 투수와 타자 2그룹으로 나눌 수도 있다. 농구의 경우 센터, 포워드, 가드 등 3그룹으로 나눌 수 있다.

트레이드 시 다른 그룹에 속하는 선수간의 교환 예를 들어 골키퍼와 공격수와의 교환, 투수와 외야수의 교환, 센터와 가드의 교환 즉 포지션간 트레이드(inter-position trade)은 산업간 교역에 비유할 수 있으며 같은 수비수 중에서도 공격형 수비수와 수비전담 수비수와의 교환, 왼손 투수와 오른 손 투수와의 교환, 포인트 가드와 수비전담 가드와의 교환 즉 포지션 내 트레이드(intra-position trade)은 산업내 교역으로 비유할 수 있다.

과거 국제 무역에서 산업간 교역이 주를 이루었으나 최근 들어 산업 내 교역도 증가하고 있다. 이 경험에서 보듯이 주로 포지션간 트레이드가 주를 이루고 있는 우리나라의 트레이드 시장에서도 포지션내 트레이드가 점차 더 늘어 날 것으로 예상할 수 있다.

프로 구단은 신인 선수를 스카우트하거나 타 구단의 기존 선수를 트레이드 해 오고 있다. 신인 선수 스카우트는 비교적 적은 비용으로 장래성 있는 선수를 확보한다는 큰 장점이 있으나 정보의 비대칭성 때문에 파생되는 역선택(逆選擇, adverse selection)의 가능성도 늘 있다. 트레이드는 타 구단에 있는 필요한 선수를 우리 구단의 선수와 교환하는 행위이다. 트레이드는 어느 정도의 희생을 감내하며 선수를 데려온다는 약점을 가지고 있으나 검증된 기존 선수를 데려옴으로써 역 선택을 범할 위험이 적다.

한마디로 트레이드는 팀의 약점을 보완할 수 있는 신인 선수 스카우트 못지않게 중요한 수단이다. 신인 선수 중에 원하는 좋은 선수가 없는 경우 전력 보충전략으로 충분한 유용성을 가지고 있다. 어떤 경우에는 신인선수지명권을 다른 구단에 주는 대신 기존 선수를 트레이드해 옴으로써 전력상승을 꾀하는 경우도 흔히 있는 일이다.

트레이드는 각 팀이 자신이 상대적으로 넉넉하다고 생각하는 분야 즉 비교우위가 있다고 자신하는 분야를 약간 내놓는(희생하는, 파는) 대신 자신의 입장과 정반대에 있는 팀에게 자신이 상대적으로 부족하다고 생각하는 분야(비교열세가 있다고 느끼는 분야)를 받아들임으로써(얻는, 사는) 교환이 없을 때보다 전력이 상승할 것이라고 믿음이 있는 경우 성립된다. 트레이드는 구단의 일방적인 결정에 의해 이루어지는 경우가 대부분이기 때문에 선수의 입장에서는 굴욕적인 면도 느낄 수 있으나 자신을 사가는 팀에게 자신을 현재의 구단보다 더 높게 평가하고 있다는 반증이라고 볼 때 선수 자신에게도 결코 불리한 결정이 아닐 수 있다.

트레이드 이후 큰 빛을 본 선수

○ 서정환(삼성에서 해태로) : 1982년 겨울 역사상 첫 트레이드, 해태의 한국시리즈 5회 우승의 주역, 삼성선수출신 최초감독, 전 기아 감독

○ 박병호(엘지에서 넥센으로) : 이적 이듬해(2012년)부터 주전 4번 타자. 타점왕, 홈런왕, 2012년 MVP 차지, 한국 프로 야구를 대표하는 타자로 성장.

이상한(?) 트레이드와 그 이면

프로 야구 초창기(1989년) 삼성 김 시진(투수), 고 장 효조(타자), 허 규옥(타자)과 롯데 고 최 동원(투수), 김 용철(타자)과의 트레이드에 많은 사람들이 놀란 적이 있다. 팀을 대표하는 최고의 선수(프랜차이즈 스타선수)들을 서로 맞바꾼 대 사건이었다. 고 최동원 선수가 주동이 되어 선수 처우개선을 위한 대립이 있었고 최고의 타자 고 장효조도 구단에게 껄끄러운 존재였다. 일견 비정상적인 트레이드 이면에도 경제 논리가 자리 잡고 있음을 유의하여야 한다. 즉 전력보강이라는 트레이드 본연의 목적이 아닌 트레이드라고 할지라도 이윤극대화 주체인 프로구단이 전력의 손실을 감수해 가면서 까지 트레이드를 할 리는 만무하다. 다시 말해 어떤 이유에서건 트레이드를 하더라도 그 밑바탕에는 비교우위론에 입각한 교환이라는 경제원리가 반드시 있다고 보는 것이 옳다.

12.2 선수노동조합 과 선수협의회

각 구단은 우수한 선수를 많이 확보하려고 피나는 경쟁을 하고 있다. 구단의 운명이 우수선수 확보에 달렸다고 해도 과언이 아니기 때문이다. 다른 한편으로는 공동이익을 추구하는 동반자로서 선수들에 비해 상대적으로 우위에 있음을 활용하여 선수들에게 불리한 결정을 내리기도 한다.

가끔 보통사람의 상식으로는 이해 못할 일이 스포츠세계에서는 발생한다. '영구제명'이라는 타이틀로 신문에 대문짝만하게 나는 경우를 심심치 않게 보게 된다. 또 '현대판 노비문서'라는 극단적인 표현도 볼 수 있으며 선수와 구단이 직장선택의 자유를 둘러싸고 법정에까지 가는 경우도 심심치 않게 볼 수 있다.

구단과 선수가 충돌하면 어느 쪽이 유리하겠는가? 누구나 쉽게 칼자루를 쥐고 있는 구단이라고 더 유리하다고 쉽게 답할 수 있다. 이런 힘의 불균형을 시정하기 위해 선수들은 단체 행동을 할 수 밖에 없는데 노동조합이나 선수협의회를 만들어 대항하고 있다. 이런 현상을 설명해 보기로 하자.

먼저 연맹이나 위원회 및 구단은 선수수급시장에서 수요독점(monopsony)적 위치를 차지하고 있다. 수요독점이란 오직 한 기업(사람)만이 재화나 생산요소를 사는 경우 발생한다. 극단적인 경우 수요독점적 착취(monopsonistic exploitation)가 발생할 수 있다. 사는 사람이 유일하다는 점에서 파는 사람이 유일한 공급독점(monopoly)과 구별된다. 구단의 손바닥 안에 있는 선수들이 있는 셈이다.

이런 현상은[7] 첫째 지역적 특성 – 이동성이 적은 지역에 있는 기업이 그 지역주민에게 유일한 일자리가 되는 경우 둘째 전문화된 생산요소 – 극도로 전문화되어 있어 특정 분야에만 고용될 때 그 가치를 발휘할 수 있고 다른 분야에서는 거의 쓸모가 없는 경우에 두드러지게 나타난다. 담배인삼공사의 연초 구매권, 볼리비아의 주석 광산이 대표적인 예로 회자되고 있다.

스포츠 선수는 매우 전문화된 능력을 가진 사람들이어서 스포츠 경기에서는 탁월한 능력을 발휘하지만 스포츠 이외의 다른 분야에서는 보통 사람보다 능력 면에서 열세라고 보는 것이 옳을 것이다. 그들의 전문화된 생산요소를 살 수 있는 경제주체는 구단뿐이다. 프로 야구의 예를 보면 1982년 리그 창립에서부터 2009년까지 있었던 지역연고지 고교출신 선수에게 우선권을 주는 제도는 구단에게 공급자로서의 독점력은 물론 선수수요자로서의 독점력을 보장해 주었다[8]. 선수선발에서의 독점력과 스포츠 상품 공급에서의 독점력을 모두 갖는 막강한 힘이 구단의 손에 쥐어져 있었던 것이다.

수요독점자인 구단이 선수의 구단 선택권을 제한함으로써 선수들은 불리

---

7) 이준구, 앞의 책, p.490

8) 이 제도는 당시 매우 열악한 여건에 있던 국내 프로 스포츠 시장을 감안할 때 부득이하게 채택할 수밖에 없었다는 평가를 받고 있다. 이 제도는 자연히 애향심을 바탕으로 설계된 것이어서 긍정적인 면도 상당히 있었다고 평가할 수 있다. 반면 지역감정 조장과 선수의 권익보장이라는 면에서 비판을 받기도 하였다. 다분히 일시적인 고육책이었다고 평가할 수 있겠다.

한 여건에서 교섭을 하지 않을 수 없는 입장이다. 구단이 선수의 기량보다 낮은 계약금이나 연봉을 주어도 선수들이 달게 받을 수밖에 없는 입장이 된다. 실제로 우리나라 프로 야구선수들이 구단과 연봉결정에서 합의를 보지 못하면 KBO에 연봉조정신청을 내는데 1984년 이후 75건이 신청됐지만 1건도 선수가 이긴 적이 없다고 한다. 반면 노조가 있는 미국 메이저 리그에서는 1999년까지 236대 181로 약 4대 3비율로 구단이 우세하다고 한다.[9)]

구단은 앞에서 본바와 같이 드래프트제, 웨이버 제도, 샐러리 캡 등 여러 가지 방법으로 선수들의 몸값을 제한하고 있다. 또 연봉을 미리 정해 둠으로써 선수가 구단간의 경쟁을 부추겨 몸값을 올리지 못하도록 하고 있다. 이러한 기업의 노동시장에서 갖는 우위에 대해 노동자들은 노동조합(勞動組合, labor union)을 만들어 대항하고 있다. 수요독점 시장을 쌍방(雙方)독점(獨占)(bilateral monopoly) 으로 바꾸려고 노력하고 있다. 노동조합이란 근로자가 주체가 되어 자주적으로 단결하여 근로조건의 유지·개선과 근로자의 복지증진 기타 경제적·사회적 지위의 향상을 도모함을 목적으로 조직한 단체 또는 그 연합체를 일컫는다. 또 쌍방독점은 생산요소를 사는 사람이 하나이며 그것을 파는 사람이 하나인 경우를 말한다.

미국 프로 스포츠에서는 수요 독점력을 갖는 구단주들에 대항하여 선수들이 노조를 결성하고 있다. 그래서 수요독점가인 구단이 선수들에게 불리한 결정을 내리기가 쉽지 않다. 같은 이치로 선수노조도 구단의 뜻을 완전히 저버리고 결정할 수 없다. 한쪽만 일방적으로 유리한 상황은 서로에게 득이 되지 않는다. 구단과 노조는 교섭능력(bargaining power)에 따라 공존의 길을 선택할 것이다. 미국 프로스포츠에서는 가끔 선수노조가 파업을 단행하는 경우도 있다.

선수들은 이러한 불합리한 제도에 대항하여 조직적으로 대항하기 위해 노조 결성이나 선수 협의회를 구성하였다. 앞서 본 바와 같이 자유계약 선수(Free Agent)제도를 도입하여 새로운 시장을 열게 하였다. 따라서 FA까지는 수요독점이 작용하고 FA 자격을 취득한 이후에는 시장 경제 원리에 의해

9) 권일 논설위원의 "누가 프로야구를 죽이나" 중앙일보 2000년 2월 10일자.

거래가 이루어지고 있다. 공급독점에 가깝다고 보아도 과언이 아니다. 특히 스타선수인 경우 구단끼리 비교적 자유로운 쟁탈전이 벌어져 선수의 몸값을 크게 올리고 있다.

이제 노조의 단체교섭 모형을 생각해 보기로 하자[10]. 노사가 교섭으로 임금인상폭과 파업기간을 결정하는 과정을 최초로 모형화시킨 사람은 힉스(Hicks)다. 〈그림 12-4〉에 X축에는 파업시간을 Y축에는 임금률을 나타내었다. A는 노동조합이 최초로 제시한 임금률이고 B는 사용자(구단)측이 최초로 제시한 임금률이다. A가 B 보다 높다. 파업기간이 길어짐에 따라 구단은 엄청난 수입 감소를 선수들은 소득이 격감되는 손해를 입게 된다. 시간이 지남에 따라 구단은 구단대로 양보하게 되고 선수는 선수대로 저항하는 힘이 줄어들게 된다.

<그림 12-4> 노조의 임금교섭 모형

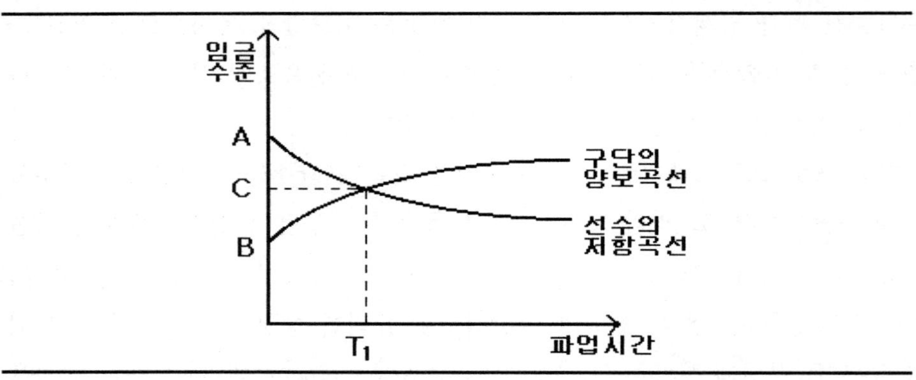

구단의 양보곡선(employer's concession curve)은 우상향하는 곡선으로 노조의 저항곡선(union's resistance curve)은 우하향하는 곡선으로 그려진다. 구단이나 선수나 서로 양보할 수 있는 한계가 있기 때문에 두 곡선은 일정 수준에 도달하게 되면 평행선이 된다. 시간이 지남에 따라 양쪽이 한 발씩 후퇴하여 T_1에 이르러 임금률은 C 수준으로 합의에 도달하게 된다.[11]

10) 여기에서는 구단과 노동조합과의 협상을 분석대상으로 하고 있지만 이 원리를 개인 선수와 구단간의 연봉협상에도 적용할 수 있을 것이다.

미국에서는 야구, 미식축구, 농구, 아이스하키에서 선수노동조합(players association)이 결성되어있으며 유럽(영국, 독일, 스페인 등)에서도 축구에서 노조가 결성되어 있다. 축구의 경우 전 세계적 차원에서 FIFPro(Federation Internationale des Footballeurs Professionels)가 활동하고 있다.

난산! 한국프로야구선수 협회의 탄생

2001년 1월 송진수선수를 초대회장으로 선출하면서 한국프로야구선수협회(Korea Professional Baseball Players Association, kpbpa.com)가 출발하였다. 그동안 1988년과 1995년 두 차례 실패한 선수들의 권익 찾기 움직임이 실제화된 것이다. 하지만 선수협은 프로야구 선수들에 대한 대표성은 갖고 있으나 정식 노조로 인정받지는 못하는 단체였기 때문에 그 활동 범위에 근본적인 제약이 있었다.

2009년 4월 선수협은 기자회견을 갖고 선수 노조 설립을 공식 선언하여 노조 설립 추진위원회 회의를 갖는 등 본격적으로 선수 노조 설립을 위한 행보에 들어갔다. 그해 12월에는 노조 설립 찬반 투표를 실시했으며, 그 결과 91%의 압도적인 지지로 설립 안이 가결되었다. 그러나 선수협의 노조 설립 움직임에 대해 8개 구단 측과 한국야구위원회는 강력히 반대하는 입장이어서 갈등이 고조되었다. 이런 과정에서 주동선수들이 트레이드를 당하는 아픔도 감수하여야만 했다. 2012년 말 현재로서는 노조가 아닌 선수협회로 선수들의 권익을 보호하는 역할을 하고 있다.

백년의 역사를 가진 미국에서도 1966년에서야 선수노조를 창립할 수 있었다. 또 일본도 1985년에서야 노동조합과는 성격이 다른 선수회를 출범시켰다. 미국 노조는 여덟 차례나 파업을 겪었다. 파업은 궁극적으로 팬들의 외면을 가져와 프로 야구의 인기를 시들게 해 구단과 선수에게 큰 피해를 주었다는 미국의 경험을 타산지석을 삼았으면 좋겠다.

11) 실제 임금 결정을 설명하는 모형에는 여러 가지가 있으며 모형에 따라 약간씩 다른 결론에 도달하고 있다.

한 사람의 경제주체로서 선수와 일반근로자(노동자)와는 확연히 다른 면을 가지고 있기 때문에 선수노조는 일반 노조와 다른 점을 많이 가지고 있다. 스포츠 시장은 노동 의존도가 높은 시장이기 때문에 노조의 힘이 강하게 작용할 수 있는 측면이 있지만 선수 생명의 한시성, 개인 성과중심의 임금체계, 상명하복 조직의 문화, 노사협상력 부족, 개별 경제주체로서의 독립성 등이 작용하기 때문에 노동조합이 성공을 거두기가 쉽지 않다[12]. 예를 들어 선수생명이 짧은 미국 프로 축구에서는 노조의 파업위협이 신뢰성을 갖지 못하기 때문에 파업이 거의 발생하고 있지 않다.[13]

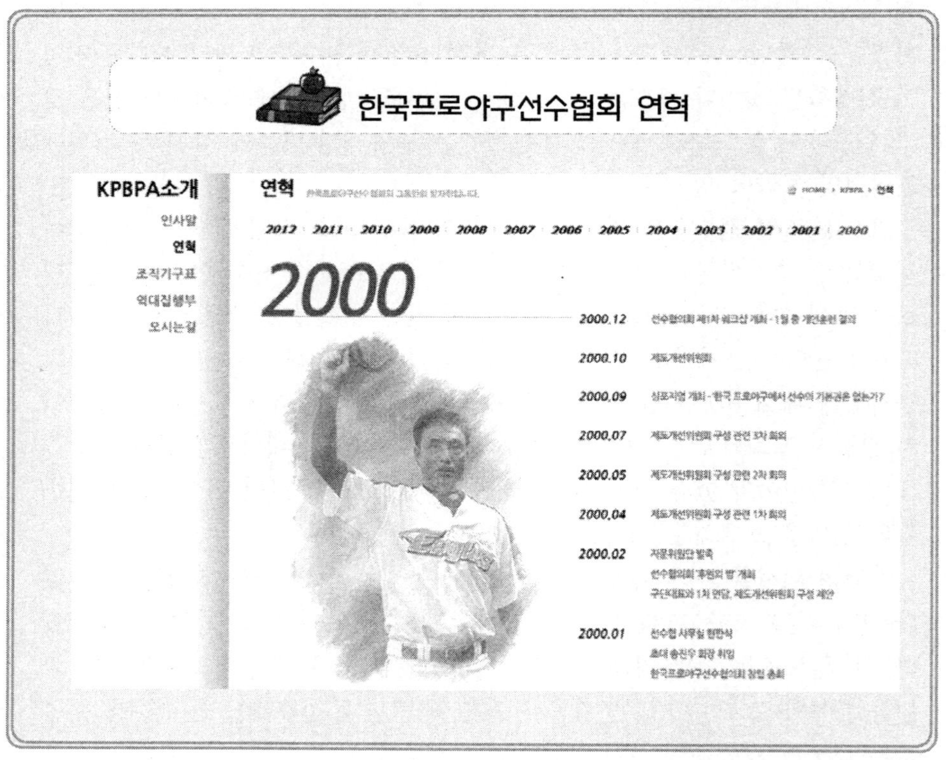

미국 야구 메이저리그 노조(MLBPA)는 1954년부터 노조가 결성되었고, 1972년에는 연금문제로 13일간 파업이 있었으며, 1989년에는 32일간 훈련

12) 설수영 · 김예기, 앞의 책, pp.383~385.
13) 게임이론을 이용한 설명은 Ivan Png, 고동희 역, 「관리경제학」, 경문사, p.443.

캠프가 폐쇄된 적이 있었다. 1994~1995년에는 샐러리캡 문제를 둘러 싼 파업이 있었으며 232일간이라는 장기간 파업이 있었으며 월드시리즈까지도 취소되는 사태가 있었다. 최대의 성과로는 1966년부터 연봉조정신청제도를 도입하였으며 1975년부터 FA제도(6년 이상 선수에게 권리가 주어짐)를 실시한 것을 들고 있다.

노조가 파업을 하면 구단은 직장 폐쇄로 맞서고 있다.[14] 팬들은 분노하게 된다. 떠난 팬들의 마음과 발길을 다시 경기장으로 돌리는 데는 상당한 시간과 비용이 든다. 팬, 구단과

선수 모두 큰 상처를 받게 된다. 팬들의 입장에서 보면 관전 스포츠 시장에 다른 대안이 있으며 먹고 사는 데 지장이 야기되는 필수재가 아니기 때문에 한번 외면 받은 시장은 회복되기 까지 예상보다 훨씬 큰 희생을 요구하고 있다.

미국에서의 독점기업 경진대회[15]

하바드 대학교 경제학과 교수이자 월 스트리트 저널의 컬럼리스트인 배로(Robert J. Barro)는 미국에서 가장 성공적인 독점을 뽑는 경진대회를 실시하였다. 마지막까지 5개의 기구 또는 조직이 선정되었는데, 미 연방 우편제도, 석유수출국기구(OPEC), 거의 모든 지역 유선 방송사, Ivy 리그의 명문대학, 및 미국대학체육연맹(National Collegiate Athletic Association) 등이다. 이중에서도 NCAA가 최고의 독점기구로 선정되었다. 적당히 교육을 명분으로 세우면서 선수들에게 여러 가지 불리한 협정을 강요하고 있기 때문이라고 한다.

14) 미국 주요 프로 스포츠에서의 노동쟁의에 대해서는 설수영・김예기, 앞의 책, p.408.
15) 맨큐의 경제학, p. 336~7.

12.3 감독시장

'명장 밑에 약졸 없다'는 속설이 잘 맞는 분야가 스포츠다. 2002년 한일 월드컵 4강 신화는 히딩크라는 유능한 감독이 있었기에 가능한 일이었다. 이외에도 능력 있는 감독이 좋은 성과를 낸 예를 들기 부족할 정도이다. 한국 시리즈 10번 우승에 빛나는 김응용 감독과 가는 팀마다 좋은 성적을 내고 있는 김성근 감독은 명감독의 대명사로 불리고 있다. 훌륭한 감독들을 기적을 만드는 사람들(Miracle Worker)이라는 칭송하기도 한다.

12.3.1 감독 시장의 특징

첫째 선수 및 감독 시장의 폐쇄성을 들 수 있다. 운동선수 시장도 패쇄적이지만 감독시장은 더욱 그러하다. 운동선수가 되었다는 자체가 매우 폐쇄적인 노동시장에 들어와 있음을 의미한다. 보통사람 같으면 대학 졸업 후 매우 많은 직업 중 자신이 능력과 적성을 고려하여 선택을 할 수 있으나 운동선수의 경우 그렇지 않다. 보통 대졸자는 진학, 무역회사 입사, 신문기자, 제조업체 입사 등 선택의 대안이 많으나 운동선수는 전혀 그렇지 않다. 보통 대졸자는 오라는 데는 없어도 갈 곳이 많은 반면 운동선수는 오라는 데는 확실히 있으나 뽑히는 사람이 소수에 불과하다.

운동선수의 인력시장이 매우 좁으며 폐쇄적이다. 어려서부터 특별한 노력을 기울여 온 사람들의 집합이기 때문에 다른 사람들이 진입하기가 불가능한 시장이다. 또 선수들이 은퇴하고 나서 선택할 수 있는 길이 매우 한정되어 있다. 같은 운동을 하는 사람의 수가 매우 적다. 예컨대 23살 젊은이는 몇 만 명이지만 같은 종목 운동선수는 극소수이며 또래의 스타플레이어는 더 적은 수이며 미래의 지도자감도 불과 한 두 명에 불과하다. 감독은 선수 경험이 중요하기 때문에 선수시장보다 더욱 폐쇄적이다. 제 3자가 선수나 감독시장에 쉽게 들어왔다가 재빨리 빠져나갈 수 없는 시장이다[16].

운동선수들은 첫째 팀 플레이가 중요하기 때문에 개인보다는 팀 우선의 훈련과 교육을 받고 자란다. 둘째 운동선수의 미래는 대단히 확실하다. 이 말은 운동선수가 직업을 선택할 때 대안이 별로 없다는 말과 일맥상통한다. 선수 - 지도자라는 길이 확실하게 보이지만 선수에 비해 지도자는 훨씬 적으며 선수 시절의 명성이 그대로 꼬리표처럼 따라 다닌다. 스포츠 세계에서 살아남기 위해서는 팀 위주 사고방식, 상명하복의 계율을 철저히 지키는 것이 자신의 장래를 가장 확실하게 보장받는 길이 된다. 성질이 괴팍한 선수도 게임에서는 별로 그렇지 않게 보이고 선배와 감독 말에 고분 고분하는 것은 매가 무서워서 라기 보다는 본인의 미래를 위해 참고 길들여지는 것이다. 선수로서의 좋은 평판은 그대로 지도자로서의 큰 밑천이 되고 있다. 이것은 운동선수 감독 인력시장의 폐쇄성, 반복적 거래에서 연유한다.

둘째 인적자본(human capital)이 매우 중요한 시장이다. 보통 인적 자본이란 근로자들이 교육과 훈련, 경험 등을 통해 습득하는 지식과 기술을 일컫는다. 교육이나 훈련을 많이 받았거나 경험이 더 많은 근로자가 더 많이 생산한다. 이런 인적 자본을 형성하는 데 있어 학습효과(learning by doing, 혹은 경험효과)가 중요하게 작용한다. 학습효과란 제조업에서 작업자가 동일한 제품을 반복 생산하는 과정에서 작업방법의 개선이나 노하우축적, 숙련도의 향상으로 이전보다 작업시간이 일정정도로 단축되는 현상으로 이해되어 왔다. 이러한 학습현상은 제조업뿐만 아니라 건설업, 유통부문, 서비스 나아가 금융·보험, 행정업무 등 '지적노동'에도 포괄적으로 적용될 수 있는 개념으로 확장되어 왔다[17]. 일부 학자들은 누적생산량과 제품단위 당 실질 비용과의 관계를 경험곡선(learning curve)이라고 하고 이를 학습곡선과 구

16) 1982년 이후 2013년까지 우리나라 프로야구 감독은 외국인과 감독대행을 합쳐도 총 60명에 불과하다. 두 명의 외국인 로이스터(미국인)와 도위창(일본인)을 제외하면 58명에 블과하며 감독대행만하고 감독에 못 오른 사람은 도위창씨를 비롯하여 14명에 이른다. 로이스터를 제외하면 완전한 감독으로 일했던 우리나라 사람은 불과 43명에 불과하다.

17) 경험효과를 쉽게 볼 수 있는 곳이 군대이다. 군대 생활을 오래한 고참병이 막 입대한 고학력 신참병보다 군대 생활을 효율적으로 할 수 있는 지혜를 가지고 있다. 두 사람과의 차이는 지능, 학력에 의해 설명되지 않고 군 생활 경험에 의해 많은 부분이 설명된다. 또 유사한 분야에 경험이 많은 사람(숙련 작업자)일수록 (미숙련 작업자에 비해) 새로운 일에도 적응하는 속도가 빠르게 나타날 것이다.

별하여 사용하는 경우도 적지 않다.

〈그림 12-5〉 X축에는 누적(累積) 생산량을 Y축에는 평균 생산비용을 잡고 누적생산량이 증가함에 따라 단위당 직접 평균 비용의 하락(노동시간의 감소)하는 현상을 그린 곡선이 학습곡선(learning curve)이다. 학습곡선을 설명하는 원리로 크게 개인측면에서의 학습과 조직내의 노하우의 축적 등 조직학습으로 두 가지 요인으로 설명할 수 있다.

스포츠에서 실전 경험은 다른 분야에서 보다 더 중요하게 작용하고 있다. 시합 경험은 거의 본능적인 감각에 의해 설명된다. 〈그림 12-6〉의 X축에 선수나 감독으로서 경험한 시합의 누적 총수로 표시할 수 있을 것이다. Y축에는 실패의 가능성을 나타내었다. 우수한 선수일수록 본능적인 판단을 순간적으로 결정하는 일에 훈련되어 있고 실제 경기장에서 경험을 함으로써 실패의 가능성을 크게 줄일 수 있다. 즉 직접경험을 실제 상황에서 온몸으로 느끼고 이를 자신의 것으로 소화함으로써 경기력 향상을 도모할 수 있으며 은퇴 후에는 지도자로서의 능력을 착실히 쌓아가고 있다.

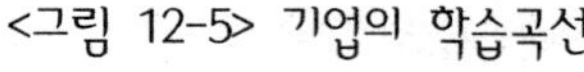
<그림 12-5> 기업의 학습곡선

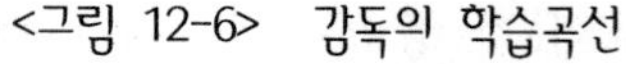
<그림 12-6> 감독의 학습곡선

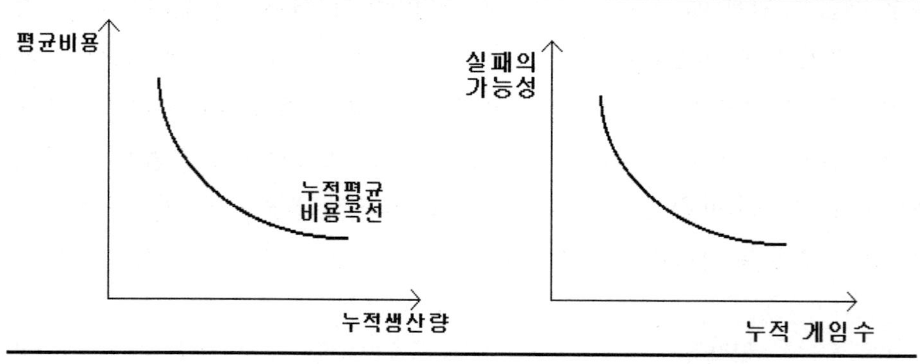

야구 감독을 보면 외야수보다는 투수, 포수, 내야수 출신이 많다. 이것은 포수나 내야수는 매일 게임을 하기 때문에 경험의 중요성이, 투수는 야구가 갖는 투수의 주요성이 자연스럽게 나타난 결과라고 풀이할 수 있다. 반면 외야수들은 순간순간 급박하게 돌아가는 게임의 상황을 멀리서 보기 때문에

눈앞에서 모든 상황을 보고 있는 투·포수나 내야수보다 경험이 적다. 국내 감독들 대부분이 내야수 출신이라는 사실은 이를 잘 뒷받침하고 있다.[18] 농구와는 야구에 비해 좁은 공간에서 경기를 하기 때문에 선수시절 포지션이 야구에 비해 덜 편향적이지만 그럼에도 출전기회가 많으며 게임의 흐름을 조절하는 역할을 하는 가드나 세터 출신이 많다.[19]

특히 우승한 경험이 있는 감독은 몸값이 더 올라가는 경우를 흔히 볼 수 있다. 고기도 먹던 놈이 먹는다. 도둑질도 아는 놈이 한다라는 말에서 보듯 경험이라는 요소가 매우 크게 성과를 좌우한다.

셋째 평판(reputation)이 중요하게 작용하는 시장이다. 반복적인 거래에서는 정보를 가진 쪽에서 스스로 정직하게 정보를 전달한다는 평판을 의도적으로 만들어 자신도 이익보고 역 선택의 문제를 해결할 수 있다.[20]

사는 사람과 파는 사람이 서로 서로를 잘 모를 때라도 서로간의 거래가 한두 번에 끝나는 것이 아니고 반복해서 발생하는 경우에는 남보다 좋은 상품을 계속적으로 공급한다고 하는 평판을 얻는 것이 좋은 전략이 될 수 있다. 또 정기적이고 반복적인 거래가 많은 시장에서 평판은 더 쉽게 형성된다. 뜨내기 손님이 많은 역전(혹은 버스 터미널) 식당의 주인보다 관공서가 운집해 있는 동네의 식당 주인은 좋은 평판을 얻어 단골손님을 확보하려는 장기적 안목에서 장사를 한다.

같은 종목에서 운동을 하는 선수들의 숫자가 매우 한정되어 있기 때문에 눈앞의 이익만을 좇아 행동하게 되면 평판이 나빠져 장기적으로 본인에게 손해로 작용할 수 있다. 우리나라와 같이 작은 시장에서는 평판효과가 더 강력하게 작용하고 있다.

넷째 주인(본인) – 대리인 문제(principal-agent problem)가 크게 문제시되는 시장이다. 보통 거래관계자 중 한쪽의 행동이 다른 쪽에 영향을 미치

18) 2013년 프로야구 감독들의 현역 포지션을 보면 삼성 류중일감독(유격수), SK 이만수 감독(포수), 롯데 김시진 감독(투수), 두산 김진욱 감독(투수), 기아 선동렬 감독(투수), 넥센 염경엽감독(2루수), LG 김기태 감독(1루수), 한화 김응용 감독(1루수) 등이다.

19) 남자농구에서 삼성 김동광, 모비스 유재학, 동부 이충희, 전자랜드 유도훈, KGC 이상범 감독 등이 가드 출신이며, 남자배구에서는 신치용, 김호철, 신영철 감독 등이 세터 출신이다.

20) 강태진외 3인공저, 앞의 책, p.580

는 경우를 대리관계라고 하는데 행동을 취하는 쪽을 대리인(agent), 영향을 받는 쪽을 주인(principal)이라고 정의한다. 대리인의 행동은 주인의 이익에 기여하는 방향으로 제약되어 있다.[21)]

대리인이 하는 노력에 따라 주인의 이익이 영향을 받는 상황에서 나중에 나타난 결과가 주인에게 불리하게 나타난 경우, 그 원인이 대리인의 책임인지 다른 외부적 요인에 의한 것인지를 명확히 구별할 수 없게 되어 두 사람 간에 충돌이 발생한다. 이것을 주인 - 대리인 문제라고 한다. 국민(주인) - 정부(대리인), 주주(주인) - 경영자(대리인), 소송의뢰인(주인) - 변호사(대리인)관계에서 볼 수 있다.

구단이 주인이고 감독과 선수는 대리인이다. 양자의 이해가 언제나 일치한다고 볼 수 없다. 구단은 하루 빨리 좋은 성적을 내 주길 바라고 있으나 감독이 자신의 계약기간 중반이후에 좋은 성적을 내기를 목표로 삼고 있는 경우 구단과 감독간의 마찰이 발생한다. 이와는 반대로 감독이 빨리 좋은 성적을 내려다가 무리수를 두어 성적이 나빠지거나 한 해 반짝 좋았다가 다음 해 부터는 몰락하는 경우도 있다. 또 성적이 나쁘게 나온 경우 그 원인이 감독의 책임인지 다른 요인 예컨데 다른 구단이 상대적으로 훨씬 강해져서 생긴 일인지 누구도 알 수 없는 경우를 흔히 볼 수 있다.

데이비드 로머(David Romer)는 미식축구에서 주인 대리인 문제가 발생하고 있음을 보여주었다. 그는 1야드만 남은 4번째 공격에서 대부분 코치들이 공격을 감행하는 모험보다는 안전하게 상대 진영으로 공을 차 버리는 작전을 택하고 있음을 발견하였다(미식축구에서는 4번의 공격에서 10야드를 전진하면 다시 4번의 공격권이 새롭게 주어진다. 4번째 공격이 실패하면 그 자리에서 상대에게 공격권을 넘겨 주어야한다). 하지만 그는 이런 상황에서 평균적으로 모험을 감행하는 팀이 승리할 가능성이 높다는 것을 보여주고 있다. 구단주나 팬들은 공격(모험)을 원하지만 코치들은 안전한 쪽을 택하고 있다고 주인-대리인 문제가 있음을 보여주고 있다. 누구나 승리하고 싶지만 현장에서의 의사결정자인 코치들은 다른 사람과 다른 선택을 하였다가 실패

21) 강태진 외 3인 공저, 앞의 책,P.581

하는 경우 더 큰 책임을 지기 때문이라고 설명하고 있다[22].

12.3.2 스포츠 감독, 영화감독, 및 장군의 비교

유명한 영화배우가 감독이 되는 경우는 흔치 않은 데 유명한 선수출신 감독은 상대적으로 많은 편이다. 최고의 영화감독 임권택 감독은 유명한 영화배우는커녕 영화배우도 아니었으나 최고의 스포츠 감독은 거의 유명 선수출신이다. 왜 각 구단이 유명 선수출신 감독과 코치를 좋아하는가? 또 감독은 왜 그 얼굴이 그 얼굴인가? 또 운동선수들은 군대와 비슷하게 선후배, 사제간의 위계질서가 엄격한가? 왜 성적부진을 이유로 감독의 목숨은 파리목숨과 같은가?

〈표 12-1〉에 스포츠 감독, 영화감독, 및 장군의 책임 범위를 대강 정리해 보았다. 스포츠 팀 감독은 선수 모두에게 늘 관심을 갖고 임해야 하며 여러 방면에서 본인이 책임져야 할 일이 너무 많다는 사실을 알 수 있다. 영화감독은 작품 제작 시에만 제작자와 배우와 계약을 맺는 단기적 거래지만 스포츠 감독은 2~3년간의 계약기간동안 자기 책임 하에 구단, 코치, 선수, 언론 등 관련 기관과 원활한 관계를 맺어야 한다. 이렇게 스포츠 세계에서는 감독의 영향력이 절대적이기 때문에 팀 성적이 나쁜 경우 구단은 감독 교체라는 카드를 쓰는지도 모르겠다.

영화에서는 배우 못지않게 감독도 유명해진다. 영화의 예술성과 상업성이 많은 부분 감독에 의해 영향을 받기 때문이다. 스포츠 세계에서도 감독의 영향력이 매우 크다. 일단 경기장에서 엄청나게 중요하다. 선수의 구성, 작전, 경기 흐름 조절 등 그 영향력은 야전 사령관을 능가하고도 남음이 있다.

영화감독과 다른 점이 있다면 선수들과 평소에 호흡을 많이 맞추어야 한다. 영화감독과 배우와의 관계는 한 작품에서 몇 달 동안 간헐적 만남으로 나타나지만 스포츠 감독과 선수와는 거의 매일 그것도 2~3년 동안 관계를 지속하여야 한다. 스포츠 감독의 재량권이 훨씬 커 감독과 선수와의 관계는 흔히 말하는 사부(師父)관계이상인 것이 현실이다.

22) 맨큐의 경제학, pp.42~43.

또 각 구단의 감독의 면면을 보면 수많은 선수·코치출신 중에서 극히 소수의 사람들만 이 팀 저 팀 옮겨 다니면서 감독직을 맞는 경우를 어렵지 않게 볼 수 있다. 가끔 신선하게 감독 경험이 없는 사람을 감독으로 지명하는 경우가 없지 않으나 그리 흔한 일은 아니다. '한번 감독은 영원한 감독인가' 하는 의구심이 든다.

스포츠에서는 영화와 달리 순간적인 판단이 매우 중요하다. 영화촬영 시 배우의 연기 등 촬영내용이 감독의 마음에 안 들면 NG를 내고 처음부터 다시 시작하면 되지만 프로 감독은 상황을 다시 되돌릴 수 없다. 또 훈련과정에서는 보통사람의 상식을 뛰어 넘은 극기, 즉 자기 자신과의 싸움이 필요하다. 스포츠는 육체를 움직여 훈련하고 경쟁하기 때문에 코치나 감독이 솔선수범하여야 한다.

계약기간동안 구단, 코치, 선수, 언론기관 등 여러 관련기관과 본인 책임하에 지휘 감독해야 할 일이 너무 많기 때문에 단기적인 계약이 주인 영화감독의 책임보다 훨씬 더 큰 책임을 느끼고 있다. 또 통솔대상의 범위가 너무 크고 실제로 자신의 역량을 발휘할 기회가 그리 많지 않는(실전 상황에 부딪치지 않는) 장군에 비해 적당한 정도의 통솔 대상을 가지고 있으며 매일 실전을 치르기 때문에 능력이 가시적으로 드러난다.

스포츠 감독은 선수들과 계약기간동안 한 몸이 되다시피 하여야 한다. 선수들에게 여러 면에서 모범이 되어야 한다. 몸을 움직여 성과를 얻는 일이 반복되기 때문에 위험하고(dangerous) 어려운(difficult) 2D업종이다. 선수와 감독간에 의기투합(意氣投合), 동병상련(同病相憐)의 공감대가 형성되어 있지 않으면 좋은 성적을 기대할 수 없다.

감독들의 명언

가. 김응용 현 한화 이글스 감독 (1941년 ~)

- 1983년 해태 타이거스 감독으로 첫 우승을 한 후 해태에서 9번 우승, 삼성에서 1번의 우승을 하여 총 10회 우승

"프로는 돈이다" "10번 우승의 비결은 좋은 선수에 있다"

"감독은 야구라는 드라마의 연출가다"

"감독으로서 최선의 길은 선수를 믿어주는 것이다"

"관중을 위한 것이다. 선수에게는 우리 감독이 아직 게임을 포기하지 않았구나 하는 무언의 메시지를 주는 것이다. 실제로 퇴장당한 후 TV를 보면 역전승한 경우도 있다." 18번 퇴장(최고 기록)당한 감독으로서 왜 심판한데 거칠게 항의하는 이유에 대해

나. 김성근(1942∽) 고양 원더스 감독

- 재일동포출신으로 OB베어스 코치를 시작으로 태평양, 삼성, 쌍방울, LG, 일본 롯데, SK, 고양 원더스 감독에 이르기 까지 가장 지도자 생활을 오래한 명감독이다.

"야구는 감독의 지식이나 선수기용 등 보이지 않는 것들이 작용하는 스포츠다"

"무이일구(無二一球)"

다. 김인식(1947~) 감독

"나라가 있어야 야구도 있다" - WBC 감독을 맡으면서

감독들의 명언

라. 김경문(1958~) 현 NC 다이노스 감독

"지장, 덕장, 용장 보다 최고의 감독은 복장(복이 많은 감독)이다"
베이징 올림픽 금메달을 따고 난 후

마. 염경엽(1968~) 넥센 감독

"프로 야구 감독이라는 자리가 천운을 타고나야 한다는 데..."

바. 신춘삼(1956~) 전 KEPCO 감독

- 공기업이기 때문에 다른 프로팀처럼 좋은 선수를 많이 스카우트할 수 없는 어려움을 겪어 있어 늘 최하위를 하는 경우가 많지만 그래도 KEPCO에 대해 많이 성원을 보내주기를 희망하면서
" KEPCO 의 분전은 우리 KEPCO를 위해뿐만 아니라 한국 프로 배구 발전을 위해 필요한 일이다"

한국시리즈 10회 우승에 빛나는 김응룡감독

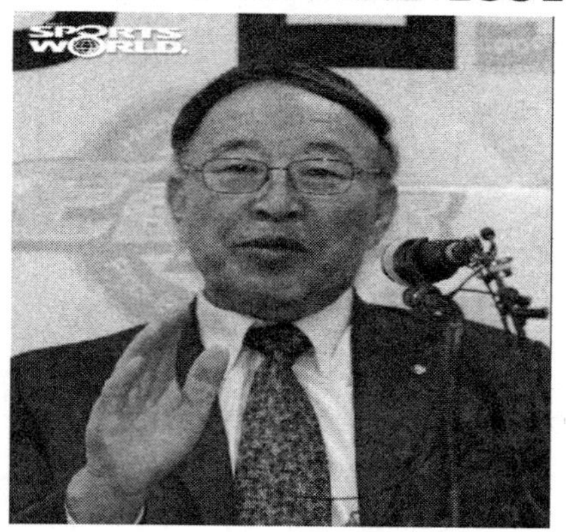

월드컵 4강 신화의 주인공 히딩크 감독

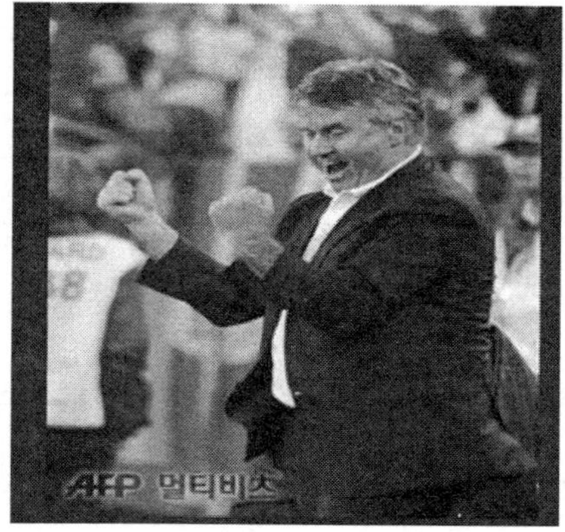

프로 배구 통산 7회(총 9시즌) 우승 신치용감독

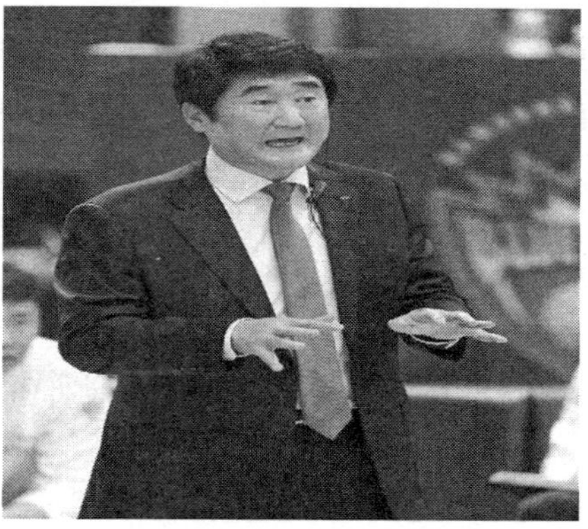

<표 12-1> 스포츠 감독, 영화감독, 및 장군의 비교

	스포츠 감독	영화감독	장군
고용형태	계약제 시즌 단위	계약제 작품 단위	임명제
선수선발(스카우트)	책임 강	책임 강	책임 약
선수들의 평소 사생활 관리	책임 강	관계 무	포괄적 책임
훈련 책임	책임 강	무	책임 강
상대 전력분석	책임 강	무	책임 강
우리 측 전력분석	책임 강	책임 강	책임 강
코치(참모) 관리 감독	책임 강	책임 강	책임 강
구단과의 관계	책임 강	책임 강	책임 강
타 구단과의 관계	책임 강	책임 강	책임 강
방송·언론과의 관계	책임 강	책임 강	책임 약
통솔대상의 규모	중규모	소규모	대규모

스포츠 과학이 도입되면서 체계적인 훈련이 이루어져 모든 운동에서 경기력이 월등하게 향상되었다. 그러나 시합 때 한 순간 순간 판단은 과학적 판단보다는 감독의 직관과 경험이 더 크게 작용할 수밖에 없다. 똑 같은 일이 반복 발생하지 않는다는 스포츠의 특성이 있으나 비슷한 유형으로는 나누어 볼 수 있다. 자신의 선수 생활 중 유사한 경험을 많이 해 본 감독일수록 결과에 대해 정확한 예견을 할 수 있고 선수들을 심리적으로 안정시켜 승리를 차지할 수 있다. 또 승리나 우승한 후 해이해지기 쉬운 팀 분위기를 바로 잡는 일도 중요한 임무이며 구단과 선수간의 중간자 입장에서 양쪽으로부터 신임을 받아야 하는 어려움도 있다.

선수보다는 감독의 기여도를 평가하기가 더 어렵다.[23] 감독에게는 선수에 비해 더 여러 가지의 자질을 요하고 있다. 경기장에서의 승리를 위해 선수들

23) 농구에서는 교체 멤버로 투입된 선수의 득점을 벤치 스코어(bench score)라고 하여 감독의 용병술을 평가하고 있다.

의 발끝에서 머리끝까지 신경을 써야 하고 일거수일투족을 관리하여야 한다. 선수들의 능력을 철저히 알고 있다가 적재적소에 투입함으로써 팀을 승리로 이끌 수 있는 전략과 리더쉽을 가지고 이어야 한다. 이것이 선수로서의 경험에 의존하는바가 크다. 또 감독이나 코치로서의 경험 역시 다른 직업인보다 더욱 필요한 덕목이다.

한편 구단과 감독의 이해가 언제나 일치한다고 볼 수 없다. 구단은 짧은 기간 내에 좋은 성적이 나타나길 바라고 있으나 감독의 팀 운영이 장기적인 시각을 가지고 있는 경우, 반대로 감독이 빨리 좋은 성적을 내려다가 무리수를 두어 성적이 나빠지거나 한 해 반짝 좋았다가 다음 해 부터는 몰락하는 경우도 있다. 이것을 경제학에서는 주인 - 대리인 문제라고 부르는 현상이다.

스타 선수가 은퇴 후 명감독으로 변신하는 것을 흔히 볼 수 있다. 훈련과정에서 나타나는 선수들과의 고통나누기, 과학적인 훈련에 대한 이해, 결정적인 순간을 대처할 수 있는 전략과 적응능력 등 다른 분야에서는 유사한 예를 찾을 수 없는 독특한 노동시장이다. 본능적인 감이 선수나 감독의 능력을 설명하는 중요한 요소로 작용하고 있다.

또 앞에서 본 정보의 비대칭성에서 발생하는 스카우트 실패도 감독 시장을 매우 패쇄적으로 만든다. 구단 입장에서는 무리하게 초심자 감독보다는 감독 경험이 있는 감독을 선호하게 된다. 특히 1초에 1점에 운명이 바뀌는 플레이오프 이상의 단기전에서는 결코 감독의 역량을 경시할 수 없다. 따라서 감독시장에서는 '구관이 명관이다'라는 말이 보편화될 수밖에 없고 그 얼굴이 그 얼굴인 결과를 낳는다.

주관식

1. 선수 트레이드의 필요성에 대해 설명하시오

2. 현금 트레이드를 부정적으로 보는 근거에 대해 쓰시오

3. 스포츠 감독, 영화감독, 장군의 역할을 비교하여 설명하시오

4. 선수노조가 일반 노조와는 달리 성공하기 어려운 이유를 설명하시오

5. 노조의 파업이나 직장폐쇄가 가져 올 폐해에 대해 설명해 보시오.

6. 미국 프로 스포츠 노조는 유럽에 비해 더 강성이다. 그 이유를 설명해 보시오.

7. 미식축구 선수들은 다른 종목에 비해 파업을 할 가능성이 높은가? 낮은가? 그 이유를 설명하시오

객관식

1. 다음 설명 중 옳은 것을 고르시오.

① 스포츠 감독은 영화감독에 비해 더 쉬운 직업이라고 평가할 수 있다.
② 유명한 선수 출신 감독이 그렇지 않은 감독에 비해 더 유능하다고 단정 지을

수 있다.

③ 스포츠 감독에게는 영화감독이나 장군보다 더 다양한 능력(예를 들어 인간성, 리더십, 경험, 실천력 등)을 요구하고 있다.

④ 소수의 사람만이 프로 감독을 하는 첫 번째 이유는 그들이 구단과 좋은 인간관계를 유지하기 때문이다.

2. 우리나라 프로축구선수의 직업분류에 대한 설명 중 맞는 것을 고르시오.

① 아직 직업으로 분류되고 있지 못하다.
② 세세분류상 프로 야구선수와 같이 직업 운동선수로 분류되고 있다.
③ 대분류에서 전문직 관리자로 분류되고 있다.
④ 직업을 분류하는 일은 우리나라에서만 있는 고유한 제도이다.

3. 다음 설명 중 틀린 것을 고르시오.

① 선수트레이드는 두 팀 모두 전력 향상을 위해 행하여지는 것이 바람직하다.
② 영화감독은 작품을 중심으로 한시적으로 일을 하고 있는 반면 스포츠 감독은 1년 내내 선수단을 통솔해야하는 어려움이 있다.
③ 스포츠 감독은 영화감독이나 장군보다 더 다양한 능력(예를 들어 인간성, 리더십, 경험, 실천력 등)을 요구하고 있다.
④ 현금 트레이드는 프로 연맹이 적극 권장하고 있다.

객관식 문제 정답 1. ③ 2. ② 3. ④

제 4 부

스포츠 산업과 유관 산업분석

제13장 스포츠 산업

"2002년 한일 월드컵 때 붉은 악마가 주도한 길거리 응원은 세계를 놀라게 하였고, 응원문화 나아가 축구는 물론 스포츠 산업 전체에 엄청난 영향을 미쳤다"

"생큐 LA몬스터" - 대전 지역 백화점 야구용품 전문점은 류현진이 등판했던 5월 29일과 6월 8일,13일,20일, 25일 전날과 다음 날을 기준으로 매출이 평일 평균 매출보다 20%이상 상승했다는 것. 가장 인기 있는 제품은 LA 다저스 모자로... "

– 2013년 6월 26일 대전일보

- 스포츠 산업에 대한 정의, 특성 및 현황
- 스포츠 산업 분류

13.1 스포츠 산업의 정의

13.1.1 정의의 어려움

일상적으로는 시장과 산업을 같이 쓰는 경우가 많으나 엄밀하게 말하면 시장과 산업(industry)은 구별된다. 시장은 교환의 장으로 추상적인 개념인 반면 산업은 제조방식이 유사한 상품을 생산하는 기업의 집합을 일컫는다. 시장이나 산업의 범위를 현실적으로 구분할 수 있는 논리적 기준을 정하는 것이 매우 어렵기 때문에 연구자의 목적에 따라 그 범위를 정할 수밖에 없다.

스포츠를 어떻게 정의하느냐에 따라 스포츠 산업의 분류가 달라질 수 있다. 스포츠를 '인간의 육체건강과 정신건강을 추구하는 분야'라고 폭 넓게 정의한다면 스포츠 산업이란 분류할 수 없을 정도로 광범위해진다. 〈그림 13-1〉프로 축구 시장의 연관성에서 보듯 축구경기에만 필요한 재화와 용역이 거래되는 것이 아니라 경제 전 분야에 걸쳐 폭 넓게 영향을 미치고 있다. 일례로 스타 선수들이 광고를 통해 스포츠와 무관한 분야에도 상당한 영향을 미치기 때문에 스포츠산업에 대한 정의와 분류가 과거에 비해 훨씬 더 어려워졌다. 그래서 경제학에서조차 애매하게 쓰이고 있는 시장과 산업에 대한 분류기준을 스포츠에 적용하는 일은 상당히 어렵다.

프로 스포츠 시장이 경제에 미치는 영향은 직접적으로 관련 산업에 미치는 경로와 간접적으로 미치는 경로로 나누어 볼 수 있다. 전자는 프로 선수나 구단이 직접 소비자가 되는 경우이고 후자는 보통 사람들이 소비자가 되는 경우다. 먼저 프로 스포츠의 발전에 의해 전문가용(경기용, 선수용)스포츠 용품 산업, 상해보험, 경기장 건설업, 에이전트업 등에서 수요증대로 나타난다. 또 프로 스포츠의 발전에 의해 소비자들에게 스포츠관련 제조업(용구·용품업, 의류산업, 신발산업 등)은 물론 팬시·캐릭터상품, 컴퓨터 게임 소프트 산업, 애니메이션, 만화산업, 금융업, 여행업, 숙박업, 식품업 등 경제 전반에 엄청난 영향을 미치고 있다. 이러한 우회적인 파급효과는 특히 스

포츠 스타들의 광고출연에 의해 가속화되고 있다. 또 직접적인 영향력보다 더 큰 영향력을 가지고 있다.

<그림 13-1> 프로 축구 시장의 연관성

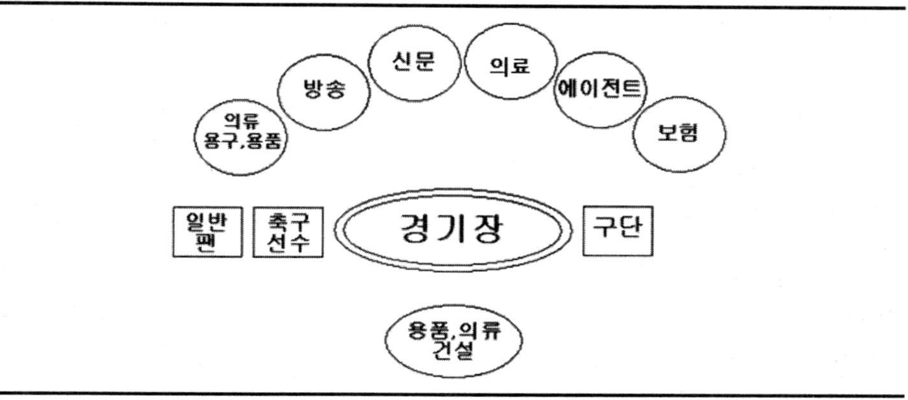

우리나라에서 산업은 사업체에서 수행하는 주된 산업 활동의 특성(산출물, 원재료, 제조공정 및 방법, 기능 및 용도, 제공하는 서비스 및 제공방법 등)에 따라 분류되기 때문에 스포츠 시장과 산업은 과소평가되고 있다. 어느 기업이 생산, 판매하고 있는 제품이나 용역 중에서 스포츠 관련 제품과 용역이 차지하는 비중이 상당한 지위에 있을 때 그 기업을 스포츠 관련업체라고 분류할 수 있으며 이들의 모임을 스포츠 산업이라고 정의되고 있다. 이렇게 보면 스포츠 전문 제조업이나 서비스업만이 스포츠 산업으로 분류된다. 반면 스포츠 전문 제조업이나 서비스업에 포함되지 않지만 스포츠에 사용되는 제품, 시설, 프로그램, 서비스 등을 시장에 공급하는 기업들은 스포츠 관련 시장에 참여하고 있다고 구분하는 것이 옳다고 본다.

예를 들어 대전 월드컵 경기장을 건설한 H산업개발과 K건설을 예로 들어보자. 이 두 기업은 분명 스포츠 시설을 지었지만 이 공사는 이 두 기업의 매출액 중 일부분에 불과하다. 따라서 이 두 기업을 종합건설업에 참여하고 있다고 분류하지 스포츠 건설(산)업에 있는 기업이라고 말할 수 없다. 단지 스포츠 시설 건설시장에 참여하고 있다고 말하는 것은 합당하다. 또 KBS가

스포츠 중계를 한다고 해서 스포츠 산업에 종사한다고 말할 수 없으나 스포츠 시장에 참여하고 있다고는 말 할 수 있다. 아마추어 스포츠 팀을 운영하고 있는 회사는 원래 그 회사의 목적에 맞는 산업으로 분류되고 스포츠 시장에 참가하고 있을 뿐이다. 반면 프로 팀은 경기 전문 종사업(산업분류번호 8832) 중 프로 및 실업 경기단체(산업분류번호 88321)에 속하는 것으로 분류된다.

일반적으로 산업과 시장의 구별이 애매하지만 스포츠 시장과 스포츠 산업 구별은 더 어렵다. 왜냐하면 스포츠 산업이란 매출액의 상당부분을 스포츠 관련 상품을 생산하고 있는 기업체들의 모임이라고 정의하고 스포츠 시장이란 스포츠 행위에 관련되는 모든 상품이 거래되는 장(場)이라고 정의하기 때문이다. 이렇게 보면 스포츠 시장이라는 개념은 기계적인 산업분류를 초월하여 존재하는 개념이며 여러 곳에 분산되어 있다는 특성 때문에 그 규모나 중요성에 비해 과소평가 받을 가능성이 있다.[25]

13.1.2 산업분류

우리나라 표준 산업 분류표에는 전체 산업을 농업, 임업 및 어업(A), 광업(B), 제조업(C), 전기·가스 및 수도(D), 폐기물, 환경복원(E), 건설업(F), 도매 및 소매(G), 운수업(H),숙박 및 음식점(I), 출판 영상 정보 등(J), 금융보험업(K), 부동산 임대 (L), 전문, 과학, 기술(M), 사업시설 사업지원(N), 행정 국방 사회보장(O), 교육 서비스업(P), 보건 및 사회복지사업(Q), 예술 스포츠 여가(R), 협회 수리 개인(S) 자가 소비생산활동(T), 국제 및 외국기관(U)등으로 대 분류하고 있다. 또 각 대 분류 산업은 다시 중, 소, 세, 세세분류로 나뉘어진다. 마지막 분류단위인 세세분류업은 다섯 자리 단위로 표기되고 있다[26].

스포츠 용구·용품·장비·의류 등은 산업 대분류로는 제조업(C)에 속하지만

---

25) 박영옥, "한국 스포츠산업정책 방향과 과제", 월간스포츠비즈니스, 14호,99년 7월
26) 통계청 홈페이지 www.nso.go.kr을 참고하기 바람. 중분류는 두 자리, 소분류는 세 자리, 세분류는, 네 자리, 세세분류업은 다섯 자리 단위로 표기되고 있다.

스포츠 시설 운영은 예술 스포츠 여가(R)에 속하며, 스포츠 관련 방송업은 출판 영상 정보 등(J)에 속하며, 스포츠 마케팅업은 사업시설 사업지원(N)에 속한다. 예를 들어 스포츠 의류 제조업은 셔츠 및 체육복 제조업(세세븐류 14191), 스포츠 관련 지상파 방송업은 지상파 방송(세세분류 60210), 스포츠 에이전트는 메니저업(세세분류 73901)으로 분류되고 있다.

이렇게 스포츠 관련 산업이 매우 광범위하게 분포되어 있기 때문에 표준적인 산업 분류 방법으로는 분류하기가 어렵다. 통계청에서는 별도로 체육활동을 지원하는 건설업, 유통업, 관련 서비스업을 묶어 산업특수분류 형식을 취하고 있다. 스포츠 산업 특수 분류와 한국표준 산업과의 관계는 〈부표 2〉에 정리해 놓았다. 이와 같이 스포츠산업분류를 따로 두는 목적으로 건강한 신체와 정신을 기르고 여가를 선용하는 국민 건강증진 산업이 증대됨에 따라 스포츠 관련 산업의 통계작성 및 구조분석을 할 수 있는 기본틀을 제공하기 위함이다.

〈표 13-1〉 스포츠 산업 특수 분류에서 보는 바와 같이 크게 3가지 스포츠 시설업, 스포츠 용품업, 스포츠 서비스업으로 나누고 있다. 스포츠 시설업은 주로 스포츠 시설운영업과 스포츠 시설 건설업, 스포츠 용품업은 스포츠 용품·용구·의류제조업과 도소매업, 스포츠 서비스업은 스포츠 경기업, 스포츠 베팅업, 스포츠 마케팅업, 스포츠 미디어업, 스포츠 교육기관 및 스포츠 여행업으로 이루어져 있다.

<표 13-1> 스포츠 산업 특수 분류

스포츠산업 특수분류 개정(안)	
코드	분류
1	**스포츠 시설업**
101	스포츠시설 운영업
10101	경기장 운영업
10102	참여스포츠시설 운영업
10103	골프장 및 스키장 운영업
10104	수상스포츠시설 운영업

10199	기타 스포츠시설 운영업
102	스포츠시설 운영업
10200	스포츠시설 건설업
2	스포츠 용품점
201	운동 및 경기용품점
20101	운동 및 경기용품 제조업
20102	스포츠 의류 및 관련 섬유제품 제조업
20103	스포츠 가방 및 신발 제조업
202	운동 및 경기용품 유통 및 임대업
20201	운동 및 경기용품 도매업
20202	운동 및 경기용품 소매업
20203	운동 및 경기용품 임대업
3	스포츠 서비스업
301	스포츠 경기 서비스업
30101	스포츠 경기업
30102	스포츠 베팅업
30103	스포츠 마케팅업
302	스포츠 정보 서비스업
30201	스포츠 미디어업
30299	기타스포츠 정보서비스업
1303	스포츠 교육기관
130300	스포츠 교육기관
399	기타 스포츠 서비스업
39901	스포츠 게임 개발 및 공급업
39902	스포츠 여행업

우리나라 스포츠 산업의 법적 근거는 "국민체육진흥법, "체육시설의 설치 이용에 관한 법률", “스포츠 산업진흥법”을 들 수 있다. 스포츠 산업진흥법에서는 "스포츠산업"이라 함은 스포츠(건강한 신체를 기르고 건전한 정신을 함양하며 질 높은 삶을 위하여 자발적으로 행하는 신체활동을 기반으로 하

는 사회문화적 행태)와 관련된 재화와 서비스를 통하여 부가가치를 창출하는 산업을 말한다. 또 "국민체육진흥법"에 의거한 체육활동(운동경기, 야외운동 등 신체활동을 통하여 건전한 신체와 정신을 기르고 여가를 선용하는 것)을 지원하는 제조업, 건설업, 관련 서비스업(시설업, 기타 운동관련 서비스업)과 스포츠라는 재화를 수동적 여흥거리로 제공하기 위해서 재화와 서비스를 생산 유통하는 산업(스포츠 정보 제공 산업, 스포츠 이벤트업)을 포괄하고 있으며, "체육시설의 설치이용에 관한 법률"에 의거한 체육시설업의 구분. 종류, 그리고 "국제표준산업분류(ISIC Rev.4.0)"와 중앙생산물분류(CPC2.0)의 스포츠관련 산업 및 생산물을 포함하고 있다.[27] 체육활동을 지원하는 제조업, 건설업, 유통업, 관련 서비스업을 포괄하고 있다.

13.2 현황

2010년도 국내 스포츠산업은 총매출액 규모로 볼 때 33조 9,339억원 규모로서 국내총생산(GDP) 대비 2.89% 수준이다 2010년에 비해 규모는 약 1.4% 증가하였으나 국내총생산 대비 0.29%p 하락하였다. GDP대비 스포츠산업 비율을 살펴보면 2005년 2.24%에서 2009년 3.18%로 꾸준하게 상승하는 것으로 나타난다.[28] 2005년부터 2009년까지 스포츠산업 연평균 성장률은 14.9%로 상당히 높게 나타났고 있다. 이는 2009년 기준조사에서 모집단과 분류체계 적용 변화 등의 이유로 다소 높게 나타나는 구조를 가졌다는 점을 감안하여도 높은 증가율이라고 평가할 수 있겠다. 또 2009년 영업이익은 4조 9940억원이였으나 2010년에는 3조 9300억원으로 약간 감소하였다. 2009년에 비해 업체수, 종사자수가 늘었으나 수출과 내수부진으로 인해 매출액과 영업이익이 감소하였다.

27) "스포츠산업진흥시설"이라 함은 공공체육시설 안에 스포츠산업 관련 사업자와 그 지원시설 등을 집단적으로 유치함으로써 스포츠산업을 활성화하기 위한 시설로 스포츠 산업진흥법 제9조제1항에 따라 지정된 시설물을 말한다.

28) GDP대비 스포츠 산업의 비율이 미국에서는 2005년 1.71%(레저 스포츠 제외), 일본에서는 2008년 2.54%를 보이고 있다. 문화체육관광부, 「2008 체육백서」, p.334.

<표 13-2> G D P 대비 스포츠 산업 규모

구분	2005	2006	2007	2008	2009	2010
GDP(원)	847조 9천억	915조 9천억	901조 2천억	1,032조 9천억	1,050조	1,172조
스포츠 산업매출액 (원)	19조 6,507억	22조 3,642억	23조 2,698억	26조 3,614억	33조 4,439억	33조 9,339억
GDP대비 스포츠 산업 비율(%)	2.24	2.44	2.58	2.57	3.18	2.89
증가율(%)	-	13.81	4.05	13.29	26.86	1.40

출처: 문화체육관광부, 「2011 체육백서」p.419

국내 스포츠 산업의 종사자 수별 사업체 수를 볼 때 1~4인 규모가 87.40%를 차지하고 있으며 5~9인 규모가 6.30%, 10~19인 규모가 2.20%, 20~49인 규모가 1.40%, 50인 이상인 사업체는 불과 0.64%인 것 조사되었다. 국내 스포츠 산업의 영세성을 엿볼 수 있다.

스포츠 산업 (대분류와 중분류) 산업별 사업체수, 종사자수, 그리고 매출액을 〈표 13-3〉에 나타내 보았다. 모든 면에서 경기 및 오락스포츠업의 규모가 가장 크게 나타났다. 2011년 매출액은 21조 5,314 억원으로 전체 스포츠 산업의 63.5%, 사업체수는 34,207개로 전체 스포츠 산업의 48.7%, 종사자수는 13만 2천 4백명이 종사하여 전체 스포츠 산업의 56.8%를 차지하고 있다. 이 분야는 프로 스포츠를 비롯한 관람스포츠 분야의 발전과 함께 성장하는 스포츠 산업의 핵심 분야이다. 또 향후 고부가가치 창출을 통한 발전 가능성이 높은 분야로 평가받고 있다.

매출액 순으로 볼 때 두 번째인 운동 및 경기용품유통 임대업은 도소매업이 큰 비중을 차지하고 있다. 세 번째로 큰 운동 및 경기용품제조업은 사업체수로는 전체의 6.9%, 종사자수로는 15.0%, 매출액에서는 16.5%를 보이고 있다. 마지막으로 스포츠 교육 서비스업은 사업체수로는 전체의 29.3%, 종사자수로는 15.8%, 매출액에서는 2.7%를 보이고 있다. 매우 노동집약적인

특성을 보이고 있다.

중분류로 볼 때 스포츠 복권 발행업과 경마, 경륜, 경정 등 베팅관련 시설을 운영하는 산업 활동을 포함하는 갬블링 및 베팅업(표준산업 세 분류번호 9124)은 사업체수로는 전체의 0.1%, 종사자수로는 2.4%에 불과하지만 대출액(2011년 9조 4,523억원)에서는 27.9%를 보이고 있다. 이 업종은 비록 소수의 사업체수가 적은 종업원수로 운영하고 있지만 매출액면에서는 전체 스포츠 중분류 산업에서 1위를 차지하고 있을 정도로 비중이 큰 업종이다.

다음으로는 종합 스포츠 시설 운영업, 체육단련시설 운영업, 수영장 은영업, 볼링장 운영업, 당구장 운영업, 골프 연습장 운영업으로 이루어진 기타 스포츠 산업 운영업의 비중이 가장 크게 나타나고 있다. 사업체수는 32,001개로 전체의 46.1%, 종사자수는 8만 8천8백명으로 38.1%, 매출액은 3조 7천3백2십만원으로 11.0%를 차지하고 있다.

프로 축구단이나 프로 야구단과 같은 프로 스포츠 팀이 속하는 스포츠클럽 운영업(표준산업 세세분류번호 91191)은 기타 스포츠 서비스업에 속한다. 이 산업에는 424개 업체가 있으며 4천5백명이 종사하고 있으며 1조 5,226억원의 매출을 기록하고 있다. 업체수로는 스포츠 산업 전체의 0.6%를, 종사자 수로는 1.9%, 매출액으로는 4.5%를 점하고 있다.

<표 13-3> 우리나라 스포츠 산업의 현황(2011년)

단위(개, 백명, 억원, %)

산업명	사업체수	종사자수	매출액
운동 및 경기용품제조업	4,814 (6.9)	348 (15.0)	55,935 (16.5)
기타 비알콜음료제조업	4 (0.01)	9 (0.4)	2244 (0.7)
섬유제품 및 의복 제조업	3,071 (4.4)	198 (8.5)	33,249 (9.8)
가방 및 신발 제조업	920 (1.3)	55 (2.4)	6,107 (1.8)

운동 및 경기용구 제조업	819 (1.2)	86 (3.7)	14.332 (4.2)
경기 및 오락 스포츠업	34.207 (48.7)	1324 (56.8)	215.314 (63.5)
경기장 운영업	181 (0.3)	70 (3.0)	34.005 (10.0)
기타스포츠서비스업	424 (0.6)	45 (1.9)	15.226 (4.5)
골프장 및 스키장 운영업	326 (0.5)	219 (9.4)	33.111 (9.8)
기타 스포츠시설 운영업	32.001 (46.1)	888 (38.1)	37.320 (11.0)
수상스포츠시설 운영업	1.205 (1.7)	44 (1.9)	804 (0.2)
갬블링 및 베팅업	53 (0.1)	57 (2.4)	94.523 (27.9)
기타 경기 및 오락스포츠업	17 (0.02)	1 (0.1)	325 (0.1)
운동 및 경기용품유통 임대업	9.991 (14.4)	289 (12.4)	58.837 (17.3)
운동 및 경기용품 도매업	1.071 (1.5)	86 (23.8)	34.618 (10.2)
운동 경기용품 및 자전거 소매업	8.186 (11.8)	183 (7.8)	23.740 (7.0)
스포츠 및 레크리에이션 용품 임대업	734 (1.1)	20 (0.9)	480 (0.1)
스포츠 및 레크리에이션 교육기관	20,304 (29.3)	368 (15.8)	9.255 (2.7)
스포츠 및 레크리에이션 교육기관	20,304 (29.3)	368 (15.8)	9.255 (2.7)
합계	69.315 (100)	2.329 (100)	339.339 (100)

출처: 문화체육관광부, 「2011 체육백서」p.415~422.

최근 스포츠 산업 매출액의 추이를 〈표 13-4〉에 나타내 보았다. 경기 및 오락 스포츠 업의 매출액 감소(4.6%감소)로 인해 스포츠 산업 전체의 매출

액은 1.4% 증가에 그쳤으나 운동 및 경기용 제조업, 운동 및 경기용품 유통 임대업, 그리고 스포츠 및 레크리에이션 교육기관은 10%이상의 성장률을 보이고 있다.

<표 13-4> 중분류 스포츠 산업 매출액

(단위: 십억원, %)

분류	2009		2010		증감률
	매출액	비중	매출액	비중	
운동 및 경기용품 제 조 업	4,929	14.9	5,593	16.5	13.5
경기 및 오락 스포츠업	22,570	67.5	21,531	63.5	△4.6
운동 및 경기용품 유통 임대업	5,124	15.5	5,888	17.3	14.8
스포츠 및 레크리에이션 교육기관	833	2.5	926	2.7	11.2
합계	33,456	100.0	33,934	100.0	1.4

출처: 문화체육관광부, 「2011 체육백서」p.420.

우리나라 스포츠 시장의 부가가치 유발은 전체 제조업과 서비스업에 비해 높은 것으로 나타났다.[29] 이 말은 어느 중간공정단계에서의 투자가 그 다음 단계의 확대 발전을 자극하는 효과인 전방 연관 효과(forward linkage effects)와 그 이전 단계의 확대 발전을 자극하는 효과인 후방 연관 효과(backward linkage effects)가 크다는 것을 의미한다.[30]

스포츠가 세계화됨에 따라 국제간의 인적·물적 거래도 매우 활성화되었다. 운동 및 경기용 제조업(섬유제품 및 의류제조업, 가방 및 신발제조업,

29) 문화체육관광부, 「2011체육백서」, 2012. p.420.
30) 자동차 산업은 전후방 연관 효과가 높다. 자동차 산업은 제철, 철강, 타이어, 카 에어콘, 카 오디오 등 전방 연관 산업과 휘발유, 가스, 엔진 오일, 보험, 정비업 등 후방 연관 산업을 동시에 발전시키고 있다.

운동 및 경기용구 제조업 등)에서 수출입이 발생하고 있다. 여기에서의 거래는 국제수지표의 상품수지(商品收支)에 나타난다.

한편 우리 선수들이 외국에서 번 수입과 우리나라에 와 있는 외국인 선수가 번 수입은 상품외수지에 기록된다. 스포츠 시장에서의 국제 거래는 대부분 경상수지(current account)에 기록되게 된다.[31)]

2010년 스포츠 용구 수출액 314,187,000달러 수입액 751,912,000 달러로 437,725,000달러의 적자를 보이고 있다. 스포츠 용구 산업을 크게 i) 유회용구, 테이블 또는 실내게임 용구(당구용구 포함), ii) 일반적인 육체적 운동, 체조, 육상(기타 운동용구), iii) 낚시대, 낚시바늘, 기타 낚시 용구. 이와 유사한 조류유인 용구 로 나누어 볼 때 i)과 ii)에서는 적자를 보이고 있지만 iii)에서는 흑자를 보이고 있다. 한편 운동경기용품제조업의 상품별로 수입현황을 보면 스포츠의류, 공류, 그리고 기타 용품의 수입이 주를 이루고 있다.

외국에 진출한 류현진, 추신수, 배상문, 박지성, 박인비와 같은 스포츠 스타가 국내로 송금한 외화는 무역외 수지 크게는 경상수지 흑자에 기여하며 반대로 우리나라에서 뛰고 있는 외국인 선수가 받은 돈을 자기나라로 보내는 경우 무역외 수지 크게는 경상수지의 흑자를 감소시키는 방향으로 작용한다. 국내에서 생산된 운동기구·용구가 해외에 수출되는 경우, 무역 및 경상수지에 흑자요인으로 기록되며 해외에서 스포츠 관련 상품을 수입하는 경우 무역 및 경상수지에 적자요인으로 기록된다.

---

31) 어느 일정기간 동안(보통 1년)에 한 나라와 다른 나라 사이에 일어난 모든 경제적 거래를 종합적으로 기록한 통계표인 국제수지(balance of payments) 는 경상수지와 자본수지(외화를 빌려오거나 빌려주는 자본거래)로 나뉜다. 경상수지는 상품수지와 상품 외 수지, 그리고 이전 수지(移轉收支, 무상으로 다른 나라에서 받는 금액에서 무상으로 다른 나라에 준 금액을 제한 값, 예 해외 거주 교포로부터 보내오는 송금, 해외 종교기관이나 자선단체로부터 받은 기부금과 구호물자는 이전 수입에 속하고 반대로 우리나라 사람이 외국에 보낸 선교헌금 등은 이전 지출에 속한다. 이전 수입에서 이전 지출을 뺀 것이 이전 수지) 스포츠 산업에서의 국제수지는 그 성격상 이전수지와 자본수지는 거의 미미하다.

 남아공 월드컵 경제학

대회 총 수입 역대 최고될 듯 263억 시청 - 우승상금 373억

월드컵은 유무형의 경제 유발 효과를 가지고 있다. 따라서 각국들은 기를 쓰고 월드컵을 유치하기 위해 뛰고 있다. 이번 남아공월드컵을 준비하면서 남아공 정부는 대회 기간 중 16만 9,000개의 일자리가 창출되고, 213억 랜드(약 3조 4,000억 원)의 경제적 효과를 얻을 것으로 전망하고 있다. 또 국내 총생산(GDP)도 2% 증가할 것으로 내다봤다. 여기에 국가 브랜드 가치 증가는 돈으로 환산하기 어려울 정도다.

남아공월드컵에는 50만~60만 명의 관광객이 찾을 것으로 예측됐다. 하지만 치안 문제와 고물가, 남유럽 발 경제위기가 세계를 강타하며 관광객 수가 40만 명 이하로 급감할 것이란 우울한 전망도 나오고 있다. 관광 수입도 88랜드(약 1조 4,230억 원)에 그칠 것으로 보인다.

31일 동안 64경기가 펼쳐지는 가운데 총 시청자 수는 전 세계적으로 263억 명에 이를 것으로 예측되고 있다. 세계 인구가 68억 명이니, 1인당 평균 4경기씩 보는 셈이다. 한편 국제축국연명(FIFA)은 이번 남아공월드컵의 총 수입을 36억 달러(약 1,730억 원)로 예상하고 있다. 이는 지난 2006년 독일월드컵에서 벌어들였던 23억 달라보다 크게 늘어난 수치 TV 중계료가 27억 달러에 이르고, 7개 공식 스폰서(현대·기아자동차, 아디다스, 맥도날드, 코카콜라, 소니, 아랍 에미레이트 항공, 비자카드)가 내는 6억 6,000만 달러, 입장권 수입 2억5,000만 달러 등으로 구성된다. 사상 최고의 돈 잔치인 만큼 출전국에 돌아가는 배당금도 상당하다. 상금으로 책정된 액수만 무려 4억 2,000만 달러(약 5220억 원). 2006년 독일월드컵에 비해 8강 이후부터 상금이 대폭 늘었다. 우선 출전 32개국은 대회 준비금으로 100만 달러(약 12억 4,000만원)를 확보했고, 조별리그 3경기만을 하고 16강에 못 오르더라도 참가금으로 800만 달러를 추가로 받는다. 16강에 오르면 900만 달러, 8강 1,800만 달러, 4강 2,000만 달러, 그리고 우승팀은 3,000만 달러(약 373억 원), 준우승팀은 2,500만 달러를 받는 등 월드컵 출전을 통해 엄청난 돈과 명예를 한꺼번에 쥘 수 있다

(스포츠조선, 2010년 6월 15일)

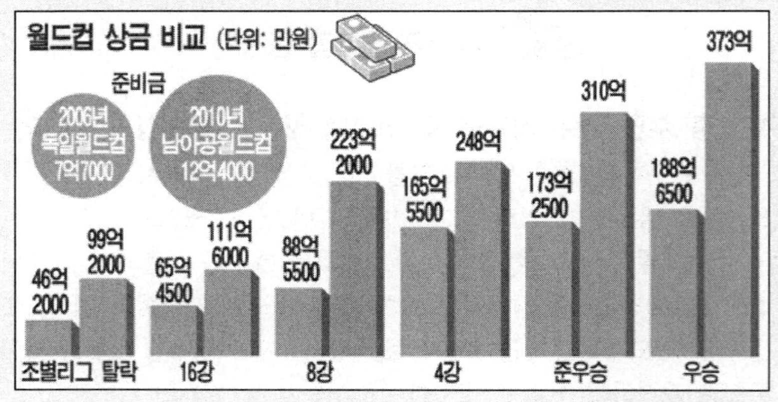

주관식

1. 스포츠 시장, 스포츠 산업에 대한 정의

2. 표준산업분류를 이용하여 체육, 육상 및 체력단련용 장비제조업 과 스키장 운영업을 분류하시오

객관식

1. 스포츠산업의 특성에 대해 올바르게 설명하고 있지 않는 것은?

① 표준 산업분류에 의해 분류하기가 쉬운 산업이다.
② 스포츠 제조업과 스포츠 서비스업으로 나눌 수 있다.
③ 스포츠 산업이 복잡다기하다고 하지만 통계청에서 특수 분류까지는 하고 있지 않다.
④ 우리나라에서 스포츠 산업의 GDP 대비 비율은 2010년 현재 약 3%정도로 증가추세에 있다.

2. (기출) 스포츠산업의 특성과 가장 거리가 먼 것은?

① 단일 생산단위에 따라 특정산업 분류에 포함되는 산업이다.
② 공간과 입지조건이 선행되어야 하는 산업이다.

객관식 문제 정답　1. ③　2. ①

③ 시간소비형 산업이다.
④ 건강산업의 속성과 동시에 오락산업의 속성을 갖는 산업이다.

3. (기출) 스포츠산업을 재화와 서비스의 특징에 따라 분류할 때 다음 중 같은 영역에 속하지 않는 것은?

① 프로구단　　② 대한체육회
③ 스포츠전문지　　④ 스포츠 센타

4. (기출) 프로스포츠 리그에 영향을 미치는 위협요인에 관한 설명으로 틀린 것은?

① 영화 산업의 발전은 관람 스포츠 산업의 강력한 위협요인이 된다.
② 스포츠콘텐츠 유통업체가 소수기업에 의해 지배할 경우 위협요인이 될 수 있다.
③ 리그내 경쟁구단의 존재는 흥행사업의 강력한 위협요인으로 작용한다.
④ 스포츠 마케팅 대상인 구매자의 힘이 위협요인으로 작용 할 수 있다.

5. (기출) 다음 중 지방자치단체의 프로스포츠 시장에 개입하는 형태와 가장 거리가 먼 것은?

① 구장 사용료 인하　　② 구장 신축 후 임대
③ 지자체장의 시국 및 시축　　④ 구장진입로 장비

6. (기출) 다음은 무엇에 관한 설명인가?

처음으로 스포츠 산업이라는 용어를 사용함으로 써 스포츠 산업적 시각에서 다루었다. 민간 체육시설을 적극 지원하여 민간영역에서의 서비스 공급을 촉진함과 동시에 소비자를 보호하기 위한정책 방향을 제시하였다.

① 제1차 국민체육진행 4개년 계획　　② 제2차 국민체육진행 5개년 계획

---

3. ④ 4. ③ 5. ③ 6. ②

③ 호돌이 계획 ④ 스포츠 산업육성 대책

7. (기출) 스포츠산업의 생산물에 관한 설명으로 틀린 것은?

① 생산과 소비가 동시에 일어날 수 있다.
② 스포츠정보가 포함된다.
③ 소멸성을 갖고 있다.
④ 경기는 핵심요소가 아닌 확장요소이다.
※ 설명 내용을 약간 바꾸었음.

8. (기출) 현행 우리 나라의 스포츠산업의 분류에 대한 설명으로 틀린 것은?

① 통계청 산업분류의 스포츠산업은 운동 및 경기용품제조업 운동 및 경기용품 유통 및 임대업 경기 및 오락 스포츠 산업으로 구분하고 있다.
② 제공된 재화나 서비스의 특징과 산업 단위가 수행하는 경제활동의 특성에 따라 스포츠시설업 스포츠 용품업 스포츠 서비스업으로 분류할 수 있다.
③ 스포츠서비스업은 생활체육에서부터 올림픽 또는 월드컵 같은 국제 대회를 치를 수 있는 경기장 건설 및 운영업에 이르는 범위를 포함한다.
④ 스포츠용품업은 스포츠용품제조업과 스포츠용품유통업으로 구분된다.

9. (기출) 다음 중 스포츠산업의 개념으로 옳은 것은?

① 스포츠 관련 재화와 서비스를 생산 유통시켜 고부가 가치를 창출하는 일체의 활동이다.
② 스포츠산업은 국민 거시경제 지표 중 하나로서 문화컨텐츠산업이다.
③ 스포츠산업은 문화산업 건강산업을 모두 포함하는 종합 산업이다.
④ 스포츠산업은 인간 및 동물들의 스포츠행위와 활동을 모두 포함한다.

10. (기출) 스포츠 산업의 특성에 대한 설명으로 틀린 것은?

① 스포츠산업은 복합적인 산업분류 구조를 가진 산업이다.
② 스포츠 산업은 시간소비형 산업이다.
③ 스포츠산업은 오락성이 중심개념인 산업이다.

---

7. ④ 8. ③ 9. ① 10. ④

④ 스포츠산업 분야의 서비스는 입지조건이나 시설에 대한 의존도가 낮다.

11. (기출) 다음 중 스포츠 용품업의 지원정책이 아닌 것은?

① 스포츠 용품 인증제도
② 스포츠산업 박람회 개최
③ 우수체육용구 생산업체 지정 및 기금융자 확대
④ 체육시설 관련 규제완화 등 제도개선

12. (기출) 스포츠서비스업 중 스포츠 경기업에 해당되는 것은?

① 스포츠에이전트업 ② 스포츠여행업
③ 프로스포츠업 ④ 스포츠방송업

13. (기출) 다음 중 스포츠 산업의 특성을 가장 정확하게 설명한 것은?

① 스포츠 산업은 신체 활동을 근간으로 한 복합적인 산업분류구조를 가진 사업이다.
② 스포츠 산업은 시간절약형 산업이다.
③ 스포츠산업은 지식중심형 산업이다.
④ 스포츠 산업은 환경중심적 산업이다.

14. (기출)스포츠산업의 특성으로 올바르지 않는 것은?

① 스포츠용품제조업은 2차 산업으로 분류할 수 있으며 스포츠시설 운영업과 스포츠용품유통업, 스포츠서비스업은 3차 산업으로 분류 할 수 있다.
② 시간 소비형 산업으로 하나의 산업으로 주목받게 된 것은 스포츠 활동에 소비하는 시간이 크게 늘어 난 것에 기인 한다.
③ 중간 소비재 및 판매 중시형 산업으로 소비자들에게 스포츠를 전달한다.
④ 감동과 건강을 주는 산업으로 스포츠에 참여함으로써 정신적 만족과 함께 육체적인 건강을 얻을 수 있다.

※ 설명 내용을 약간 바꾸었음.

---

11. ④ 12. ③ 13. ① 14. ③

제14장
스포츠 유관 산업

" 막대 풍선(thundersticks)을 이용한 응원문화는 한국의 발명품이다 "

\- 위키피디아 사전

학습목표

- 에이전트의 필요성과 역할
- 스포츠 복권의 매력
- 방송산업과 스포츠 시장
- 스포츠 마케팅과 광고
- 스폰서 십

14.1 에이전트

운동선수들이 유명해지기 전에는 여러 일을 스스로 혹은 주변 관계자의 도움으로 해결하고 있으나 유명해져 일정이 바빠지면 자신의 일정과 신변을 전문적으로 처리해 주는 누군가가 필요해진다. 이런 수요를 충족시켜주기 위해 나타난 것이 매니저(manager)이다. 선수들의 단순한 일정관리를 넘어서 구단과의 연봉협상이나 스폰서와의 협상 등 이해관계가 첨예하게 대립되어 있는 일에 선수들은 물론 매니저도 전문성에서는 열세를 보이고 있다. 이런 힘의 불균형을 시정해 주는 역할을 하는 사람이 에이전트(agent)다. 에이전트는 〈표 14-1〉에서 보는 바와 같이 스포츠 마케팅 대상물인 경기, 팀, 선수 등의 상품화를 도모하여 마케팅 주체간에 각종 교환 관계를 구축한다. 대형 스포츠 에이전트는 선수의 투자에서 세금까지 관리해 주고 있다. 주로 개인 프로 스포츠에서 성행하고 있으나 단체운동 선수에게도 독자적인 에이전트가 있는 선수가 있다.

현대 프로 스포츠에서는 에이전트제도가 공식화 되었다. 현역시절 박찬호, 추신수, 류현진은 보라스(Scott Boras)와 최경주 와 박세리는 IMG와 에이전트 계약을 맺었었고 운동이외의 일은 그들에게 맡기고 운동에만 전념하고 있다. 에이전트는 스포츠에 대한 지식은 물론 계약법에 대한 지식, 커뮤니게이션과 협상 능력, 리스크 관리 능력을 갖추어야 한다. 또 동시 다발적으로 일이 이루어지기 때문에 긴 시간 노동을 할 수 있어야 하고 여러 일을 동시에 할 수 있어야 한다.

에이전트제도의 필요성, 효과, 문제점 그리고 극복 방안을 경제학에서 어떻게 설명하고 있는지를 알아보기로 하자. 재주는 곰이 넘고 돈은 중국 사람이 챙기는 일이 벌어지지는 않을까. 혹시 선수도 좋고 에이전트도 좋은 방안은 어떤 것일까?

에이전트가 경제성을 갖는 이유로 먼저 비교우위와 전문화(專門化)를 들

수 있다. 제3장에서 분석한 비교우위론을 선수와 에이전트에 적용하면 된다. 선수는 운동경기에 에이전트는 일정관리, 메스컴 섭외, 신변경호 등에 비교우위가 있으므로 서로 비교우위가 있는 곳에 전문화하는 것이 효율적이다.

둘째 에이전트는 같은 종목의 선수 혹은 다른 종목선수라도 어느 정도 규모가 되어야 효율성이 높아진다. 규모 및 범위의 경제를 향유할 수 있다. 보라스의 경우 야구에 특화하고 있으며 메이져 리그 선수를 중심으로 약 175명이 그의 고객이다.

그러나 주인 - 대리인 문제(principal-agent problem)문제, 특히 도덕적 해이(moral hazard)가 야기될 수 있다. 선수는 주인이고 대리인은 에이전트라고 볼 수 있다. 정보의 비대칭성으로 인해 양자의 이해가 언제나 일치한다고 볼 수 없다. 도덕적 해이는 거래 또는 계약의 한쪽 당사자가 하는 행동이 서로에게 영향을 미침에도 불구하고 다른 쪽 당사자가 상대방의 행동을 감독하고 통제할 수 없음을 이용하여 자신의 이익만을 추구할 때 발생한다. 에이전트가 선수와의 정보 비대칭성을 이용하여 도덕적 해이를 범할 가능성이 있다. 이렇게 되면 재주는 곰이 넘고 돈은 중국 사람이 챙기는 일이 벌어지는 셈이다.

이렇게 주인-대리인 문제를 해결하기 위해서는 대리인을 주인의 이해에 맞게 행동하게 하는 거래나 계약을 찾는 것이 유인설계(incentive design)이다. 대리인이 주인의 최고의 이익을 위해 일하지 않았을 때 우리는 대리인이 책임회피(shirking)하고 있다고 한다.[1] 이것을 방지하기 위해 주인과 대리인이 미래에 발생할 수 있는 모든 상황을 감안한 계약을 맺는다는 것은 불가능하다고 할지라도 사전(事前)에 가급적 대리인이 최선을 다할 수밖에 없는 상황을 만들어 가려는 노력이 바로 유인제도 설계이다.

가장 간단한 유인 설계는 아래 식으로 쓸 수 있다.

$$W = A + BX$$

1) Besanko, D., Dranove, D., and Shanley M., 「The Economics of Strategy」, John Wiley & Sons, Inc. p. 616참고바람.

W: 대리인의 보수 A ; 성과에 관계없이 받는 대리인의 보수

B : 성과와 보수가 연계되는 정도 X: 성과(예, 이윤, 총 생산량, 혹은 품질)

성과가 어떻게 나타나든 간에 A를 받으나 성과에 따라 일정비율을 받게끔 하면 에이전트(대리인)는 본인(선수)의 일을 자신의 일처럼 생각하여 더 열심히 성실히 노력하게 되고 그 결과 주인도 대리인도 더 많은 소득을 얻을 수 있게 될 것이다[2].

<표 14-1> 에이전트가 하는 일

- 경기단체, 팀, 선수에 대한 스폰서 모집		- TV중계권 판매
- 캐릭터, 로고 등 라이선싱 사업		- 선수 및 팀의 매니지먼트
- 경기 이벤트 기획 및 실행		- 홍보 전략 수립
- 관중동원 전략 수립		- 일정관리
- 경호	- 구단과의 계약체결	- 매스컴과의 관계
- 팬 관리	- 수익사업 참여	- 수입관리 등

법적으로 볼 때 에이전트는 '제 3자'이다. 과거 권위주의 시대 노동쟁의조정법에는 직접 근로관계를 맺고 있는 근로자나 당해 노동조합 또는 사용자 기타 법령에 의하여 정당한 권한을 가진 자를 제외하고는 누구든지 쟁의행위에 관하여 관계당사자를 조종·선동·방해하거나 기타 이에 영향을 미칠 목적으로 개입하는 행위를 할 수 없고 이를 위반하는 자에 대하여는 형사처벌에 처할 수 있도록 하는 제3자 개입금지 조항이 있었으나 1997년 우리나라가 경제협력개발기구(OECD)에 가입하는 과정에서 '글로벌 스탠더드'를 따르기로 하여 폐기되었다.

이런 맥락에서 보면 선수의 대리인 제도를 인정하지 않고 있는 프로야구, 프로배구 등 일부 프로스포츠의 선수계약 제도는 문제가 있다고 볼 수 있다[3]. 국내 프로배구단체인 사단법인 한국배구연맹(KOVO)의 규약 제70조

2) 일반적으로 경영자가 주인이고 근로자가 대리인일 때 이윤배당, 수입배당, 성과배당(piece rates) 등이 해법으로 쓰이고 있다. 정기웅, 앞의 책, pp.238~240.

(선수계약)에서는 "구단과 선수가 선수계약을 체결할 때는 해당구단과 선수가 직접계약을 체결함을 원칙으로 한다"라고 규정되어 있어 원칙적으로 선수측의 다른 사람(대리인 내지 에이전트)은 선수계약 체결에 관여할 수 없게 되어 있다. 또 사단법인 한국야구위원회(KBO)의 야구규약 제30조(대면계약)의 조항에서도 "구단과 선수가 선수계약을 체결할 때에는 해당 구단과 해당선수가 직접 계약을 체결함을 원칙으로 한다. 단 선수가 대리인을 통하여 계약을 체결하고자 하는 경우에는 변호사법 소정의 변호사만을 대리인으로 하여야 하며, 변호사 이외의 어떠한 사람도 대리인의 역할을 담당하거나 직간접적으로 계약협의에 관여할 수 없다. 선수계약에 관여하는 변호사는 2명 이상의 선수를 위하여 선수계약에 관여할 수 없다"라고 규정하고 있다. 그러나 이 대리인제도는 프로야구 구단, KBO 및 선수협회와의 협의를 거쳐 그 시행시기를 정하도록 하였는데 아직 시행이 되지 않고 있다.

그 이유에 대해서는 국내 시장 규모와 여건으로 보아 아직 시기상조라는 견해와 이해 당사자들, 특히 대부분의 선수들이 이 제도의 필요성을 절실하게 인식하지 못하고 있기 때문이라고 견해가 설득력을 얻고 있다.

14.2 스포츠 복권

우리나라에서 스포츠와 복권과의 인연은 각별하다. 1947년 12월 해방후 처음으로 참가하는 제16회 런던올림픽 참가경비를 마련하기 위하여 대한올림픽위원회(KOC)가 '올림픽 후원권'(1백원짜리 140만 장)을 발행한 것이 광복 후 공식복권의 효시라 할 수 있다[4]. 또 1983년 체육진흥기금 조성을 목적으로 체육복권이 나오면서부터 즉석식 복권들이 발행되기 시작하였다.

일반적으로 특정한 사업을 달성하기 위한 재원을 얻기 위해 복권(福券, lottery)을 발행하고 있다. 체육진흥에 소요되는 시설비용 기타 경비를 지원

3) 축구선수 대리인으로 6명이 활동하고 있다. 프로축구연맹 홈페이지(http://www.kleague.com/kr/sub.asp?avan=1001080000) 참고바람. 미국에서는 '선수에이전트법(The Athlete Agent Act)'을 연방법으로 두어 대부분의 각 주가 이를 바탕으로 주법으로 선수에이전트 관련 제도를 운영하고 있다.

4) 영국에서는 1569년 복권이 발매되기 시작하였다.

할 목적으로 국민체육진흥공단에서 체육복권이 발행되고 있다. 어떤 사람들이 사는가? 그 뒤에 있는 경제원리는 어떤 것인가를 알아보기로 하자.

14.2.1 기댓값과 기대효용

기댓값(expected value)은 어떤 상황이 발생하는 경우 얻을 수 있는 가치에 그 상황이 발생할 확률을 곱한 것을 발생 가능한 모든 상황에 대해 더 함으로써 구해진다. p의 확률로 S(Success; 성공)를 얻고 (1-p)의 확률로 F(Fail; 실패)를 얻는 체육 복권(Lottery)이 있다고 해보자. 이 복권의 기댓값은 아래와 같이 쓰여 진다.

수식: $E(L) = p\times S + (1-p)\times F$

또 기대효용(expected utility)은 p의 확률로 S를 얻고 (1-p)의 확률로 F를 얻는 체육 복권을 살려는 사람이 이 복권에서 얻을 것으로 기대되는 효용(기대효용)은 아래 수식과 같이 표시된다.

수식: $U(L) = p\times U(S) + (1-p)\times U(F)$

U(S)는 S를 얻었을 때의 효용이고 U(F)는 F를 얻을 때의 효용이다.

토토란?

토토 ▾ | 축구토토 | 야구토토 | 농구토토 | 배구토토 | 골프토토 | 씨름토토 | 토토OX

또 하나의 스포츠, 토토

새로운 방식의 스포츠 레저게임 스포츠토토는
스포츠에 대한 관심과 참여를 통해 경기를 분석하면서 즐기는
선진국형 스포츠 레저게임입니다.

스포츠 경기를 스릴있게 관전하고 싶다면
지금부터 스포츠토토의 세계로 들어오세요!

프로토 ▾ | 승부식 | 기록식

프로토는 새로운 방식의 신개념 게임입니다.

정말 쉬운 프로토!
자신있는 게임을 맞히면 되는 적중확률이 높은 게임으로 누구나 쉽게 맞힐 수 있습니다

자신만의 스타일 프로토!
자신의 취향대로 투표할 수 있는 고객 선택형 스포츠 게임입니다.

배당을 알고 맞히는 프로토!
배당률이 확정되어 있어 예상 적중금을 미리 알 수 있습니다.

14.2.2 불확실성과 위험, 그리고 사람의 태도

먼저 위험(risk)과 불확실성(uncertainty)에 대한 정의와 사람들의 태도에 대해 생각해 보기로 하자.[5] 나이트(F. Knight)는 불확실성과 위험을 엄격히 구별하였다. 의사결정자가 직면하는 임의성(任意性; randomness)이 (특정 수치로 표시되는)확률분포로 표현될 수 있을 때를 위험이 있는 의사결정이라고 하고 의사결정자가 어떤 일이 어떻게 벌어지는지 전혀 감을 잡을 수 없

5) 강태진외, 앞의 책, p. 152~158.

는 상황에 있을 때(확률분포로 표현할 수 없을 때)를 불확실성하의 의사결정이라고 하였다.

주사위를 던지는 경우를 생각해 보자. 누구라도 경우의 수(1에서 6)와 확률(1/6)을 알고 있다. 참가자가 1만원을 걸고 배팅한 번호가 나오면 3만원을 받는 내기를 하였다면 그는 위험을 선택한 것이다. 참가자가 3에 배팅을 했는데 5가 나와 돈을 잃었다면 위험한 선택에 의한 손해라고 말할 수 있다. 하지만 A 팀과 B 팀의 축구경기에 배팅을 하는 경우 어느 팀이 이길지는 아무도 모른다. 세 가지의 경우가(A승리, B승리, 무승부) 발생할 것이라고는 누구나 예상하지만 각 경우의 확률은 아무도 모른다. 이런 경우가 불확실성하에서의 의사결정이다. 주사위 던지기 배팅과는 달리 이 배팅에서는 참가자의 주관적인 예측력에 따라 본인의 득실이 영향을 받는다. 주사위 던지기 배팅에서 느끼는 손해와 스포츠 토토 배팅에서 느끼는 손해는 엄밀하게 말해 성질이 다르다는 것을 나이트는 분명히 구별하였다.

<표 14-2> 투자, 투기 그리고 도박의 차이

	기대 수익률6)	위험정도	우연성
투자	기대 수익률 (IRR) 〉= 이자율 혹은 자본 수익률	낮음	약함
투기	기대 수익률 (IRR) 〉 이자율 혹은 자본 수익률	중간	강간
도박	기대 수익률 (IRR) 〉 이자율 혹은 자본 수익률	높음	매우 강함

주사위 배팅에서 손해를 본 사람은 운이 나빠 손해를 본 것이지 참가자의 예측 실력과는 무관하다. 하지만 스포츠 토토에서 손해를 본 사람은 선수들

6) 내부수익률(IRR, Internal Rate of Return)이란 어떤 사업에 대해 사업기간 동안의 현금수익 흐름을 현재가치로 환산하여 합한 값이 투자지출과 같아지도록 할인하는 이자율을 말한다. 여기에서는 $-C+\frac{B}{(1+r)}=0$를 만족시키는 r로 표시할 수 있다. C 는 비용, B는 편익, r은 내부수익률을 나타냄.

의 컨디션과 경기장 분위기 등을 잘 고려하여 배팅하였다면 이득을 볼 수도 있었음을 아쉬워하게 된다. 참가자가 조절할 수 없는 운도 작용하고 있지만 자신의 예측 능력에 따라 결과가 달라질 수 있다. 주사위 배팅은 100퍼센트 운이 작용하는 게임이지만 스포츠 토토는 운(運)과 기(技)가 동시에 작용한다. 토토 배팅에 참가한 사람들은 나름대로 여러 가지 유용한 자료(두 팀간의 전적, 각 팀의 최근 컨디션, 비슷한 경우에 있던 팀들간의 전적 등)를 근거로 주관적인 예측을 한다.

같은 복권에 대해 사람에 따라 다르게 반응하는데 세 유형으로 나눌 수 있다. 복권의 기대값은 복권의 가격보다 적은 것이 일반적이나 여기서는 같다고 가정하자.[7] 사람들은 복권의 기대값의 효용과 복권의 기대효용을 비교하여 복권구입 여부를 정한다. 복권의 기대값은 누구나 확실하게 알 수 있는 값[8]이나 그 값의 효용은 사람마다 다르다. 복권의 기대효용 역시 사람마다 다르다. 〈그림 14-1〉에 같은 복권에 대해 서로 다르게 행동하는 세 가지 유형의 효용함수를 그려 보았다.

가. 위험 중립적(risk neutral); 공정한 도박과 확실한 현금을 동일시하는 사람의 태도를 말한다. 복권의 기대값의 효용과 복권의 기대효용을 같게 생각하는 사람이다.

나. 위험 선호적(risk loving); 확실한 현금보다는 불확실성이 내포된 공정한 도박을 선호하는 사람의 태도를 일컫는다. 복권의 기대효용이 복권의 기대값의 효용보다 더 큰 사람이다. 객관적으로 보아 불리함을 알면서도 기꺼이 위험한 제안에 응하는 사람으로서 주관적으로 이 복권을 높게 평가하는 사람이다.

다. 위험 기피적(risk averse); 공정한 도박보다도 확실한 현금을 선호하는 사람의 태도를 말한다. 복권의 기대값의 효용이 복권의 기대효용보다 큰

7) 이런 경우를 '공정한 도박'이라고 부른다.

8) 사람들이 복권을 살 때 정확하게 기대값을 계산하는 사람은 아무도 없다. 그러나 계산하려고 하면 계산할 수 있고 값을 정확히 알 수 있다는 의미에서 확실하게 알려진 값이라고 말한다.

사람이다. 확실한 것을 위험이 있는 것보다 더 좋아하는 사람으로서 대부분의 사람들이 여기에 속한다.

체육 복권에 당첨되면 100만원의 당첨금을 받을 수 있다고 하고 확률은 1/500이라고 하자. 부자인 A씨는 100만원에 대한 효용을 100만원이라고 느끼고 있고 B는 가난한 사람이라서 1,000만원만큼의 효용을 느낀다고 하자.[9] 또 이 복권은 5,000원에 팔리고 있다고 하자. 복권 구입가 5천원에 대해 부자는 5,000원의 효용을 느끼고 가난한 B는 1만원의 효용을 느낀다고 하자.

이 때 부자 A가 복권을 산 경우의 기대효용은 U(100만원) ×1/500 = 2,000원이지만 사는 비용의 기대효용 U(5000)=5,000원으로서 후자가 더 크기 때문에 복권을 사지 않는다. 그러나 B의 기대효용은 U(100만원) × 1/500 = 1,000만원 ×1/500=2만원인 반면 구입가 5,000원의 효용 U(5,000)=1만원이므로 복권을 산다.

스포츠의 매력은 불확실성에 있기 때문에 자연스럽게 내기가 발생하게 된다. 스포츠 토토는 합법적인 내기이다. 사람들은 불확실성에 더 큰 돈을 걸고 내기를 하게 되는 데 도박(賭博, gambling)으로 변질되는 경우도 쉽게 발견할 수 있다[10]. 도박은 아무것도 생산하지 않고 창조적 활동 대신 끝없는 돈의 순환만을 만들어 낸다. 돈의 주인은 바뀌지만 실질적인 어떤 것도 생산하지 않는다.[11] 따라서 건전한 배팅을 넘어 불법 도박은 근절되어야 한

---

9) 우리 속담에 "빈집에 황소 들어간다"라는 속담이 있다. 이것은 가난한 집에 들어오는 황소는 그 집의 재산목록 1호가 되고 주인이 애지중지(愛之重之)하게 되는 것을 말한다. 반면 '부자집에 들어오는 황소'는 기존에 있는 많은 황소에다가 한 마리 추가되는 것이므로 부자가 기뻐는 해도 가난한 사람만큼 그 소를 애지중지하지 않는다. 이것을 우연히 제 발로 들어 온 황소에 대한 부자의 효용이 가난한 사람의 효용 보다 적음을 의미한다고 효용이론으로 해석할 수 있다.

10) 형법상 도박죄를 판단함에 있어 도박은 '재물을 걸고 우연에 의하여 재물의 득실을 결정하는 것'을 의미하는바, 여기서 '우연'이란 주관적으로 '당사자에 있어서 확실히 예견 또는 자유로이 지배할 수 없는 사실에 관하여 승패를 결정하는 것'을 말하고, 객관적으로 불확실할 것을 요구하지 아니한다. 따라서, 당사자의 능력이 승패의 결과에 영향을 미친다고 하더라도 다소라도 우연성의 사정에 의하여 영향을 받게 되는 때에는 도박죄가 성립할 수 있다. 대법원 2008.10.23 선고 2006도736 판결

11) 황현탁지음, 「도박의 사회학」, 나남, p.32.

다. 스포츠 분야에서는 더욱 그렇다. 그러나 현실은 그렇지 못하다. 선수 자신이 도박에 참여하는 경우도 있다. 외부 도박꾼들의 유혹에 이끌려 참여하는 경우가 일반적이다. 승부조작의 근원지는 사설 토토 및 브로커와 조직 폭력배다.[12)]

<그림 14-1> 위험 선호자의 효용곡선

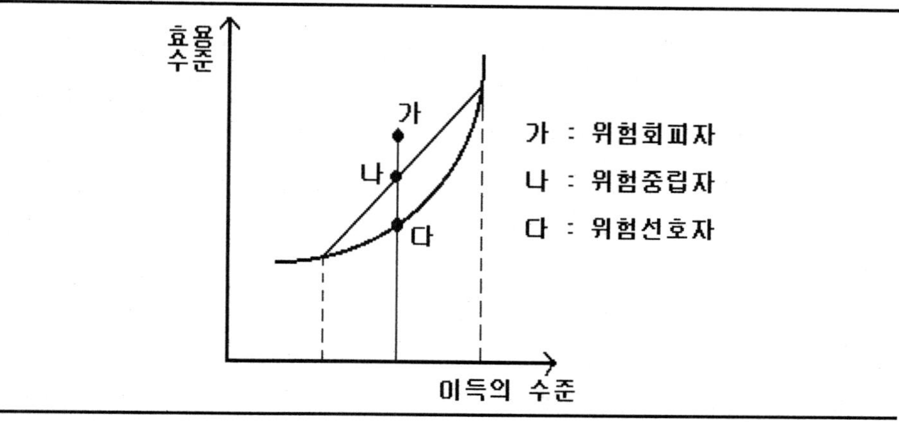

12) 2012년 국민체육진흥법이 불법 스포츠 도박사이트에서 베팅한 자, 불법 스포츠 도박 운영을 위한 시스템 및 온라인 사이트 설계, 제작, 유통하는 행위, 불법 스포츠 도박 운영을 위해 운동경기 정보를 제공하는 행위, 불법 스포츠 도박을 홍보하거나 구매를 중개알선하는 행위를 처벌하는 조항을 신설하는 등 불법스포츠 도박관련행위와 승부조작 관련 행위에 대해 대폭 처벌을 강화하는 내용으로 개정되었다.

축구 도박 관련 선수들의 자살

2011년 윤**(24세, 인천소속, 5월 6일), 정**(30세, 서울소속, 5월 30일)
2012년 이**(24세, 대전·서울소속, 4월 15일)

이 선수의 경우 홀어머니를 모시고 살아 왔다. 승부조작으로 인해 영구제명조치를 당하여 더 이상 선수 생활을 할 수 없게 되어 생계를 위협받게 되었고, 일반인으로 돌아가 사회생활이 되더라도 사회에 융화될지의 여부 또한 장담할 수 없다. 어릴 때부터 운동만 해온 선수들에게는 승부조작이라는 낙인으로 인해 사회인으로도 재기하게 힘들게 되는 것이다.

박지성 선수는 "프로선수 생활은 창살 없는 감옥과 같다"라고 하였다. 창살 없는 감옥과 같은 생활을 하는 프로 선수에게 선배, 동료, 후배와의 끈끈한 유대관계는 우리 보통사람이 느끼는 것과 비교가 안 될 정도라고 보는 것이 옳다. 그들의 은밀한 부탁을 거절하는 것이 말처럼 쉽지 않을 것이라고 느껴진다.

FIFA는 2011년 K 리그에서 있었던 승부조작사건에 연관된 41명에 대해 한국에서 벌어진 승부조작 사건으로 영구 제명 처분을 받은 선수 41명의 징계를 전 세계로 확대한다고 홈페이지를 통해 발표했습니다.

http://www.fifa.com/aboutfifa/organisation/news/newsid=1982399/index.html

14.3 방송 산업

스포츠 시장의 발전에 방송이 미친 영향력은 이루 말 할 수 없을 정도로 크다. 경기 내용이 우리 소비자들에게 오기까지 반드시 방송국의 힘을 빌려야 한다. 선수와 구단이 1차 생산자라면 방송국은 2차 생산자이다. 단순히

경기내용을 전달하는 역할을 넘어서 가치를 부여하는 새로운 생산자로 자리매김하고 있다.

한 사람이 소비하는 가운데 다른 사람이 이 재화를 소비하는 데 제한을 받으면 소비에 있어서 경합성(競合性, rival in consumption)이 있다고 말하고 있으며 대가를 치르지 않은 사람이 재화를 소비하는 것을 막을 수 있으면 배제성(排除性, excludability)이 있다고 정의하고 한다.[13]

경합성과 배제성을 기준으로 〈표 14-3〉에서 볼 수 있는 바와 같이 네 종류의 재화로 분류할 수 있다[14]. 경합성과 배제성 모두 높은 재화는 사적재(고경합성과 고배제성), 경합성도 낮고 배제성도 낮음 재화는 공공재(저(비)경합성과 저(비)배제성), 경합성은 높지만 배제성이 낮은 재화는 공유자원(고경합성과 저배제성), 경합성은 낮으나 배제성이 높은 재화는 자연독점(저경합성과 고배제성)으로 분류하고 있다[15].

공중파 방송은 경합성은 없지만 배제성도 존재하지 않는다. 내가 시청을 한다고 해서 다른 사람이 시청하는 데 제한이 가해지지 않는다. 또 시청료를 안 내고 본다고 해도 막을 방법이 거의 없다.[16] 공중파 방송은 공공재에 해당하기 때문에 무임승차(無賃乘車, free rider) 문제가 발생하며 공급부족 현상이 나타나게 된다. 이런 시장 실패를 보정하기 위해 국가차원의 방송이 요구되고 있다.

공중파 방송에서도 상업방송이 활성화되면서 방송에 필요한 비용이 광고를 통해 충당되고 있다. 큰 스포츠 행사에는 광고가 넘쳐서 방송사가 즐거운

13) 어떤 재화가 비경합적이라는 함은 그 재화를 사용하는 데 있어서 다른 사람들이 사용하려는 가치에 영향을 미치지 않고 동시에 소비할 수 있다는 것을 의미하며 또 어떤 재화가 배제 불가능하다는 것은 특정 사람들이 그 재화를 소비하는 것을 막을 방법이 없다는 것을 의미한다. 더글라스 번하임·마이클 윈스턴 지음, 한순구 · 남재현 공역, 「미시경제학」, 한국맥그로힐, p.784.

14) 대부분의 재화는 어느 정도의 경합성과 배제성을 가지고 있다. 그래서 경합성과 배제성의 유무를 기준으로 재화를 분류하기 보다는 높고 낮음을 기준으로 삼는 것이 더 합리적이라고 본다. 비경합성과 비배제성이 매우 높은 재화를 순수 공공재, 반대로 경합성과 배제성이 매우 높은 재화를 순수 사적재로 분류하는 것이 더 합리적이다.

15) 맨큐는 경합성은 낮으나 배제성이 높은 재화는 자연독점으로 분류하고 있으나 버냉키는 집단재(collective good)로 분류하고 있다.

16) 1981년 KBS 수신료를 한전이 위탁징수하기 전에는 TV수신료를 내지 않는 가정을 관계자들이 방문하는 일이 있었다.

비명을 지를 때도 있다. 따라서 스포츠 중계에 있어 배제성은 문제가 되지 않을 수도 있다. 반면 유선 방송은 경합성은 없지만 배제성은 존재한다. 유선으로 연결이 되면 누구나 유선 방송을 볼 수 있지만 시청료를 내지 않으면 방송국에서 차단하기 때문에 소비자는 볼 수가 없다. 자연독점(自然獨占, natural monopoly)에 해당한다. 유선방송이 상대적으로 상업화가 쉽게 가능하며 특화된 스포츠 시장만을 방송하는 전문 스포츠 채널도 가능하다. 하지만 월드컵이나 올림픽과 같은 온 국민의 관심을 끄는 스포츠 중계는 유선방송의 배제성으로 인해 국민의 보편적 시청권 제한이라는 문제를 낳기도 한다.

공중파 방송이 순수공공재에 가깝기 때문에 국공영방송에서 담당하고 있으나 광고방송의 활성화로 인해 상업방송도 많은 국민들에게 무료로 공급할 수 있게 되었다. 과거와는 달리 국가에서든 민간에서든 일반 국민들에게 부담을 주지 않는 공중파 방송이 가능해졌기 때문에 월드컵이나 올림픽과 같은 온 국민의 관심을 끄는 스포츠 중계는 소비의 배제성이 문제가 되지 않는 공중파 방송이 사회적으로 볼 때 더 바람직하다.

<표 14-3> 재화의 네 가지 유형

		경합성	
		높음	낮음
배제성	높음	사적재 예: 쌀, 스마트 폰, 옷, 막히는 유료도로	자연독점(집단재) 예: 유료 TV, 막히지 않는 유료도로
	낮음	공유자원 예: 바다의 물고기, 막히는 무료도로	공공재 예: 국방, 공중파 방송, 막히지 않는 무료도로

출처: 맨큐의 경제학과 버냉키·프랭크의 경제학

월드컵 축구 실황이 국민들이 시청하기까지의 과정을 〈그림 14-2〉에 나

타내 보았다. 경기장에서 선수와 감독에 의해 경기가 생산이 된다. FIFA 가 이 생산물의 소유권을 갖게 되며 방송사에게 1차적인 공급자가 된다. 이 때 방송권시장이 서게 된다. 보통 세계적인 대형 방송국이 FIFA로부터 사고 다시 각국의 방송사에 파는 형태를 취하지만 각국의 방송사가 직접 FIFA로부터 사는 경우도 있다. 방송권을 산 방송국은 다시 광고시장에서 기업가에게 공급자 역할을 하게 된다. 이 때 FIFA로부터 독점적으로 방송권을 사는 방송사의 성격에 따라 최종소비자인 국민들이 느끼는 만족도나 부담은 달라진다. 월드컵 경기가 시청자에게 공급되기 까지 FIFA와 세계 중계권자와의 계약, 세계 독점 계약권자와 개별 나라 방송국과 계약, 다시 국내 방송계약자와 광고주와의 계약이 맺어지고 있다. 공익성과 상업성이 동시에 존재하기 때문에 두 요소가 잘 조화되는 계약이 맺어지도록 하는 지혜가 필요하다.

<그림 14-2> 월드컵 축구 실황이 국민들에게 오는 과정

광고주
/ *광고계약*

경기장 – FIFA – 세계 중계권 계약자(방송) – 국내 중계권 계약자(방송) – 국민
중계권 계약 *중계권 계약*

우리나라의 입장에서 볼 때 순차적으로 두 개의 시장(국내 방송권시장과 광고시장)에서 공개입찰을 실시하는 경우가 일반적이다. 이 때 승자의 저주가 나타날 가능성이 매우 높다. 승자의 저주는 참가자가 많을수록 나타날 가능성이 높다. 또 밀봉입찰 경매에서 가장 눈에 띄게 나타난다. 반대로 국내 방송사가 담합하여 싸게 구입하는 경우도 없지 않지만 승자의 저주를 뒤집어 생각하면 국내 방송국간의 치열한 경쟁으로 인한 외화낭비와 동전의 앞뒷면이다[17].

17) 중계권을 둘러싼 방송사간의 다툼이 가끔 법정으로까지 이어지고 있다. 가장 최근에는 2010년 남아공 월드컵 중계권을 둘러싸고 SBS와 다른 방송사간의 다툼이 있었다. 서울고법 행정2부는 2012년 17일 (주)SBS가 '과징금 19억7000만원을 취소하라'며 방송통신위원

올림픽, 월드컵, 한일축구전과 같이 국민 전체의 관심사가 되는 경기를 누가 중계하여야 하느냐 문제를 머스그레이브(Musgrave, 1910~2007)가 제시한 가치재(merit goods) 개념을 이용하여 배제성이 적은 공중파 방송이 공급하는 것이 바람직하다는 주장도 설득력을 갖는다고 본다. 가치재란 재화를 능력과 지불의욕보다는 필요(needs)의 개념을 기초로 분류한 것이다. 강한 긍정적인 외부효과를 가지고 있어 개인의 편익과 사회의 편익 간에 상당한 괴리가 발생하기 때문에 소비자에 의해 과소평가·과소 생산되는 재화이다. 또 개인은 눈앞의 이익에 집착하기 때문에 가치재가 기여하는 미래의 가치에 대해서 인색하게 소비하게 된다[18].

월드컵 경기와 같이 온 국민이 관심을 갖는 경기가 있는가하면 미식축구나 럭비와 같이 소수의 마니아만이 좋아하는 경기가 있다. 국민적 관심사인 스포츠 중계는 극도의 공익적 성격(가치재 성격)을 가지고 있어 이런 경기를 볼 권리를 즉 보편적 시청권을 인정하기에 이르렀다[19]. 따라서 정부는 국민의 권리를 보장하여야 할 책임을 지게 되었다. 동시에 민간 방송에서도 무분별한 경쟁구조보다는 합리적인 조정을 통해 소외되는 국민이 없도록 하여야 하겠다.

14.4 스포츠 마케팅과 광고

14.4.1 스포츠 시장과 광고

일반적으로 마케팅(marketing)이란 고객, 의뢰인, 파트너, 나아가 사회 전체적으로 가치 있는 제공물을 창조·전달·배달·교환하기 위한 활동, 일

회를 상대로 낸 소송의 항소심에서 1심을 깨고 원고 패소로 판결했다.

18) 위키피디아 백과사전(www.wikipedia.org)참고,

19) 보편적 시청권의 대상이 되는 것은 올림픽, FIFA 월드컵, 야구 WBC, 아시안게임, 축구 A매치 등으로 '보편적 시청권 보장위원회'의 심의를 거쳐 방송통신위원회가 고시로 지정한다. 올림픽과 월드컵은 전체 가구의 90%, 야구 WBC, 아시안게임, 축구 A매치 등은 75% 이상이 시청할 수 있는 방송수단을 확보해야 한다. 그리고 중계권을 확보한 자가 정당한 사유 없이 방송을 하지 않거나 판매·구매를 거부 또는 지연시키는 행위도 금지했다.

련의 제도, 그리고 프로세스를 말한다. 특별히 스포츠 마케팅(sports marketing)[20]은 스포츠가 마케팅의 대상이 되는 개념인 스포츠 자체의 마케팅(marketing of sports)과 기업의 상품이나 기업자체의 이미지(CI)를 제고시키기 위해 스포츠를 이용하는 개념인 스포츠를 통한 마케팅(marketing through sports)으로 구분된다. 후자를 '스포츠 스폰서 십(sports sponsorship)'이라고 부르는 것이 더 정확하다.

스포츠 자체의 마케팅은 관람스포츠와 참여스포츠 시장에서 보다 많은 관중이나 회원을 확보하는 것에서부터 스포츠 용품이나 시설, 이벤트, 서비스, 프로그램 등을 판매하기 위해 행하는 게임 및 각종 스포츠 단체에 의해 추구되는 마케팅 활동을 의미한다. 또 스포츠 자체의 마케팅은 경기규칙을 고치거나, 새로운 마케팅 전략을 개발해 시장에 선 보이는 것을 의미하는데 필자가 제17장 2절에서 제안한 '축구에서 도입한 거리에 따른 차별적인 득점방식'은 이 범주에 속한다. 또 2013년부터 실시되고 있는 국내 프로축구의 승강제(relegation)도 축구 자체의 마케팅 전략이며 선수 자신에 대한 마케팅, 장기적인 안목으로 선수 키우기, 다양한 입장권 판매, 쾌적하고 편안한 경기장 시설, 및 경기장 내외의 팬 서비스제공 등이 거론되고 있다.[21] [22]

일반적으로 기업은 가격 경쟁과 비가격 경쟁을 하고 있다. 가격경쟁이란 가격하락을 통한 경쟁이 반면 비가격경쟁(non-price competition)이란 가격이외의 수단, 예를 들어, 상품의 질, 디자인, 장소적 편의, 서비스, 광고, 쿠폰 등을 통한 판매촉진 지출이다. 독점적 요소가 많다는 스포츠 시장의 특성상 가격경쟁도 비가격 경쟁도 그리 활발하지 않은 편이다.

---

20) 임운학, 「스포츠 마케팅」, 시간의 물레, 2011, p.71. 우리나라의 스포츠 마케팅업은 스포츠마케팅대행업, 스포츠 에이전트 업, 선수양성업 등으로 시장규모는 2011년 기준으로 2,723억 원에 불과한 실정이다. 국내 스타선수들의 해외진출과 더불어 세계적인 스포츠 서비스업체인 IMG, ISL, 옥타곤 등 외국기업의 국내 진출이 두드러지고 있다. 체육백서 p.430

21) 이상연·김종환,"국내 프로축구 마케팅 전략 방안," 한국 스포츠 행정·경영학회지,1999년 제 4권, 1호, pp. 41~59.

22) 지금은 은퇴한 박지은이 LPGA에서 첫 우승을 따낸 후 그녀의 마케팅 사업이 본격화되고 있다. 밴처기업인 (주) 인터 프로 엔과 손잡고 캐랙터 개발, 라이센싱, 공식 홈페이지 제작 및 운영을 시작하였다. 이것은 선수를 통한 스포츠 자체의 마케팅의 좋은 예라고 할 수 있다.

스포츠를 통한 마케팅(스폰서 십)은 매우 다양하게 볼 수 있다. 기업이 현금이나 물품 노하우, 조직적 서비스 등을 운동선수(프로, 아마추어)나 팀, 연맹, 협회에 스포츠 이벤트나 프로그램을 지원하는 것으로 이를 통해 기업이 추구하는 표적 시장에 브랜드 또는 기업 이미지를 효과적으로 커뮤니케이션할 수 있고 상업적 목적을 달성할 수 있다. 상업적 목적을 갖는다는 점에서는 자선과 다르고 특정 제품의 특성을 알리려고 하지 않는다는 점에서는 광고와 다르다.

스폰서십은 기업의 홍보, 이미지 제고, 종업원의 사기 제고, 새로운 프로모션 기회의 창조, 시장 점유율의 유지 및 제고, 신용 창조 및 새로운 시장개척 등의 다양한 목적을 달성하기 위한 직간접적인 제휴를 통한 권리사용이다.[23] 이 마케팅은 비가격경쟁의 일환으로 이용되고 있다.

<표 14-4> 2010년 이후 국내 주요 프로 스포츠 정규리그의 메인 스폰서

	축구	야구	농구	배구
2013	현대오일뱅크	한국야쿠르트	-	-
2012	현대오일뱅크	한국야쿠르트	kb국민카드	NH 농협
2011	현대오일뱅크	롯데카드	kb국민카드	NH 농협
2010	현대자동차	CJ 인터넷	MOBIS	NH 농협

2010년 이후 국내 4대 프로 스포츠 정규리그 메인 스폰서들을 〈표 14-4〉에 나타내 보았다. 2010년에는 축구 현대자동차, 야구 CJ인터넷, 농구 MOBIS, 배구 농협이 메인 스폰서였으나 축구에서는 2011년부터 현대 오일뱅크가, 야구에서는 2011년 롯데카드였으나 2012년부터는 한국야쿠르트가 농구에서는 kb국민카드가 2011년부터 메인 스폰서가 되었다. 배구 에서는 농협이 메인 스폰서를 그대로 유지하고 있다. 스폰서들은 자기회사의 이름을 타이틀로 쓰는 경우도 있지만 한국야쿠르트와 같이 특정제품(팔도라면,

23) 1999년 K리그 후원자인 현대증권에 대한 스폰서십 효과 분석에서 관람 소비자들은 현대증권에 대한 기업 이미지 증가, 상품인지와 구매욕구 증가, 기업인지 증가, 기업관심 증가 등 긍정적인 스폰서 쉽 효과가 있다고 답하였다. 민경훈 · 정영남, "스포츠 스폰서십 효과", 한국사회체육학회지, 제12호, p.1037.

7even)을 사용하는 경우도 있다.

기업이 생산하고 있는 제품시장의 성격에 따라 마케팅전략이 다르게 나타나고 있다. 상당한 시간동안 계속해서 쓰이는 내구재를 생산하는 기업(예를 들어 TV, 냉장고, 자동차 등) 혹은 직접 소비자를 상대로 하는 기업(예를 들어 의류, 식·음식업 등)은 그렇지 않은 기업들에 비해 프로 팀 운영과 같은 장기적인 안목에서 또 다양한 방법으로 접근 하고 있다.

기업의 입장에서 보면 직접 아마추어 팀이나 프로 팀 운영하는 경우와 스포츠 대회나 특정 선수, 팀, 경기단체를 후원하는 경우로 나눌 수 있다. 경기장에 기업의 광고물을 제공하거나 인기 스포츠 경기 중계방송의 광고주로 가담하는 경우까지 포함할 수 있다. 국내외 유명한 스포츠 선수를 활용하여 자사제품의 브랜드이미지와 판매촉진을 위한 활동인 선수 보증 광고(Endorsement)도 흔히 볼 수 있다.

에스케이스포츠단 홈페이지

광고홍수 시대인 요즘 스포츠 스타의 광고 출연이 눈에 띄게 증가하였다. 광고출연 횟수와 수입액은 그 선수의 스타성을 직간접으로 나타내는 지표로까지 인식되기에 이르렀다. 이제 스포츠 스타는 움직이는 광고 전달체다.[24] 스포츠를 통한 기업의 마케팅전략이 유명 선수를 백만장자로 만들어 놓은 예는 너무나 쉽게 볼 수 있다.

여기에서 스포츠 시장과 광고가 왜 끈끈한 관계를 유지하고 있는지에 대해 공부해 보기로 하자. 광고(advertising)에서도 규모의 경제가 나타나고 있다. 따라서 되도록 수요자가 운집해 있는 장소나 시점에 광고하는 것이 경제적이다. 이런 견지에서 볼 때 스포츠를 통한 광고는 매력적인 존재이다. 광고는 제품차별화의 전략으로 쓰이기 때문에 일반적으로 소비재 산업에서 많이 나타난다. 스포츠 용품이나 기구는 대표적인 소비재 산업이다. 스포츠 시장에서 광고가 많이 나타나는 것은 자연적인 현상이다.

광고에 대해 경제학에서 본격적으로 논의가 시작된 것은 「Theory of Monopolistic Competition, 독점적 경쟁론, 1933」을 쓴 Chamberlin(챔버린, 1899~1967)에 의해서이다. 긍정적 측면과 부정적 측면을 동시에 가지고 있으며 챔버린 이후 많은 학자들이 장단점에 대해 격론을 벌이고 있지만 아직 통일된 결론에 이르지 못하고 있다.[25]

먼저 긍정적인 효과로 소비자에게 정보를 제공한다는 점이다[26]. 또한 광고를 더 적극적으로 하는 기업일수록 상품에 대해 우위에 있음을 알리는 신호로 보는 견해도 있다. 광고의 부정적 측면으로는 첫째 광고되는 상품에 대한 맹목적인 충성심만 높여 광고기업의 독점력을 더 강화시켜 준다. 둘째 많은 광고비가 결국 소비자의 부담으로 지워진다. 셋째 기업이 광고에 막대한 지출을 하는 반면 사회적으로 더 유익한 품질 향상, 연구개발 등에 투자하는 것을 게을리 할 가능성이 높기 때문이다.

---

24) 스포츠 조선 99년 8월 20일자 참고.

25) The New Palgrave A Dictionary Of Economics」, Vol. I, p.34~35.

26) 소비자에게 상품의 존재나 질에 대한 정보를 제공하여 더 많은 소비자로 하여금 그 상품을 구매하도록 유도하는 정보전달광고와 소비자들의 기호를 변화시켜 수요에 영향을 주는 설득적 광고로 나눌 수 있다. 스포츠 마케팅에서 나타나는 광고는 정보전달기능보다는 설득적 광고기능이 더 크다고 볼 수 있다.

광고가 사회적으로 순기능을 하느냐 않느냐는 제품의 종류와 유통체계에 따라 다르기 때문에 일률적으로 이야기할 수는 없다. 소비자에게 상당한 영향력을 갖는 스포츠 스타의 광고는 나쁘게 보면 광고주의 독점력을 높여주는 데 (본의 아니지만) 이용되고 있다는 비난을 받을 수 있다. 그러나 광고의 정보전달기능을 높이 평가하는 입장에서 보면 소비자에게 더 친근감 있게 다가가 빠르게 정보를 유통시키는데 기여한다고 볼 수 있다.

14.4.2 선수 보증 광고(endorser)[27)]

스포츠 스타들이 기업, 제품 및 브랜드 등과 상호작용하여 광고효과를 극대화시키기 위해 광고에 등장하는 예를 쉽게 볼 수 있다. 우리나라에서는 광고 모델, 미국에서는 엔더서(endorser)라 한다. 오늘날에는 이미지의 시대로 광고에서도 모델들의 이미지가 전이(轉移)되어 소비자는 모델을 통해 그가 출연한 광고의 제품에 대해 친근감을 느끼게 되는 것이다.

소비자들은 유명 연예인이나 스포츠 스타가 광고 모델로 나오는 제품을 사용하면서 마치 스타나 팀의 최강·최고의 이미지를 제품에서도 동일 선상에서 느끼기 때문이다. 이러한 이미지 전이 효과는 스포츠 산업에서만 있는 것이 아니라 다른 산업에서도 나타난다.[28)] 예컨대 박지성이는 스포츠 용품회사 광고에만 출연하는 것이 아니라 스포츠 시장과 무관한 금융보험회사 광고에도 나오고 있다. 그가 가지고 있는 최고라는 이미지를 자사제품에 전이(轉移)하여 자사제품이 최고라는 이미지를 심고 있다. 스포츠 스타가 스타 마케팅의 좋은 소재가 되고 있다.

이런 보증 선전효과를 이용하는 대상으로 연예인이나 유명 인사가 많이 광고에 등장하고 있는데, 스포츠 스타는 연예인에 비해 다음의 세 가지 점에서 앞선다고 생각된다.

우선 희소성이 앞선다. 이미 언급한 바와 같이 스포츠의 희소성은 다른 어

---

27) 코래드광고전략연구소, 「광고대사전」, 나남출판사, 1996년, p.60.
28) 정희준·유용상, "스포츠 상품가치와 이미지의 기능," 한국스포츠행정·경영학회, 1999, 제4권2호, pp. 175~193

느 분야에서 그 예를 찾아보기 어렵다. 둘째 더 친근감과 대중성을 가지고 있다. 특히 국가대표선수인 경우 소비자 자신이 좋아하는 팀의 선수가 아니라 할지라도 국가대항전에서 열심히 응원한 경험이 있기 때문에 소속팀에 관계없이 친근감을 느끼고 있다. 반면 연예인의 경우 맡은 배역에 따라 극과 극을 달리는 이미지를 소비자에게 주고 있다.

미국의 사이클 영웅 랜스 암스트롱의 걷잡을 수 없는 추락

암스트롱은 고환암을 극복한 후 프랑스에서 21일간 3,200㎞를 달리는 사이클 대회 투르드프랑스를 일곱 차례 우승하면서 인간승리의 감동을 보여준 스포츠 영웅이다. 그러나 2012년 10월 미국 반도핑기구(USADA)가 공개한 보고서에는 그가 "스포츠 사상 가장 정교하고 조직적으로 약물을 사용했다"고 밝혔다. 여기에 국제 사이클연맹(ICU)도 투르드프랑스 우승 타이틀을 모두 박탈하고 영구 출전금지령을 내렸다.

설상가상으로 스포츠용품 업체 나이키를 비롯한 스폰서들은 그에 대한 후원을 중단했으며 받은 대회 상금과 각종 보너스, 후원금의 반환 요구도 늘고 있다. 암스트롱은 자신이 이끌던 암퇴치기금 재단 '리브스트롱(Livestrong)'에도 손을 뗐다.

여기에 그치는 것이 아니라 '거짓부렁'을 자서전이라 속여 팔았다는 이유로 고소당했다. 2013년 1월24일 블룸버그통신에 따르면 암스트롱의 자서전 '이것은 자전거 얘기가 아닙니다'를 구입한 롭 슈터츠먼 등 100여명의 원고들은 그의 도핑 사실을 미리 알았더라면 그렇게 많은 책을 사지도, 읽지도 않았을 것이라며 새크라멘토 연방법원에 집단소송을 제기했다. 원고들은 출판사 펭귄, 랜덤하우스와 크라운 등도 허위광고, 사기 등의 잘못을 저질렀다며 500만 달러의 손해배상을 청구했다고 '애틀랜틱 와이어'는 전했다. 한 때 최고 우상이었던 그는 미국인이 가장 싫어하는 인물로 전락하였다.

셋째 참신한 이미지를 가지고 있다. 스포츠 스타는 사생활에 특별한 문제

가 없는 한 좋은 이미지가 많이 인식되어 있다. 반면 연예인의 경우 스포츠 스타보다 스캔들이 많은 것이 현실이다. 김병지의 매니저('에이스 밸리'대표)는 "탈랜트 등 기존 모텔에 식상한 광고주들이 참신한 이미지를 지닌 축구스타를 선호하는 추세"라고 말했다.[29] 불리한 점으로 연기력을 들 수 있으나 이것은 크게 문제되지 않는다. 반대로 좋던 이미지가 추락하게 되면 미국의 사이클 영웅 랜스 암스트롱의 예에서 보듯 본인은 물론 후원기업까지도 상상을 초월할 정도의 손해를 입게 된다.

기업의 입장에서는 장래성 있는 선수나 팀을 발굴하고 지원하여 좋은 성과를 낸 후 광고에 적극 활용하는 방안이 이상적이다. 적은 투자로 큰 광고효과를 거둘 수 있고 선수는 어려울 때 든든한 스폰서를 가지게 됨으로써 운동에 전념할 수 있어 좋은 성과를 거둘 수 있어, '누이 좋고 매부 좋고'가 되는 것이다. 이것은 마치 기술력만 믿고 벤처기업에 투자하는 모험투자가와 같다. 박세리의 장래성을 높이 사 당시로는 파격적인 지원을 한 삼성의 투자는 위험을 무릅쓴 벤처투자의 전형이라고 평가할 수 있다.

14.4.3 올림픽 스폰서 십

IOC는 올림픽 스폰서십으로 TOP(The Olympic Programme)를 개발하였다. 이 프로그램은 기업과의 장기적인 파트너십을 구축함으로써 올림픽을 활용한 다양한 수입원을 개발하고 올림픽 운동의 미래를 확고히 하고자 하는 목적으로 실시되고 있다.

원래 올림픽의 상업사용권은 각국의 올림픽위원회 (NOC)가 각각 관리를 해왔으나 사마란치 회장이 IOC의 일괄관리로 바꾸어 1988년 동계캘거리대회와 하계 서울대회에서부터 실시하고 있다[30]. 기본적으로 4년 단위의 계약

---

29) 스포츠 조선 1999년 8월 20일자 참고.

30) 사마란치(1920~2010) 스페인에서 태어난 그는 1980년 IOC 위원장이 되어 21년간 위원장을 지낸 인물이다. 그의 21년간의 재임은 근대 올림픽 창시자인 쿠베르탱(1863~1937)에 이은 2번째 장수기록이다. 그는 재정적으로 위기에 처해있던 올림픽을 구해낸 인물로 평가를 받고 있다. 그러나 IOC가 부패와 뇌물수수 등 비리의 온상으로 전락시켰다는 비난으로부터 자유롭지 못한 것도 사실이다. 1990년 제1회 서울 평화상수상자이기도 하다.

이며 한 업종 한 회사로 한정되고 있으며 매회 9~11사정도가 계약을 맺고 있다. TOP에는 파나소닉, GE, 삼성, 에이사, 코카콜라, P &G, 맥도날드, 다우 케미칼 등 쟁쟁한 기업들이 참여하고 있다.

TOP에게는 권리와 의무가 주어져 있다[31]. 먼저 권리로는 지정된 제품카테고리 안에서 독점적인 세계규모의 마케팅 권리와 기회를 갖는다. 올림픽 마크와 명칭 사용권, 홍보와 프로모션 기회 제공, 홍보관과 올림픽 기록보관소 활용, 입장권 할당, 광고 선택권, 스폰서십 평가보고서 활용 권한 부여, 차기 우선 협상권을 갖는다.

의무로는 마크 등의 사용 사전 승인, 제약된 상품에만 사용, 로고 등의 변형 사용 불가능, 올림픽에 부정적 영향을 미치는 행위 금지, 올림픽 및 관련 단체와 유관한 용어의 사용금지가 부여되어 있다.

이 프로그램은 재정적 위기에 처한 올림픽을 구해 난 구원투수 역할을 한 것도 사실이지만 사마란치와 IOC로 하여금 숭고한 올림픽 정신을 상업주의에 물들게 만든 장본인이라는 비난을 받게 만들었다.

14.5 기타 관련시장

가. 스포츠 음료시장

스포츠가 일상화됨에 따라 음료 시장도 크게 성장하고 있다. 1998년 1,200억 원이던 매출액이 2010년 2,600억 원, 2011년 2,850억 원, 2012년 2,950억 원으로 성장하였다. 최근 3년간 6.5%의 높은 성장률을 보이고 있다.

2012년 스포츠 음료시장의 시장점유율은 포카리 스웨트 45.4%, 게토레이 28.8%, 파워 에이드 25.8%의 순이다.[32] 전형적인 독과점 시장이라고 말 수 있다.

---

31) 장승규, 「스포츠 경영관리사 2013」, 지식닷컴, pp.307~309.
32) 아시아투데이, 2013년 7월 8일.

나. 스포츠 신문 시장

스포츠 정보가 위성채널, 인터넷방송 등 다양한 매체에 의해 공급되고 있다. 특히 스포츠전문채널이 생기면서 골프, 격투기, 미국 야구, 농구, 유럽 축구 등 새롭고 다양한 콘텐츠를 누구나 쉽게 접할 수 있게 되어 과거 지상파 3사에 국한된 시장에서 벗어나 소비자들에게 다양한 매체 선택권이 주어져 있다. 이런 추세에서 가장 시장을 많이 빼앗긴 시장이 바로 스포츠 신문 시장이다.

2010년 스포츠 서울(1985년 창간, 대한 매일 신문사 발행)는 282억원 매출, 일간스포츠 (1969년 창간, 한국일보사 발행, 2005년부터 중앙일보가 1대 주주가 됨): 183억원 매출, 스포츠 조선(1990년 창간, 조선일보사 발행): 409억원 매출을 기록하고 있다. 매년 매출이 줄어들고 있는 추세이다[33].

현재 스포츠 신문 시장에서 시장 점유율 1위는 스포츠 조선이다. 그러나 시장을 크게 보아 일간 신문시장으로 확대해 본다면 1위 신문사는 다를 수 있다. 시장의 범위를 넓게 잡느냐 좁게 보느냐에 따라 생산자의 위상이 다르게 평가된다. 스포츠 신문 시장이 전체 신문 시장의 일부분이기 때문에 전체와 부분간의 지위차이가 나타나는 것이다. 종합 일간지가 스포츠 신문을 발행하는 것은 범위의 경제성을 활용한 선택이다.

다. 스포츠 토토와 프로토[34]

스포츠 베팅산업이라는 다른 시장과 다르게 독특한 파생시장을 형성하고 있다. 스포츠시장이 불확실성을 파는 대표적인 시장임을 감안하면 어쩌면 자연스러운 일이다. 그러나 불법행위와 사행성 등 새로운 문제를 야기 시킨다.

토토와 프로토가 판매되고 있다. 승부식은 대상경기중 자신 있는 경기(2개~최대 10개 경기)를 선택하여 홈팀 승/무/패 결과를 예상하여 맞히는 게임으로 국내/해외 축구, 야구, 농구, 배구를 대상으로 하고 있다. 기록식은 국내/해외 축구, 야구, 농구, 배구, 골프를 대상으로 최대 24개 게임유형 중

33) 한국언론진흥재단 전자공시 참고.

34) www.betman.co.kr

관심 있는 게임을 선택하여 결과를 맞히는 게임이다.

수익금은 국민체육진흥기금으로 쓰이고 있어 공익적 역할을 하고 있다.

라. 경마, 경륜과 경정 업

스포츠와 관련된 베팅업(경마, 경정, 경륜, 스포츠 토토/프로토)은 불확실한 미래에 대해 베팅을 한다는 점에서는 로또와 동일하다[35]. 하지만 로또는 오직 운에만 의존하지만 스포츠와 관련된 베팅에서는 상당한 정도의 예측력을 기초로 운이 따라야 한다. 따라서 스포츠와 관련된 베팅을 로또와 같은 차원에서 접근하는 것은 잘못된 판단을 야기할 수 있다.

앞 장에서 본바와 같이 우리나라의 갬블링 및 베팅업은 중분류단위로 볼 때 최고의 매출액을 기록하고 있다. 스포츠 토토/ 포스토에서는 물론 경마, 경륜 과 경정과 같은 경주 스포츠에서도 베팅이 이루어지고 있다. 〈표 14-5〉경주 스포츠업 이용자 수 추이에서 보듯 2009년 42,668천명의 이용자에서 27,125천명으로 감소하였지만 상당한 규모를 자랑하고 있다.

국가가 앞장서 사행성을 부추기고 있다는 비난이 없는 것은 않으나 어차피 인간이 가지고 있는 사행성을 강압적으로 억제하는 것 보다는 합법화된 범위 내에서 합리적으로 나타나게 하는 것이 현명한 대책일 것이다. 소위 '풍선효과'가 있어 사행성이 비교적 적은 경주업을 불법화한다면 오히려 다른 곳에서 더 반사회적인 사행업이 성행할 수 있기 때문이다. 또 이렇게 얻은 수입이 국민 체육 진흥기금의 재원으로 쓰이고 있다는 점을 감안하면 건전한 상식 내에서의 베팅행위가 가능하게끔 하는 것이 더 옳다고 본다[36].

---

35) 우리나라에서는 경마는 1922년부터, 경륜은 1994년부터, 경정은 2002년부터 로또는 2002년부터 시작되었다.

36) 임상일, "경륜 경정 사업의 수익배분 재조정," 한국체육정책학회, 2006, 제 7호, pp.81~100.

<표 14-5> 경주 스포츠업 이용자 수 추이

(단위:)

연도별 / 종목	2002	2003	2004	2005	2006	2007	2008	2009	2010
경마장 입장객(서울+제주+김해 경마장	1,628	1,674	1,541	1,618	1,645	2,045	2,080	2,168	2,182
경륜장 입장객(잠실+창원+금정 경륜장)	552	565	572	545	564	905	914	943	947
경정장 입장객	45	122	143	191	197	298	343	350	353
합 계	2,225	2,361	2,256	2,306	2,406	3,318	3,349	3,461	3,457

〈표 14-6〉에 201*1년 경마, 경륜과 경정업 현황을 나타내 보았다. 경마업이 매출과 입장객 수에서도 압도적인 우위를 보이고 있다. IMF 경제위기 직후인 2005년을 전후하여 지나친 사행성이 사회문제화 되어 제재를 가해야 된다는 논란도 있었지만 그 이후 그렇게 문제화된 적은 없다. 토토/프로토와 마찬가지로 지나친 사행성과 불법도박을 제재하는 것이 관건이다.

<표 14-6> 경마, 경륜과 경정업 현황

	매출액	일평균 매출액(백만원)	일평균 입장객
경륜	2,442,201	13,166	53,277
경정	650,786	8,135	41,064
경마	7,786,239	49,502	153,861

주: 경륜장은 잠실, 창원, 부산에 있으나 이 통계는 잠실만의 값임
경마장은 서울, 제주, 부산에 있으나 이 통계는 서울만의 값임

제 3회 WBC 에 대한 도박사들의 예측

해외 도박사들은 16개 참가국 중에서 미국과 도미니카를 우승후보로 꼽아 배당률을 3.5로 하였으며 3위로 일본을 들었으며 배당률은 4이다. 우리나라는 13으로 4위로 랭크되었고, 쿠바, 캐나다, 대만이 공동 5위로 배당률 16으로 예측되었다. 배당률이 낮을수록 우승할 확률이 높음을 의미한다.

마. 스포츠경영관리사(Sport Business Manager)

스포츠에 대한 관심과 참여의 증대에 따른 스포츠 시장의 다양화와 스포츠산업의 다변화는 다양한 직업 유형과 함께 고용기회를 제공하고 있다. 국내도 이미 아마 및 프로 스포츠의 발전으로 인해 스포츠경영 전문가의 필요성이 요구되고 있다. 스포츠경영관리는 특히 젊은 층에서 새로운 직업으로 인식되고 있기 때문에 스포츠경영관리 분야의 전문적 인 교육이 요구된다. 따라서 스포츠경영 분야에서의 적응과 올바른 직무활동을 위하여 보다 체계적이고 다양한 학문의 교류와 전문가 양성의 필요성이 증대되고 있다. 2005년 스포츠경영관리사로 신설되었다.

스포츠이벤트의 기획 및 운영, 스포츠스폰서 및 광고주 유치, 프로 및 아마 스포츠 구 단 스포츠마케팅 기획 및 운영, 스포츠콘텐츠의 확보 및 상품화, 스포츠선수대리인 사업 의 시행, 스포츠시설 회원 모집, 관리 등 회원서비스, 스포츠시설 설치 및 경영 컨설팅, 공공 및 민간체육시설 관리 운영을 수행하는 직업이다. 공공기관 종합체육시설, 프로스포츠 구단, 각종 경기단체, 일반기업체, 교육기관 등에 취업할 수 있으며 시험은 한국산업인력공단(http://www.q-net.or.kr)에서 실시하고 있다.

바. 기타 관련산업

최근 들어 스포츠 시장과 관련되어 가장 각광받고 있는 산업이 판타지 스포츠 (fantasy sports)산업이다. 미국에서는 최근 들어 17%라는 놀라운 성장

률을 보여 주고 있다[37]. 스포츠 판타지 산업이란 야구, 미식축구, 축구, 농구 같은 인기 프로 스포츠를 무대로 자기가 좋아하는 선수를 모은 가상의 드림 팀을 만들어 다른 사람이 만든 가상의 팀과 우열을 가리는 시뮬레이션 게임을 말하다. 초고속 컴퓨터와 인터넷의 발전이 이 산업의 성장을 가속화시키고 있다[38]. 미국에서는 방송사와 스포츠 전문 매체 등에 경기를 할 수 있는 사이트가 개설되어 있으며 경기자와 작가들이 만든 협회도 결성되어 있다.

막대풍선의 탄생

우리나라 응원 문화는 대단히 활력이 넘친다. 붉은 악마와 길거리 응원으로 대표되는 역동성은 세계를 놀라게 하고 있다. 응원도구에서도 큰 발전이 있었는데, 최고의 발명품이 바로 막대풍선(thundersticks)이다. 과거에는 주로 징, 꽹과리, 북을 주로 이용하였으나 막대풍선이 등장하면서 새로운 응원 문화를 만들어 내었다. 우리나라에서는 1990년대 후반부터 등장하여 이제는 일본(2000년 한일 슈퍼게임때 소개)과 미국(2002년부터 월드 시리즈때 소개됨)에서도 쓰이고 있다.

사진 출처: 위키피디아 백과사전

37) Time 2012년 8월 27일. 판타지 스포츠 거래협회(Fantasy Sports Trade Association, www.fsta.org)와 판타지 스포츠 작가 협회(Fantasy Sports Writer Association, www.fswa.org) 를 참고하기 바람.

38) 설수영 · 김예기, 앞의 책, p.205

주관식

1. 월드컵 중계권을 둘러 싼 시장 구조에 대해 생각해 보자. 국내 광고주들끼리 과열경쟁의 최종 수혜자는 누구라고 생각하는가?

2. 올림픽 스폰서십이란 무엇인가? 이 제도의 긍정적 효과와 부정적 효과에 대해 설명하시오.

3. 스포츠 신문 시장에 과거에 비해 쇠퇴한 이유에 대해 쓰시오

객관식

1. (기출) 다음 중 스포츠 스폰서십의 형태에 속하지 않는 것은?

① 타이틀 스폰서십　　② 공식명칭 사용권
③ 유니폼 광고　　④ 스포츠경기 방송중계권

2. (기출)스포츠산업에서 벌어지는 산업 중 선수가 사업의 주체가 되는 것은?

① 좌석 라이센스 사업　　② 인도스먼트 사업
③ 경기장 광고사업　　④ 프로리그 방송중계권 사업

객관식 문제 정답　1. ③　2. ②

3. (기출) 다음 중 스포츠산업 정책상 스포츠서비스업에 해당되지 않는 것은?

① 스포츠경기업　　② 스포츠마케팅업
③ 스포츠용품유통업　　④ 스포츠정보업

4. 다음 재화 중 비경합성을 충족하는 재화는 어느 것인가?

㉮ 새벽 3시의 문화체육관광부 웹사이트
㉯ 운동장에서 관람하는 월드컵 결승 게임
㉰ TV로 관람하는 월드컵 결승 게임
㉱ 바다의 물고기

① ㉮와 ㉯	② ㉮와 ㉰
③ ㉯와 ㉱	④ ㉰와 ㉱

---

3. ③ 4. ②

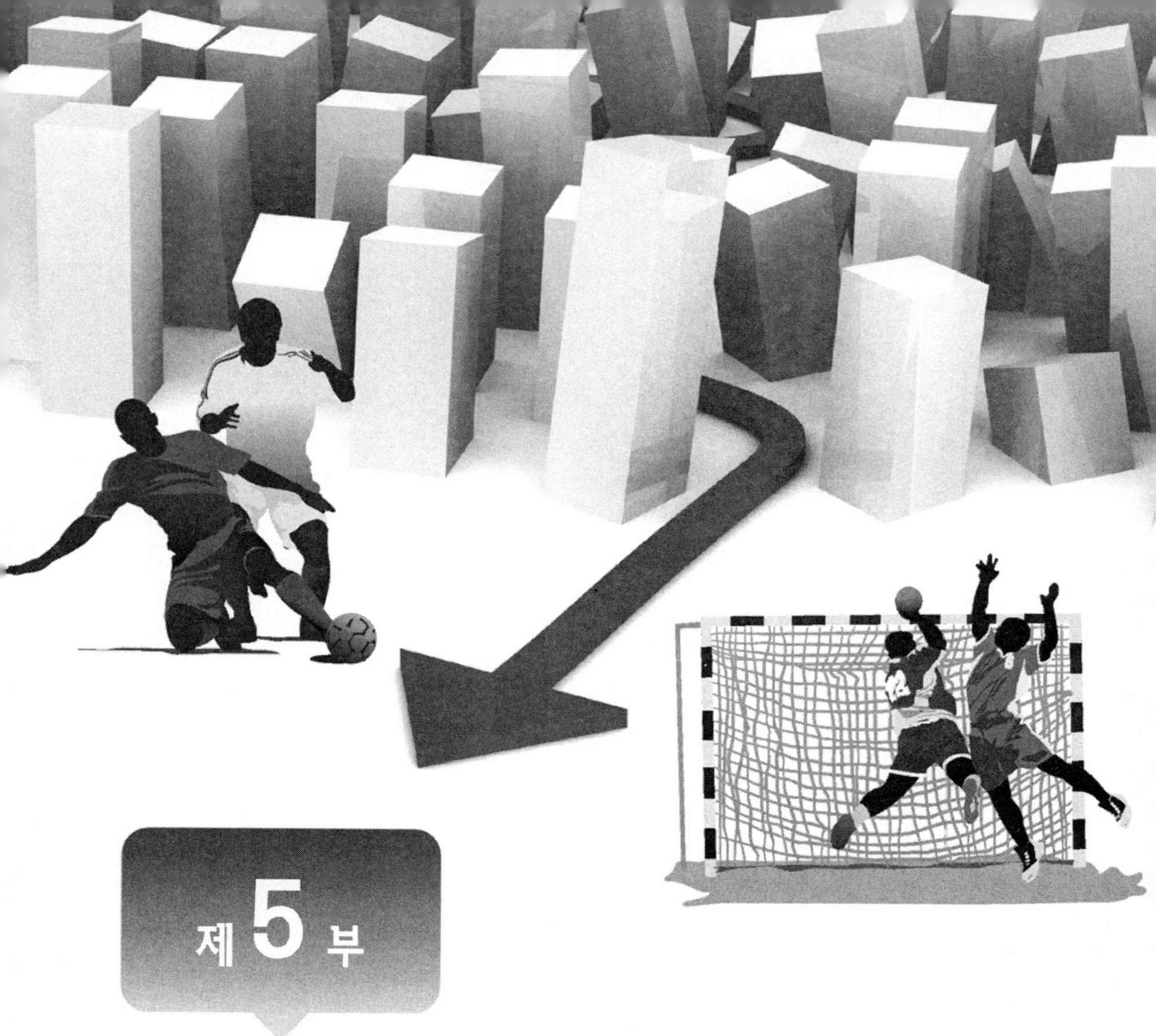

제 5 부

스포츠 관련 정책과 화제분석

제15장

정부와 스포츠

"많은 관중들에게 있어서 메달 수여식은 국가 정체성을 집약시킨 것이 된다. 국가와 기업의 표시, 색으로 몸을 치장한 선수들은 기계적으로 식장에 들어선다. …(중략)… 이긴 선수와 팀의 국가가 울려퍼지면서 그들의 우월성은 시청각적으로 증대된다. 선수들의 눈물은 개인의 감정에 의해, 그리고 국가에 대한 기여와 의무감으로 인해 감동받았기 때문이다"

– Miller et al 2001, p.61

"유년층부터 고령층까지 체육이 생활화되면서 건강한 삶을 누릴 수 있게 해야 하는데 그런 효과가 투자에 비해 수치로는 잘 나타나지 않는다. 그래서 그동안 한국에서 좀 소홀했던 것 같아 좀 아쉬움이 남는다. 전체적인 국민의 삶의 질 향상을 위해 체육을 할 수 있는 환경을 조성해줘야 한다"

-- 허구연 야구 해설위원

- 스포츠 시장에서 나타나는 시장실패와 해결책
- 정부의 스포츠 진흥 정책의 필요성
- 골프 대중화선언의 명과 암

15.1 시장실패

시장이 효율적으로 자원을 배분하지 못하는 상황을 시장 실패(market failure)라고 말한다. 즉 불완전 경쟁(imperfect competition), 공공재(public goods), 외부성(externality), 및 불확실성(uncertainty)에 의한 가격기구의 불완전성을 말한다. 이렇게 시장실패가 있는 경우 정부의 적절한 개입으로 효율적인 상태에 도달할 수 있다.

스포츠시장에서 수요와 공급이 균형을 이룬다면 정부의 개입은 필요하지 않으나 현실에서는 그렇지 않다. 스포츠 시설은 공공재 성격을 띠고 있기 때문에 사람들은 비용을 부담하는 일은 꺼리지만 혜택을 받는 일에는 남에게 안 뒤지려고 한다. 또 프로 스포츠에서는 시장기능이 잘 작동하지 못하는 경우가 있다. 스포츠 시장에서도 보이지 않는 손과 보이는 손의 조화가 필요하다. 프로 스포츠가 활성화되면서 시장 실패는 상당히 줄었다. 인기 스포츠의 경우 외부 경제성이 높은 방송매체를 통해 전달되는 경우가 많기 때문에 더욱 그렇다.

거시적으로 볼 때 스포츠분야에 대한 투자는 광범위한 정(正)의 효과를 가져 온다. 제1편 제2장에서 언급한 바와 같이 스포츠가 가져다주는 교육, 건강, 소득재분배 효과, 사회통합기능, 국위 선양 등의 효과는 가시적이지는 않지만 분명 중요한 엄청난 것이다.

스포츠를 가치재(merit goods)로 보고 정부의 적극적인 지원을 이끌어내는 근거로 삼고 있다[1]. 가치재란 개인이나 사회가 능력이나 지불 의사보다는 필요에 의해 가져야 하는 상품이라고 정의할 수 있다. 공공재나 긍정적 외부효과의 성격을 가지고 있어 정부에 의한 공급이 필요하지만 개인들이 매우 자기중심적으로 판단하며 이런 상품이 가져다주는 긍정적 외부효과를 과소평가하기 때문에 정부가 더 적극적으로 공급에 앞장서야 한다는 주장이

1) 가치재와 비가치재이론은 재정학의 대가 Musgrave(1910～2007) 가 처음 도입한 개념이다.

다. 반대로 담배, 도박, 마약, 매춘과 같이 개인과 사회에 해악을 끼치는 상품을 비가치재(demerit goods)라고 부른다.

한편 시장실패를 보정하기 위해 정부가 개입하는 것이 무조건적으로 바람직한 결과를 낳는 것도 아니다. 왜냐면 정부 역시 한계를 갖는 인간의 조직이기 때문이다. 이를 정부의 실패라고 부른다. 따라서 스포츠 시장에서도 정부는 항상 신중하고 사려 깊게 개입하여야 한다.

15.1.1 스포츠 시장에서의 불완전 경쟁

소수의 프로 구단은 선수들에 대해서는 수요독점이고 소비자에 대해서는 공급 독점적 위치에 있다. 다른 시장의 사업자단체와 달리 원천적으로 독점적 요소를 많이 지니고 있는 협의회나 연맹은 시장 전체를 지배하는 막강한 독점자이다. 이런 이유로 인해 프로 스포츠시장 전체에서 독점의 폐해가 나타날 가능성이 늘 있다. 다시 말해 다른 시장에서 보다 구단은 물론 사업자 단체인 협의회나 연맹에 의한 폐해가 더 심각하게 나타나고 있다.

생산물 시장에서 구단은 공급자이고 일반 팬은 수요자인 것에 대해서는 이론의 여지가 없다. 하지만 선수와 구단과의 관계는 노동자와 사용자로 보아야 옳은 것이 아닌가 생각을 할 수 있다. 하지만 프로 선수는 공정거래법상의 사업자로 구단 협의회나 연맹을 사업자 단체로 규정하고 노동법이 아닌 공정거래법으로 규율하고 있다.[2)]

2000년 공정거래위원회는 프로 스포츠 관람시장에서 일방적으로 구단에게 유리하게 규정되어 있는 약관(約款)을 공정하게 규정되고 시행될 수 있도록 시정권고를 한 바 있다. 23개 프로구단(야구, 축구, 농구)의 입장권약관상 입장료 환불제한 조항, 음료수 등의 반입금지 조항, 부당한 면책조항, 및 구단의 채무이행조항 등 불공정약관조항에 대해 시정을 권고하였다.[3)]

2) 공정거래법 제 2조 1항 "사업자"라 함은 제조업, 서비스업, 기타 사업을 행하는 자를 말한다. 사업자의 이익을 위한 행위를 하는 임원·종업원·대리인 기타의 자는 사업자단체에 관한 규정의 적용에 있어서는 이를 사업자로 본다. 제 2조 4항 "사업자단체"라 함은 그 형태 여하를 불문하고 2이상의 사업자가 공동의 이익을 증진할 목적으로 조직한 결합체 또는 그 연합체를 말한다.

협의회나 연맹이 소속 구단의 정상적인 활동을 제한하는 경우가 가장 자주 나타나고 있다. 공정거래위원회는 2000년 「한국야구위원회 규약」제 30조 (대면계약), 제 55조(보류기간의 종료), 제 86조(선수계약의 양도), 제 87조(사전합의), 제164조(자격취득조건), 및 제172조(구단 당 획득선수의 수)에 대해 시정명령을 내린 바 있다.[4] 또 프로야구 선수의 해외진출선수의 국내복귀제한, 지명제도 중 계약교섭권 보유기간, 한국야구위원회의 입장료 결정, 다년연봉계약 체결금지 등에 대한 사항에 시정명령을 내렸다.[5] 2008년에는 군보류수당의 지급을 중단하기로 의결한 KBO에 대해 시정명령을 내린 적이 있다.[6] 또 프로 농구에서는 다년연봉계약 체결금지 등에 대한 사항에 시정명령을 내렸다.[7]

구단과 선수, 감독이나 코치와의 관계에서 나타나는 불공정한 거래는 일견 공정거래법이 아닌 노동법상의 부당한 노사관계에 해당한다고 생각할 수 있다. 그러나 개인 성과중심의 임금체계와 개별 경제주체로서의 독립성 등이 작용하기 때문에 노동법상의 근로자 보다는 공정거래법상의 사업자에 더 가깝다고 보는 것이 더 합리적이다. 공정거래 위원회는 2002년 감독・코치 계약서에 규정되어 있던 대외활동 제한조항, 계약의 파기조항 및 총재의 지시 및 재결 승복조항 등 감독・코치 에 일방적으로 불리한 규정을 삭제 또는 수정하도록 시정명령을 내린 바 있다.[8]

또 6개 구단의 선수계약서상 용구제조회사 지정조항(제 8조), 광고출연 등 대외활동제한조항(제 16조), 무제한적 선수양도조항(제 21조), 선수의 계약 해약시 총재의 승인조항(제 25조), 총재의 지령과 재결에의 복종조항(제 29조), 총재의 분쟁 최종처리권한 보유조항(제 30조), 참가활동 보수액의 감

---

3) 2000약제0969 23개 프로구단의 경기장약관상 불공정조항에 대한 건의 시정권고서.
4) 2000단체1406 (사) 한국야구위원회의 사업자단체금지행위에 대한 건과 2001심일1333 이의신청건.
5) 2002조기0822 (사) 한국야구위원회의 구성사업자에 대한 사업활동제한행위 등에 대한 건과 2002심이1239 이의신청건.
6) 2008서총0765 사단법인 한국야구위원회의 사업자단체금지행위에 대한 건.
7) 2002조기0821 한국농구연맹의 구성사업자에 대한 사업활동제한행위 등에 대한 건이 있다.
8) 2002조기0764 롯데자이언츠 등 프로 야구구단의 감독・코치 계약서상의 불공정약관조항에 대한 건과 2002심이1212 이의신청건.

액 제한 규정(제 31조), 총재의 선수계약서 효력 승인조항(제 34조) 등 불공정약관조항으로 의결하고 시정할 것을 명령하였다[9].

반면 아마추어 스포츠에서의 분쟁은 노동법상의 문제로 다루어지고 있다. 중앙노동위원회는 한국 전력공사가 야구팀을 해산이라는 사유만으로 선수들을 해고하는 일은 부당하다고 판정하였다.[10] 아마추어 선수의 경우는 노동법에 해당하지만 프로 선수인 경우 선수 자신이 독립된 사업자이고 프로 협의회 내지 연맹은 사업자 단체이기 때문에 공정거래법에 해당한다.

<표 15-1> 프로 스포츠 시장에서의 불공정행위에 대한 공정위의 조치 내용

종목과 대상	문제내용	적용법	조치
프로야구, 프로축구, 프로농구 - 23개 프로구단	「경기장입장권약관」 · 입장료 환불제한, · 음료수 등의 반입금지, · 부당한 면책, 및 · 구단의 채무이행	약관법	시정권고
프로야구 - 한국야구위원회	「한국야구위원회 규약」 · 대면계약, · 보류기간의 종료, · 선수계약의 양도, · 사전합의, · 자격취득조건, 및 · 구단 당 획득선수의 수	공정거래법 사업자단체 금지조항	시정명령
프로야구 - 한국야구위원회	「한국야구위원회 규약」과 「선수계약서」 · 해외진출선수의 국내복귀제한, · 지명제도 중 계약교섭권 보유기간, · 한국야구위원회의 입장료 결정, · 다년연봉계약 체결금지	공정거래법 사업자단체 금지조항	시정명령
프로야구 - 한국야구위원회	· 군 보류수당의 지급 중단 의결	공정거래법 사업자단체 금지조항	시정명령

9) 2000약제1535 6개 프로야구구단의 야구선수계약상 불공정약관조항에 대한 건 과 2001심삼 1487 이의신청건

10) 2003부해449 한국전력공사 부당해고구제 재심신청사건.

프로농구 – 한국농구연맹	「한국농구연맹규약」 · 다년연봉계약 체결금지	공정거래법 사업자단체 금지조항	시정명령
프로야구 – 8개 프로야구구단	「감독 · 코치 계약서」 · 대외활동 제한, · 계약의 파기 및 총재의 지시 재결 승복	약관법	시정명령
프로야구 – 6개 프로야구구단	「선수계약서」 · 용구제조회사 지정, · 광고출연 등 대외활동제한 · 무제한적 선수양도, · 선수의 계약 해약 시 총재의 승인, · 총재의 지령과 재결에의 복종, · 총재의 분쟁 최종처리권한 보유, · 참가활동 보수액의 감액 제한 규정, · 총재의 선수계약서 효력 승인	약관법	시정명령

15.1.2 공공재와 스포츠시장

앞 장에서 경합성과 배제성을 기준으로 재화를 분류하였고 공공재적 성격이 강한 상품일수록 – 어떤 사람이 어떤 재화로부터 이득을 보았음에도 불구하고 이에 대해 대가지불을 회피하는 현상 – 무임승차 행위가 많이 관찰됨을 알 수 있었다.

체육시설은 공공재적 성격이 강하다. 내가 돈을 안내도 남이 내 놓을 텐데 하면서 비용부담에는 주저하지만 막상 체육시설이 만들어지면 비용을 부담하지 않고 쓰려고 하는 현상을 일컫는다. 따라서 정부는 체육시설을 공급함으로써 시장실패를 보정하여야 한다.

또 스포츠 시장에서는 공유자원이 사회적 관점에서 볼 때 과다하게 사용되어 결국 고갈되고 마는 현상인 공유지의 비극(tragedy of commons)[11]이 발생할 가능성이 매우 높다.

---

11) 박세일, 앞의 책, p.107, 맨큐의 경제학 p.235, 임봉욱, 앞의 책, p.584 참고 바람

공공 체육시설은 사람들이 내 것처럼 사용하지 않고 함부로 쓰기 때문에 쉽게 망가지고 수명이 짧아진다. 실제로 우리나라의 공공체육시설은 공공성 확보와 효율성의 극대화 어느 쪽도 만족스럽게 달성하지 못하고 있는 것으로 밝혀졌다.12)

이 개념을 최초로 도입한 하딘(G. Hardin)은 이 문제를 극복하기 위해 양심에 호소하는 것은 무의미하다고 하였다. 사유재산제를 도입하는 방법이 있으나 공공 체육시설의 경우 그 성격상 보편화시키기에는 무리가 따른다. 차선책으로 관리를 지역주민이나 자치단체 등 가장 가까이에서 사용하는 주체에게 맡기고 관리 소홀에 대해 책임을 묻는 시스템이 그나마 이 문제를 줄일 수 있는 방법이라고 생각한다.

지방자치 단체가 생활체육 시설을 효율적으로 운영·관리하기 위한 방안으로 주민위주의 생활체육, 문화행사, 집회 등 주민화합과 주민복지의 증심적인 장소로 활용하며 주민 수요에 부응하는 각종 프로그램 개발운영, 및 민간단체에 의한 위탁경영 확대 등이 거론되고 있다.13)

15.1.3 외부 효과와 스포츠 시장

외부효과(外部效果, externality)란 기업이나 사람들이 다른 경제주체에게 다른 사람에게 이익을 가져다주나 그에 대한 적절한 대가를 받지 못하는 경우를 외부 경제(external economy)혹은 긍정적인 외부효과라고 하며 반대로 다른 사람에게 손해를 가져다주지만 그 손해를 적절히 보상하지 않는 경우를 외부 불경제(external diseconomy)혹은 부정적인 외부효과라고 부른다.

외부효과가 있는 경우 경제활동의 당사자가 부담하는 사적비용(私的 費用, private cost)과 경제활동의 당사자를 포함한 경제 전체의 구성원이 부

12) 송광태·허현미·안민석, " 공공체육시설의 현황과 문제점: 능률성, 효과성, 형평성을 기준으로'" 한국체육학회, 1999, 제38권1호, pp.635~647

13) 허현미·안민석, "지방자치시대의 생활체육 활성화 방안", 한국 스포츠 행정·경영학회지, 1999, 제4권, 제1호, p108 참고하기 바람

담하게 되는 사회적 비용(社會的 費用, social cost)간에 괴리가 발생한다.[14] 경제주체가 소비나 생산에 대해 의사결정을 할 때 자신의 행동으로 인해 발생하게 되는 다른 경제주체에 대한 영향(이득이 될 수 도 있고 손해가 될 수도 있음)을 고려하지 않고 자신의 이익만을 위해 행동하기 때문에 사회적 비용과 사적비용은 차이가 나타난다. 예를 들어 폐수를 한강에 버리는 사람은 개인적으로 비용을 부담하지 않고 있으나 이 폐수로 인해 서울 시민들의 상수도가 오염되고 정화를 위해 상당한 비용을 세금으로 충당하지 않을 수 없다.

스포츠는 긍정적인 외부 경제성을 가지고 있다. 건강에 미치는 긍정적인 효과이다. 학교나 생활체육 활성화를 통해 모든 국민들에게 혜택이 갈 수 있도록 노력하고 있다. 체육과학연구원에 의하면 규칙적으로 운동한 사람은 그렇지 않는 사람에 비해 당뇨병, 뇌졸중 등에 대한 발병감소효과가 최대 16%이며 1인당 1년에 최대 8만원의 의료비를 절약할 수 있는 것으로 나타나 국가 전체적으로 볼 때 최대 2조 8천억원의 의료비 절감효과가 있는 것이다. 또 스포츠 활동은 개인의 생산성 향상으로 이어져 1인당 약 460만원, 국가 전체적으로는 약 16조원의 경제・사회적 효과가 발생하는 것으로 추정하였다[15].

소위 비인기 종목은 올림픽 등 국제경기에서 메달을 따 국위선양에는 큰 기여를 하지만 시장에 그대로 놓아두는 경우 더욱 위축되는 결과를 낳는다. 이것이 비인기 종목에서 나타나는 시장의 실패다. 지방자치단체나 중앙정부의 정책적인 지원책이 요망된다. 육상, 체조, 수영, 빙상, 스키 등 기초종목을 대상으로 초등학교 시기의 선수들을 선발하여 우수선수로 육성할 목적으로 실시하고 있는 꿈나무 선수 육성 사업이 대표적인 예라고 할 수 있다. 또 국민체육진흥법과 체육시설의 설치・이용에 관한 법률 등이 시장실패를 줄이고 인센티브를 강화하는 제도적 장치라고 할 수 있다.

여러 운동 중에서도 '외부성'이 강한 종목이 있다. 이른바 '기초종목'이다. 다른 운동에 많은 기여를 하지만 스스로는 별 주목을 못 받는 종목이다. 육

14) 사회적 비용은 해당 경제활동의 당사자가 부담하는 사적비용을 포함하는 개념이다.
15) 체육과학연구원, 설수영・김예기, 앞의 책 p.131.

상이 대표적인 예이다. 기초과학에서 시장의 실패가 현저하듯 기초 종목에서도 시장에만 맡기면 효율적인 결과를 낳지 못할 가능성이 있다. 스포츠에서 말하는 기초종목이란 경제학 용어로 표현하면 외부성이 강한 종목이라고 말할 수 있다.

과거 우리나라는 올림픽 메달 수를 국력의 상징으로 생각하고 상당한 자원을 우수 선수 육성에 쏟은 바 있다. 80년대 초반 이후 체육부를 두고 진흥기금을 만들어 상당한 투자를 아끼지 않았다. '스포츠 공화국'이라는 비아냥거림까지 듣기도 했지만, 그 결과 스포츠강국으로 부상하게 되었다. 그 전략(비교우위론)에 대해서는 제 2편 제 2장에서 언급하였으므로 여기에서는 주로 정부가 스포츠시장에 개입하는 이론적 근거를 살펴보고 우리나라에서의 현황을 개략적으로 살펴보고자 한다.

정부는 엘리트 체육 육성을 위해 체육중학교, 체육고등학교, 체육대학교를 설립·육성하고 있다. 또 체육과학연구원(Korea Institute of Sports Science, KISS, 1980년 설립됨, www.sports.re.kr)을 통해 엘리트 선수의 경기력 향상, 생활체육 진흥 및 체육전문인재 양성과 스포츠 산업육성을 도모하고 있다.

스포츠 시장이 부정적인 외부효과를 야기하기도 한다. 대표적인 경우가 골프장건설이다. 골프장을 짓기 위해서는 상당한 정도의 자연훼손을 각오하여야 한다. 또 농약은 골프장 유지를 위해 필수품이다. 골프장 입장에서는 골프장 건설비와 농약대금 등이 사적비용이나 사회적으로 볼 때는 이 외에도 환경파괴와 오염으로 인해 겪어야 하는 다른 사람들의 고통, 손해, 비용을 포함하여야 한다. 골프장 건설은 사회적 비용이 사적비용보다 더 큰(외부 불경제의) 대표적인 예다. 정부는 엄격한 조건을 내세워 인허가를 어렵게 하거나 높은 세금을 골프장에 부과함으로써 양자의 차이를 없애려고 노력하고 있다.

가해자가 골프장이고 피해자는 다수인 경우가 보통이다. 자연훼손이나 생태계 파괴와 같이 불특정 다수에게 피해를 가져다줄 뿐만 아니라 인근 동네 사람들에게 구체적인 손해를 가져다주는 경우도 많다. 인근 주민들이 겪는 피해는 그들의 적극적인 항의와 방해에 의해 서로 간에 상당한 보상이 이루어지지만 피해자가 불특정 다수인 경우에는 보상이 원활하지 못하다. 객관적인 환경영향 평가가 중요한 이유가 여기에 있다.

응지축구팀을 아시나요?

1966년 영국 월드컵에서 북한이 이탈리아를 꺾고 아시아 팀으로서는 최초로 8강에 오르는 대 이변이 발생하였다. 세계가 경악을 하였고, 당시 아시아에 주어진 티켓은 1장에 불과하여, 우리는 지역 예선도 포기한 상태였는데, 북한의 대 파란에 우리 정부는 경악 그 이상을 느끼게 되었다. 당시 스포츠에서 북한에 진다는 것은 체제의 패배로 인식하던 시기였기 때문에 국민들에게는 비밀로 하였을 정도이다.

박정희는 북한 축구를 이겨야겠다는 일념으로 중앙정보부(오늘날 국가정보원)가 주도가 되어 소수 정예의 축구팀을 만들었고, 그 이름을 '양지'라고 하였다. 당시 "음지에서 일하며 양지를 지향한다"는 중앙정보부의 부훈에서 따온 것이다. 이 팀의 목적은 '북괴타도'였다.

출처: 김학균 외 2인, 「기억을 공유하라! 스포츠 한국사」, 이콘, 2012. pp.52~57.

15.1.4 불확실성과 스포츠 시장

스포츠 시장은 불확실성을 파는 매력을 가진 시장이다. 이 점을 활용하여 사람들이 경기 전에 미리 승패, 점수 차, 이벤트 등에 대해 내기를 걸어 게임을 하고 있다. 경마, 경정, 경륜과 스포츠 토토(축구, 야구, 농구, 배구, 골프, 씨름 등), 프로토(국내 경기 뿐 아니라 해외 경기도 대상이 됨)에서 많은 사람들이 즐기고 있다.

경기자에서 선수뿐 만 아니라 관중, 심판 등 관계자에게도 불행한 사고를

당할 수 있다. 이를 대비하여 보험이 절실하게 요구되고 있으며 민간 보험에서 많은 상품을 개발하여 놓았다. 선수와 구단과의 정보 나 교섭력의 차이에서 발생하는 힘의 불균형을 줄이기 위해 에이전트제도를 도입하고 있다.

스포츠 용품 인증제도는 체육활동에 사용되는 운동용품에 대해 품질과 운동기능을 과학적으로 평가하여 우수제품을 공인하는 제도이다. 이 제도는 소비자와 생산자간의 정보의 비대칭성을 보완하는 역할을 한다고 평가할 수 있다. 이와 동시에 기술개발을 장려하기 위한 방법으로도 구사되고 있다.

우리나라에서 인증제도는 스포츠용품 인증제도의 도입, 제품의 과학적 시험을 위한 국가공인(KOLAS)시험소의 설치 운영, 스포츠산업체의 생산성 향상을 위한 ISO 인증기관 지정운영, 스포츠산업 정보와 자료를 서비스하는 인증자료센터의 설립운영 등 네 분야에서 이루어지고 있다. 2011년까지 약 90억원이 투자되었다[16].

15.1.5 재정, 법, 제도 그리고 조직[17]

체육·스포츠 분야에 재정지원이 이루어지려면 헌법에 그 근거가 있어야 한다. 류동균은 10조: 행복추구권, 12조 : 신체활동의 자유, 31조 : 교육을 받을 권리, 32조 : 인간의 존엄성 보장과 근로조건, 34조 : 인간다운 생활을 할 권리, 36조 : 보건권 조항을 헌법적 근거 제시하고 있다[18].

체육진흥을 위한 재원은 크게 중앙정부의 국고예산, 지방자치단체의 지방비, 국민체육진흥기금, 대한체육회 및 국민 생활체육회 등 민간 체육단체에서 조달하는 자체재원으로 이루어진다.

2011년 체육진흥 재원은 3조 5,938억 원으로 국고가 1,559억 원(4.3%), 국민체육진흥기금 6,568억원(18.3%), 지방비 2조 5,677억 원(71.4%), 체육단체 2,134억 원(5.9%)이다[19]. 이 금액에 안전행정부의 특별교부세, 시도교

16) 문화체육관광부, 「2011 체육백서」, 문화체육관광부, p.449.
17) 문화체육관광부, 「2011 체육백서」, 문화체육관광부, p.145~184.
18) 류동균, " 체육·스포츠권의 법적 근거", 한국사회체육학회지, 제12호, p.1025~1032를 근거로 확장하였음.
19) 2002년까지는 국고가 국민체육진흥기금보다 많았으나, 2003년부터는 후자가 더 커졌다.

육청의 체육 예산을 포함하면 전체 체육진흥 재원의 규모는 더 크다고 할 수 있다.

2011년 중앙정부 체육예산 1,556억4천6백 만원은 생활체육 분야 965억원(61.9%), 전문체육분야 430억원(27.7%), 스포츠 산업분야 34억 원(2.2%), 장애인 체육 분야 54억 원(3.5%), 국제교류 분야 430억원(4.6%), 기타 2억원(0.1%)로 구성되었다. 지방자치단체의 체육예산은 총 2조 5,677억원으로 자치단체 예산전체에서 약 1.44%정도를 차지하고 있는 정도이다. 또 대한체육회 예산은 국고보조금 19.8%, 국민체육진흥기금 69.5%, 자체일반회계 8.4%로 구성되어 있다.

서울 올림픽과 아시안 게임을 지원하고 국민체육진흥을 위하여 1982년 3월 정부조직법 개정에 따라 체육행정에 관한 사항을 문교부에서 분리하여 체육부가 신설되었다. 체육부 발족 이전에는 1948년 정부수립과 함께 문교부 문화국 체육과에서 체육에 관한 업무를 관장하였고 그 후 문교부의 국단위 혹은 과 단위 등 보조(또는 보좌)기관에서 관장해 왔었다.

1982년 당시 장・차관 1실 3국 10과 6담당관의 조직을 갖추어 출범하였으나 1988년에 청소년 행정수요를 충족시키기 위해 체육청소년부로 개칭, 기구 확대가 이루어졌다. 지금은 문화체육관광부 산하에 체육국이 있으며 체육정책과, 체육진흥과, 국제체육과, 장애인 문화체육과 등의 4과에서 관장하고 있다[20]. 과거 국 단위가 과단위로 축소된 셈이다. 86・88

<표 15-2> 문화체육관광부 소관 법령(10개)와 소관 부서

① 씨름진흥법(체육정책과) ② 국민체육진흥법(체육정책과) ③ 경륜·경정법(체육정책과) ④ 체육시설의 설치·이용에 관한 법률(체육진흥과) ⑤ 스포츠산업 진흥법(체육진흥과) ⑥ 태권도 진흥 및 태권도공원 조성 등에 관한 법률 (국제체육과) ⑦ 2011대구세계육상선수권 대회 및 2014인천아시아 경기대회지원법(국제체육과) ⑧ 전통무예진흥법(체육진흥과) ⑨ 포뮬러원 국제자동차경주대회 지원법(국제체육과) ⑩ 2013 평창 동계스페셜올림픽 세계대회 지원법(장애인문화체육과)

20) 문화체육관광부의 홈페이지는 www.mcst.go.kr이다.

두 대회를 성공적으로 치르고 세계 스포츠 강국을 만드는데 체육부는 결정적인 공을 세운 것은 부인할 수 없는 사실이다.

과거 우리나라는 올림픽 메달 수를 국력의 상징으로 생각하고 상당한 자원을 우수 선수 육성에 쏟은 바 있다. 1980년대 초반 이후 체육부를 두고 진흥기금을 만들어 상당한 투자를 아끼지 않았다. '스포츠 공화국'이라는 비아냥거림까지 듣기도 했지만, 그 결과 스포츠강국으로 부상하게 되었다. 비교우위론에 근거한 선택과 집중 전략의 성과라는 주장에 큰 이론이 없다.

런던 올림픽 축구팀에 대한 혜택

런던 올림픽에서 동메달을 차지한 우리선수들에게 15억 2천만원이라는 거금이 포상금으로 주어졌다. 선수들은 활약에 따라 4,000만원에서 7,000만원까지 받았다. 이것보다 더 큰 수혜는 병역면제이다. 우리나라 선수에게 큰 부담인 병역문제가 해결됨으로써 몸값이 빠른 상승이 가시적으로 나타나게 된다. 올림픽 전 기성용선수의 이적료는 600만파운드(약 106억원)정도였으나 올림픽이 끝날 무렵에는 900만파운드(약 159억원)로 급상승하였다.

이러한 동기부여가 축구 선수는 물론 모든 우리 선수들에 작용하였음을 부인하지 못할 것이다.

우리나라에서 체육과 관련된 법제도는 국민체육진흥법, 체육시설의 설치·이용에 관한 법률, 스포츠 산업 진흥법 등 10개의 법률, 11개의 시행령, 7개의 시행규칙으로 이루어져있다[21]. 그중에서도 국민체육을 진흥하여 국민의 체력을 증진하고, 건전한 정신을 함양하여 명랑한 국민 생활을 영위하게 하며, 나아가 체육을 통하여 국위 선양에 이바지함을 목적으로 1962년 제정된 국민체육진흥법, 체육시설의 설치·이용을 장려하고, 체육 시설업을 건전

21) 문화체육관광부는 10개의 법령과 이에 따르는 시행령과 시행규칙을 담당하고 있으며 독자적인 시행령으로는 올림픽기장령 과 월드컵 기장령(국제체육과 담당)과 독자적인 시행규칙으로는 체육지도자 연수 및 자격검정에 관한 규칙(체육진흥과 담당)이 있다. 문화체육관광부 홈페이지 참고.

하게 발전시켜 국민의 건강 증진과 여가 선용(善用)에 이바지하는 것을 목적으로 1989년에 제정된 체육시설의 설치·이용에 관한 법률, 그리고 스포츠 산업의 진흥에 필요한 사항을 규정함으로써 스포츠산업의 기반조성 및 경쟁력 강화를 도모하고, 스포츠를 통한 국민의 여가선용 기회 확대와 국민경제의 건전한 발전에 이바지함을 목적으로 2007년에 제정된 스포츠 산업 진흥법이 근간을 이루고 있다.

서울 올림픽 잉여금 등 3,521억원을 기초재원으로 출발한 국민체육진흥기금은 1989년부터 2011년 말까지 국민체육진흥(전문체육, 생활체육, 학교체육)분야에 3조 6,842억원, 청소년분야에 774억원, 올림픽 사업에 271억원 등 총 3조 7,887억원을 지원하는 가운데서도 2011년말 기준으로 1조 7,383억원을 적립하였다. 또 체육시설업체, 우수체육용구 생산업체, 스포츠 서비스업 등에 융자를 하고 있다. 체육 인프라 확충, 국위선양, 유망 스포츠 산업육성, 장애인 체육진흥, 및 스포츠 과학 발전에 기여하고 있다는 평가를 받고 있다.

우리나라에서 남자 선수에게 최고의 혜택은 병역면제이다. 병역법 시행령 제 47조의 2(예술-체육요원의 공익근무요원 추천 등) 1항 4호에 따르면 올림픽 대회에서 3위 이상으로 입상(단체경기종목의 경우 실제로 출전한 선수만 해당)하거나 아시안 게임에서 1위로 입상한 경우에는 4주간의 기초 군사훈련 이외의 병역이 면제된다. 또 국제대회에서 우수한 성적을 거둔 선수에게 주어지는 연금이다. 병역면제를 긍정적 외부효과를 생산하는 선수들에게 주어지는 인센티브라고 해석할 수 있다. 해외 언론에서도 우리나라의 독특한 이 제도에 대해 화제가 되고 있다. 경기력향상연금 수혜자는 월정금 수혜자 818명으로 나타났으며 장애인 경기력향상연금 수혜자는 202명이다[22].

〈그림 15-1〉에 문화체육관광부가 제시하고 있는 우리나라 스포츠 정책의 방향을 그려 보았다. 스포츠 강국에서 스포츠 선진국으로의 발전을 비전으로 삼고 있으며 국가 브랜드 가치제고와 사회 통합 및 삶의 질 향상을 목표로 하고 있으며 핵심과제로는 국제대회 성공적 유치 및 국제 스포츠 역량강

---

22) 체육지표 pp.351~385.

화, 체육활동 여건의 지속적 개선, 서민 중심의 생활공간 체육정책 확대 및 강화, 전문체육의 체계적 전략적 육성, 스포츠 산업의 시장확대 및 경쟁력 제고, 스포츠 시스템 선진화를 위한 제도적 기반 조성 등을 삼고 실천하고 있다.

<그림 15 -1> 2011년 우리나라 스포츠정책 방향

비 전	스포츠 강국에서 스포츠 선진국으로
	↑
목 표	· 국가브랜드 가치 제고 · 사회통합 및 삶의 질 향상
	↑
핵심과제	· 국제대회 선공적 유치 및 국제스포츠 역량 강화 · 체육활동참여 여건의 지속적 개선 · 서민 중심의 생활공간 체육정책 확대 및 강화 · 전문체육의 체계적 전략적 육성 · 스포츠 산업이 시장확대 및 경쟁력 제고 · 스포츠 시스템 선진화 위한 제도적 기반 조성

올림픽이나 월드컵과 같은 대규모 스포츠 대회 개최는 많은 경제효과를 가져다준다. 수많은 홈 팬의 응원, 익숙한 경기장, 시차가 없는 이점 등 홈 어드밴티지로 인해 많은 메달을 획득함으로써 국민의 결속력을 높이는 데 크게 공헌하고 있다. 〈표 15-3〉에서 보는 바와 같이 1948년 런던 올림픽 이후 개최국의 '홈 어드밴티지'를 나타내 보았다. 1952년 헬싱키 대회에서는 오히려 핀란드는 2개를 적게 획득하였고 1976년 몬트리올 때 캐나다는 전 대회와 동일한 금메달을 획득하였지만 대체적으로 금메달보다 평균적으로 6.8개를 더 획득한 것으로 나타났다. 이와 같은 대형 스포츠 대회 개최에 대해 부정적인 시각도 만만치 않다. 낭비적 요소, 기회비용의 중요성, 불순한

정치적 목적, 왜곡된 애국심 고양 등이 부작용으로 지적되고 있다.

<표 15-3> 개최국의 홈 어드밴티지(1948년 런던 올림픽 이후)

연도	개최국(도시)	금메달수 변화	연도	개최국(도시)	금메달수 변화	연도	개최국(도시)	금메달수 변화
1952년	핀란드(헬싱키)	−2	1972년	서독(뮌헨)	+8	2000년	호주(시드니)	+7
1956년	호주(멜버른)	+7	1976년	캐나다(몬트리올)	0	2004년	그리스(아테네)	+2
1960년	이탈리아(로마)	+5	1988년	한국(서울)	+6	2008년	중국(베이징)	+19
1964년	일본(도쿄)	+12	1992년	스페인(바르셀로나)	+12	2012년	영국(런던)	+10
1968년	멕시코(멕시코시티)	+3	1996년	미국(애틀랜타)	+7	평균		6.8

* 전 대회 기준 금메달 추가 획득 개수

** 1980년 모스크바와 1984년 로스앤젤레스 올림픽은 제외되었다.

출처: 서울신문사, 2012년 7월 24일

15.1.6 지방정부의 기여

지방자치제가 정착되면서 지방행정이 주민들의 삶의 질을 향상시키는 복지 행정에 무게를 두게 됨에 따라 지역 주민의 체육활동을 위한 생활체육시

설의 설치, 생활체육교실 등 프로그램 운영 등에 관한 투자가 증가하고 있다. 2012년도 체육예산은 일반회계 당초예산을 기준으로 볼 때 전체 예산 177조 7,477억원 중에서 1.29%인 2조 2,906억원에 불과한 것으로 나타났다.

또 각 지방자치제에서는 대규모 국제 스포츠 대회를 유치하고 있다. 도시의 이름을 알리고 주민들의 자긍심을 높이며, 각종 사회적 간접 자본을 확충하는 좋은 계기가 되고 있다. 대회 후 경기장과 시설을 잘 활용하면 주민들의 건강과 복지 향상에도 크게 기여할 수 있다. 한마디로 국제 스포츠 대회는 긍정적인 외부효과를 낳는다. 하지만 재원마련과 사후 관리가 잘못되면 오히려 애물단지(white elephant)로 전락할 수도 있다.

〈표 15-4〉대규모 국제대회유치의 장밋빛 전망과 현실에서 보는 바와 같이 대규모 스포츠 국제대회는 기대와는 달리 각 지방자치단체에 어려움만 가중시키고 있다. 2018년 평창 겨울 올림픽 주무대가 될 평창 알펜시아는 벌써부터 파산 위기에 몰려 있다. 부채가 1조 1,200억원에 달하며 하루 이자만 1억 1,100억원에 달하고 있다. 대회를 무사히 치른다고 해도 빚더미에 앉을 가능성을 배재하고 있지 못하다. 이런 사실을 근거로 볼 때 국제 스포츠 대회가 무조건 많은 경제효과를 가져다준다는 막연한 기대는 버려야 할 것이다. 따라서 국제 스포츠 대회를 유치할 때 객관적이고 냉정한 기준을 적용하여 판단하여야 할 것이다[23].

프로 스포츠는 지역연고제를 실시하고 있다. 지방정부는 스포츠 팀 유치 혹은 시설 건설에 노력하고 있다. 2013년 프로 야구 제 10구단 창단을 둘러싸고 수원과 전북이 총력을 기우리고 있는 사실에서 프로 스포츠와 지역과의 긴밀한 유대 관계를 엿볼 수 있다. 시장성, 인프라 와 흥행요소가 잘 갖추어진 곳이 유리함은 두 말할 여지가 없다. 지자체와 구단과의 이해관계가 언제가 일치하는 것은 아니다. 2013년 야구장 건설 장소를 둘러싼 창원시와 NC 다이노스와의 갈등은 좋은 예라고 할 수 있겠다.

2013년 제 10구단 유치를 위한 수원시의 약속은 과거에 비해 파격적이었

23) 2013년 국회예산정책위원회는 「국제 스포츠 행사 지원사업평가」라는 보고서에서 일단 유치하고 보자는 막무가내식 지방자치단체의 무책임과 중앙정부의 온정주의식 지원이 원인이라고 지적하고 있다.

다. 수원시는 이미 총 290억 원의 예산을 투입해 수원야구장 리모델링 공사에 들어갔으며 KT에 대한 지원방안도 파격적이다. 25년 간 무상 임대는 물론, 야구장 부대시설의 임대 사용 및 수익권과 경기장 광고권을 보장해주기로 했다. 수원야구장의 명칭 사용권도 실질적인 효과로 치면 금액이 꽤 된다는 평가다. 이런 지원은 야구장에서 나오는 수입으로 재정을 불려 온 다른 지자체와는 대비가 되었다. 이런 상황에서 수익에 욕심을 내지 않겠다는 수원시의 약속 또한 다른 지자체와는 차별성이 있다.

프로 스포츠 팀이 지역주민에게 주는 사회적 기여를 분석한 한 연구에 의하면[24] 프로팀이 경제적인 기여는 물론 지역사회에 대한 자부심, 심리적 만족감, 오락적 즐거움 및 사회적 교류증진기회 등의 순으로 무형의 가치(intangible values)를 제공하는 것으로 나타났다.

미국에서는 프로 스포츠 팀이 그 지역사회에 문화적으로는 큰 영향을 미치지만 경제적 효과는 그리 크지 않다고 한다. 그럼에도 불구하고 크게 3가지 이유가 있어 팀 유치나 시설을 하려고 한다고 지적하고 있다.

<표 15-4> 대규모 국제대회유치의 장밋빛 전망과 현실

국제대회	경제효과 기대치	현실
전남 포뮬러원(F1)코리아 그랑프리	2010~2016년 1112억원 흑자	4,955억원 손실(감사원 집계)
2011대구 세계육상 선수권 대회	510억원 흑자	1,030억원 적자
2014 인천 아시아경기대회	18조원	1조 5,190억원 지방채 발행
2015광주 하계유니버시아드 대회	생산유발효과 2조 1,850억원	지방비 4,330억원 확보 부담
2018평창 겨울 올림픽	64조 9,000억원	알펜시아 부채만 1조 1,200억원

출처: 한겨레신문, 2012년 12월 9일

24) S. H. Shin, " Intangible Functions of Professional Sports Teams to Community", 한국스포츠 행정·경영학회, 1999, 제 4권, 제 1호, pp.237~254

첫째 다른 위락시설을 위해 쓸 자금을 줄인다. 둘째 지방이 소유하고 있는 다른 위락 시설에서 보다 대형 볼 파크나 아레나에서 유출되는 자금이 많다. 셋째 시설건설, 유지 보수비용이 들어 재정에 압박요소로 작용한다. 이러한 어려움을 감수하고서라도 팀 유치 혹은 시설을 건설하려는 것은 스포츠가 주는 외부효과, 공공재의 혜택 그리고 소비자 잉여 때문이다[25].

지역 연고제를 실시하고 있는 프로 스포츠 팀(및 프로 연맹)과 지방자치단체는 공존의 운명체이다. 대부분의 경우 두 주체들이 2인 3각의 협력을 하고 있지만 가끔 갈등이 빚어지기도 한다. 경기장 설립이나 운영, 그리고 지역 사회에 대한 기여를 놓고 다툼이 있는 경우도 적지 않다. 서로 긍정적 외부효과를 인식하고 상생하는 지혜를 모아야 할 것이다.

"홈서 밥 한 끼 안 먹는데 무슨 연고지"
프로배구 지역밀착 구단 2곳뿐 …대부분 수도권에 근거

프로배구 한 구단의 모 감독은 홈경기를 앞둔 전날 식당에서 우연히 만난 동창생으로부터 "웬일로 서울서 내려왔느냐"는 생뚱맞은 질문을 받았다. 이 감독은 "이 도시가 우리 구단의 연고지라고 설명하기까지 얼굴이 화끈거렸다"고 했다.

(중략) 프로배구 프로 야구처럼 연고지에 생활근거를 두지 않기 때문이다.(중략) '무늬만 연고지'방식으로 구단을 운영했다는 말이다.

아마추어 초청팀 상무신협을 제외하고 연고지에 사무국· 체육관·훈련장소·선수단 숙소를 동시에 운영하고 있는 곳은 여자부 도로공사(성남)와 KGC인삼공사(대전) 등 두 곳뿐인 것으로 밝혀졌다.

한 지자체 공무원은 "야구선수들은 가끔 마트에서 만나기도 한다. 그러나 프로배구선수들은 연고지에서 밥 한 그릇도 제대로 먹지 않는데 지역 경제에 도움이 되겠느나"며 "되레 교통체증만 유발한다"고 불만을 털어놨다.

출처: 경향신문 2011년 12월 2일

25) Siegfried, J. and Zimbalist, A, "The economics of sports facilities and their communities", *Journal of Economic Perspective,* 14(3), 2000, pp.95∼114.

이와 같은 정부의 노력에 의해 엘리트 스포츠도 크게 발전하였지만 생활육도 크게 발전하였다. 2008년 34.2%이던 생활체육참여율(주 2~3회)이 2012년 43%로 증가하였으며 국민 1인당 체육시설 면적도 2008년 2.54 ㎡에서 2012년 3.5㎡로 증가하였다. 또 스포츠 산업시장 규모도 2008년 26.3조원에서 2012년 35.8조원으로 빠른 속도로 증가하고 있다[26].

15.2 응용 1: 경제성장, 정부의 투자와 올림픽 성적

1936년 일제 강점기에 베를린 올림픽 마라톤을 우승한 고 손기정과 1992년 바르셀로나 올림픽 마라톤에서 우승한 황영조를 비교함으로써 사회의 기여에 대해 생각해 보기로 하자. 30년대와 90년대 우리 국민(선조)들의 쌀 과 올림픽 메달 수에 대한 선호도를 나타낸 (사회)무차별곡선을 〈그림 15-2〉에 나타내었다. 30년대에는 초근목피로 겨우 연명하던 시절이라 올림픽 메달에 대해서는 크게 관심을 두지 않았다. "당장 먹고사는 문제가 시급한데 메달은 무슨 놈의 메달이야. 메달이 밥먹여 주냐"라고 메달 보다는 쌀에 훨씬 더 가치를 느끼던 시절이다.

<그림 15-2> 30년대와 90년대의 생산점

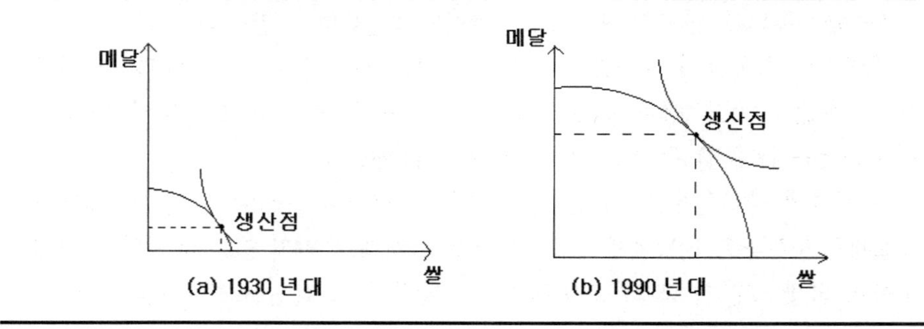

26) 문화체육관광부, 2012년 주요업무계획, 참고.

반면 1990년대에는 이제 경제성장을 이루어 쌀 못지않게 올림픽 메달에 대해 가치를 느끼고 있을 때였다. 1982년 서울올림픽 개최확정에서부터 고조되기 시작하여 LA올림픽과 서울 아시안 게임을 거치면서 더 구체화되었으며 드디어 다시 서울 올림픽에서 그 피크를 이룬 메달에 대한 국민적인 갈망이 있었다. 건국 후 첫 올림픽 금메달 획득을 넘어 서울 올림픽에서 세계 4위의 스포츠 강국으로 올라서는 위업을 달성하였다. 그 여세를 바르셀로나까지 이어가려는 사회적 수요가 있었다. 그 중에서도 1936년 손기정의 신화를 누군가가 재현해 주기를 바라는 국민의 염원이 있었다. "그렇게 바라던 최초의 금메달도 구기 종목사상 최고의 금메달도 달성하였으니 올림픽의 꽃인 마라톤에서의 우승을 했으면"하는 열망이 바로 그것이었다. 따라서 〈그림 15-2〉에서처럼 90년대 우리나라의 쌀과 메달에 대한 선호도는 30년대에 비해 상대적으로 훨씬 더 메달을 선호하는 쪽으로 그릴 수 있다. 세월이 지남에 따라 국민들의 가치관 혹은 선호가 변하는 것을 보여 주고 있다.

위에서 도입한 생산가능곡선과 (사회)무차별곡선을 〈그림 15-3〉에 같이 나타내 보았다. 30년대는 사회가 선택한 점은 B_{36}점으로 상대적 많은 쌀과 적은 메달을 바라고 있었다. 그런데 손기정은 사회의 생산력과 선호를 훨씬 넘는 A_{36}점을 실현하였다. 손기정은 자신이 살던 사회가 생산해 낼 수 없는 점(생산가능곡선 윗쪽 영역은 당시의 기술과 능력으로는 달성할 수 없는 점임을 상기하기 바람)을 개인의 힘으로 달성하였다. 〈그림 15-3〉에서 A_{36}과 B_{36}의 차이를 혼자의 힘으로 실현 한 것이다.

반면 90년대 한국인은 E_{92}점을 생산할 수 있는 능력이 갖추어져 있었고 그 점의 선택을 고대하고 있다고 볼 수 있다. 상대적으로 메달에 대한 수요도 늘었고 우수선수를 뒷받침할 수 있는 여력도 생겼기 때문이다. 황영조는 모든 사람을 대표하여 사회가 생산·소비하고자 하는 점 E_{92}점을 달성하였다고 풀이 할 수 있다. 누군가 할 수 있는 여건이 조성되어 있던 참에 그가 제일 먼저 그 일을 해낸 것이다.

손기정과 황영조의 업적에 대한 비교는 개인의 성과와 사회의 생산·소비점과의 거리를 비교함으로써 가능하다. 손기정이 사회의 생산력을 초월한

정도가 황영조가 초월한 정도보다 더 크기 때문에 손기정이 더 위대하다고 할 수 있다.

<그림 15-3> 손기정과 황영조의 업적비교

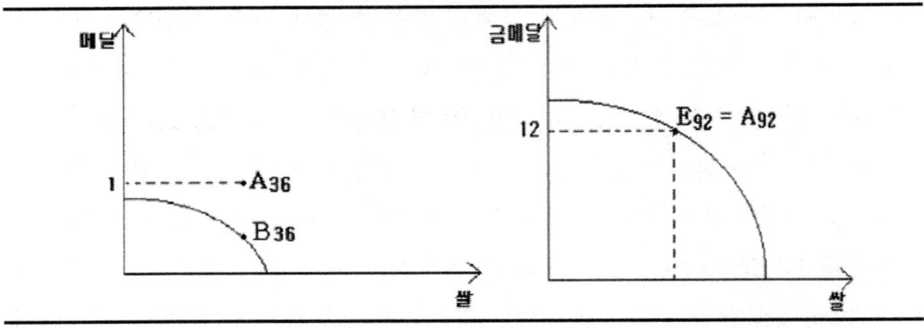

손기정 시절에는 생산력이 낮고 스포츠에 대한 선호가 전무하던 시대였지만 황영조 시대는 전보다 훨씬 생산력과 스포츠에 대한 선호도가 증가되었기에 사회가 스포츠에 투자할 여력을 가지고 있었고 그 결과 영웅 황영조가 탄생한 것이다. 따라서 손기정보다는 황영조가 사회의 힘(경제력의 증대)에 의존한 바 크기 때문에 개인의 힘으로 이를 극복한 손기정이 더 위대하다고 본다.

2004년 앤드루 버나드와 매건 부세는 1960년부터 1996년까지 여름 올림픽 국가별 메달수를 결정하는 요인을 분석하였다. 국가의 GDP 규모(인구와 1인당 GDP)가 가장 중요한 변수였으며 개최국 어디벤티지와 구 소련과 동유럽 국가의 체제효과가 작용하는 것으로 분석하였다[27].

27) Benard A.B and Busse M.R, "Who wins the Olympic games: Economic Resources and Medal Totalo:, Review of Economico and Statistics, 2004, 86(1).

 손기정과 황영조의 역주 모습

 ** 중국의 국가 주도형 메달 획득 전략 Time 2012.7.30

중국 선수들의 메달 독식 현상을 분석하였다. 한마디로 국가 주도형 메달 획득 전략이라고 평가하고 있다. 중국의 메달 따기 전략으로

1) 다른 나라가 별로 관심을 갖지 않은 종목을 목표로 하라.

(target less popular disciplines contested by fewer countries)

2) 체급경기와 같이 많은 메달이 걸려있는 종목을 선택하라.

(choose sports that offer multiple medals, like for different weight classes)

3) 대부분의 나라에서 투자와 활성화가 덜 되어 있는 여자종목에 초점을 맞추어라.

(focus on women, whose athletic efforts are underfunded in most countries)

여자 역도에서 발군의 성적을 내게 된 이유에 대해 코치는 "우리는 모든 것을 같이 한다. 누구보다도 더 열심히 운동을 하였다. 선수들이 언제 일어나고 언제 자고, 어떻게 운동하고, 무엇을 먹고, 어떻게 생각하고, … 우리 지도자들에 의해 정해져 있다"

국가 대표 다이빙 선수는 "어렸을 때 다이빙을 배울 때는 다이빙이 매우 재미있었으나, 지금은 오히려 직업에 가깝다(When I was young, I thought diving was something that was really fun. Now I consider it more like a job. "

이렇게 육성된 중국 선수들을 타임지는 '메달 기계(medal machine)'라고 평가하고 있다.

15.3 응용 2: 대중화 선언과 골프장 시장

1998년에는 박세리선수가 LPGA에서 4관왕을 한데 이어 1999년에도 4관왕을 차지하였고 김미현 선수도 2관왕을 차지하였다. 이에 고무된 고 김대중 대통령은 " 골프도 이제 대중이 즐길 수 있는 스포츠"라고 언급하셨다. 이른 바 골프 대중화 선언이다. 이 선언에 대해 찬반양론이 무성하였다.

먼저 골프에 부과되고 있는 특별소비세에 대해 알아보기로 하자. 이 세금은 세수(稅收)확보와 소득재분배를 위하여 주로 소수의 부자들이 소비하는 사치품에 부과하는 조세이다. 일종의 사치세(luxury tax)다. 자동차, 골프채, 다이어몬드, 고급모피 의류 등에 부과되고 있다. 우리나라의 대표적인 소비세인 부가가치세가 단일세율을 적용하고 있기 때문에 발생하는 세부담의 역진성(逆進性)을 보완하기 위해 도입된 것이다. 골프용품, 볼링용구, 에어컨, 영사기, 요트 등은 제1종으로 분류되어 30%의 높은 세율이 적용되어 왔다.

이 세금의 문제점으로는 첫째 소득향상에 따라 과거에 사치품이었던 상품이 필수품으로 변해 감에 따라 사치품에 대해 세금을 부과한다는 원래의 취지가 퇴색되고 있다. 둘째 새로운 상품이 등장한 경우 특별소비세 과세대상

에 편입시켜야 될지 아닌지를 판단해야 한다. 셋째 세율이 높기 때문에 세금을 피하려는 음성적인 거래가 일반화된다. 또한 확보도 별로 못하면서 조세사범(租稅事犯)을 만들고 있다는 비난을 받고 있다.

특별소비세가 골프장 시장에 미치는 영향을 〈그림 15-4〉에 나타내었다. 특소세가 없을 때의 균형점을 P_0, Q_0로 나타내었다. 특소세부과는 공급곡선을 왼 쪽으로 이동시켜 균형점을 P_1, Q_1으로 옮겨 놓았다. 골프에 부과된 특소세 때문에 더 적은 사람들이 더 비싸게 칠 수밖에 없었다.

이제 정부가 골프에 부과된 특소세를 낮춘다고 해 보자. 공급곡선은 오른쪽으로 이동할 것이고 균형가격(골프장 입장료)은 P_1보다 낮은 곳에서 균형거래량(골프를 치는 사람)은 Q_1보다 많은 곳에서 이루어질 것이다. 만약 특소세를 폐지한다면 P_0가격에 Q_0만큼의 사람이 골프장을 찾을 것이다. 한마디로 특소세가 내리면 보다 많은 사람이 전보다 부담 없이 골프를 즐길 수 있게 된다.

<그림 15-4> 특별소비세의 효과

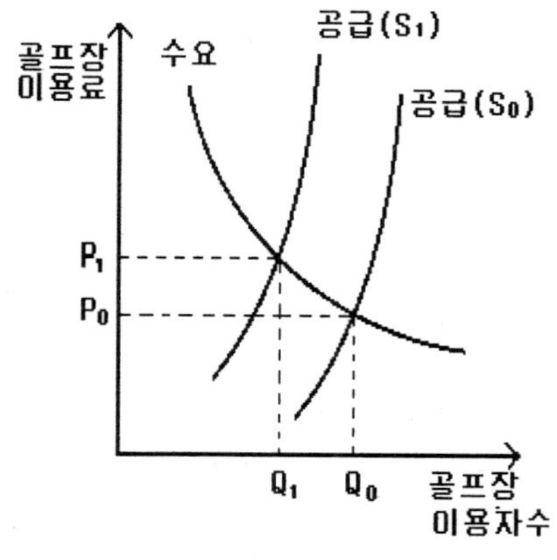

한 때 사치와 허영의 상징이었던 골프가 이제 대통령의 대중화 선언으로 인해 새로운 국면을 맞이하고 있다. 박세리, 김미현, 박지은 선수 등 여자골퍼들의 맹활약이 골프에 대한 곱지 않은 시선을 바꾸어 놓았다.

골프는 대표적인 클럽재로서 사람이 너무 붐벼도 고민 없어도 고민인 그런 성격을 가지고 있다. 적정수의 회원을 유지하는 일이 성패를 좌우하는 운동이다. 또 하나의 특징으로 외부 불경제성을 야기시킨다는 점이다. 즉 자연훼손과 생태계 파괴와 같이 불특정 다수에게 피해를 주기도 하고 주민들에게도 상당한 피해를 직접적으로 미치기도 한다. 후자의 경우는 주민들의 적극적인 보상요구에 의해 해결되지만 전자의 피해에 대해서는 확실한 보상이 어려운 것이 현실이다.

골프 시장은 크게 골프 용품시장, 골프 연습장 시장과 골프장 시장으로 크게 나눌 수 있다. 〈그림 15-2〉에 대중화 선언 이전과 이후의 골프장(場) 시장(市場)을 그려보았다. 우선 골프장 공급은 대단히 비탄력적이다. 특히 우리나라와 같이 국토가 산으로 이루어진 곳에서는 물리적으로 골프장을 만드는 일이 대단히 제한적일 수밖에 없다. 반면 사치재인 골프장에 대한 수요는 탄력적이다.

대중화선언은 사람들의 골프에 대한 선호를 증가시켜 〈그림 15-5〉에서 보듯이 수요곡선을 우측으로 이동(shift)시킨다. 단기적으로 볼 때 대중화 선언 전에 P_1이었던 가격이 P_2로 오르고 골프를 치는 사람도 늘어난다(Q_1에서 Q_2). 이 때 공급이 비탄력적이기 때문에 가격이 증가한 정도가 골프장을 찾는 사람이 증가한 정도 보다 크게 나타난다. 기존에 골프를 즐기던 사람들은 물론 대중화선언 덕분에 과거와 같이 죄짓는 마음이 없어 홀가분하게 골프를 칠 수 있게 되었지만 반대로 부킹도 어려워지고 클럽 하우스와 그늘 집도 혼잡하게 되어 오히려 불편을 느끼게 되었다. 따라서 비록 당장은 골프장 이용료(그린 피)가 오르지 않는다고 하더라도 골프장이용과 연관된 부대비용의 인상과 기회비용 증가로 인해 전에 비해 가격이 오른 셈이다.

<그림 15-5> 진정한 대중화를 위한 공급의 중요성

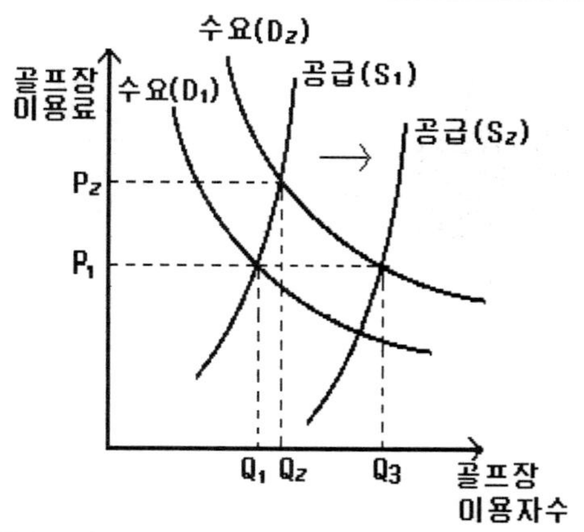

따라서 진정한 골프대중화를 위해서는 공급의 증가가 병행되어야 함을 알 수 있다. 명실상부하게 대중화가 되려면 대중화 후에 적어도 이전의 수준의 가격인 P1으로 골프를 칠 수 있어야 한다고 볼 때 골프장을 더 늘려야 하는 부담을 갖게 된다. 즉 대중화 이전의 공급곡선 S_1을 S_2로 이동시켜야 한다. 이것이 과연 현실적으로 가능하냐에 따라 대중화선언의 성패가 달려있다고 보아야 할 것이다. 정부는 이 문제를 퍼브릭(public)코스를 많이 만들고 특별소비세를 인하함으로써 해결하고자 하고 있다.

골프 대중화를 위해서는 선언 그 자체가 대중화로 이어지는 것은 아니다. 오히려 한정된 공간 하에서 가격을 올리는 역효과도 발생할 수 있다. 따라서 진정한 대중화를 위해서는 보통사람들이 쉽게 접근할 수 있는 곳에 상당한 정도의 대중(퍼브릭)골프장과 연습장이 만들어져야 하며 특별소비세를 인하하여야 한다.[28)]

28) 우리나라 골프장에 부과되고 있는 세금에 대해서는 송기성," 한국 골프장 사업의 국세제도 분석", 한국스포츠행정 · 경영학회, 1999,제4권1호, pp.153~168 참고 바람.

주관식

1. 스포츠 시장에서 나타나는 시장실패와 해결책

2. 정부의 스포츠 진흥 정책의 필요성

3. 명실상부한 골프 대중화가 실현되기 위해서는 어떤 조치가 필요한가?

객관식

1. (기출)프로스포츠와 지방자치단체와 의 관련성에 대한 설명으로 옳지 않은 것은?

① 해당 지역 내에 프로스포츠 경기가 개최 될 경우 외부로부터 관광수입을 기대 할 수 있다.
② 경제적인 효과 등은 관중입장수입 프로팀 지역 내 소비지출 원정팀 소비지출 등이 있다.
③ 특정지역에 기반을 둔 프로스포츠의 프랜차이즈 제도는 아직 국가 내에서 실현되고 있지 않다.
④ 경제적인 효과 외에 비경제적인 효과로 지역연대성 강화 효과가 있다.

객관식 문제 정답 1. ③

2. 다음 설명 중 옳은 것을 고르시오

① 1948년 런던 올림픽 이후 모든 올림픽 대회에서 개최국은 전 대회 때 얻은 금메달 수보다 더 많은 금메달을 획득하였다.
② 김대중 대통령의 골프 대중화 선언은 수요의 증가를 가져왔으나 공급의 증가가 따르지 않으면 오히려 역효과가 나타날 수도 있음을 보여주는 예이다.
③ 생활체육의 활성화를 위해 지방정부의 역할은 그리 중요하지 않다.
④ 경제성장이 이루어지면 정부의 특별한 자원이 없어도 국제대회에서 좋은 성적을 낼 수 있기 때문에 굳이 정부가 스포츠 시장을 활성화하는 노력을 할 필요가 없다.

---

2. ②

제16장 스포츠맨십의 발휘와 그라운드에서의 폭력

"지난번엔 제가 잘못했습니다"

- 박찬호 상대선수에게 폭력을 가한 후 다음 경기에서 직접 찾아가 사과의 말

"공이 내 손에 맞은 것은 맞지만, 내가 심판은 아니다"

- 프랑스 축구 선수 앙리

손에 맞은 공이 골로 인정되고 난 후 비난이 일자, 자신의 잘못이 아닌 심판의 책임을 이야기 하면서

- 스포츠 시장에서 나타나는 동업자 의식
- 경기조작, 승부조작 및 위법행위의 부당성
- 그림을 이용한 운동장 폭력 분석

16.1 게임이론으로 본 동업자 의식

순수하여야 할 아마추어 스포츠에서 프로 스포츠에서 보다 금품을 둘러싼 비리가 더 많이 발생하고 있다. 그것도 학원 스포츠에서 스카우트이나 팀 운영을 둘러싸고 금품이 오가 관련자들이 처벌을 받는 것을 보면 안타까운 생각이 든다. 그것도 잊혀질만하면 주기적으로 터지고 있어 아마 스포츠 특히 학원 스포츠 계의 구조적인 비리라고 지적되고 있다. 노골적으로 금전에 관한 이야기가 오가는 프로 스포츠에서 오히려 비리가 적게 발생하고 있다.

아마 스포츠에서 보다 프로스포츠에서 비리가 오히려 적으며 선수들간의 동업자 의식이 강하다는 사실을 게임이론의 꽃이라고 할 수 있는 용의자의 딜레마(the prisoner's dilemma)를 이용하여 설명해 보기로 하자.

강도죄 용의자 두 사람이 경찰에 체포되었다. 유일한 범죄구성요건은 자백뿐이고 경찰은 두 사람을 격리시켜 신문하면서 서로 의사소통이 불가능하게 만든 후 다음과 같이 제안하였다. A, B 두 사람이 있으며 다른 사람은 부인하는데 한 사람이 자백하면 자백한 사람은 무혐의로 풀려나지만 부인한 사람은 10년의 형을 살아야 한다. 만약 두 사람 모두 부인하면 강도죄가 아님 주거침입죄 정도가 인정되어 각각 1년씩 감옥에 살아야 한다. 두 사람 모두 자백하면 5년씩 형을 살아야 한다.

<표 16-1> 용의자의 딜레마

	자백	부인
자백	(5,5)	(0,10)
부인	(10,0)	(1,1)

용의자의 딜레마와 같이 이해 당사자간에 사전에 서로 의사소통을 할 수 없는 딱 한번만 벌어지는 게임에서는 사람들은 눈앞의 이익만을 위해 행동

한다. 그래서 A와 B 모두는 자백을 선택하게 된다.[31] 만약 부인을 했다면 형량이 적었을 텐데도 불구하고 나중에는 후회할 지라도 그 당시로는 자백을 하는 것이 최선책인 것이다. 일반적으로 이해관계가 있는 각 사람이 눈앞에 있는 자신의 이익만을 위해 행동한 결과 모두가 불행해지는 경우를 용의자의 딜레마라고 말하고 있다.

그러나 이 죄수의 딜레마 게임은 사전에 의사소통이 가능한 게임으로나 혹은 한번이 아닌 반복되는 게임으로 바뀌면 다른 결과가 나타날 수 있다. 사전에 어떤 유혹이 있어도 부인할 것을 약속하고 약속을 지키지 않은 경우 호된 손해가 감당해야 한다면 위의 결과는 달라질 수 있다. 또 사전에 그런 약속이 없었다고 할지라도 자백하는 사람에 대해 엄중한 보복이 확실히 주어진다면 당장은 자신에게 이득(보수)이 적다고 할지라도 오래 동안 꾸준히 이득을 얻는 것이 잠깐 많은 이득을 얻은 후 그 이후에 낮은 이득을 얻는 것보다 낫을 수 있다. 즉 게임이 반복되고 배신에 대한 처벌이 확실한 룰이 있는 경우에 게임에 임하는 사람들은 눈앞의 자기 이익보다는 공동의 이익을 위해 행동하는 경향이 나타난다.

이런 공동이익 추구가 스포츠 현장에서는 매우 다양한 형태로 나타나고 있다. 원천적으로 스포츠 시장은 당사자간의 비협조(非協助)게임(non- co-operative game)을 전제로 하고 있다. 챔피언 결정전에서 맞붙은 A와 B는 철저하게 영합게임(zero-sum game)을 하고 있다. 하지만 선수는 물론 팀 관계자들은 경기장에서는 치열하게 싸우는 경쟁자이지만 경기장을 벗어나면 수없이 자주 만나는 동업자이다. 한마디로 사전에 공동이익 추구를 위한 모의가 가능하고 무한 반복적으로 만나야 하는 숙명의 라이벌인 셈이다. 자연스럽게 공공이익을 추구하는 전략을 택하게 된다. 특히 스포츠 시장의 특성상 선수, 코치, 감독 등 관계자들이 서로를 너무 잘 알고 있으며 일탈행동에 대한 보복도 일반 다른 시장에 비해 인지하기도 쉽고 처벌하기도 쉬운 편이

31) 여기서는 자백 전략이 상대가 어떤 전략을 취하든 관계없이 다른 전략(부인)보다 더 높은 보수를 보장하는 우월전략(優越戰略,dominant strategy)이 되는 셈이다. 또 두 사람 모두 자백을 선택한 상태를 우월전략 균형이라고 부르며 내쉬균형(均衡, Nash equilibrium)이 된다.

다. 프로 협의회나 연맹이 강력한 힘을 가지고 있기 때문에 더욱 그렇다.

소수에 의한 반복게임을 하는 프로 스포츠에서는 아마스포츠 보다 동업자 의식이 더 강하게 나타난다[32]. 여러 가지 장점이 있기도 하고 부작용도 존재한다. 첫째 프로에서는 아마에서 보다 승부조작과 같은 일이 일어날 가능성이 낮다. 왜냐면 프로에서는 시즌동안 수많은 게임을 하기 때문에 한 두게임 승부를 조작하는 것이 별 의미가 없다. 시즌 막판에 가서 그럴 가능성이 없지 않으나 플레이오프전에 가서 또 치열하게 싸워야 하기 때문에 별 실익이 없다.

그러나 아마추어 게임에서는 초반 연패는 치명적이고 이것을 만회하려면 다음 대회를 기약할 수밖에 없다. 전국 대회 상위 입상 팀 혹은 선수에게 특전이 있는 경우라면 담합의 가능성이 없지 않다. 한두 번의 부정에서 얻는 이득이 너무나도 크기 때문이다. 이미 특전을 받은 선수나 팀에게 상당한 보상을 주고 출전권을 획득하고 나아가 특전까지 얻어내는 부정한 거래가 과거에도 없었던바 아니다.[33] 이것은 단거리 선수(아마 스포츠)와 마라톤 선수(프로 스포츠)의 시합에 임하는 태도가 차이나는 현상과 비슷하다.

프로 스포츠의 페넌트 레이스에서는 게임수가 너무 많기 때문에 비교적 장기적인 시각을 갖고 게임에 임하고 있으며 플레이오프전이나 챔피언 결정전과 같은 단기전에서는 그 승부가 수입에 바로 직결되기 때문에 불미스러운 승부조작과 같은 일이 발생할 가능성이 아마 스포츠에 비해 낮다.

둘째 선수 간에도 비신사적인 플레이가 더 줄어 들 가능성이 높다. 상대에게 부당하게 반칙을 범한 경우 곧 보복을 당할 수 있기 때문에 고의적으로 상대를 해하는 행동을 삼갈 하는 것이 본인에게도 팀에게도 서로서로에게 유리하다.

---

32) 프로 스포츠에서는 시즌 내내 경기를 하고 플레이오프를 통해 강자를 가리고 다시 챔피언전을 하는 형식을 취하고 있다. 시즌 중에는 매일 혹은 매주 시합을 하다 시피하고 1년에 야구의 경우 한 팀이 133게임(전체 532게임), 남(녀)자배구 30게임(전체 90게임), 남자농구는 54게임 (전체 270 게임), 축구는 44게임(전체 352게임)를 한다. 정규리그개막 때면 스포츠 면에 '대장정(大長征) 돌입'이라는 용어를 쓰고 있다.

33) 최근 들어 학원 스포츠에서도 토너먼트대신 주말리그를 도입하여 운영하고 있다. 아직 초창기라 더 두고 보아야 하겠지만 토너먼트로 운영될 때보다 비리가 더 줄어들 것으로 예상한다.

부작용으로는 구단이 갖는 우월적 지위가 자기들간의 협력을 통해 더 강화되어 선수나 코치, 감독에게 불리하게 작용할 수 있다. 또 기존 구단들이 합심하여 잠재적 진입자의 진입을 저지하는 경우도 있을 수 있다.

16.2 경기조작, 승부조작 및 위법행위

프로 스포츠 선수는 관중에게 3가지를 팔고 있다. 첫째 플레이(경기력), 둘 째 승패, 셋째 순위다. 선수들은 보통사람들로서는 엄두도 못내는 신기에 가까운 능력을 보여준다. 이런 플레이가 나오면 전문해설자도 관중도 모두 "OOO 선수 아니고 다른 선수라면 도저히 할 수 없는 플레이라고 칭찬한다. 둘째 관중들은 시합의 승패에 관심을 가지고 있다. 누구 수훈 선수이고, 어떤 상황에서 그렇게 되었는지 등에 일희일비하고 있다. 마지막으로 순위다. 포스트 시즌에는 어느 팀이 나갈 것인가, 챔피언 결정전에 어느 팀이 이길까가 관심거리이다. 가장 이상적인 스포츠 상품은 그라운드에서는 선수들의 신기에 가까운 플레이가 펼쳐지고, 끝날 때까지 누구도 승패를 단정 지을 수 없으며, 하루하루 팀 순위가 바뀌어 리그가 끝날 때까지 챔피언 결정전에 진출할 팀을 알 수 없을 때 탄생한다. 선수와 감독이 죽어날 정도로 힘들수록 관중들은 신이 난다.

일반적으로 경기 조작이 승부조작으로 100%이어지지 않지만 결정적인 순간에는 작용할 소지가 없지 않다. 예를 보면 1회 투수가 볼넷을 내주느냐 않느냐에 대한 도박의 경우 승패에 영향을 미칠 가능성은 매우 희박하다. 하지만 축구시합에서 수비수나 골키퍼의 고의적인 실수는 승패에 영향을 미친다. 또한 단체경기에서 경기 조작이 승부조작으로 이어지려면 한 선수의 힘으로는 될 가능성이 매우 낮으며 동료선수의 적극적인 협조가 있어야 한다. 이렇게 경기조작 및 승부조작은 불량상품을 공급하는 것과 같다.

스포츠가 아름다운 것은 공정한 경쟁을 하고 결과에 깨끗하게 승복하는 것이다. 이를 우리는 스포츠 맨 십이라고 부른다. 하지만 현실에서는 그렇지 못한 경우가 자주 발생하여 사회적 물의를 일으킨 적이 있어 스포츠 맨 십에 먹칠을 하는 경우가 발생하고 있다.

심판에 의한 오심도 문제가 된다. 2012년 런던 올림픽 때는 어이없는 심판 판정이 도마에 올랐다. 엉터리 판정으로 선수가 흘린 수년간의 노력을 수포로 돌릴 뿐 만 아니라 스포츠 자체에 대한 회의를 가져다주고 있다. 피해자 국민들의 분노는 수혜자 와 심판, 개인 차원을 넘어 국가간 대립양상을 낳기도 한다.

가장 신사다워야 할 스포츠 경기에서 그것도 인류 평화의 제전인 올림픽에서 오심으로 인해 올림픽 정신이 무색해지는 경우를 자주 보았고 개탄해 본 기억을 누구나 가지고 있을 것이다. 〈표 16-2〉에 역대 올림픽 5대 오판 사건을 정리해 보았다.

올림픽에서 오심이 의외로 쉽게 관찰되는 이유에 대해 앞 절에서 본 게임 이론으로 생각해 보기로 하자. 소수에 의한 무한 반복게임을 하고 일탈에 대한 확실한 보복이 가해지는 경우 사람들은 단기적인 자신만의 이득보다는 장기적으로 자신을 포함한 공동의 이득을 추구한다는 사실을 공부하였다. 반대로 해석하면 여러 사람이 한 정된 회수의 게임을 하고 일탈에 대한 확실한 보복을 가할 수 없는 경우 사람들은 장기적으로 공동의 이득을 추구보다는 단기적인 자신만의 이득을 추구한다.

경기 참가자들이 받는 성과나 이득이 누적된 결과에 의해 받는 경우와 바로 바로 한 게임 한 게임의 결과로 성과가 결정되는 경우로 나누어 볼 수 있다. 전자는 프로 스포츠의 페넌트 레이스가 좋은 예로서 한 경기의 결과가 전체에 미치는 영향이 적다. 따라서 심판이 어느 특정 팀에게 유리한 판정을 한다고 해도 전체에 미치는 영향력이 미미하기 때문에 부정의 소지가 적다고 할 수 있다. 하지만 단기간에 철저하게 토너먼트로 진행되는 올림픽 경기에서는 한게임 한 게임의 성과가 결정적이다. 심판의 입장에서 볼 때 나중에 오심에 대한 처벌문제가 있긴 하지만, 이를 재량권행사라고 주장하면서 특정 팀에게 유리한 판정을 할 소지가 충분히 있을 수 있다. 따라서 부정에 대한 유혹이 크게 나타나는 올림픽과 같이 단기간 대회에서는 심판에 대해 충분한 금전적 대우는 물론 명예를 높여 줌으로써 심판매수가 불가능하게 만들어야 한다.

<표 16-2> 역대 올림픽 5대 오판 사건

첫째 1972년 서독 뮌헨 올림픽 미국과 구 소련의 남자 농구 결승전 – 미국이 종료 2초를 남겨 놓고 역전을 시켰지만 심판이 시합을 3초전으로 두 번 돌리는 바람에 미국이 패한 경기이다. 미국은 이 결과에 승복하지 않았고 그 은메달은 뮌헨 올림픽 박물관에 남아 있다.
둘째 2000년 호주 시드니 올림픽 남자 유도 100kg 급 결승전 – 일본의 시노하라 신이치와 프랑스 다비드 두이에와의 경기에서 한쪽 부심은 시노하라의 한판승을 다른 부심은 두이에의 유효판정을 내렸고 시노하라가 패하였다. 비디오 판정을 본 전문가들은 시모하라의 한판승에 무게를 두었다.
셋째 2008년 중국 베이징 올림픽 태권도 여자 67kg급 8강전 – 중국 첸중과 스티븐슨의 시합에서 스티븐슨이 판정패를 당했으나 비디오 판독 후 결과가 바뀌었다.
넷째 1988년 한국 서울 올림픽 복싱 라이트 미들급 결승 – 한국의 박시헌 선수와 미국의 로이 존스 주니어와의 경기에서 로이가 일방적으로 앞서고도 2대 3으로 판정패했다. 존슨은 별다른 항의 없이 링을 내려갔다. 로이에게 불리한 판정을 한 세 명의 심판은 그 해 미국의 압력으로 국제 심판 가격을 정지당했다.
다섯째 2012년 영국 런던 올림픽 펜싱 여자 개인 에페(준결승) – 한국의 신아람 선수와 독일 브리타 하이데만과의 연장전까지 가는 승부에서 종료1초를 남겨두고 심판이 하이데만에게 계속 공격할 기회를 줘 미리 얻은 어드밴티지로 인해 결승에 오를 수 있었던 신 선수가 패한 사건

출처: http://cafe.daum.net/ssaumjil/LnOm/1065021

특히 단체 경기보다는 개인 경기에서 더 나타날 가능성이 높다. 대부분의 올림픽 심판들의 정확한 판정이 있지만 가끔 주로 토너먼트 형식을 취하는 올림픽 경기의 특성상 자신을 매수한 팀에 유리하게 판정할 가능성이 있다.

또 선수들의 부정한 행동(경기조작, 승부조작, 약물 사용 등)[34] 역시 큰

34) 선수들의 부정한 행동은 경기력에 영향을 미치는 것과 그렇지 않은 것으로 나누어 볼 수

문제가 되고 있다. 우리나라에서도 프로 축구, 야구, 배구에서 부정한 일이 발생하여 큰 사회적 파장을 일으킨 적이 있다. 놀라운 것은 이런 조작사건이 전 세계적으로 만연하고 있다는 점이다. 유로폴(EUROPOL)은 월드컵 과 유럽축구연맹(UEFA)챔피언 리그 예선전을 포함해 전 세계적으로 680여 게임에서 승부조작이 있었다고 발표하였다[35]. 대표적인 예로 2009년 9월 리히텐슈타인 과 핀란드 2010년 남아공 월드컵 유럽예선경기에서 브로커는 주심에게 5만 2천 850달러(5,700만원)을 주고 후반에 2골이 들어갈 수 있게 조작을 부탁하였고 심판은 후반에 핀란드에게 논란의 여지를 남긴 PK를 주면서 돈값을 했다고 밝히고 있다. 앞에서도 언급했지만 이런 행위는 상품의 질을 왜곡시키는 행위로 엄벌에 처해야 할 것이다.

한편 체육 특기자 대학 입시비리와 관련된 감독들의 수뢰사건이 심심치 않게 터지고 있다. 1998년에는 축구와 아이스하키에서 일선 감독, 심판, 학부모들이 구속되는 부끄러운 일이 있었고 2012년에는 대학 야구 감독들이 3명이나 구속되는 일이 있었다. 이런 비리는 야구뿐만 아니라 아마추어 스포츠 전반에 걸친 병폐라고 보는 것이 옳다.

또 가끔 다음 해 전력 보강을 위해 시즌 막판 일부러 성의 없는 플레이를 해 비난을 받는 경우가 있다. 2012-13년 프로 농구에서 제기된 의혹이다. 플레이오프에 나갈 가능성이 없거나 진출한다고 해도 좋은 성적이 기대되기 어려운 팀은 일부러 패배를 자초하여 낮은 순위를 얻고 이를 바탕으로 우수한 신인을 선점하려는 꼼수를 부리는 것이다. 이러한 의혹이 일자 KBL은 2015시즌 신인 드래프트에서 하위 4팀의 선수 선발 우선권을 낮추는 제도 변경을 하였다[36].

내놓고 돈 얘기를 하는 프로에서 보다 아마추어에서 더 불미스러운 일이 많은 것은 게임의 수가 적은 아마추어의 특성에서 발생하는 측면이 있다. 감

있다. 경기조작, 승부조작, 약물 사용 등은 경기력에 영향을 미치는 것이다. 개인 적인 탈선, 비리, 공인으로서의 부적절한 행동은 직접적으로 경기력에 영향을 미치지는 않지만 장기적으로 간접적으로는 영향을 미칠 수 있다.

35) 2013년 2월 5일 경향신문.

36) 2014년부터는 플레이 오프에 진출하지 못한 하위팀의 우선선발확률을 과거 23.5%에서 15%로 낮추었으며 나머지 4팀의 확률은 1.5%에서 10%로 올렸다.

독과 선수의 일생을 좌우하는 게임이 일 년에 불과 몇 게임밖에 벌어지고 있지 않으니 한 경기 한 경기에 목을 메달 수밖에 없다. 선수들에 대한 정보가 더 공개적으로 교환되는 장이 활성화되면 이런 비리는 감소할 것으로 본다.

삼성의 오판

이미 등위가 확정된 팀이 자신의 강한 경쟁자에게 불리한 결과를 주기 위해 사전 합의 없이 다른 팀에게 져주는 경우가 있다. 18년 프로 야구 역사상 이런 행동이라고 의문시되는 경기가 1984년 시즌 막판에 있었다.

당시에는 전 후기 리그로 나누고 전기 우승팀과 후기 우승팀이 챔피언 결정전을 갖는 방식을 취하고 있었다. 삼성은 전기우승을 차지하고 후기 우승팀을 기다리고 있는 입장이었다. 어쩌면 자신에게 껄끄러운 상대를 피하고 좀 쉽다고 여겨지는 상대를 고를 수 있는 여유를 가지고 있었던 셈이다. 삼성은 한국시리즈에서 파트너가 될 후기 우승팀으로 껄끄러운 상대인 두산(당시 OB)을 피해 롯데를 고르고 마지막 롯데와의 경기를 맥없이 하여 원하는 대로 파트너를 만들었다. 그러나 한국시리즈에서 승리의 여신은 고 최동원이 맹활약한 롯데의 손을 들어주었다.

시즌 내내 비실비실 하다가도 큰 시합에 강한 선수와 팀이 있는가하면 그 반대인 경우도 있다. 단기전 승부는 한 치의 오차도 한 번의 실수도 용납되지 않는다. 만회할 기회가 한정되어 있기 때문에 초반의 기선 잡기가 페넌트레이스 때보다 중요하게 느껴진다. 선수와 감독은 이 사실을 너무나 잘 알고 있기 때문에 정규리그 때와는 다른 각오와 전략으로 단기전에 임한다.

16.3 응용 : 운동장 폭력

박찬호 선수가 1999년 6월 5일 에너하임 엔젤스와의 경기에서 폭력을 휘

둘러(?) 벌금 3,000 달러(한화 약 3백6십만원)와 7게임 출전정지 처분을 받았다. 국내 네티즌을 대상으로 한 여론조사에 의하면 많은 우리 국민들의 70%이상이 박찬호의 행동을 잘했다고는 하지 않으나 '소수민족이 메이저 리그에서 살아남기 위해 따끔한 본보기는 필요가 있다'라고 의견이 주를 이루었다.[37] 손이 안으로 굽은 탓일까!

박찬호의 행동은 사실 사람 사는 세상에 있을 법한 그런 정도의 폭력정도였다고 본다. 그런데 그에게 내려진 벌칙은 너무 가혹하다는 생각이 든다. 당사자인 박찬호도 "지나치다고 생각하지만 받아들인다"라고 하면서 달게 받았다.

운동장 폭력은 왜 발생해서는 안되며 폭력이 발생한 경우 가혹하리 만큼의 벌칙을 주어야하는가? 같은 사건이 운동장 밖에서 일어난 경우와 운동장 안에서 일어난 경우 엄청난 처벌의 차이를 박찬호는 왜 감수했는가?

첫째 폭력은 상품의 질 하락을 가져온다. 야구장을 찾은 관중들은 선수들의 '야구 서비스'를 받으러 온 것이지 '폭력 쇼'를 보러 온 것이 아니다. 폭력쇼를 보고 싶으면 같은 돈 주고 야구장에 안 오고 권투장이나 레슬링 장에 가는 것이 더 현명하다. 폭력은 스포츠 서비스의 질 나아가 부가가치를 떨어뜨리는 행위이다. 그러므로 그에 상응하는 혹독한 대가를 치르게 하여야 한다. 다시는 그런 일이 발생하지 못하도록 관계자들에게 징벌적 처벌을 내리는 것은 당연한 처사다.

둘째 선수 서로간의 보복행위(retaliation)로 인해 선수들간의 폭력이 빈번해 질 것이고 그 결과 선수들의 운동기능하락, 플레이 질 하락으로 이어져 프로 리그 전체의 공멸을 가져 올 수 있기 때문이다.

경제주체들이 서로 눈앞에 있는 자기 이익만을 위해 배타적으로 행동하여 상대의 이익을 침해했다면 상대방은 당하고만 있을 리 없다. 언젠가는 보복을 할 것이고 이런 식의 보복이 계속되어 결국에 가서는 서로서로 큰 손해를 입을 가능성이 높다. 보복은 다른 보복을 불러 올 가능성이 높기 때문에 엄격한 심판과 철저한 심사 그리고 재발을 미연에 방지할 수 있는 정도의 강력

37) 중앙일보 1999년 6월 14일자.

한 처벌을 필요로 하게 된다.

게임이론을 전공하는 경제학자의 연구에 의하면 반복되는 게임에서 가장 효율적인 대응 전략은 '눈에는 눈, 이에는 이'(tit-for-tat)이라고 한다. 몸으로 경쟁하고 있는 운동선수들은 경험을 통해 이 사실을 알고 있다고 보면 운동장 폭력에 대해 강력한 제재가 없다면 보복의 연속이 발생할 가능성이 불 본 듯 뻔하다고 할 수 있을 것이다.[38]

〈그림 16-1〉에서 X 축에는 박찬호의 잘못의 정도를 Y 축에는 상대방 잘못의 정도를 표시하였다. 원점에서 멀수록 잘못의 정도가 큰 것으로 표시하였다. 45도선은 두 사람이 잘못한 정도가 완전히 똑같을 때를 나타내는 선(동등 책임선, equal fault line)이다.

운동장 밖에서 용인될 수 있는 박찬호 잘못의 수준을 OA, 상대의 잘못을 OB라고 하자. 법 앞에 모든 사람이 평등하기 때문에 당연히 두 길이는 같다(OA=OB). 반면 운동장 안에서 용인될 수 있는 박찬호의 잘못을 OC로 나타낸다면 OA보다 훨씬 적은 수준이 될 것이다. 같은 이치로 운동장 안에서 용인 될 수 있는 상대의 잘못을 OD라고 하면 이 길이 역시 OB보다 작은 수준으로 표시된다. 또 두 선분의 길이는 같다(OC = OD).

만약 박찬호의 잘못이 CA사이에서 발생한다면 운동장 밖에서라면 처벌없이 넘어갈 수 있는 수준이나 운동장 안에서 발생하였다면 생각보다는 훨씬 가혹한 벌칙을 받아야 한다. 이 때 상대가 OD보다 적은 수준이라면 운동장 안팎에서 용인될 수 있는 수준이라면 박찬호만 가혹한 처벌을 감수하지 않을 수 없다[39].

운동장에서의 폭력은 있어서는 절대 안 된다. 만약 있다면 아주 가혹하게 처벌하여야 한다. 그 대상이 누구든 어떤 이유에서 발생하였던 간에……좋은 서비스를 위하여, 공생을 위하여…

---

38) 이준구, 앞의 책, p.450.

39) 사건이 있은 후 다음 시합에서(1999년 7월 18일) 박찬호는 당사자인 벨처에게 찾아가 " 지난 일이지만 미안하다"고 화해의 뜻을 전했으며, 벨처 역시 박이 직접 찾아와 사과한데 대해 "고맙다"고 받아들었다. 그래서 그런지 박은 이 게임에서 9경기 연속 홈런 악몽도 끝내면서 6승째를 올렸다.

<그림 16-1> 박찬호의 잘못과 책임

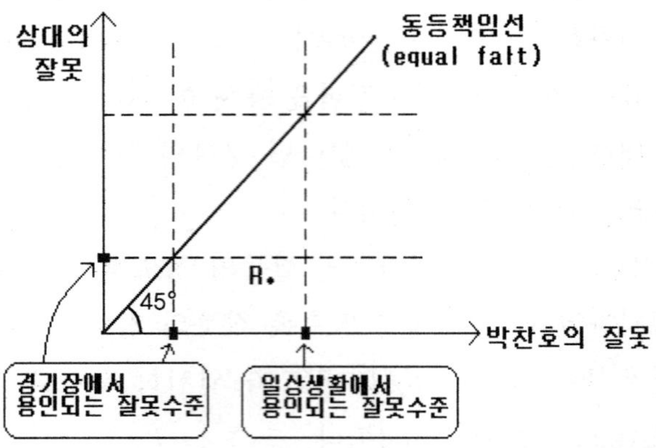

벤치 크리어링 장면

주관식

1. 프로 스포츠에서 나타나는 동업자 의식을 게임이론으로 설명해 보시오.

2. 운동장에서의 폭력을 더 엄중하게 다루고 있음을 그림을 이용하여 설명허 보시오.

객관식

1. 다음 내용 중 바르게 설명된 것을 고르시오.

① 경기조작은 승부조작과 같은 말이다.
② 운동장 폭력이라고 해서 특별히 더 엄중하게 다룰 이유가 없다.
③ 아마추어 감독들의 비리는 순수하게 개인의 문제이다.
④ 프로 스포츠에서는 반복되는 만남이 존재하기 때문에 동업자의식이 강한 편이다.

2. 다음 내용 중 잘못된 것을 고르시오.

① 1999년 박찬호의 폭력사건에서 박찬호에 대한 처벌은 납득하기 어렵다.
② 스포츠맨십이 잘 발휘되게 하기 위해서는 제도의 개선과 명예가 존중되는 분위기를 만들어야 한다.

객관식 문제 정답　1. ④　2. ①

③ 프로 감독이 아마추어 감독보다 금전적인 비리가 없는 것은 충분한 보상과 명예가 크게 작용하기 때문이다.

④ 각종 비리는 단체경기에서 보다는 개인 경기에서, 장기전 때보다는 단기전에서 더 나타나기 쉽다.

3. 다음 설명에 대해 ○×를 하시오

① 심판의 오심도 경기 내용의 일부이므로 감독과 선수는 무조건 복종하여야 한다.

② 비디오 판독과 같은 과학적인 판독은 경기의 흐름을 끊고 재미를 반감시키고 있어 폐지되어야 한다.

③ 경기장에서의 폭력은 스포츠 상품의 질을 저하시키는 행위로서 엄벌하여야 한다.

④ 스포츠 시장에서 볼 수 있는 여러 위법행위에 대해 그 원인을 철저히 규명하고 재발 방지를 위한 제도개선은 꼭 필요하다.

---

3. ① × ② × ③ ○ ④ ×

제17장

제안

"농구는 의식적이고, 인위적이며, 통제된 발명품이다. 우리는 그것을 구상했고, 수정하면서, 발전시켰다. 농구는 경기의 합리화 과정이 성공했음을 상징적으로 보여준다."

– 앨랜 거트만

학습목표

- 파울에 대한 분석
- 보다 재미있고 스포츠맨 십이 발휘되는 축구와 농구를 만들기 위한 규칙
- 슈퍼볼의 영향력과 인기의 비결

17.1 파울에 대한 분석

1997년 프랑스 월드컵 우리나라와 멕시코와의 경기에서 하석주선수가 먼저 멋지게 득점에 성공한 후 약간 흥분한 나머지 상대선수를 뒤에서 태클하는 바람에 퇴장을 당했고 그 결과 우리는 수적 열세를 극복하지 못하고 1대 3으로 역전패를 당하고 말았다.

신체 접촉이 있을 수밖에 없는 스포츠 경기에서 상대에게 파울을 안 할 수 없지만 그것이 지나쳐 상대선수에게 엄청난 손해를 입히거나 혹은 비신사적인 행동이 고의적으로 행하여진다면 제도적으로 이것을 막을 필요가 있다. 또 잦은 파울은 경기의 흐름을 끊어 놓아 경기의 속도감을 격감시키고 있으므로 가급적 파울이 없는 시합 나아가 고의적인 파울이 없는 시합으로 만들어야 한다.

축구나 농구와 같이 신체접촉이 강렬하게 나타나는 경기에서는 심판이 엄격하게 파울을 많이 불면 선수는 보호가 되겠지만 게임의 재미는 크게 줄어든다. 파울 수를 원천적으로 줄여 선수보호는 물론 경기의 재미, 선수와 구단의 수입도 늘일 수 있는 방법이 없을까?

〈그림 17-1〉에서 보듯이 파울을 엄격히 적용하면 할수록 선수의 부상은 줄어들지만 게임의 재미(박진감)는 줄어든다. 파울에 대한 엄격성과 게임의 재미와의 상충관계(트레이드 오프, trade off)에 있다. 상품의 품질(선수의 묘기)에 따라 보수가 다르게 해야(득점과 수입을 다르게 인정해야) 보다 좋은 품질의 상품(더 좋은 플레이)이 생산된다는 사실을 상기할 때 스포츠 서비스의 질 나아가 부가가치를 떨어뜨리는 행위인 파울에 대해서는 강력한 디스인센티브(disincentive)를 주어야 할 것이다.

<그림 17-1> 파울에 대한 엄격성과 게임의 재미와의 상충관계

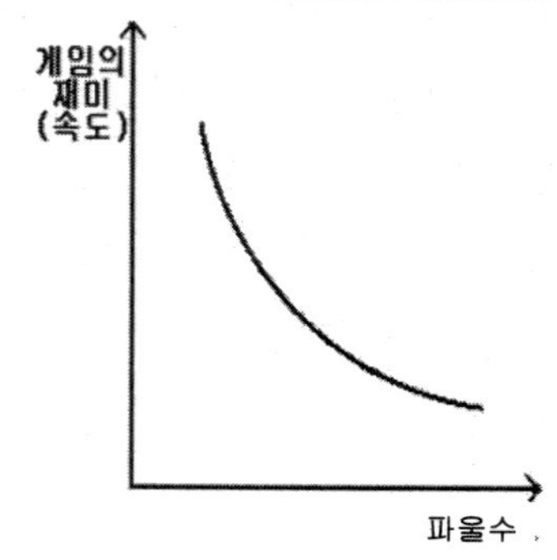

가. 축구의 경우

현행 규칙은 사소한 파울에 대해서는 비교적 관대하지만 선수부상이 우려될 정도의 파울에 대해서는 매우 엄격한 편이다. 상당한 정도로 위협적인 파울이 발생하면 옐로우 카드로 경고하고 두 번 옐로우 카드를 받으면 퇴장 당한다. 또 매우 위험한 파울을 범한 선수는 레드카드에 의해 즉시 퇴장 당한다. 퇴장당한 팀은 선수 보충을 할 수 없게 하여 치명적인 타격을 가하고 있다. 그리고 같은 대회에서 범한 파울회수를 누적 적용하여 다음 경기 출전여부에 영향을 미치게 하고 있다. 선수보호와 활기찬 경기 운영을 위해 파울에 대한 제재가 엄격해지는 추세는 바람직하다고 생각한다.

1) 프리 킥

축구는 공간을 뺏는 경기다. 공격하던 팀이 파울을 당하면 그 만큼 공간의 손실을 가져온다. 그런데 현행 규칙 하에서는 파울이 발생한 지점에서 프리킥을 허용하고 있어 상대의 파울로 잃어버린 공격자의 공간에 대한 보상이 없다. 그래서 파울을 얻은 팀은 공을 파울지점보다 앞에서 차려고 공을 앞쪽으로 갖다 놓으려고 한다. 심판은 호루라기를 불면서 이를 제재하고 있다. 축구장 어디서나 흔히 볼 수 있는 광경이다.

우선 파울이 발생한 경우 프리 킥 지점을 변경하였으면 좋겠다. 경기장 여

러 곳에 미리 프리 킥 할 포인트를 정해 놓고, 파울이 발생한 경우 프리 킥을 얻은 쪽이 자신에게 가장 유리한 포인트서 킥을 하게 됨으로써 파울을 당해 손해 본 공간을 만회할 수 있을 것이다. 이것은 반대로 파울의 대가가 커지고 있음을 의미하며 따라서 파울 수는 자연히 줄어 들 것이고 경기의 박진감도 증가할 것이다[1]. 또 셋트 플레이도 더 다양하게 개발될 수 있기 때문에 득점도 증가할 것으로 예상된다. 더불어 선수수명 연장과 구단수입증진에도 긍정적인 효과를 가져다 줄 것으로 기대할 수 있다.

2) 페널티 킥

페널티 박스 안에서 파울이 발생하면 페널티 킥이 주어진다. 보통 페널티 킥을 얻은 선수가 아닌 다른 선수가 차게 되고 득점에 성공하면 킥을 성공시킨 선수의 득점으로 기록된다. 만약 실축을 하게 되면 '페널티'는 온데 간 데 없고 페널티 킥을 얻은 선수의 노력은 온데 간 데 없고, 실축한 선수는 역적이 되고 그 팀은 사기가 저하된 반면 파울을 한 팀이 오히려 상승무드를 타게 되는 이상한 꼴도 심심치 않게 발생한다.

필자가 제안하고 있는 '1골인 다득점 제도' 하에서는 페널티 킥이 발생하였다고 하자. 페널티 킥이 선언되는 순간 페널티 킥을 얻어 낸 선수와 팀에게 개인 득점 1점, 팀 득점 1점을 일단 인정한다. 그리고 페널티 킥이 성공하면 성공한 선수에게 개인 득점 1점, 팀 득점 1점이 올라가 2점 득점이 인정된다. 실축을 한 최악의 경우라도 PK를 얻은 선수 개인 득점 1점과 팀 득점 1점이 주어진다. 지금보다는 확실히 파울이라는 죄에 대해 불이익이 커지는 결과를 가져온다. 또 가끔 벌어지고 있는 득점왕 순도(純度) 논쟁도 종지부를 찍을 것으로 본다[2].

경제학에서는 생산에 기여한 사람이 그에 상응하는 몫을 배분받는 것을

---

1) 2013년 K리그 클래식에서는 프리 킥 지점을 정확하게 스프레이로 표시하여 프리 킥 포인트에 대한 시비를 줄이고 있다. 과거에 비해 진일보하였지만 파울을 당한 쪽에서의 손해를 보상하는 데는 미흡하다고 본다.

2) 1999년 프로 축구의 득점 왕으로 부산대우의 안정환 선수가 등극하였다. 라이벌이었던 샤샤(수원 삼성)는 거의 모든 득점을 필드 골로 장식한 반면 안정환의 득점 중에는 페널티 킥으로 얻은 것이 다수 포함되어 있어 이른 바 득점의 '순도(純度)논쟁'을 일으킨 적이 있다.

기본적인 룰로 보고 있다. 생산은 A가 했는데 그 결과를 B가 차지한다면 효율적인 배분이 이루어지기 어렵다. 현재의 페널티 킥 제도는 이 룰에 부합하지 않는다. 힘들게 PK를 얻은 선수에게 더 많은 평가가 있어야 한다. 우리 속담에 “밥하는 사람 따로 있고, 먹는 사람 따로 있다!”라는 말은 이와 같은 불공평을 표현하고 있다.

3) 시간 끌기

과거에 비해 많은 개선이 이루어졌지만 축구에서의 시간개념은 1초를 다투는 농구나 미식축구에 비해 희박한 편이다. 인저리 타임이 주심재량으로 정해졌기 때문에 불합리한 면이 있었다. 요즈음은 공개적으로 몇 분을 나타내고 약간의 주심의 재량이 있을 뿐이다.

축구에서 후반전 중반쯤 2골 정도 앞서는 팀은 굳이 공격을 열심히 하려고 하지 않는다. 경기 시간을 엄밀하게 측정하지 않는다는 제도의 약점을 충분히 활용하려고 한다. 약간의 충돌이 있어 쓰러진 선수는 경기장에서 잘 일어나려하지 않는다. 특히 홈경기에서 이런 비겁한 행동이 주로 나타나고 있다. 2011년 11월 5일 전북 현대 와 알사드(카타르)와의 AFC (아시아 축구 연맹) 챔피언 리그 결승전에서 알사드 선수들이 보여준 비신사적인 플레이는 공분을 사기에 충분했다. 그래서 국내 언론에서는 침대축구라고 비난하였지만 스즈키 도쿠아키 AFC 경기국장은

“물론 playing time을 늘이는 것이 중요하다. 하지만 세상에는 다른 축구문화와 수많은 타입의 team이 있다” 고 해명하고 있다.

그러자 국내 언론에서는 AFC "침대축구? 다른 축구 문화일 뿐“ 이라고 비난하였다. 그러나 그 이후에는 아무런 제도 개선이 없다. 경기장에서 최선을 다 하지 않는 선수는 그의 국적에 불문하고 제재를 받는 것이 상식일진데, 이런 가장 기본적인 상식이 만인의 스포츠 축구에서 지켜지고 있지 않다.

2) 농구의 경우

현 규칙 하에서 한사람이 5번 파울을 하면 그 경기에서 퇴장을 당한다. 슛

동작 여부에 따라 자유투를 던질 수 있는 권리와 횟수가 정해진다. 또 팀 파울을 정하고 그 이상의 파울이 발생하면 상대에게 자유투를 준다. 그리고 테크니칼 파울, 속공 파울 등 파울이 잦은 선수나 팀에게 불이익을 주는 제도가 비교적 잘 갖추어져 있다고 본다.

저자는 그러나 농구 시합을 보면서 '고의적인 반칙작전'이라는 말을 들을 때마다 저건 아닌데 하는 생각을 늘 하고 있다. 고의적인 파울이거나 비신사적인 행동을 처벌하기 위해 테크니컬 파울을 주어 과거에 비해 엄격하게 다스리고 있는 것은 틀림없으나 고의적인 파울을 작전으로 쓰는 경우가 비일비재하다. 심지어는 해설자마저도 "자유투가 약한 선수를 골라 파울을 해야 합니다"라고 친절하게 거들고 있다. 실제로 농구 경기에서 '자유투를 허용하는 반칙의 개수가 적을수록' 승리할 가능성이 높다는 연구 결과가 있다.[3)]

'고의적인 파울'작전은 상대에게 '원 앤드 원 자유투'를 주는 대신 공격권을 빼앗아 오기 위해 고의적으로 자유투가 약한 선수나 비 주전선수에게 고의적으로 파울을 거는 경우다. 처음 던지는 자유투는 성공률이 낮다는 점을 악용하고 있다. 또는 주전선수가 아닌 선수라면 경기에 익숙하지 않기 때문에 자유투 성공확률이 현저히 떨어지고 있음을 악용한 비신사적인 행동이다. 사실 한 점을 다투는 시합에서 격렬하게 뛰다가 수많은 관중 앞에서 갑자기 멈추어 서서 혼자만이 바스켓을 향해 공을 던진다는 것, 노골이 되면 상대에게 공격권이 넘어가고 역전당할 수 있다는 최악의 시나리오를 생각하면 제 기량을 발휘하기가 생각보다 훨씬 어렵다고 보아야 할 것이다. 이렇게 파울작전이 성공한 팀 입장에서는 작전의 성공에 쾌재를 부르고 싶겠지만 비신사적인 행동으로 승리를 얻으려 하는 극히 비 스포츠적인 발상이라고 아니할 수 없다. 이것은 정정당당한 승부가 그 기본을 이루고 있는 스포츠 정신에 정면으로 배치된다. 고의적인 파울 작전이란 용어는 반드시 없어져야 한다.

고의적인 파울을 없앰으로써 당장 선수를 보호할 수 있을 뿐 아니라 경기의 스피드도 올릴 수 있는 일석이조의 효과를 가지고 있다. 어떻게 이것을

3) 김차용・박제영, " '98~99시즌 한국프로농구 경기의 승・패 요인 분석", 한국사회체육학회지, 제12호, p.455~464.

최소화할 것인가? 저자는 자유투를 주는 파울이 발생한 경우 현행 규칙은 자유투 2(3)개 혹은 '원 앤드 원'을 주고 있으나 이것을 바꾸는 것을 제의하고자 한다.

자유 투 두 개를 던져야 하는 상황이나 '원 앤드 원'상황이 발생한 경우 파울을 당한 팀이 무조건 1점을 얻고 첫 번째 자유투가 골인이 되면 1점을 추가하고 (파울 당한 팀이 2득점) 두 번째 자유투는 없어진다. 반면 성공을 못하면 다시 한 차례 더 던지게 한다. 성공을 하면 1점이 추가되어 2득점이 되고 실패를 하게 되면 기본 점수 1점만 얻게 된다. 현재는 최악의 경우 득점을 올리지 못하는 경우도 있으며 최고 2점을 다 얻을 가능성도 높은 편이 아니지만 저자의 제의대로 운영된다면 파울이 곧 최소 1실점으로 규정지어 지게 되기 때문에 파울은 작전으로서의 가치를 크게 잃게 된다고 본다.[4)]

파울이란 적극적으로 상대를 막다가 무의식적으로 발생한 일이어야지 그것이 작전의 개념, 승리의 수단으로 미화될 것이 아니라고 본다.

북한의 농구득점 인정

북한에서의 농구 득점인정 방식은 1997년에 만들어진 로칼 룰에 따라 무척 재미있게 그러면서도 합리적으로 만들었다고 본다.

① 8점 ; 경기종료 2초안에 성공, ② 4점: 3점슛이 림이나 백보드를 안맞고 골인, 혹은 6m 5cm밖이 아닌 6 m 7cm 밖에서 성공, ③ 덩크슛·탭슛 3점 ,

④ 자유투 실패나 팀 파울 12개 이상이 되면 1점씩 감점 당한다.

저자는 개인적으로 북한의 농구 득점인정 방식은 NBA보다 더 앞 선 것이라고 평하고 싶다. 그 이유는 난이도, 시간과 거리에 따라 나타나는 다양한 득점을 인정함으로써 능력의 차별성을 인정하는 시장경제 원리 더 나가 인간의 본성에 더 가깝다고 보기 때문이다.

---

4) 수준급 선수라도 자유투 성공률은 약 70%정도이다. 현행 제도라면 자유 투 2개의 기대값이 1.4점이하 이지만 저자의 제안대로 한다면 1.7점으로 상승한다.

무엇이 태권도를 살려 냈는가

우리의 국기인 태권도는 2000년 시드니 올림픽부터 올림픽 정식종목이 되었지만 그 동안 많은 비판을 받아왔다. 단순한 경기내용과 판정시비로 임해 퇴출위기에 내 몰리기도 했다. 그러나 2012년 런던 올림픽에서는 이런 불신을 크게 완화시켰다고 평가받고 있으며 2013년 2월 IOC 집행위원회에서 잔류를 결정하였다. 전자호구도입, 경기장 크기의 축소, 비디오판독 도입, 차등점수제(한번 공격에 최소 0점, 최고 4점까지) 도입이 일등공신이라고 평가받고 있다[5]. 이렇게 함으로써 시합이 재미있어지고 박진감 넘치게 되었고 스포츠맨십이 잘 나타나는 종목으로 완전히 탈바꿈 하였다.

또 한국의 태권도를 넘어 세계의 태권도가 되었다. 한국은 런던 올림픽에서 태권도 8종목(남여 4체급)중에서 남자 은메달 1개, 여자 금메달 1개에 그칠 정도로 나라간 전력이 평균화되었다. 금메달 8개가 8개국에 고루 나누어 가지게 되었다. 2004년 이후 한국은 금 9, 은 1, 동 2개 획득하는 등 한국이 독식하여 왔지만 런던 올림픽에서는 크게 완화되었다.

보다 정확하고 신속한 판정, 위험도에 따른 차등 점수 부여, 그리고 세계화가 잔류의 핵심이다.

17.2 재미있는 축구를 위한 제안

17.2.1 선수의 플레이와 득점

1980년대 최고의 축구 스타 마라도나는 1986년 월드컵 대 영국(잉글랜드)전에서 축구역사에 길이 남을 이색적인 두골을 기록하였다. 당시 아르헨티나는 영국과 포트랜드 전쟁에서 패한 후라서 반 영국감정이 극에 달해 있었는데 마침 8강전에서 영국을 만났다. 아르헨티나 국민들은 자국 팀이 영국

5) http://www.koreataekwondo.co.kr/document/2012경기규칙(겨루기).pdf

을 꼭 이겨주기를 바랬고 그러기에 마라도나의 어깨는 무거웠다.

마라도나는 이 경기에서 기록한 첫 골은 분명 핸드링이었다. 영국의 강력한 항의가 있었지만 주심이 못 본 이상 득점으로 인정되었다. 경기 후 그 자신도 '신의 손'이라고 말하면서 핸드링을 시인하였다. 다른 한 골은 하프라인에서부터 영국선수의 공을 빼앗아 혼자 드리볼 해 가 수비수 5, 6명을 제치고 득점에 성공하였다. 첫 골이 행운이 가져다준 '신의 손'이었다면 두 번째 골은 그의 능력이 창조해낸 '신의 발'에 의한 예술품이라고 할까! 핸드링 반칙을 범하면서 넣은 것도 일 득점, 신기에 가까운 드리볼로 넣은 것도 일 득점으로 인정하고 있는 축구의 득점 인정 방식은 무언가 문제가 있다고 느껴진다.

세계에서 가장 인기 있는 스포츠인 축구가 미국에서만큼은 그렇지 않다. 사실 미국의 축구수준은 우리의 생각보다 강하며 특히 여자 축구는 세계 최정상이다.[6] 그럼에도 불구하고 인기가 낮고 다른 나라 사람들이 별로 관심을 보이고 있지 않는 미식축구가 가장 인기 있다. 그리고 미국인들은 미식축구에 이어 야구, 농구, 아이스하키 순으로 좋아하고 있다[7].

미국인은 왜 세계 사람과 다른 선호체계를 가지고 있을까? 같은 서양 사람이라도 영국이나 독일은 축구를 최고 인기 종목으로 삼고 있는데 미국인은 왜 그렇지 않을까? 그 해답을 여러 가지 측면에서 찾을 수 있으리라고 본다. 문화, 역사 전통적인 차이는 무시 못 할 큰 요인이라고 본다.

상황이나 동작의 어려움에 따라 다른 점수를 인정하는 운동이 미식축구, 농구, 럭비, 야구 등이며 상황이나 동작의 어려움과는 관계없이 동일한 점수(주로 1점)만을 인정하는 운동이 축구, 핸드볼, 배구 등이다. 전자의 스포츠가 후자의 스포츠보다 프로화가 더 많이 진척되어있다. 우연이라 하기에는 무언가 있는 것 같다. 인기가 좋으니까 프로화가 일찍 되었고 또 성행하고 있겠지라고 단순하게 생각하든지 아니면 미국에서 하니까 라는 등 막연하게

6) 미국은 1999년 미국에서 거행된 여자 월드컵에서 중국을 누르고 우승하였다.
7) 미국 성인 2,237명을 대상으로 한 인기 스포츠 조사에 의하면 1. 미국축구 프로 36%, 2. 대학 미식축구13%, 2. 야구 13%, 4. 모타 스포츠 8%, 5. 프로 농구 5%, 5. 대학 농구 5%, 5. 아이스하키 5% 순이다. 출전: 해리스 인터액티브(2012년1월)

이야기 할 수 있을 것이다.

저자는 그 이유를 위험에 대한 보상으로서의 이윤의 특성, '상품의 질'과 가격과의 관계, 또 인센티브제도와 여러 스포츠의 룰과 득점방식을 연계시켜 그 해답을 찾아보았다.

이윤(profit)은 다른 생산요소에 대한 대가와 달리 미리 얼마라고 정해지는 것이 아니라 다른 생산요소에 대한 보수를 다 제하고 남은 잔여소득(殘餘所得)이다. 이것은 위험(risk)을 감수한 것에 대한 보상적 성격이 강하다. 이윤이 많다고 함은 잘못되어 망할 위험을 각오하고 벌린 일이 잘된 대가(代價)가 많음을 의미하며 이윤이 적은 것은 너무 안전 위주로 사업을 한 것에 대한 대가가 적다고 해석할 수 있다. 자본주의 기업이 이윤 때문에 움직인다는 얘기는 위험을 감수하려고 하는 모험정신이 사람에게 새로운 동기를 부여하고 사회발전의 원동력이 된다는 뜻이다. 따라서 실패할 가능성이 높은 행동에 대해서는 반드시 이에 상응하는 대가가 주어져야 사회가 발전한다.

이를 스포츠에 적용해 보기로 하자. 먼 거리에서 어렵게 슛팅을 하여 성공을 하면 좋지만 실패를 하면 상대에게 공격권을 넘겨 어야만 한다. 이러한 위험을 안고 시도한 슛팅에 대해 더 많은 득점을 인정하는 것이 합리적인 판단일 것이다. 농구에서의 3점슛, 미식축구에서의 다양한 득점인정은 위험에 따른 대가를 합리적으로 평가해 주는 제도라고 평할 수 있다. 고 위험- 고 수익(high risk - high return) 원칙이 스포츠 룰에 적용되어야 한다.

일반적으로 상품의 질을 향상시킴으로써 수요가 증가하고 그 증가된 수요로 인해 수입이 증가하는 정도가 질을 향상시키기 위해 소요된 비용보다 더 클 때 기업은 상품의 질을 높이려고 노력한다.[8)]

선수가 어려운 상황에서나 고난도의 멋진 득점을 성공하는 대가로 팀과 자신의 수입에 그에 상응하는 보답이 있다면 보다 고질의 서비스(어려운 상황에서의 과감한 슛, 고난도의 기술, 신기에 가까운 묘기 등)을 개발하려고 노력할 것이다.

---

8) Besanko, D., Dranove, D., and Shanley M., ibid, p.386.

외교문제로 번진 앙리의 '나쁜 손'

축구장에서 나온 핸드볼 파울로 국가 정상이 직접 사과하는 일까지 벌어졌다. 프랑스 축구대표팀 주장 앙리(32세)의 '신의 손 파문' 후폭풍이다.

앙리는 19일 파리에서 열린 2010 남아공월드컵 유럽지역 플레이오프 아일랜드와의 2차전에서 노골적인 핸드볼 반칙으로 프랑스의 월드컵 본선 행을 일궈냈다.

앙리는 경기 후 "공이 내 손에 맞은 것은 맞지만, 내가 심판은 아니다"라고 말했다. 주심의 눈을 속인 행동에 대한 반성은 없었다.

사르코지 대통령도 사과했으며 (중략) 프랑스에서는 체육교사협의회가 "부정행위로 월드컵에 나간다는 사실이 아이들에게 악영향을 끼쳤다"면서 "정직함이라는 스포츠계 정의가 종말을 고했다"고 안타까워했다.

출처: 경향신문 2009년 11월 21일

앙리의 반칙장면

주요 구기 종목에서 득점 행위자의 동작에 대한 가능한 득점수와 경우의 수를 〈표 17-2〉에 정리해 보았다. 미식축구가 가장 많은 경우의 수를 가지고 있으며 야구, 농구의 순이다. 축구, 배구, 핸드볼은 거리나 상황에 관계없이 1득점만을 인정하기 때문에 2가지 경우의 수밖에 존재하지 않는다. 경우의 수가 많냐 적으냐와 프로화와 완벽한 정도의 상관관계를 가지고 있음을 쉽게 발견할 수 있다.

축구와 같은 득점시스템은 품질에 관계없이 사과면 다 같은 사과로 취급하여 같은 값을 매기는 것에 비유할 수 있고 미식 축구식 득점방식은 같은 사과라도 품질에 따라 다른 값을 매기는 것에 비유할 수 있다. 어느 쪽이 더 합리적인가? 미국과 같이 일찍 시장경제가 발전한 나라에서 미식축구와 같은 득점방식이 더 매력을 느끼고 있는 것은 지극히 당연하다. 우리 눈에는 재미하나 없는 또 하려고 하면 쉽게 할 수 없는 별 볼일 없이 보이는 미식축구에 열광하는 것이 이해가 안 간다라는 의문이 조금은 풀렸으리라고 본다. 다시 말해 미국축구는 득점에 대한 경우의 수가 많이 때문에 선수 한사람 한사람의 동작에 대한 불확실성이 높으나 축구에서는 경우의 수가 적어 불확실성이 적다. 불확실성이 높을수록 스포츠의 묘미는 증가한다.

17.2.2 축구에서의 새로운 득점제도 제안

축구가 가진 최대의 약점으로 고 위험- 고수익(high risk - high return) 원칙이 적용되지 않고 있다는 점과 무승부가 너무 많다는 점을 들 수 있다. 2012년 우리나라 프로 축구리그에서 무승부율은 무려 26.4%에 이른다. 전체 352게임 중 93게임이 무승부였다. 9위 팀인 인천은 44게임 중 17승 16무 11패를 기록하여 무승부율이 무려 36.4%에 이른다. 배구나 농구의 경우는 무승부가 전혀 발생하지 않으며 야구의 경우 532게임 중 무승부 게임은 15에 불과하여 불과 2.8%에 불과하다는 사실과 매우 대조된다. 축구의 강력한 대체재인 야구와 비교할 때 무승부를 줄이는 특단의 조치가 필요하다고 본다.

첫째 현재처럼 1골인 1득점이 아니라 1골 2득점을 기본으로 한 후 슛팅 거리에 득점을 다르게 인정한다. 즉 페널티 박스 안에서의 슛이 골인된 경우 1골 2득점으로 하고 페널티 박스 밖에서의 슛이 골인된 경우 3점으로 한다.

둘째 페널티 킥이 발생하면 페널티 킥을 얻은 팀이 무조건 1점을 얻으며 페널티 킥을 얻어 낸 선수도 1점의 개인 득점을 인정한다. 페널티 킥을 차 성공하면 추가로 팀에게 1점이 추가된다. 만약 킥을 얻은 선수가 차 성공한 경우하면 개인 득점 2점이, 팀 득점 2점이 된다. 실패하면 그 선수 개인 득점1점과 팀 득점 1점 추가에 그친다.

만약 페널티 킥을 얻은 선수가 아닌 선수가 차 성공을 한다면 1점을 그 선수의 개인 득점으로 인정한다. 페널티 킥을 얻은 선수 개인 득점 1점, 성공시킨 선수가 개인 득점 1점, 팀 득점 2점으로 기록된다. 만약 실패한다면 페널티 킥을 얻은 선수 개인 득점 1점, 성공시킨 선수가 개인 득점 0점, 팀 득점 1점으로 기록된다. 어떤 경우라도 페널티 킥을 얻은 선수에게 1점의 개인 득점과 팀에게 1점은 주어지게 된다.

셋째 두 팀의 득점이 같은 경우 득점 횟수가 많았던 팀을 승리 팀으로 한다. 예컨대 A팀은 3점, 2점, 1점을 얻어 6점을 얻은 반면 B는 3점짜리로만 두 번 득점하였다고 하자. 스코어는 6대 6이지만 세 차례 공격을 성공시킨 A가 두 차례 성공시킨 B에게 승리한 것으로 한다.

<표 17-1> 주요 종목의 득점인정 방식과 경우의 수

	발생확률	득점확률	득점제도 I (일 득점)	득점제도 II (다 득점)
페널티 박스 밖	0.2	0.2	1	3
페널티 박스 안	0.7	0.4	1	2
페널티 킥(벌칙 차기)	0.1	0.7	1	1

넷째 승점을 달리 주는 방식도 동시에 도입되어야 한다. 득점상의 차이로 승리한 경우에는 승점을 5점으로 하고(패한 팀은 0점), 득점은 같았는데 득점횟수가 많아 승리한 경우는 승점을 4점으로 하며 패 한 팀은 2점으로 하며, 연장전까지 가서 비긴 경우에는 각각 3점의 승점을 부여한다면 보다 합리적인 룰과 승점 인정 제도라고 생각한다.

같은 원칙을 선수간 득점에도 적용하여 명실상부한 득점왕을 찾을 수 있다. ‘김득점’ 선수와 ‘박골인’ 선수의 득점이 30점으로 같다고 하더라도 김선수는 3점짜리만 10번 성공시킨 반면 박선수는 다양한 경로로 14번에 걸쳐 30점을 얻었다고 하자. 같은 득점을 올린 선수라도 다양한 '박골인'선수가 득점왕 타이틀을 받게 된다.

가상적으로 만든 어떤 스타 축구 선수의 슛팅 지역과 득점 가능성을 〈표 17-2〉에 나타내 보았다. 난이도나 거리에 관계없이 1골인에 1득점을 인정하는 현행제도 하에서 스타플레이어의 기대 득점은 0.39이다(0.2×0.2×1 + 0.7×0.4×1 + 0.1×0.7×1 =0.39). 만약 난이도나 거리에 따라 1골인에 다른 득점을 인정하는 인센티브제도 하에서 즉 〈표 17-2 〉에 득점제도 Ⅱ의 경우에 나타난 바와 같이 득점하기 어려울수록 고득점을 주는 제도하에서의 스타플레이어의 기대 득점은 0.75로 증가한다(0.2×0.2×3 + 0.7×0.4×2 + 0.1×0.7×1 =0.75). 한 선수의 기대 득점이 증가함으로써 스코어 전체가 상승하여 지금의 축구 스코어 보다 더 많은 득점이 기록되게 된다. 지금과 똑같은 수의 골인이 발생한다고 해도 득점인정 점수가 높기 때문에 나타난 당연한 결과다.

선수 개인으로 볼 때 고난도 혹은 중장거리 슛에 대한 평가가 과거와 같이 1점이 아니고 3점이기 때문에 과감하고도 적극적인 플레이를 펼칠 가능성이 커진다. 또 게임 중 역전되는 경우도 지금보다 훨씬 많이 생길 것이다. 골인도 더 많아질 것이고 득점도 많아질 것이다. 자연히 무승부는 줄어 들 것이고 지금처럼 무승부 게임에서 연장전이나 승부차기로 승부를 가리기 이 전에 승부가 결정 날 확률은 당연히 높아진다.

현재 축구에서 인정하고 있는 '한 골-일 득점'체제 대신 필자의 제안대로 '한 골- 다 득점'체제로 바꾼다면 2012년 시즌에 기록한 골의 수는 896골로 변함이 없다고 할지라도 득점은 1,723점 정도가 되었을 것으로 예상한다.[9] 소박한 생각이지만 지금보다 관중 수가 더 늘어나지 않았을까 라고 예상해 본다[10].

9) 다 득점체제에서의 예상 득점(x)을 구하기 위해서는 단일 득점 체제하의 슛팅 기대값(0.39)과 다 득점 체제하의 슛팅 기대값(0.75)의 비율에 단일 득점체제의 득점(896골)를 곱하면 얻을 수 있다. 896 : x = 0.39 : 0.75 라는 비례식에서 x를 구하면 된다.

10) 축구 황제 펠레는 3대 2 스코어가 가장 재미있다고 하였고 야구에서는 8대 7을 가장 재미있는 스코어, 케네디 스코어라고 부르고 있다. 이런 점수가 나는 과정을 보면 보통 역전,

<표 17-2> 일 득점제도와 다 득점제도

종목명	득점인정 방식	가능한 득점 수	경우의 수
축구, 배구, 핸드볼	거리나 상황에 관계없음	0,1	2
야구	주자 수에 따라	0,1,2,3,4	5
농구	거리 및 상황에 따라	0,1,2,3	4
미식축구	거리 및 상황에 따라	0,1,2,3,6,7	6

축구를 재미있게 하기 위한 묘안 - 21세기 축구 변화도

축구 전문가들은 '21세기 축구 변화도'를 다음과 같이 보고 있다.

① 무조건 재미있게 - 골문을 넓히고 골대와 하프라인 중간에 그은 선 박에서 날린 슈팅이 성공하면 2점으로 인정
② 빠르고 격렬하게 - 수시로 무제한 선수 교체를 가능케 한다. 따라서 경기가 속도감 있게 진행된다.
③ 돈벌이 확실하게 - 4쿼터제를 도입하여 스폰서가 광고를 많이 할 수 있게 한다.
④ 판정은 엄격하게 - 휘슬 대신 버저를 울린다. 공이 골라인을 통과했는지를 알려주는 장치가 개발되어 골인 시비는 더 이상 생기지 않는다.

출처: 중앙일보 1999년 12월17일자 참고바람

재역전이 나타나 승부를 알고 없어 흥미진진하기 때문이다. 하지만 축구에서는 이런 점수가 나기 매우 희박한 반면 야구에서는 훨씬 더 많다. 야구가 축구에 비해 관중들의 손에 땀을 지게하며 승리 팀을 예측하지 못하고 끝까지 긴장하게 만든다. 그 비결은 한 번의 히트로 상황에 따라 다양한 점수가 가능하기 때문이다.
축구에서는 한 번의 슈팅은 상황과 거리에 관계없이 언제나 일 득점으로만 인정된다. 그러기에 야구에서는 동점을 거치지 않고 역전이 가능하나 축구에서는 반드시 동점을 거쳐야 역전으로 갈 수 있다. 야구에서는 한 번의 찬스에 최대 4점까지 득점 가능하지만 축구에서는 언제나 일점밖에 얻을 수 없다. 축구에서 후반 10분 경 어느 팀이 상대보다 2 점을 앞서고 있다면 리드하고 있는 팀이 승리할 확률은 100%에 가깝다고 보아야 옳을 것이다. 그러나 야구에서는 9회 말까지 3점의 리드도 불안한 경우가 많다. 어려운 상황에서 득점할수록 4점까지 주는 야구와 언제나 어떤 경우에나 1점만을 주는 축구의 득점인정 방식, 어느 쪽이 더 합리적인가?

17.3 슈퍼볼 경제학

미식축구 챔피언 결정전인 슈퍼볼(Super Bowl)이 흥미를 끄는 매력으로 크게 미식축구가 가지고 있는 매력과 슈퍼볼만이 가지고 있는 매력으로 나누어 볼 수 있다. 먼저 미식축구가 가지고 있는 매력 - 전문성, 확실한 상과 벌, 역동성, 다양한 득점과 작전, 대리만족 제공 - 다섯 가지를 들 수 있다.

첫 번째, 전문성이 대단히 높다는 점이다. 전문 수비수, 전문공격수, 전문 키커로 나누어져 있어 최고의 플레이가 생산되고 있다. 둘째, 상과 벌이 확실하다는 점이다. 반칙을 하거나 부정행위를 하면 바로 바로 5야드, 10야드 후퇴 등 벌이 이루어진다. 셋째, 다이나믹한 역동성을 들 수 있다. 공을 쫓아 22명의 건장하고 빠른 선수들이 뛰는 모습을 보면 보는 이로 하여금 탄성이 저절로 나게 한다. 마치 초원에서 야생마가 질주하는 모습을 연상하게 한다. 넷째, 다양한 득점이 인정되고 다양한 작전이 구사되고 있다. 한번 공격에 최저 0에서 최고 7점까지 다양한 득점이 가능하다. 그래서 동점을 거치지 않고 역전이 되는 경우가 매우 흔하고 이 점이 축구와 매우 다른 점이다. 다섯째, 대리만족을 크게 느낄 수 있다는 점이다. 미식축구는 장비와 넓은 공간이 필요하기 때문에 보통 사람은 쉽게 하기가 매우 어려운 운동이다. 예를 들어 지금 당장 축구나 농구를 하고 싶으면 가까운 운동장에 가서 처음 보는 사람과도 시합이 가능합니다. 특별히 장비가 필요 없고 경기장이 도처에 있기 때문에 누구나 쉽게 즐길 수 있다. 하지만 미식축구나 야구는 그렇지 않다. 여러 가지 장비와 넓은 운동장은 기본이고 부상의 위험도 매우 높은 편이다. 이런 이유로 인해 보통 사람들에게는 미식축구와 야구는 하고 싶어도 쉽게 할 수 없는 운동이다. 그런 욕구를 프로 선수들이 대신 채워주고 있고, 선수들의 플레이어와 자신을 일치시켜 대리만족을 느끼는 요인도 상당히 크다. 야생마처럼 달리는 선수를 자신의 아바타라고 느낄 수 있다는 점이 강하게 작용합니다. 폭력성과 강력한 신체접촉은 보는 이에게 카타르시

스를 제공한다는 평가를 받고 있다[11].

다음으로 슈퍼볼이 갖는 매력으로 불확실성, 희소성 그리고 쇼 기능을 들 수 있다. 첫째 불확실성이다. AFC 와 NFC에서 챔피언이 된 두 팀 (각각16 개팀)이 시합을 한다. 따라서 시즌 중에 두 팀이 시합을 해 본적이 없기 때문에 승패를 예측하는 것이 거의 무의미하다. 두 번째는 희소성이다. 야구, 농구 등 대부분의 챔피언 결정전이 보통 7전 4선승제로 하는 유한 반복게임을 한다. 두 팀이 1차전부터 내일은 없다는 식으로 시합을 합니다만 경우에

점수가 크게 벌어진 경우에는 다음 게임을 위해 전력을 아끼는 경우도 없지 않다. 하지만 슈퍼볼은 딱 한번 시합을 하고 내일이 없다. 그러니까 두 팀 모두 오늘 죽을 각오로 뛸 수

밖에 없고 자연히 명 플레이, 명승부가 생산이 되고, 인기가 계속 상승하게 되는 한 요인이 된다. 세 번째는 단순한 스포츠 결승전 행사를 넘어서서, 쇼의 기능을 추가함으로써 스포츠와 쇼를 동시에 즐길 수 있게 만들었다는 점을 들 수 있겠다. 중간 하프 타임에 유명 가수나 스타가 출연하여 흥미를 배가 시키고 있다.

슈퍼볼이 미치는 영향력은 보통사람의 상식을 초월한다. 먼저 주요 스포츠 행사의 전미 시청률을 보면 슈퍼 보울 2011년 46.0%, NFL 개막전 2010년 17.7%, 여름 올림픽 2008년 16.2%, NBA 2010년 10.6%, 월드 시리즈 2010년 8.4%이다. 월드시리즈의 5배에 해당하는 타의 추정을 불허하는 기록이다. 비록 시청률에서는 1982년 16회 때 보였던 역대 시청률 49.1%에는 못 미치지만 2011년 45회 시청자 수는 1억 1100만명으로 미국 TV사상 최고 기록이라고 한다.

소비유발효과는 110억 달러(약 12조원)로 미국민 1인당 63달러에 해당하는 금액이며, 경제적 가치로는 슈퍼볼 4억 2500만달러(4750억원)에 이른다고 한다. 이 주간동안 열리는 하계 올림픽이 2억 3,000만 달러, 월드컵이 1억4700만달러로 추정되고 있다는 점을 감안하면 딱 한 번의 시합으로 하계 올림픽의 2배, 월드컵의 3배에 이르는 가치를 가졌다는 점은 아무리 미국의

11) 앨런 카트만 지음, 송형석옮김, 「근대 스포츠의 본질」, 나남출판사, 2008, pp.177~202.

특수성을 감안하더라도 엄청난 것임에 틀림없다. 자연히 광고료도 엄청나 30초 광고에 350만 달러, 우리 돈 40억원에 이르며 이는 1초에 1억 3,250만원에 해당하는 금액이다[12]. 2012년에는 전년도 보다 17% 증가한 수치이다.

미식축구 경기 장면

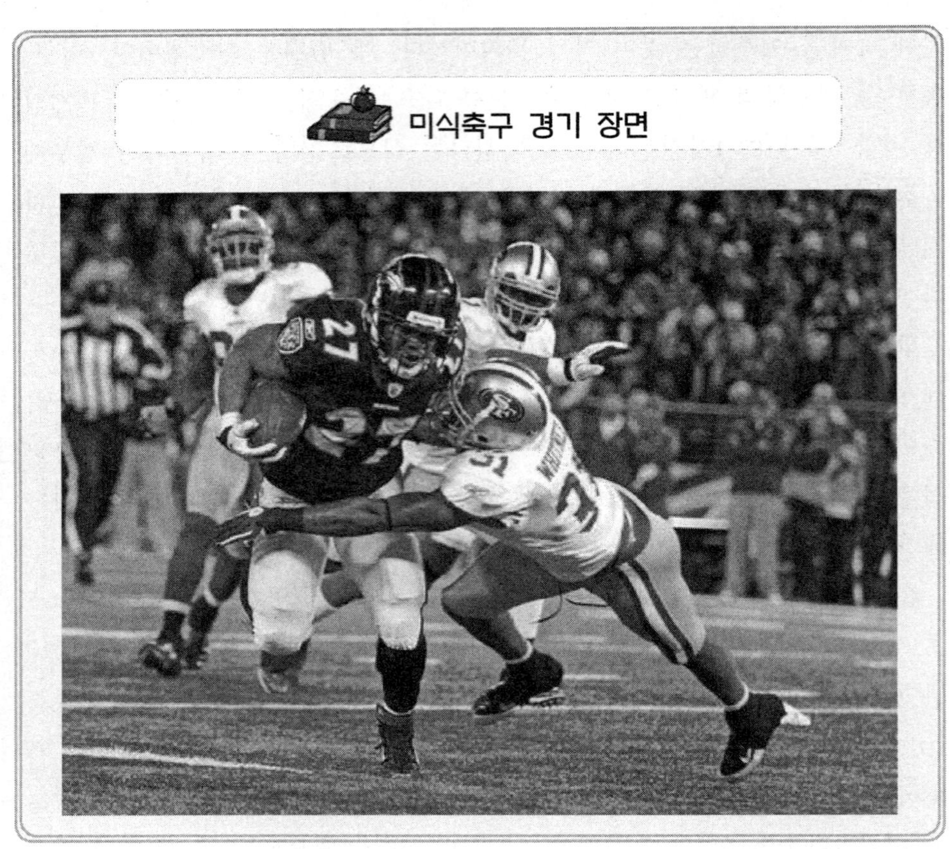

12) 30초당 광고료 추이를 보면 1988년 64.5만 달러, 1995년 100만 달러, 2000년 200만 달러, 2009 300 2010년 300만 달러에 이르고 있다.

주관식

1. 상충관계란? 스포츠에서 볼 수 있는 예를 들어 보시오.

2. 고 위험- 고수익 원칙이란? 이 원칙을 근거로 축구, 야구, 농구의 득점인정 방식을 비교해 보시오.

3. 미국 축구가 미국에서 최고 인기 종목인 이유를 설명해 보시오

객관식

1. 미국 축구가 미국에서 최고 인기 종목인 이유에 대한 설명 중 틀린 것을 고르시오.

   ① 미국의 개척정신이 반영되었기 때문이다.
   ② 하이 리스크 하이 리턴의 경제원리가 비교적 잘 반영되어 있다.
   ③ 다양한 전술과 점수부여가 있다.
   ④ 미국 사람들이 자신들이 세계 최강대국임을 내세워 다른 스포츠 종목을 무시하기 때문이다.

2. 태권도에 대한 설명이다. 틀린 것을 찾으시오.

객관식 문제 정답　1. ④　2. ②

① 2000년 시드니 올림픽부터 정식종목으로 채택되었다.

② 우리의 효자 종목으로 한국의 독주가 계속되고 있다.

③ 퇴출 위기에 몰리기도 하였지만 다양한 점수 인정, 적극적인 세계화, 전자 호구 도입 등으로 변신을 꾀하고 있다.

④ 올림픽 종목으로서의 계속적인 잔류는 시대의 변화에 맞게 경기 규칙을 바꾸어 나가는 지혜의 중요성을 일깨워주고 있다.

제18장
스포츠 시장의 전망

"운동은 밥이다"
"스포츠 7330, 일주일에 3번 이상, 1회 참여시간 30분정도 땀이 나도록 스포츠 활동에 참여하자는 '운동처방전' 이다"

- 국민생활체육회의 슬로건

- 우리나라 스포츠 산업의 SWOT
- 스포츠의 장래

18.1 우리나라 스포츠 산업의 SWOT

체육백서에서 밝히고 있는 우리나라 스포츠 산업의 SWOT - 강점요인(Strength), 약점 요인(Weakness), 기회요인(Opportunity), 위협요인(Threat)을 그림 〈18-1〉에 나타내 보았다[1]. 가점요인으로는 국제 스포츠 대회에서의 우수한 성적과 지속적인 유치, 첨단 IT · BT 산업과의 융합 등을 들고 있는 반면 약점요인으로는 스포츠 산업 종사기업의 영세성, 스포츠 자원 사업화 미숙, 스포츠 서비스업 전문가 및 기업 부재, 스포츠 시장 협소와 운영 미숙을 들 수 있다. 한편 기회요인으로는 스포츠에 대한 경제사회적 관심 증가, 참여 스포츠 활성화 및 생활체육 보편화, 용품 장비업체의 기술개발 노력, 스포츠 산업에 대한 지방정부의 관심증가를 들 수 있다. 위협요인으로는 다양한 엔터테인먼트 등장, 해외 프로 스포츠의 국내 잠식, 해외 브랜드에 대한 맹목적 선호, 대표적인 장비업 부재 등을 들 수 있다.

<그림 18-1> 우리나라 스포츠 산업의 SWOT

강점 요인(Strenght)	기회 요인(Opportunity)
• 국제 스포츠 이벤트 우수한 성적 • 국제 스포츠 이벤트 지속적 유치 • IT BT 등과 스포츠 산업 융합 • 스포츠 산업의 경제 사회적 효과	• 스포츠에 대한 경제 사회적 관심 증가 • 참여스포츠 활성화 및 증가 • 용품 장비 업체의 기술개발 노력 • 지방 정부의 스포츠 산업화 관심
약점 요인(Weakness)	**위협 요인(Threat)**
• 스포츠 산업 종사 기업 영세성 • 스포츠 자원 사업화 미숙 • 스포츠 서비스업 전문가 기업 부재 • 프로스포츠 시장 협소 운영 미숙	• 다양한 entertainment 산업등장 • 해외 프로스포츠의 국내 시장 장식 • 해외 브랜드 제품 맹목적 선호 • 대표적인 용품 장비업 부재

1) 알버트 험프리(Albert S. Humphrey,1926~ 2005)가 개발한 전략계획 도구의 하나로서 경영자가 현재 회사가 처한 시장 상황에 대한 인식과 앞으로의 전략을 수립하기 위한 중요한 자료로 삼을 수 있게 도와준다.

18.2 전망

앞으로 세계화, 고령화, 융합화 등이 빠르게 진전됨에 따라 스포츠 시장은 질과 양면에서 큰 변화가 있을 것으로 예상된다. 정보통신산업과 생명과학의 발전으로 인해 새로운 사회여건이 만들어 질 것이고 이에 따라 스포츠는 대중화(사회생활화), 첨단화. 프로화라는 대세를 갈 것이라고 예상된다. 과거와는 비교가 안 될 만큼의 규모를 갖는 시장으로 확고한 자리매김을 할 것으로 전망된다.

첫째, 저출산 · 고령화로 대표되는 인구구성비의 변화로 인해 사회 체육에 대한 수요가 크게 증가할 것으로 예상된다. 고령화 사회로 진전됨에 따라 수요의 내용도 급속도로 변할 것으로 예상된다. 또한 청장년층의 수요 역시 다양하고 폭발적인 모습을 띨 것으로 예상된다. '하는 스포츠(참여스포츠)'와 '보는 스포츠(관람스포츠)'가 서로 상승 작용을 일으켜 지금 보다도 더 생활화될 것으로 예상된다.

특히 여성들의 스포츠에 대한 관심과 수요가 급증할 것이라고 예상된다. 남자들의 전유물이었던 여러 스포츠에 여성들이 적극참여 함으로써 성(性) 차별은 과거 이야기가 될 것이다. 전국 곳곳에 완벽한 수준의 스포츠 관련 시설이 대규모로 만들어져 좀 과장되게 말하면 '전 국민의 선수화', '전 국토의 경기장화'가 될 것으로 예상된다. 우리사회를 건강하고 밝고 활기찬 분위기로 만드는데 크게 기여할 것이며 더 나아가 경제성장과 소득분배에도 긍정적으로 작용하며 세계 일류 국가로 이끄는 동력으로 작용할 것으로 본다.[2)]

둘째, 소득 수준 향상에 따른 사회경제적 여건의 변화를 들 수 있다. 소득 증가에 따라 여가선용과 건강에 대한 관심이 증가할 것이다. 사람은 누구나 건강하게 오래 살려고 하는 기본 욕구를 가지고 있다. 건강은 의료기술의 발

2) 임태성 · 채재성," 한국의 경제침체와 생활체육의 전망 및 과제," 한국체육학회, 1999, 제38권2호, pp.663~672

전, 영양상태의 호전, 공기나 물과 같은 인체의 필수요소의 충분한 공급 등에 의해 영향을 받을 뿐 아니라 사회 체육의 활성화에 의해서도 영향을 받는다.

정보통신분야에서의 혁명적인 변화가 노동의 형태에 큰 변화를 가져 올 것이다. 집집마다 연결되어 있는 초고속통신망을 이용한 재택근무(在宅勤務, Telework)·원격근무가 현실화됨에 따라 여가선용에 대한 새로운 수요가 발생할 것이다.

셋째, 스포츠가 앞으로는 더욱 시장원리에 의해 작용할 것으로 예상된다.[3] 현재는 야구, 축구, 농구, 씨름, 권투, 레슬링, 골프, 배구 등이 프로화 되었으나 앞으로는 더 많은 종목이 프로화 될 것으로 예상된다. 기업은 적극적인 참여를 통해 이미지 제고와 이익을 창출하려고 노력할 것이다. 기존의 프로팀을 독립시켜 독자적인 회사로 만들어 갈 것이다. 프로 구단은 적극적인 스포츠(를 이용한) 마케팅을 통해 수익성을 제고시킴으로써 황금알을 낳는 거위로 각광받는 날이 멀지 않았다. 헬스케어와 스포츠 마케팅은 이미 노동부에 의해 유망 훈련직종 50개중에 선정되었다는 사실은 이러한 분위기를 잘 웅변하고 있다.[4] 프로화는 자연스럽게 소득재분배효과를 가져올 것이다.

넷째, 스포츠 산업에 첨단기술과 지식이 계속적으로 접목될 것으로 보인다. 훈련과 장비는 물론 과학적인 분석을 통한 게임의 운영 등에 지식과 첨단 기술이 동원됨으로써 지식과 두뇌를 별로 사용하지 않는 신체활동이라는 과거의 시각은 불식될 것이다.[5] 20세기가 자본(資本)주의 시대였다면 새로운 21세기는 뇌본(腦本)주의 사회가 될 것이고 스포츠 분야에서는 그 영향을 다른 어느 분야보다도 많이 받을 것으로 예상된다. 첨단기술의 스포츠분야에서의 응용이 진행되면서 건강과 보건에 관련되는 지식이 빠르게 일상화될 것으로 기대된다.

---

3) 강준호는 시장원리에 의해 움직이는 스포츠 시장의 도래를 체육현상의 제 3의 물결이라고 부르고 있다. 그는 19세기후반에서 20세기 초에 나타난 학교중심의 체육을 제 1물결, 동서 냉전시대에 국가가 중심이 되었던 제 2의 물결시대라고 부르고 있다. 강준호 참고.

4) 매일경제신문, 1999년12월14일과 노동부(www.molab.go.kr)와 한국산업인력공단(www.kmanet.re.kr), 한국노동연구원(ns.kli.re.kr) 등이 공동연구하여 발표한 21세기 지식사회에 대비한 신산업분야 훈련프로그램 개발을 위해 유망직종 300개와 훈련직종 50개 중에 헬스 케어와 스포츠 마케팅이 포함되어 있다.

5) 김치조, 스포츠 과학, 63호 특집

다섯째, 세계화가 크게 진전될 것이다. 방송매체가 오늘의 스포츠 전성시대를 낳았듯이 그 위력은 앞으로 더욱 크게 나타날 것으로 예상된다. 국경을 초월한 위성방송과 디지털 혁명에 의해 외국의 스포츠에 더 가깝게 다가갈 것이고 우리 스포츠를 외국 소비자에게 가까이 보낼 수 있게 되어 스포츠 분야에서의 세계화는 빠르게 진전될 것이다. 따라서 인적·물적 교류가 더 활발해 질 것이고 수출입은 지금보다 훨씬 그 규모도 커질 것으로 예상된다. 중국 스포츠 시장의 (세미)프로화는 우리에게 많은 영향을 끼칠 것으로 예상된다.[6] 용품·용구 수출이 기대되고 좋은 선수들의 수입이 예상되며 각종 팬시용품의 생산 및 수요처로서 역할을 할 것이라고 본다.

<표 18-1> 미래 스포츠산업의 전망

소득향상	취미, 가치관의 다양화 건강에 대한 욕구 증대	다양한 게임의 탄생 기존 스포츠간의 융합
방송매체의 발전과 세계화	• 스포츠 수요의 고급화 및 다양화 진전	
세계화	• 스포츠 용품의 교역 증대 • 국내 스포츠 스타의 해외 진출 활발 • 외국 선수의 국내 유입 증가 • 주변 국가의 프로화 • 기업과 국가 이미지 제고 • 남북한간의 스포츠 교류 증진 • 스포츠 관련 노우하우의 거래 증가	수출산업으로서 전망 밝음
인구 구성비의 변화	• 청장년층의 수요 증대와 다양화 • 연령, 지역 특성을 고려한 대응 필요 • 고령화에 적합한 스포츠시장 활성	여성스포츠의 발전
과학화	• 체육과학의 발전, 첨단 과학의 응용 • 다양한 미디어와 콘텐츠의 등장	스포츠 수요의 고급화, 다양화, 증가
전문화·프로화	• 에이전트 활성화 • 스포츠 스타의 사회 영향력 증대 • 우수한 인재들의 적극 진출	
오락성 추가	• 여가의 증가	스포테인먼트(sportainment)의 보편화

6) 북한에도 1997년 세미 프로 농구팀이 창단되었다. 중앙일보 1999년 9월 29일자 참고.

여섯째, 외교와 통일에 기여할 것으로 보인다. 스포츠가 가지고 있는 몰가치성과 정치로부터의 독립성을 잘 활용하면 민간외교 역할도 잘 할 수 있을 것으로 예상된다. 특히 북한과의 관계를 정상화시키고 통일에도 크게 기여할 것이다. 남북한간의 스포츠 교류를 통해 서로 이해의 폭을 넓힐 수 있으며 단일팀을 만들고 국제무대에 나섬으로써 동질성제고에 기여할 수 있을 것이다. 2010 국민 생활체육 참여 실태조사에 따르면 10세 이상 국민 중 남북체육교류가 통일에 '매우 영향을 미친다'고 생각하는 사람이 11.1%였고, '영향을 미친다'고 응답한 사람은 53.0%로서 전체의 64.1%가 체육교류가 통일에 긍정적인 영향을 미친다고 인식하고 있는 것으로 조사되었다[7].

일곱째, 다양한 스포츠가 생겨나거나 소멸할 것으로 예상된다. 스포츠 종목에서도 진화론이 적용될 것이다. 대중으로부터 외면당하는 종목이 생겨 퇴출의 길을 가는 종목이 있는 반면 더욱 인기가 솟는 종목도 나타날 것이다. 또 새로운 경기도 많이 탄생할 것이다. 기존 스포츠와 전혀 다른 것이 생겨날 수도 있고 기존의 스포츠의 장점을 잘 결합한 새로운 스포츠가 출현할 것으로 예상된다.

여덟째, 유능한 인재들의 진출, 분업화의 진척, 영향력의 증대가 나타날 것으로 보인다. 스포츠 시장과 관련 시장의 규모가 커지고 다양화됨에 따라 다양한 지식과 경험을 가진 유능한 인재들이 참여할 것이다. 소수 전문가들만 참여하던 과거와는 사뭇 다른 현상이 예상된다. 그들 자신들이 독자적인 영역을 개척하여 시장을 세분화시켜 나갈 것으로 예상되며 선수, 감독, 프론트, 코치 등도 점차 세분화된 역할을 맡게 될 것이다.

아홉째, 과학화의 가속화와 학제간 접근 필요성의 증대가 기대된다. 눈부신 발전이 기대되는 생명과학의 영향을 받아 체육과학의 과학화도 더 가속될 것이며 체육학을 공부하는 사람들도 컴퓨터에 대한 지식은 물론 경제학, 경영학, 회계학, 법학, 교육학 등과 같은 사회과학 지식에 대한 체계적인 이해를 필요로 하게 될 것이다. 이상의 내용을 〈표 18-1〉미래 스포츠 산업의 전망에서 정리해 보았다.

---

7)문화체육관광부, 「 2011 체육백서」, p.582.

 **체육관련 북한 방문**

년도	건수	인원수
2001	37	310
2003	19	1,190
2007	65	1,198
2008	22	272
2011	0	0

출처: 2011 체육백서, p.608

1991년 지바 세계탁구선수권대회 남북한 단일팀 여자부 우승

주관식

1. 우리나라 스포츠의 SWOT를 쓰시오

2. 스포츠산업의 전망에 대해 쓰시오

3. 스포테인먼트란 무엇인가? 예를 들어 설명하시오.

객관식

1. (기출) 스포츠 산업의 대내외 환경변화에 관한 설명과 가장 거리가 먼 것은?

① 주 40 시간 근무제로 인해 참여스포츠 시장은 더욱 세분화될 것이며 프로스포츠는 관중의 증대로 인해 새로운 도약을 기대할 수 있다.
② 국내 스포츠 용품시장은 내수시장 확대로 인해 시장 경쟁력이 강화되는 현상을 가져와 스포츠 용품업의 경쟁 완화를 기대할 수 있다.
③ IT산업의 발전 여타 산업의 IT 화 가속 인터넷의 확산 등으로 인해 스포츠 산업의 E-business화가 전개 되고 있다.
④ 스포츠의 세계화가 진전될수록 스포츠의 부가가치가 더욱 높아지고 특정 유명대회나 스타선수의 미디어 가치가 커질 것이다.

2. (기출) 다음 중 스포츠 산업의 발전을 위협하는 외부요인에 해당되는 것은?

객관식 문제 정답 1. ② 2. ②

① 프로축구의 선수부족
② 온라인 게임 시장의 폭발적 발전
③ 헬스클럽의 우수한 프로그램부족
④ 프로야구에서 라이벌 팀의 FA 선수 전원 흡수

3. (기출) 국내 스포츠산업의 현황으로 맞는 것은?

① 스포츠용품의 부가가치는 디자인 보다 생산 공정에서 크게 나타나고 있다.
② 프로구단 및 휘트니스 클럽 시장은 1997년 외환위기 초래 이후 지금까지 꾸준함 감소세를 보이고 있다.
③ 골프장 운영업은 지나친 업체 수 증가로 인해 성정잠재력은 거의 없다.
④ 국내 스포츠 용품 시장은 내수시장이 커지고 있으나 외국기업들과 극심한 경쟁에 놓여있다.

4. (기출)스포츠산업의 SWOT 분석에 관한 설명으로 틀린 것은?

① 스포츠산업은 여러 산업과의 연계로 인해 시너지효과가 크다.
② 향후 스포츠시장의 활성화에 따라 성장 잠재력이 무한하다.
③ 기업 글로벌 경영으로 세계적인 다국적 기업의 한국 진출로 국내 기업이 위협을 받을 수 있다.
④ 스포츠산업은 환경변화로 인한 영향이 적으므로 비교적 안정적인 강점이 있다.

5. (기출) 스포츠 산업의 SWOT 분석의 예로 특정 헬스클럽이 노년층을 대상으로 한 프로그램을 신설하려 할 때 기회의 요인으로 가장 적절한 것은??

① 지역 내에서 주민들에 대한 높은 인지
② 지역 내에서 가장 규모가 큰 시설
③ 지역 내에 노인 인구 층의 증가
④ 다양한 경험과 능력을 갖춘 트레이너 고용

---

3. ④ 4. ④ 5. ③

6. (기출) 국내 스포츠제조업의 육성방안으로 거리가 먼 것은?

① 조세감면 및 금융지원
② 사회 인프라 및 협력체제 구축
③ 스포츠용품 독과점 체제 구축
④ 수요창출 및 비전 제시

---

6. ③

<부록 1> 표준 직업분류

표준 직업분류는 크게 다섯 단계로(대분류, 중분류, 소분류, 세 분류, 세세분류) 나누어져 있다. 대분류는 한 자리수, 중분류는 두자리 수, 소분류는 세 자리수, 세 분류는 네 자리수, 세세분류는 다섯 자리수로 표기하고 있다.

예를 들어 프로 축구선수는 대분류에서는 2 전문가 및 관련 종사자, 중분류에서는 28 문화·예술·스포츠 전문가 및 관련직, 소분류에서는 286 스포츠 및 레크레이션 관련 전문가, 세분류에서는 2862 직업 운동선수, 세세분류에서는 28620 직업 운동선수로 분류되고 있다.

<부표 1-1> 표준 직업분류의 스포츠 전문가 및 관련직

1 관리자
15213 오락 및 스포츠 관련 관리자
15219 기타 숙박·여행 오락 및 스포츠 관리자
2 전문가 및 관련 종사자
21 과학 전문가 및 관련직
22 정보통신 전문가 및 기술직
23 공학 전문가 및 기술직
24 보건·사회복지 및 종교 관련직
25 교육 전문가 및 관련직
25117 예체능계교수
25127 예체능계 시간 강사
25215 예체능계교사
26 법률 및 행정 전문직
27 경영·금융 전문가 및 관련직
28 문화·예술·스포츠 전문가 및 관련직
286 스포츠 및 레크레이션 관련 전문가
2861 경기감독 및 코치

28611 경기감독
28612 코치
2862 직업 운동선수
28620 직업 운동선수
2863 경기심판 및 경기기록원
28631 경기심판
28632 경기기록원
2864 스포츠 및 레크레이션 강사
28641 스포츠 강사 및 트레이너
28642 레크레이션 기획가 및 강사
28649 그 외 스포츠 및 레크레이션 강사
2869 기타 스포츠 및 레크레이션 관련 전문가
28691 바둑기사
28692 프로게이머
28699 그 외 스포츠 및 레크레이션 관련 전문가
289 매니저 및 기타 문화·예술 관련 종사자
2891 연예인 및 스포츠 매니저
28911 연예인 매니저
28912 스포츠 매니저
28991 마술사
28999 그 외 문화·예술 관련 종사원

3 사무 종사자

4 서비스 종사자

5 판매종사자

6 농림어업 숙련 종사자

7 기능원 및 관련 기능 종사자

8 장치·기계조작 및 조립 종사자

9 단순노무 종사자

A 군인

<부표 2> 스포츠 산업 특수분류와 한국 표준 산업분류

스포츠 산업 특수분류 개정(안)	분류	한국표준산업분류		비고
코드	분류	코드	KSIC 분류	
1	스포츠 시설업			
101	스포츠시설 운영업			
10101	경기장 운영업			
1010101	실내 경기장 운영업	91111	실내 경기장 운영업	
1010102	실외 경기장 운영업	91112	실외 경기장 운영업	
1010103	경주장 운영업	91113	경주장 운영업	
10102	참여스포츠 시설 운영업			
1010201	종합 스포츠시설 운영업	91131	종합 스포츠시설 운영업	
1010202	체력단련시설 운영업	91132	체력단련시설 운영업	
1010203	수영장 운영업	91133	수영장 운영업	
1010204	볼링장 운영업	91134	볼링장 운영업	
1010205	당구장 운영업	91135	당구장 운영업	
1010206	골프연습장 운영업	91136	골프연습장 운영업	

1010207	스포츠 무도장 운영업	91291*	무도장 운영업	
1010208	체육공원 운영업	91292*	체육공원 및 유사 공원 운영업	
1010209	기원 운영업	91293	기원 운영업	신설
10103	골프장 및 스키장 운영업			
1010301	골프장 운영업	91121	골프장 운영업	
1010302	스키장 운영업	91122	스키장 운영업	
10104	수상스포츠 시설 운영업			
1010401	낚시장 운영업	91231	낚시장 운영업	
1010499	기타 수상스포츠 시설 운영업	91239*	기타 수상오락 서비스업	
10199	기타 스포츠시설 운영업			
1019900	기타 스포츠시설 운영업	91139	그 외 기타 스포츠시설 운영업	
102	스포츠시설 건설업			
10200	스포츠시설 건설업			
1020001	스포츠시설 조경 건설업	41226*	조경 건설업	신설
1020002	스포츠 토목시설물 건설업	41229*	기타 토목시설물 건설업	신설

스포츠 산업 특수분류 개정(안)		한국표준산업분류	한국표준산업분류	비고
코드	분류	코드	KSIC 분류	
2	스포츠 용품업			
201	운동 및 경기용품업			
20101	운동 및 경기용품 제조업			
2010101	운동 및 경기용 장비 제조업	33309 33409*	기타 운동 및 경기용구 제조업 기타오락용품제조업	통합
2010102	체력단련용 장비 제조업	33301	체조, 육상 및 체력단련용 장비 제조업	
2010103	자전거 제조업	31991*	자전거 및 환자용 차량 제조업	
2010104	낚시 및 수렵용 장비 제조업	33303	낚시 및 수렵용구 제조업	
2010105	놀이터용 기구 제조업	33302*	놀이터용 장비 제조업	
2010106	스포츠 응원용품업	33999*	그 외 기타 달리 분류되지 않은 제품 제조업	
2010199	기타 운동 및 경기용품 제조업	31120* 25200*	오락 및 스포츠용 보트 건조업 무기 및 총포탄 제조업	통합
20102	스포츠 의류 및 관련 섬유제품 제조업			
2010201	스포츠 의류 제조업	14191*	셔츠 및 체육복 제조업	
2010202	캠핑용 직물제품	13224*	천막 및 기타 캔버스 제품 제조업	

	제조업			
2010203	스포츠 관련 직물제품 제조업	13229*	기타 직물제품 제조업	
2010204	스포츠 관련 의류부분품 제조업	14199*	그 외 기타 봉제의복 제조업	
20103	스포츠 가방 및 신발 제조업			
2010301	스포츠 가방 제조업	15129*	가방 및 기타 보호용 케이스 제조업	
2010302	스포츠 신발 제조업	15219*	기타 신발 제조업	
2010303	스포츠 관련 신발부분품 제조업	15220*	신발부분품 제조업	
202	운동 및 경기용품 유통 및 임대업			
20201	운동 및 경기용품 도매업			
2020101	운동 및 경기용구 도매업	46464 46463*	운동 및 경기용품 도매업 장난감 및 취미용품 도매업	추가/ 통합
2020102	자전거 도매업	46465*	자전거 및 기타 운송장비 도매업	
2020103	스포츠 의류 도매업	46413*	셔츠 및 외의 도매업	신설
2020104	스포츠 가방 도매업	46491*	가방 및 여행용품 도매업	신설
2020105	스포츠 신발 도매업	46420*	신발 도매업	신설
20202	운동 및 경기용품 소매업			
2020201	운동 및	47631	운동 및 경기용품 소매업	추가/

	경기용구 소매업	47640*	게임용구, 인형 및 장난감 소매업	통합
2020202	자전거 소매업	47632*	자전거 및 기타 운송장비 소매업	
2020203	스포츠 의류 소매업	47416*	셔츠 및 기타 의복 소매업	신설
2020204	스포츠 가방 소매업	47430*	가방 및 기타 가죽제품 소매업	신설
2020205	스포츠 신발 소매업	47420*	신발 소매업	신설
2020206	스포츠 관련 무점포 소매업	47911* 47919* 47993* 47999*	전자상거래업 기타 통신판매업 방문판매업 그 외 기타 무점포 소매업	신설
20203	운동 및 경기용품 임대업			
2020300	운동 및 경기용품 임대업	69210*	스포츠 및 레크레이션 용품 임대업	

스포츠 산업 특수분류 개정(안)		한국표준산업분류	한국표준산업분류	비고
코드	분류	코드	KSIC 분류	
3	스포츠 서비스업			
301	스포츠 경기 서비스업			
30101	스포츠 경기업			
3010100	스포츠 경기업	91191	스포츠 클럽 운영업	
30102	스포츠 베팅업			
3010201	스포츠 복권발행 및 판매업	91241*	복권발행 및 판매업	
3010299	기타 스포츠 베팅업	91249*	기타 갬블링 및 베팅업	
30103	스포츠 마케팅업			
3010301	스포츠 에이전트업	73901*	매니저업	
3010302	회원권 대행 판매업	73903*	사업 및 무형 재산권 중개업	신설
3010303	스포츠 마케팅 대행업	71531*	경영컨설팅업	신설
3010399	기타 스포츠 마케팅업	91199	그 외 기타 스포츠 서비스업	
302	스포츠 정보 서비스업			
30201	스포츠 미디어업			
3020101	스포츠 신문 발행업	58121*	신문 발행업	신설
3020102	스포츠 잡지	58122*	잡지 및 정기간행물 발행업	신설

	및 정기간행물 발행업			
3020103	스포츠 관련 라디오 방송업	60100*	라디오 방송업	신설
3020104	스포츠 관련 지상파 방송업	60210*	지상파 방송업	신설
3020105	스포츠 관련 프로그램 공급업	60221*	프로그램 공급업	신설
3020106	스포츠 관련 유선 방송업	60222*	유선 방송업	신설
3020107	스포츠 관련 위성 및 기타 방송업	60229*	위성 및 기타 방송업	신설
30299	기타 스포츠 정보서비스업			
3029900	기타 스포츠 정보 서비스업	63991*	데이터베이스 및 온라인정보 제공업	신설
1303	스포츠 교육기관			
130300	스포츠 교육기관			
3030001	스포츠 교육기관	85611	스포츠 교육기관	
3030099	기타 스포츠 교육기관	85612*	레크레이션 교육기관	
399	기타 스포츠 서비스업			
39901	스포츠 게임 개발 및 공급업			
3990101	온라인·모바일 스포츠 게임 개발 및	58211*	온라인·모바일 게임 소프트웨어 개발 및 공급업	신설

	공급업			
3990199	기타 스포츠 게임 개발 및 공급업	58219*	기타 게임 소프트웨어 개발 및 공급업	신설
39902	스포츠 여행업			
3990200	스포츠 여행업	75211* 75212* 75290*	일반 및 국외여행사업 국내여행사업 기타 여행보조 및 예약서비스업	신설

▮경제학 관련 서적과 논문▮

강태진 · 유정식 · 홍종학 공저, 「미시적 경제분석」, 박영사, 2004.
국회예산 정책처, "국제 스포츠 행사 지원사업평가",
고용노동부, 「2012년판 고용노동백서」, 2013.
김경환 · 김종석 옮김, 「맨큐의 경제학」, 교보문고, 2009.
김대식 · 노영기 · 안국신, 「현대 경제학원론」, 박영사, 1999.
김지수 · 노택환, 「기업의 합병 · 매수론」, 영남대학교 출판부.
김화섭, 「스포츠 경제학」, 박영사, 2004.
더글라스 번하임·마이클 윈스턴 지음, 한순구·남재현 공역, 「미시경제학」, 한국맥그로힐, 2008.
로빈 코헨 과 폴 케네디지음, 박지선 역, 「글로벌 사회학」, 인간시장, 2012, p.475.
마티아스 빈스방거 지음, 김해생 옮김, 「죽은 경제학자의 망할 아이디어」. 비즈니스맵, 2010.
박기혁, 「경제학설사, 법문사, 1975.
박세일, 「개정판 법경제학」, 박문사, 2000.
배무기, 「개정 제3판 노동경제학」, 경문사, 2000
버냉키 · 프랭크 저, 곽노선 · 왕규호 공역, 버냉키 · 프랭크 경제학, 2010.
설수영 · 김예기, 「스포츠 경제학」, 오래, 2011.
이동현, 「경영의 교양을 읽는다: 현대편」, 더난 출판사, 2006,

이원복, 「나부터 변하자」, 삼성경제연구소, 2003, p.80.
이준구, 「미시경제학」, 4판. 법문사, 2004.
이준구 · 이창용, 「경제학 들어가기」제 2판 , 2012.
임봉욱, 「미시경제학」, 예지각, 1999.
임상일, 「실감나는 스포츠 @ 살아있는 경제학」, 두남, 2001.
임상일, 「스킨십 경제학」, 두남, 2010.
코래드광고전략연구소, 「광고대사전」, 나남출판사, 1996년,
통계청, 「통계로 본 한국의 발자취」, 1995.8
한국은행, 「알기 쉬운 경제지표 해설」, 2005.
한홍순 · 김중렬번역, 「노동경제학」, 교보문고, 1999
황현탁지음, 「도박의 사회학」, 나남,
Ivan Png, 고동희 역, 「관리경제학」. 경문사, 2008.

▌스포츠 관련 서적과 논문▐

강준호, 체육현상의 제3의 물결과 스포츠 마케팅,
김차용 · 박제영, " '98~99시즌 한국프로농구 경기의 승 · 패 요인 분석", 한국사회체육학회지, 제12호, p.455~464.
김치조, 「스포츠 마케팅」, 태근문화사, 1993.
김학균외 2인, 「기억을 공유하라! 스포츠 한국사」, 이콘, 2012.
김화섭, 「스포츠 경제학」, 박영사, 2004.
류동균, " 체육 · 스포츠권의 법적 근거", 한국사회체육학회지, 제12호, p.1025~1032.
문화체육관광부,「2011 체육백서」, 2012.p.401.
민경훈 · 정영남, " 스포츠 스폰서십 효과", 한국사회체육학회지, 제12호, pp.1033~1047.
박영옥, "한국 스포츠산업정책 방향과 과제", 월간스포츠비즈니스, 14호,1999년 7월
브래드버리 지음; 정우영 옮김, 「괴짜 야구 경제학」 , 한스미디어, 2011.
손윤 · 배지헌지음, 「프로야구 크로니클」, R H K.2012.
장승규, 「스포츠 경영관리사 2013」, 지식닷컴, 2013.
존 레이터 · 에릭 헤이거먼, 「운동화신은 뇌」, 북섬, 2009.

정준영, 「열광하는 스포츠 은폐된 이데올로기」, 책세상, 2003, p.198.

설민신 " 2002년 월드컵 대회 스폰서쉽 구조 변화에 따른 대기업의 스포츠 마케팅 전략에 관한 제언적 고찰", 한국사회체육학회지, 제12호, p.1095~1107.

송광태・허현미・안민석, " 공공체육시설의 현황과 문제점: 능률성,효과성,형평성을 기준으로'" 한국체육학회, 1999, 제38권1호, pp.635~647

송기성," 한국 골프장 사업의 국세제도 분석", 한국스포츠행정・경영학회, 1999, 제4권1호, pp.153~168

신문선, "한국 프로축구와 프로야구의 연봉제도에 관한 비교 연구", 한국스포츠산업·경영학회지 제7권 제2호 (2002. 12) pp.141-155

양금산, "한국 정치변동에 따른 스포츠정책의 특징에 관한 연구," 한국 스포츠 행정・경영학회지,1999년 제 4권, 1호, pp. 169~183.

앨런 거트만 지음 송형식 옮김, 「근대 스포츠의 본질」,나남, pp.98~100.

에두아르도 갈레아노 지음 ; 유왕무 옮김. 「축구, 그 빛과 그림자」 , 예림기획, 2006.

이상연・김종환," 국내 프로축구 마케팅 전략 방안," 한국 스포츠 행정・경영학회지,1999년 제 4권, 1호, pp. 41~59.

임상일, "경륜 경정 사업의 수익배분 재조정," 한국체육정책학회, 2006, 제 7호, pp.81~100.

임태성・채재성," 한국의 경제침체와 생활체육의 전망 및 과제," 한국체육학회, 1999, 제38권2호, pp.663~672.

장승규, 「스포츠 경영관리사 2013」, 지식닷컴, pp.307~309.

정준영, 「열광하는 스포츠 은폐된 이데올로기」, 책세상, 2003, p.198.

정희준・유용상, "스포츠 상품가치와 이미지의 기능," 한국스포츠행정・경영학회, 1999,제4권2호, pp. 175~193

한국스포츠 산업・경영학회편, 「스포츠 경영관리 총서」, 비앤엠 북스,

한왕택,「스포츠 산업학 개론」, 태근

허현미・안민석,"지방자치시대의 생활체육 활성화 방안", 한국 스포츠 행정・경영학회지, 1999, 제4권, 제1호, pp.97~119

Bernard, A. B. and Busse, M. R. Who wins the Olympic games: economic resources and medal totals, The Review of Economics and Statistics, 2004, 86, 413-17.

Besanko, D., Dranove, D., and Shanley M., 「*The Economics of Strategy*」, John Wiley & Sons, Inc.

Carlton & Perloff, 「*Modern Industrial Economics*」, 3/e, Addison- Wesley, 2000.

Chao & Schor, 1998, Empirical tests of status consumption: Evidence from women's cosmetics. *Journal of Economic Psychology*, 19,

Conlin, M., " Empirical test of a separating equilibrium in National Football League contract," *Rand Journal of Economics,* vol.30, No.2, Summer 1999, pp.289~304.

Dietl, H., Lang, M., and Rathke, A. "The Effect of Salary Caps in Professional Team Sports on Social Welfare", *The Journal of Economic Analysis and Policy,* Vol. 9, 2009, Article 17.

Edward P. Lazear, "Performance Pay and Productivity," *American Economic Review,* 2000,12.

Fort, Rodney, D. S*ports Economics,* Pearson Prentice Hall, 2006.

Fort. R and Quick, "Cross Subsidization, Incentives, and Outcomes in Professional Team Sports Leagues," *Journal of Economic Literature 23*(1995), pp.1265~1299.

Krank, *Microeconomics and Behavior,* 1994

Leo H. Kahane, Todd L. Idson and Paul D. Staudohar, "Introducing a New Journal", *ournal of Sports Economics,* 2000.p.3~10.

Leibenstein,H. "Bandwagon, Snob, and Veblen Effects in the Theory of Consumer's Demand," *Quarterly Journal of Economics,* 1948.

Michael Conlin, " Empirical test of a separating equilibrium in National Football League contract," *Rand Journal of Economics,* vol.30, No.2, Summer 1999, pp.289~304.

Neale W. C,,"The Peculiar Economics of Professional Sports", *Quarterly Journal of Economics,* 1964, pp. 1~14.

Robert Sandy, Sloane Peter J,, and Rosentraub Mark S., *The Economics of Sport : an international perspective,* Palgrave Macmillan, 2004

Rottenberg, S, "The baseball players' market," *Journal of Political Economy* 64, 1956, pp.242~58.

Samuelson P.A and Nordhaus, W.D., 「Economics」, 12th ed., Mcgraw-hill, 1985.

Shin, S. H. " Intangible Functions of Professional Sports Teams to Community", 한국스포츠 행정·경영학회, 1999, 제 4권, 제 1호, pp.237~254

Siegfried, J. and Zimbalist, A, "The economics of sports facilities and their communities", *Journal of Economic Perspective,* 14(3), 2000, pp.95~114.

The New Palgrave Dictionary of Economics, 2nd ed. vol.7, Macmillan Press Limited, pp.777~780.

찾아보기

▌ㄷ▌

▌ㅁ▌

▌ㅂ▌

▌ㅅ▌

저자약력

■ 임상일

고려대학교 경제학과 경제학 박사
한국방송통신대학 법학과 졸업
충남대학교 특허법무대학원 법학 석사
일본 구마모도학원대학 교환교수
미국 일리노이 주립대학교 방문 교수
행정고시 출제위원

[저서]

경제학으로 엿본 스포츠 현장
실감나는 스포츠 @ 살아있는 경제학
너 경제 아니
통계는 성공의 나침반이다
스킨십 경제학

스포츠 경제학

초 판 1쇄 발행 —— 2014년 4월 10일
초 판 2쇄 발행 —— 2018년 8월 30일
지은이 —— 임 상 일
펴낸이 —— 전 두 표
펴낸곳 —— 도서출판 두남
서울시 강동구 성내로6길 34-16 두남빌딩
신 고 : 제25100-1988-9호
TEL : 02) 478-2065~7, 2311
FAX : 02) 478-2068
E-mail : dunam1@unitel.co.kr
http://www.dunam.co.kr

정가 26,000원

ISBN 978-89-6414-502-9 93320